国家战略区域的空间生产与尺度治理研究

马学广　著

人民出版社

责任编辑：宫　共
封面设计：胡欣欣

图书在版编目（CIP）数据

国家战略区域的空间生产与尺度治理研究 / 马学广著. -- 北京：人民出版社，2024. 11. -- ISBN 978-7-01-026910-8

Ⅰ. D630. 1

中国国家版本馆 CIP 数据核字第 2024KK1964 号

国家战略区域的空间生产与尺度治理研究

GUOJIA ZHANLÜE QUYU DE KONGJIAN SHENGCHAN YU CHIDU ZHILI YANJIU

马学广　著

人民出版社 出版发行
（100706　北京市东城区隆福寺街 99 号）

北京建宏印刷有限公司印刷　新华书店经销

2024 年 11 月第 1 版　2024 年 11 月北京第 1 次印刷
开本：710 毫米×1000 毫米 1/16　印张：26. 5
字数：405 千字

ISBN 978-7-01-026910-8　定价：80. 00 元

邮购地址 100706　北京市东城区隆福寺街 99 号
人民东方图书销售中心　电话（010）65250042　65289539

序　一

习近平总书记2018年6月在中央外事工作会议上提出的“世界处于百年未有之大变局”的重要论断已经成为我们理论研究和实践工作的基本出发点。在迅速变化的时代赢得主动，在新的伟大斗争中取得胜利，需要我们以更宽广的视野、更长远的眼光来思考和把握一系列重大战略问题。当前，我国经济已由高速增长阶段转向高质量发展阶段，抓住百年未有之大变局中的重大机遇，适应全球政治经济形势变化，构建以国内大循环为主体、国内国际双循环相互促进的新发展格局，加快形成新质生产力，实现人口规模巨大、全体人民共同富裕、物质文明和精神文明相协调、人与自然和谐共生、走和平发展道路的中国式现代化，必须高度重视区域高质量发展，有针对性地研拟支撑国家区域发展战略的思路和政策，采取更加有力举措推动区域高质量发展和高水平建设。

党的二十大报告提出，“深入实施区域协调发展战略、区域重大战略、主体功能区战略、新型城镇化战略，优化重大生产力布局，构建优势互补、高质量发展的区域经济布局和国土空间体系”。实施区域协调发展战略、区域重大战略、主体功能区战略、新型城镇化战略，促进区域经济向更高水平和更高质量迈进，目标只有一个，就是促进区域经济高质量发展。

实施区域协调发展战略，就是要缩小区域之间的发展差距。各区域人均收入水平和生活水平的差距不能太大，更不能越拉越大。采取有力措施缩小区域发展差距便成为区域协调发展战略的核心内容。要根据新征程、新情况、新目标，通过完善区域政策逐步解决发展不平衡问题。一是推动西部大开发形成新格局。把握向西部开放战略机遇，加快西部陆海新通道建设，大力发展特色优势产业，深入实施重大生态工程，不断提升可持续发展能力。二是推动东北全面振兴取得新突破。从维护国家国防、粮食、生态、能源、产业安全的战略高度，全力破解体制机制障碍，激发市场主体活力，推动产业结构调整优化，激发新动能，发展新质生产力。三是促进中部地区加快崛起。充分发挥连南贯北、承东启西的区位优势，推进制造业转型升级，着力推动内陆高水平开放，在全国高质量发展中发挥主力军作用。四是鼓励东部地区加快推进现代化。发挥基础雄厚、创新要素集聚等优势，促进超大城市、特大城市的产业结构优化，提高对周边地区的辐射带动能力，加快培育世界级先进制造业集群，提升要素产出效率，持续推进消费升级，不断提高创新能力和经济增长能级。

区域重大战略是推动区域高质量发展的重要战略，目标是提高各战略区域引领带动力，提高人口承载力，提高新质生产力和我国整体的国际竞争力。区域重大战略是指党的十八大以来国家陆续推出的京津冀协同发展、长江经济带建设、粤港澳大湾区建设、长江三角洲区域一体化发展、黄河流域生态保护和高质量发展、成渝地区双城经济圈建设等区域发展战略，是以关系现代化全局的重要城市群和流域为区域单元，以推进一体化、构建共同体为核心，聚焦区域合作和协同发展，打造中国经济高质量发展的动力源。

实施主体功能区战略就是按照人口资源环境相均衡、经济社会生态效益相统一的原则，推动各地区严格按照主体功能定位发展，优化国土空间开发格局。主体功能区理念就是适合发展的地方加快发展，集聚经济要素，不适合发展的地方加强保护。主体功能区战略的目标是促进国土空间发展格局的优化。规范空间开发秩序，有度有序地利用自然资源，调整优化空间布局。因此，实施主体功能区战略对于推进形成人口、经济和环境相协调的国土空间发展格局，加快转变经济发展方式，促进经济长期平稳健康发展，实现中国式现代化的目标具有重要的现实意义。主体功能区战略就是增强中心城市和城市群等经济发展优势区域的经济和人口承载能力，增强其他地区在保障粮食安全、生态安全、边疆安全等方面的功能，促进各类要素合理流动和高效集聚，体现国家的战略意图，是确保中华民族长远发展的战略需要。通过建设都市圈、形成城市群、打造发展轴、规划经济区、培育增长极五大路径来构建覆盖全国的国土空间体系。

实施新型城镇化战略，就是要解决城乡人口合理分布问题和城镇化质量问题。城镇化从来就是人的城镇化，不是土地的城镇化，原来在农村从事农业，现在在城市或城镇从事二三产业，就是城镇化过程。工业化的拉力和农业现代化的推力，共同促进城镇化水平的提高。有相当数量的农村劳动者跨省流动，到发达地区就业，解决了区域人口分布和城乡人口分布不合理问题，缩小了城乡差距，有利于促进区域城乡协调发展。农业转移人口市民化就是让已进城的农民工不管是在大中城市，还是小城市、小城镇都能享受与城市居民同等的福利待遇、享受同等的社会保障、同等的权利与义务，不再是城市的“边缘人”。

南开大学马学广教授撰写的《国家战略区域的空间生产与尺度治理研究》立足于国家区域发展重大战略需求，通过引入广泛流行于地理学界、规划学界、政治学界和经济学界等多个学科领域的“尺度”概念，创新性地以尺度政治经济学为基本视域、以尺度治理为理论基点切入国家战略区域研究，以国家级新区、城市群、都市圈、同城化区域、异地共建园区以及中国海外园区等为例，实证研究了不同类型国家战略区域的尺度重组、空间生产和空间治理，深入揭示国家尺度重组、国家地域重构和国家战略演变之间的互动交融关系。

前述西部、东北、中部、东部四大区域均是国家层面实施区域协调发展战略的“国家战略区域”；京津冀、粤港澳大湾区、长三角区域、成渝双城经济圈、长江经济带和黄河流域均是区域重大战略实施的区域；优化开发地区、重点开发地区是主体功能区战略实施的区域；这些都是大尺度的区域。作为落实区域重大战略的空间载体，城市群、都市圈、形式多样的政策试验区等是尺度较小的“国家战略区域”，在区域重大战略从政策形态走向空间实践中发挥着至关重要的作用。“国家战略区域”肩负着改革开放、转型升级、区域协调、示范引领等多种重要使命，已经成为塑造我国区域经济高质量发展格局的核心支撑和重要引擎。“国家战略区域”在数十年的发展过程中已经形成了较为成熟的空间形态、组织制度和运行机制。尺度越大，其战略实施的难度越大，效果越小，因此，选择合理的“尺度”十分重要。目前我国“国家战略区域”整体处于单核集聚、多点分散的阶段，城市群和都市圈一体化程度较低，“国家战略区域”对我国区域经济发展的辐射带动潜力仍有待进一步释放，亟须在科学制定区域规划、明确功能定位、促进要素有序流动、优化区域治理体制等方面进一步发力。

《国家战略区域的空间生产与尺度治理研究》一书深度融合地理学、经济学、管理学、政治学等多学科最新成果，理论引介翔实全面，实证分析规范深入，政策启发深刻延续，是国内较早将“国家战略区域”作为一个理论化、多元化、系统化的集合体呈现在社会大众面前的著作，在较大程度上厘清了“国家战略区域”形成与发展的逻辑机理，丰富了“国家战略区域”理论的研究体系，拓展了区域经济和区域治理的研究框架，充实了我国“国家战略区域”空间生产及尺度治理的实证案例，展现出全球化进程中国家治理重构和区域经济发展的中国方案和中国实践，为以“国家战略区域”为载体高质量推进中国式现代化发展提供了理论支撑、经验借鉴和政策启示，相信读者们能从这部书中得到启示和重要收获。是为序。

肖金成

中国国土经济学会理事长

中国宏观经济研究院二级研究员

国家发展改革委国土开发与地区经济研究所原所长

2024 年 6 月 25 日

序　二

20世纪80年代以来，新一轮全球化使得信息通讯技术迅猛发展以及国际经济贸易环境发生巨大变化，加速了全球生产要素流动和生产组织方式变革，“新区域主义”开始盛行并推动“区域”成为参与全球竞争和实现国家资本积累的重要空间单元，同时也成为经济学、地理学、管理学、政治学等相关学科广泛讨论的命题。与此同时，我国改革开放伟大事业不断推进，从以各级各类政策试验区为主要抓手的区域非均衡发展到国家尺度区域均衡协调发展的区域发展战略演变，体现了国家和地方对经济全球化趋势的客观及时反应，通过国家权力重组和中央、地方行政体制改革催生了经济特区、经济技术开发区、自由贸易区、国家级新区以及其他先行区和试验区等国家战略性、制度性区域。尤其是党的十八大以来，中央不断优化区域经济布局部署，“四大板块”（西部大开发、东北振兴、中部崛起以及东部率先发展）+“五大战略”（京津冀协同发展、长三角区域一体化发展、粤港澳大湾区建设、长江经济带高质量发展以及黄河流域生态保护和高质量发展）的经济地理版图加快形成，城市群、都市圈、国家级新区等肩负国家发展战略的区域如雨后春笋般迅速崛起，并逐渐成为新时代深化改革开放、推动区域经济高质量发展的核心原动力。

有鉴于传统行政区域发展经常面临的动力不足、经济失衡、行政壁垒、政策持续性不强等问题，建设发展形式多样的国家战略区域（National Strategic Regions，简称NSR）已经成为调整经济结构、培育经济增长极、促进区域协调发展的有效策略和重要实践，更是推进国家治理体系和治理能力现代化的必要抓手。新时代国家战略区域发展具有多重价值特征：是经济增长的关键动力，通过区域禀赋和体制改革推动资源跨界流动、产业结构优化和经济布局调整；是深化改革开放的前沿阵地，通过承担国家重大战略任务和试验试点政策，发挥特殊的引领和示范意义；是创新实践的主要载体，通过创新要素集聚和空间循环发挥规模效应和溢出效应，形成新质生产力和区域创新高地；是国家级综合功能平台，通过集成其在产业结构、对外贸易、交通物流、生态环境、社会保障、管理体制等方面的独特优势触发中国经济发展的加速器。但是与此同时，随着南北差距日益成为新的关注点，区域间的产业水平和创新能力差距依旧突显，区域内的基本公共服务均等化任重道远，国家战略区域的组织制度、功能属性和优化方向需要人们重新审视，以更好地发挥其战略优势，汇聚新时代区域经济高质量发展的强大合力。

国家战略区域是我国经济发展最具竞争力的尺度空间，具有非常复杂多样的空间组织形式。马学广教授的《国家战略区域的空间生产与尺度治理研究》采用尺度政治经济学思想作为理论指导，对我国国家级新区、城市群、都市圈、同城化区域、异地共建园区、中国海外园区等国家战略区域的六种典型实践表征进行了颇有深度的细致研究。作者以尺度重组理论剖析国家战略区域空间生产的内在机理，采取整合性的研究方法探讨国家战略区域空间治理的途径和策略，并选取丰富且具有代表性的国内外案例区，梳理、对比、评估、检讨空间生产与尺度治理的内容、类型、演化与机制，较为系统全面地探讨了国家战略区域的理论基础与中国实践。

马学广教授在尺度政治和区域治理领域深耕十余年，以其执着的学术勤奋和科学敏锐凝结为这部扎实的学术研究成果。该书的逻辑思路缜密，资料内容翔实，政策延展深入。作者通过多种视角、多重要素、多元方法的整合化应用，将国家战略区域这一重要的制度化空间清晰生动地呈现于大众视野。书中所作出的理论研判和分析发现是独到的，它不仅对学界同仁研究国家战略区域的演化规律、特征表现和发展趋势有参考价值，也对国家战略区域建设和治理的科学决策提供了有益的政策支撑。

周立群
南开大学教授
南开大学滨海开发研究院名誉院长
2024 年 6 月

目　录

序　一……………………………………………………………………………1
序　二……………………………………………………………………………1
前　言……………………………………………………………………………1

第一章　尺度政治经济学理论体系……………………………………………1
　一、尺度治理原理概说……………………………………………………2
　二、空间生产理论体系……………………………………………………39
　三、尺度政治经济学方法论体系…………………………………………51

第二章　国家治理体系的建构与优化…………………………………………61
　一、治理与国家治理体系…………………………………………………61
　二、国家治理体系现代化…………………………………………………70
　三、国家空间选择性理论…………………………………………………79
　四、新型国家空间的建构…………………………………………………94

第三章　国家战略区域的崛起与空间生产……………………………………106
　一、国家战略区域的理论内涵……………………………………………106
　二、国家战略区域的主要类型……………………………………………112
　三、国家战略区域的空间生产策略………………………………………116
　四、海洋国家战略区域空间生产与治理…………………………………122

第四章 国家级新区的空间生产与治理 140
一、国家级新区战略的发展演变 141
二、国家级新区的空间生产策略 147
三、国家级新区的空间治理策略 158

第五章 城市群区域跨政区空间治理 168
一、国内外城市群跨政区空间治理案例 169
二、城市群跨政区空间治理的尺度架构 180
三、城市群跨政区空间治理的作用机制 188
四、山东半岛城市群跨政区空间治理策略和问题 201

第六章 都市圈区域空间治理与跨界联系 237
一、都市圈内涵及其治理研究 238
二、山东省地域间联系的空间格局 251
三、山东省都市圈范围的识别 254
四、山东省城市经济腹地范围的确认 257
五、山东省地域空间治理的行动路径和政策导引 261

第七章 同城化区域跨界合作治理 264
一、同城化区域跨界合作治理的尺度分析构架 265
二、同城化区域发展的进程、类型和治理策略 280
三、同城化区域跨界合作治理案例分析 290
四、同城化区域跨界合作治理机制 314

第八章 异地共建园区空间生产与治理 323
一、异地共建园区发展、分布与类型 324
二、异地共建园区跨界空间治理机制 329
三、异地共建园区跨界空间治理案例 340

四、异地共建园区跨界空间治理机制 372
五、异地共建园区空间生产作用机理 383

第九章　国家战略区域空间协调发展策略 399
一、新时代区域协调发展空间布局的制度安排 399
二、新时代区域协调发展战略的统筹协调 400
三、“双循环”背景下的我国巨型城市群建设 403

后　记 406

前　言

党的十八大以来，“区域协调发展”和“城乡融合发展”一直是贯彻落实国家有关“推进以人为核心的新型城镇化”重要战略部署的核心事项，国家战略区域（State Strategic Regions）的空间选择和空间治理一直是政府和学术界高度关注的重点领域，支撑起推进新型城镇化的发展路径。党的二十大报告提出“以城市群、都市圈为依托构建大中小城市协调发展格局，推进以县城为重要载体的城镇化建设”的城镇化发展战略，对我国今后城镇化发展路线的选择具有非常重大的指导意义，这一战略论断既是对我国改革开放以来城镇化战略的继承和发扬，又是适应新时代社会经济发展实践的重要创新。2021 年以来，国家发改委相继批复同意了南京、福州、成都、长株潭、西安、重庆、武汉、沈阳和青岛等都市圈发展规划，都市圈成为新时期国家尺度重组和国家空间重构的重要空间单元，推动新时期国家战略区域发展及相关研究走向新的阶段。2023 年 12 月，中央经济工作会议再次重申“推动以县城为重要载体的新型城镇化建设，形成城乡融合发展新格局”的发展思路，并进而提出“优化重大生产力布局，加强国家战略腹地建设”的新论断。

国家战略区域的构成及其主导单元经历了不断发展演变的过程，从一定程度上揭示出全球和国家政治经济形势的嬗变轨迹。改革开放 40 多年来，我国的国家空间政策经历了从区域开发（西部开发、东北振兴、中部崛起、东部优先）到以城市群作为推进城市化的主体形态以及聚焦都市圈和县域开发等空间单元梯度转变的过程，国家城镇化政策转变所引发的国家空间重构和国家尺度重组为新时期城乡融合和区域协调发展研究提供了丰富的土壤。我国城镇化发展政策经历了20世纪80年代“限制大城市规模、优先发展小城镇”、2006年“十一五”规划“把城市群作为推进城镇化的主体形态”、2019年国家出台《关于培育发展现代化都市圈的指导意见》、2021年“十四五”规划和2035年远景目标纲要“以城市群、都市圈为依托促进大中小城市和小城镇协调联动、特色化发展”、2022年国务院印发《关于推进以县城为重要载体的城镇化建设的意见》等曲折发展、渐次演变的过程，城市群、都市圈和县城建设在推进新型城镇化与构建新发展格局中发挥着分工不同但愈益重要的政策载体作用，城市群作为国家新型城镇化主体的战略引领地位进一步提升，都市圈作为城市群高质量发展的战略支撑地位进一步加强，县城作为都市圈高效能治理的核心平台地位进一步确立。因此，在区域发展过程中如何理顺城市群、都市圈和县城等新型城镇化发展空间载体的关系，对于促进区域协调发展和城乡融合、深入实施区域协调发展战略既是题中应有之义，又具有非常重要的理论探讨价值和政策实践意义。

近年来，中央政府将大量城市群和都市圈等次国家尺度区域规划及相关政策文件上升为国家战略，这些区域由中央政府命名或批复其规划，承担着特定国家政策的研制、试点和测评等任务，为国家政策的大范围推广“先行先试”，因此被称为“国家战略区域”（State Strategic Regions）。这类区域是我们国家“政策试验”（Policy Experimentation）的空间载体，肩负着诸多重大使命：（1）落实《国家新型城镇化规划（2014—2020年）》提出的“以城市群为主体形态，推动大中小城市和小城镇协调发展”、2015年中央城市工作会议提出的“以城市群为主体形态，科学规划城市空间布局”、2016年国务院政府工作报告提出的“培育一批辐射带动力强的城市群和增长极”以及近年来聚焦都市圈和县城优先发展等任务。（2）落实党的十八大报告提出的“优化国土空间开发格局”、2015年国务院政府工作报告提出的“拓展区域发展新空间”和2023年中央经济工作会议提出的“推动城乡融合、区域协调发展”等任务。（3）落实党的十八届三中全会提出的“推进国家治理体系和治理能力现代化”的总目标以及《中共中央关于制定国民经济和社会发展第十三个五年规划的建议》提出的建立“空间治理体系”等任务。与此同时，国家战略区域还是地方社会经济发展的增长极、区域内外关联互动的联络站以及改革开放攻坚克难具有表征意义的桥头堡，其中，国家尺度重组（State Rescaling）是国家战略区域空间生产的基础环节、核心组件和重要路径。

中央政府通过国家战略区域的设立实现了梯度化差别性制度供给，将次国家尺度的区域发展嵌入全球资本循环网络，以梯度化不均衡发展路径达致区域均衡发展的目的，通过政策创制、政策学习和政策扩散强化区域间的关联互动，持续发挥着国际竞争平台和国家战略支撑的重要作用。国家尺度重组的实质是国家为提高经济竞争力和积累财富，利用尺度和治理调整而进行的一种空间生产策略，城市和区域等次国家尺度地域空间是国家管制领域重组的关键节点。作为非传统、弹性化和非常态的功能性制度化区域，国家战略区域的崛起导致国家角色的转型和区域空间治理体系的重组。

因此，从尺度治理的视角切入国家战略区域研究，深入揭示国家尺度重组、国家地域重构和国家战略演变之间的相互依存关系，具有重要的研究意义和政策参考价值。本书针对国家级新区、城市群、都市圈、同城化区域、异地共建园区和中国海外园区等空间类型而开展的实证研究，为国家战略区域的空间生产以及尺度治理提供了典型案例。

第一章　尺度政治经济学理论体系

现实生活中，我们会遇到众多与尺度及其动态运作密切相关的现象。比如，河北雄安新区的设立，改变了雄县、容城县、安新县三县及周边地区的发展轨迹，从京畿普通平凡的县域（雄安新区所在的河北省保定市拥有24个县级行政区，是我国辖县（市、区）最多的地级市），在时代的大手笔挥洒之间一跃而成为承接国家重大发展战略的国家战略区域（State Strategic Region），成为京津冀协同发展的“样板之城”，其间的城市与区域治理机制发生了哪些变化？这一区域又将如何顺势而为而实现善治？雄安新区所引发的内在的国家尺度重组和外在的空间格局重构给当代城市治理变迁研究提供了极为鲜活的案例。

又如，地处我国改革开放最前沿的珠三角城市群，其区域发展设计如何从地方性规划跃迁上升至粤港澳大湾区国家战略规划？深圳前海地区，从金融开发区、到深港现代服务业合作区再到深圳城市新区，被国家发改委赋予计划单列市管理权限（副省级，与深圳市平级），是特区中的特区，实现了管理尺度的跨越式尺度跃迁（Scale Jump），其制度设计和发展绩效如何评价？其对于行政管理的意义如何评价？尺度在地方公共资源分配和公共物品生产过程中，起到了什么作用？尺度互动如何以及在何种程度上影响了公共事务治理？这都是值得我们深思的现象和问题。

地理尺度的问题（其空间组织、社会生产、政治主张以及历史重构）已经被嵌入到城市问题的核心领域①，尺度概念作为解释区域发展和城市转

① ［美］尼尔·博任纳：《城市、地域、星球：批判城市理论》，李志刚等译，商务印书馆2019年版，第18页。

型的关键维度，其深入探讨和扩展性研究都是必不可少的。

一、尺度治理原理概说

当代城市与区域的空间生产已经由关注空间中的生产（生产要素的空间布局）、空间的生产（塑造特定空间的制度、行为、行动者关系）转向到尺度的生产（特定尺度建构的政治经济关系），尺度成为全球范围内当代城市与区域治理研究的重要理论切入点。①

传统上，尺度通常被看作一个制图学概念或研究中的分析层次，它是固定的、给定的、嵌套的，并且尺度间互动以及尺度结构的生产和转变也在很大程度上被忽视。因而，面对20世纪80年代以来特定城市区域重要性的增加与国家尺度的相对削弱等尺度重组现象，原有的尺度理论缺乏足够的解释力。而空间生产则为“尺度生产”提供了类比，一些学者开始认识到尺度也是社会生产和建构的，它本身是一种“关系”，而非社会关系固定的、孤立的容器。不仅如此，尺度的建构还是一个包含权力斗争的冲突的过程，行动者通过生产或改变特定尺度和尺度间关系，来根据自己的利益重构权力关系。

在此基础上，学者们提出了“尺度化”（Scaling）、“尺度重组”（Rescaling）、“尺度政治”（Politics of Scale，Scalar Politics）、“尺度跳跃”（Jumping Scales）等一系列概念，尺度本身也被赋予了越来越丰富的内涵，并受到人文地理学甚至社会学、人类学、政治学等学科的广泛关注。这一“尺度转向”（Scalar Turn）使尺度成为近40年来国家（物质空间、社会政治、治理策略）重构（State Restructing）的地理学研究中最重要的主题之一，也成为当代城市和区域治理重构研究的重要分析路径和基本维度。

① 马学广、李鲁奇：《海洋国家战略区域的空间生产与尺度治理研究：以山东半岛蓝色经济区为例》，载中国侨联特聘专家委员会海洋专业委员会编著《经略海洋2018》，海洋出版社2019年版，第64—87页。

（一）尺度内涵与概念分类

在传统的地理学科及相关领域的讨论中，“尺度”（Scale）是一种空间概念，是在固定（Fixed）、巢化（Nested）阶层下不同规模的有界空间（Bounded Space），比如地方、区域、国家、超国家及全球尺度等。①空间尺度从来不是固定的，而是一再就其范围、内容、相对重要性与交错关系被重新定义、争夺与重构。法国学者列斐伏尔（Lefebvre H.）较早提议将城市问题置于更加广泛的地理尺度、社会生产与社会政治竞争的问题之中②，“尺度问题从一开始就介入了文本分析与对事件的解释，或者说是将其作为分析的基础”，地理尺度既是社会空间关系的边界，又是社会空间关系的等级。在大部分的社会空间理论研究方法中，尺度通常被视为离散的（Discrete）、嵌套的（Nested）、稳定的（Stable）单元—空间的生产在其中发生，而不是将其作为构成空间生产过程的相互建构、彼此交织、可变的元素。

随着西方地理学者对尺度的理论探讨及其应用不断深入③④⑤⑥，尺度的内涵在空间科学中得以扩展，尺度逐渐成为人文地理学的核心概念⑦，受到人文地理学甚至社会学、人类学、政治学等学科的广泛关注，空间尺度不再被认为是固定不变的或者预先给定的社会生活领域，从身体、邻里、地方、区域到国家、大洲和全球，所有维度的空间尺度都被视为历史的产物，由社

① 马学广：《全球城市区域的空间生产与跨界治理研究》，科学出版社 2016 年版，第 84 页。

② ［美］尼尔・博任纳：《新城市空间：城市理论与尺度问题》，王周杨译，江苏凤凰教育出版社 2022 年版，第 55—56 页。

③ P. J. Taylor，“A Materialist Framework for Political Geography”，*Transactions of the Institute of British Geographers*，Vol.7，No. 1（1982），pp.15-34.

④ N. Clifford，S. Holloway，S. P.Rice，et al. *Key Concepts in Geography*，London：Sage，2003.

⑤ N. Smith，*Uneven Development*：*Nature*，*Capital*，*and the Production of Space*，Athens：University of Georgia Press，1990，pp.165-195.

⑥ N. Brenner，“The Limits to Scale? Methodological Reflections on Scalar Structuration”，*Progress in Human Geography*，Vol.25，No. 4（2001），pp. 591-614.

⑦ S. Springer. “Human Geography without Hierarchy”，*Progress in Human Geography*，Vol.38，No. 3（2014），pp. 402-419.

会建构的、受制度调节、具有可塑性、在政治上相互竞争。尺度问题在不同的社会理论领域和广泛的社会空间研究中获得了前所未有的方法论上的重要性，尺度成为当代城市和区域治理重构研究的重要分析路径和基本维度。①

1. 尺度的内涵

英籍法国数学家曼德布罗特（Mandelbrot B.B.）1967 年在《科学》杂志上发表文章《英国的海岸线有多长？统计自相似和分数维度》。文章指出用米、公里、英里等不同尺度量取海岸线的长度不同，发现测量出来的长度严重依赖于所测量的尺度，海岸线长度是测量尺度的幂律函数。曼德布罗特引入了分形（Fractal）的概念，并进行了度量结果和度量标准之间关系的探讨，显示了"一种尺度一个结果，一种尺度一个世界"的哲理，引申出"尺子越短，量出的海岸线就越长"的结论。

作为一个内涵广阔而深邃的概念，尺度无处不在，其最基本的含义是用以对事物属性进行衡量对比和判断乃至运作的规范与标准，是结构化的、相对性的和人为建构的。比如，以年、月、日为代表的时间尺度，以全球、区域（超国家，如欧盟）、国家、社区为代表的空间尺度，以东、西、南、北、中为代表的方向尺度，以光年、千米、米、纳米等为代表的距离尺度，以国家、省、市、县、乡、村为代表的行政尺度，以米、平方米、立方米为代表的计量尺度，还有诸多类型的尺度，如美、丑等审美尺度，善、恶等道德尺度等。

构建合适的概念来解释地理尺度和尺度间制度安排的发展过程的、动态的以及政治斗争的特点，这是一个重要的问题。② 究其实质而言，尺度是一个多元的概念集合：(1) 制图学或地图尺度（比例尺），指地图和实际测量之间的比率；(2) 观察尺度或地理尺度，指研究的空间范围或覆盖区域；(3) 测量尺度或分辨率，指物体最小的可分辨部分；(4) 运作尺度，指特定

① 马学广：《全球城市区域的空间生产与跨界治理研究》，科学出版社 2016 年版，第 112 页。
② ［美］尼尔·博任纳：《城市、地域、星球：批判城市理论》，李志刚等译，商务印书馆 2019 年版，第 28 页。

过程在环境中运作的空间范围[①]；(5) 政治经济尺度，指尺度是生产与竞争的产物，是可塑的地域单元，是政治经济相互作用的结果。这些尺度内涵不仅存在于自然地理学和人文地理学之中，还广泛存在于生态学、社会学等学科中。

在此基础上，学者们提出了尺度化、尺度重组、尺度政治、尺度跳跃等概念，尺度本身的内涵也越来越丰富，受到人文地理学甚至社会学、政治学等学科的广泛关注。[②]空间尺度不再被解释为一个永恒的、非社会性的社会空间关系容器，而被作为其历史的前提、媒介和结果；作为集体社会行动的地理组织者与表达，尺度被不断地生产、竞争、重构和转型；尺度界定了社会竞争的地点、对象以及竞争的空间解决方案；地理尺度既是社会空间控制权争夺的领域，同时也是它的结果。[③]这一“尺度转向”(Scalar Turn) 使尺度成为近 30 年来国家重构（State Restructing）的地理学研究中最重要的主题之一，也成为当代城市和区域治理重构研究的重要分析路径和基本维度。

根据已有研究，在“尺度是被社会建构的”(Social Construction of Scale) 已成为大多数人文地理学者的基本共识的前提下，可以从以下三个要素解释尺度的概念，即尺度的本体论、尺度隐喻、尺度实践。[④]

尺度的本体论诞生于对资本主义经济活动在地方、国家及全球空间尺度上如何运行、转换及相互间的关系的思考，其认为尺度是地理过程的平台或被动接纳社会经济活动的“容器”，即现实的尺度[⑤]，主要讨论全球—地

---

① 马学广：《全球城市区域的空间生产与跨界治理研究》，科学出版社 2016 年版，第 115 页。

② 马学广、李鲁奇：《全球重构中尺度重组及其地域性管制实践研究》，《地域研究与开发》2017 年第 2 期。

③ [美] 尼尔·博任纳：《新城市空间：城市理论与尺度问题》，王周杨译，江苏凤凰教育出版社 2022 年版，第 60 页。

④ 王丰龙、刘云刚：《尺度概念的演化与尺度的本质：基于二次抽象的尺度认识论》，《人文地理》2015 年第 1 期。

⑤ 刘云刚、王丰龙：《尺度的人文地理内涵与尺度政治——基于 1980 年代以来英语圈人文地理学的尺度研究》，《人文地理》2011 年第 3 期。

方二元尺度。例如，泰勒（Taylor P. J.）提出了“全球—国家—地方”三级垂直尺度体系，认为尺度是静态、等级化的结构[①]；斯温格杜（Swyngedouw E.）认为尺度是一种空间化的前定结构，具有水平范围（领土大小）和垂直层级（级别高低）的双重特性[②]。哈格特（Hagget P.）认为探究“尺度的变化如何改变重要的、相关的变量”，远比描述或制作尺度更加重要[③]，因为尺度影响着各种过程和现象，多尺度分析对于理解人类和自然系统的复杂性至关重要。

将尺度看作一种等级化的隐喻和结构，是对尺度最常见的理解。[④] 从一开始将尺度等级化成梯状、同心圆状、俄罗斯套娃状，再引申到蚯蚓洞状、树根状及网络状，这种类比化的表达更清楚直观地描述了现实尺度的范围和大小，丰富了对尺度的解释，拓宽了尺度的表达范围。豪伊特（Howitt R.）指出尺度是一种关系，而不仅仅是地理关系的产物或范围、水平等简单的层级问题。[⑤] 后结构主义的兴起推动批判性话语的转向，而批判性话语的应用推动尺度隐喻向更广阔的方向发展，为政治斗争和博弈提供强有力的媒介。[⑥] 因此，尺度隐喻利用批判性话语建构文化地域主义和民族主义的身份修辞展示多尺度的概念和意义。

根据以上分析，可将尺度最基本的含义概括为分析对象的地理范围和观测或分析单元的大小（即粒度或分辨率），在人文地理学中根据尺度本体

① P. J. Taylor. “A Materialist Framework for Political Geography”, *Transactions of the Institute of British Geographers*, Vol.7, No. 1 (1982), pp. 15-34.

② E. Swyngedouw, *Excluding the Other*: *The Production of Scale and Scaled Politics*, London: Arnold, 1997.

③ P. Hagget, *Geography*: *A Modern Syntheses*, New York: Harper Collins College Publishers, 1983.

④ 王丰龙、刘云刚：《尺度概念的演化与尺度的本质：基于二次抽象的尺度认识论》，《人文地理》2015 年第 1 期。

⑤ R. Howitt, “Scale as Relation: Musical Metaphors of Geographical Scale”, *Area*, Vol.30 (1998), pp. 49-58.

⑥ J. Jin. *Rhetorics of Scale in Literary & Scientific Discourse*, Los Angeles: University of California, 2020.

论、尺度隐喻和尺度实践这三个要素又经常将尺度引申为对地理空间的结构性划分，从而出现了水平—垂直、现实—建构等不同理解。人文地理学中的尺度可概括为以下三个特点①：一是尺度的单元并不固定，其边界可随时间而发生变化（如行政单元边界的变化），进而其空间单元内部的一致性与其他同尺度单元的相对重要性均可变化；二是因果性并非由最低（小）尺度开始，它可以在任一尺度发生；三是尺度具有可替代性，这种可替代性带来更加自由的研究思路。

地理学家所涉及的空间尺度有多种类型，包括地图尺度、观察尺度、测度尺度、运行尺度和解释性尺度等。② 地图尺度指用比例尺表示的地图与地面实际之间的关系，大比例尺常与小范围对应。观察尺度指所研究对象的空间范围，大尺度研究指对大区域的研究。测度尺度也叫分辨率，指研究对象的最小可分辨部分，如遥感影像中的像素等。运行尺度指某种地理过程运行环境的空间范围，如城市内部就业的郊区化过程涉及城市不同分区，外资投资问题就涉及国内国外。解释性尺度指依研究对象不同而采用不同的空间视野。

2. 不同学科中的尺度概念

传统概念下，尺度只是一种简单的地理分界工具，是经济、社会及政治过程调查中设定的不同分析层级。传统的尺度概念重点强调各层次的空间结构是一种稳定不变的状态，忽略了不同尺度运作过程的影响力，忽略了不同尺度间的互动关系以及特定发展阶段中是否某一尺度具有凌驾于其他尺度之上的控制力，忽略了不同尺度间如何互动以影响国家政策。但是，空间尺度从来不是固定的，而是一再就其范围、内容、相对重要性与交错关系被重新定义、争夺与重构。传统上以封闭、分层与边界固定为主要特征的尺度概念已经无法充分解释不同空间尺度间的权力竞合及相对消长等命题。对尺度的理解应当采取一种动态观念，将其看作是控制社会、政治、经济及地理空

---

①　李小建：《经济地理学研究中的尺度问题》，《经济地理》2005 年第 4 期。

②　李小建：《经济地理学研究中的尺度问题》，《经济地理》2005 年第 4 期。

间的社会关系与抗争的双重场域及结果。

当西方人文地理学开始用“建构主义的观点”来理解尺度时，即将其看作由社会政治过程所建构的动态的空间范畴时，尺度概念却并未因此而走向统一。相反，这一建构主义的观点同对尺度的原有的认识相互交织，使得这一概念更为复杂甚至混乱。正如马斯顿（Marston S.A.）所指出的，从固定的、嵌套的世界体系模型的层次，到纵向的层级和横向的网络之间的关联①，不同学者从不同的角度理解尺度，甚至“关于尺度的学术立场是极度有分歧的”。例如，史密斯（Smith N.）将尺度看作“竞争和合作的冲突的社会过程的地理分辨率”②，豪伊特（Howitt R.）将尺度同时理解为暗喻、体验、事件、时刻（Moment）、关系和过程③，布伦纳（Brenner N.）将尺度理解为同横向的或区域的（Areal）空间分化相对应的“社会结构的纵向序列”④，等等。

有关尺度的研究一直是生态学热点问题，尤其是在景观生态学和植物种群生态学中的应用引起了人们的广泛重视。⑤与格局、过程、异质性一样，尺度是景观生态学最基本的问题之一，尺度问题是生态学研究的核心问题之一，

---

① S. A. Marston，“The Social Construction of Scale”，*Progress in Human Geography*，Vol.24，No.2（2000），pp. 219-242.

② N. Smith，“Contours of a Spatialized Politics：Homeless Vehicles and the Production of Geographical Scale”，*Social Text*，Vol.10，No.4（1992），pp. 54-81.

③ R. Howitt，“Scale and the Other：Levinas and Geography”，*Geoforum*，Vol.33（2002），pp. 299-313.

④ N. Brenner，*New State Spaces：Urban Governance and the Rescaling of Statehood*，Oxford：Oxford University Press，2004.

⑤ 景观生态学（Landscape Ecology）是研究在一个相当大的区域内，由许多不同生态系统所组成的整体（即景观）的空间结构、相互作用、协调功能及动态变化的一门生态学新分支。景观生态学是在 1939 年由德国地理学家特洛尔（Troll C.）提出的。它是以整个景观为对象，通过物质流、能量流、信息流与价值流在地球表层的传输和交换，通过生物与非生物以及与人类之间的相互作用与转化，运用生态系统原理和系统方法研究景观结构和功能、景观动态变化以及相互作用机理、研究景观的美化格局、优化结构、合理利用和保护的学科；景观生态学是一门新兴的多学科之间交叉学科，主体是生态学和地理学。

大到生物圈，小到人为控制的“微宇宙”均涉及尺度问题。尺度通过空间和时间来度量，生态学研究中的尺度常分为微观、中观和宏观等几个层次，也有人划分成小尺度、中尺度和大尺度，如大尺度常用来表示较大的研究面积和较长的时间间隔。尺度问题是景观生态学研究的基础，格局和过程是景观生态学的重要范式，过程影响格局，格局反作用于过程，要正确理解格局与过程的关系就必须认识到其所依赖的空间尺度特点。广义上讲，尺度是指在研究某一物体或现象时所采用的空间或时间单位，同时又可指某一现象或过程在空间和时间上所涉及的范围和发生的频率。从维数来说，尺度包括空间尺度、时间尺度和组织尺度。在景观生态学中，尺度往往以粒度和幅度来表达。粒度指研究对象中最小可分辨的空间单元和时间单位，幅度指研究对象在空间或时间上的持续范围或长度，范围是幅度与粒度的比值，指研究对象在空间或时间上的持续范围或长度。空间粒度指景观中最小可辨识单元所代表的特征长度、面积或体积（如样方、像元），时间粒度指某一现象或事件发生的（或取样的）频率或时间间隔。从个体、种群、群落、生态系统、景观到全球生态学，粒度和幅度呈逐渐增加趋势。组织层次高的研究（如景观和全球生态学）往往是，但不绝对是（也不应该总是）在较大的空间范围和长时期内进行的。而这些大幅度研究的分辨率往往较低，即局部范围和短时间内变化的信息往往被忽略（基于不同尺度，信息被选择性地凸显或者遮蔽）。

伴随着西方人文地理学的“尺度转向”，“尺度政治”（Politics of Scale，Scale Politics，Scalar Politics）成为一个重要的研究主题。这一主题来源于尺度的社会建构观点，即在承认尺度由社会过程所生产和建构的基础上，进一步强调这一社会过程的政治性，即尺度的“政治建构”。改革开放以来，中国的积累体制和调节模式发生剧烈重构，尺度间关系也随之发生转变，如各类经济技术开发区、出口加工区等在国家经济发展中占据越来越重要的地位；与此同时，互联网等传播媒介的兴起、公民意识的提高等使得社会冲突事件更容易引起大范围的关注，行动者也更容易利用这一斗争尺度的提高来实现其特定目标。在这一背景下，城市、国家等尺度之间关系转变的动因、过程以及行动者对尺度的运用等问题值得进一步研究，而尺度政治正为这些研究主题提供了一定的理论基础。

3. 尺度的结构

对尺度结构的探讨一直伴随着尺度概念本身的演变。美国学者布伦纳[①]（Brenner N.）提出了“尺度结构化”（Scalar Structuration）的概念，即将“一个给定的社会、政治或经济过程内在地分化为各异的空间单元的垂直的层级”。这一过程被社会斗争所建构和持续地再造，并同其它空间结构化过程相互交织，而最终建构的结果是“马赛克”而非单一嵌套的尺度层级；不仅如此，这一过程还是情境的、路径依赖的等。布伦纳认为，这是一个给定的社会、政治或经济过程内在地分化为各异的空间单元的分层过程，社会关系被嵌套到领域单位的层级支架中，该领域单位从全球、超国家和国家向下延伸到区域、大都市区、城市、地方和身体。[②] 此前，英国学者泰勒（Taylor P.J.）提出涵盖全球（现实）尺度、国家（意识形态）尺度和城市（体验）尺度的三层尺度框架[③]；法国学者列斐伏尔（Lefebvre H.）将空间问题视为城镇化—国家化—全球化的“三位一体”[④]，社会现实存在三个关键层次：全球层次、“混合”的或城市层次与“私人”的或日常层次，以及身体、地方、城市、区域、国家、超国家、世界和星球等多重尺度[⑤]，尺度结构是由层次叠加的路径依赖式累积与空间实践的再叠加形成的；美国学者史密斯（Smith N.）提出涉及身体、家、社区、城市、区域、国家、全球等七个尺度序列的结构[⑥]，这些尺度不是对空间范围的严格划分，也不是固定不变的，

---

① 国内对 Brenner N. 的翻译也有“博任纳”的说法，本书沿用香港中文大学徐江教授较早使用的“布伦纳”的译法，后文不再说明。

② ［美］尼尔·博任纳：《新国家空间：城市治理与国家形态的尺度重构》，王晓阳译，江苏凤凰教育出版社 2020 年版，第 12 页。

③ P. J. Taylor.“A Materialist Framework for Political Geography”, *Transactions of the Institute of British Geographers*, Vol.7, No. 1（1982）, pp. 15-34.

④ H. Lefebvre, *The Production of Space*, Oxford: Blackwell Publishing Ltd, 1991.

⑤ ［美］尼尔·博任纳：《新城市空间：城市理论与尺度问题》，王周杨译，江苏凤凰教育出版社 2022 年版，第 75 页。

⑥ N. Smith,“Contours of a Spatialized Politics: Homeless Vehicles and the Production of Geographical Scale”, *Social Text*, Vol.10, No.4（1992）, pp. 54-81.

而是不完整的、开放的。但是，现有的尺度词汇量不足以把握地理尺度间复杂的、不断变化的相互联系和相互依存关系①，本地、城市、区域等术语被用来划定社会关系中的“孤岛”，从而掩盖了各个尺度之间频繁的互动和深刻的相互影响。尺度等级不是固定的或预先确定的社会互动支架，而是它们自身在互动中并通过互动而定期产生和修改的。与此同时，国家空间的去地域化和再地域化过程导致“尺度相对化”②③，任何尺度的政治—经济组织或社会政治斗争都不能凌驾于其他尺度之上，一系列次国家级和超国家级的社会空间架构（从全球城市区域、工业区、区域政府机构到跨国经济区、超国家监管机构、全球治理制度等）成为全球再生产的地理基础设施。随着全球、超国家、国家和次国家尺度的政治经济活动之间的关系被系统性地重新洗牌，传统认知下的国家空间遭到了破坏，不再具有霸权性或主导性尺度的社会空间关系。④ 一些关键性政治经济过程的尺度结构，包括资本积累、地域管制、社会再生产与政治动员等变得更加具有流动性，更加直接地受到剧烈竞争的影响，因此更加容易以渐进或者激进的方式进行重组。但是，这些尺度相对化的过程并不意味着国家机构在形成与重塑城市肌理过程中作用的削弱，国家权力的尺度地理已经发生了具有划时代意义的转变。

尺度究竟是将世界加以分类和条理化的一种思想工具，还是贯穿于政治和经济过程积极创造出来的真实事物（作为物质社会的产物确实存在），反映了唯心主义和唯物主义地理学家理解世界的不同认识论。对马克思唯物主义者来说，地理尺度概念的关键在于理解尺度是斗争和妥协过程产生的社

---

① ［美］尼尔·博任纳：《新国家空间：城市治理与国家形态的尺度重构》，王晓阳译，江苏凤凰教育出版社 2020 年版，第 9—10 页。

② Collinge C. Spatial Articulation of the State：Reworking Social Relations and Social Regulation Theory［R］. Center for Urban and Regional Studies，Birmingham，1996.

③ ［美］尼尔·博任纳：《新国家空间：城市治理与国家形态的尺度重构》，王晓阳译，江苏凤凰教育出版社 2020 年版，第 57—58 页。

④ B. Jessop，“The Crisis of the National Spatio-temporal Fix and the Tendential Ecological Dominance of Globalizing Capitalism”，*International Journal of Urban and Regional Research*，Vol.24，No.2（2000），pp.323-360.

会产物。因此，所有这些尺度都是在各种社会行动主体的积极作用下才被创造出来的。

可以看出，从列斐伏尔到布伦纳，“尺度结构”伴随着尺度本身的建构主义研究，也越来越摆脱了给定性、固定性等特征，而在布伦纳对“尺度结构化”的论述中，已经包含了对尺度动态性演变的动因、性质、结果等问题的描述，从这个意义上看，尺度结构化本身就是尺度重组的过程。区位、区域分异、地方综合、空间结构、空间联系、尺度关联等构成了经济地理学思维的基本框架。①

4. 作为城市问题的尺度

美国学者布伦纳（Brenner N.）提出将城市问题视为尺度问题的观点。②以美国芝加哥大学人类生态学派为代表的早期城市研究学者倾向于将城市视为一种特定地域类型，城市与其地理边界外的其他类型地域是相对立的，城市被视为一个相对的、不言自明的尺度化实体。20 世纪后半叶，新兴城市理论不再将城市界定为一种地域，而是将其视为一种尺度。在这种更新视角下，对城市空间的描绘不是通过水平维度将城市与其他聚居地带进行对比，而是通过垂直维度将城市的尺度在动态演化、多层组织的地理结构中进行定位，涵盖了区域、国家和全球三种关键尺度。城市不再被概念化为有界的空间单元或者空间容器，而被视为一种嵌入更为广阔的、动态演化的、整体的社会空间关系，通过其在更为广阔的模式化、规则化的社会空间相互依赖性的尺度间框架中的关系嵌入型和变化的关系结构位置来定义。随着 20 世纪 90 年代对尺度概念的进一步完善，城市研究的主要分支领域，包括城市体系、城市形态、城市政治、城市经济、城市治理、城市更新和城市社会运动等都在被自反性的尺度术语所重新塑造。如今，尺度被认为是城市化的一个关键方面，大量研究工作将城市视为多种形式尺度重新组合塑造的竞技场和

① 刘卫东等：《经济地理学思维》，科学出版社 2013 年版，第 4 页。

② ［美］尼尔·博任纳：《新城市空间：城市理论与尺度问题》，王周杨译，江苏凤凰教育出版社 2022 年版，第 1—8 页。

目标。[①] 目前，尺度问题在主要城市理论研究领域已经成为一个普遍的概念和方法论起点。

国内人文地理学对尺度的引介和运用始于2000年之后，主要涉及实证解释和理论探讨，其中又以对西方尺度理论的具体应用为主。在尺度理论方面主要聚焦于对西方尺度理论的总结与视角拓展，例如，苗长虹系统梳理了西方人文地理学中关于尺度概念的热烈争论，并讨论了尺度转向的成因、意义和局限性[②]；刘云刚等详细剖析了尺度的人文地理学内涵，指出地理学的尺度可分为现实尺度、分析尺度和实践尺度三个层面[③]；王丰龙等基于二次抽象的视角，探讨了尺度的本质含义及其分析框架[④]；马学广等在回顾西方尺度政治理论的基础上，从结构—行为—行动者视角总结了尺度政治研究的三个方向[⑤]。在尺度的应用方面主要集中在对尺度政治的运用，对象和范围涉及社会事件[⑥]、能源安全[⑦]、领土冲突[⑧]、城市区划[⑨]、旅游开发[⑩]、生态环境[⑪]等领域。

---

① ［美］尼尔·博任纳：《新城市空间：城市理论与尺度问题》，王周杨译，江苏凤凰教育出版社2022年版，第7—8页。

② 苗长虹：《变革中的西方经济地理学：制度、文化、关系与尺度转向》，《人文地理》2004年第4期。

③ 刘云刚、王丰龙：《尺度的人文地理内涵与尺度政治——基于1980年代以来英语圈人文地理学的尺度研究》，《人文地理》2011年第3期。

④ 王丰龙、刘云刚：《尺度概念的演化与尺度的本质：基于二次抽象的尺度认识论》，《人文地理》2015年第1期。

⑤ 马学广、李鲁奇：《国外人文地理学尺度政治理论研究进展》，《人文地理》2016年第2期。

⑥ 刘云刚、王丰龙：《三鹿奶粉事件的尺度政治分析》，《地理学报》2011年第10期。

⑦ 胡志丁、葛岳静、徐建伟：《尺度政治视角下的地缘能源安全评价方法及应用》，《地理研究》2014年第5期。

⑧ 贺小婧、刘云刚、葛岳静：《钓鱼岛事件的尺度政治与言论分析》，《世界地理研究》2015年第3期。

⑨ 王丰龙、刘云刚：《中国行政区划调整的尺度政治》，《地理学报》2019年第10期。

⑩ 陆林、张清源、许艳等：《全球地方化视角下旅游地尺度重组——以浙江乌镇为例》，《地理学报》2020年第2期。

⑪ 任以胜、陆林、虞虎等：《尺度政治视角下的新安江流域生态补偿政府主体博弈》，《地理学报》2020年第8期。

5. 尺度的社会生产

美国地理学家史密斯（Smith N.）认为，应强调“尺度的生产”（Production of Scale）——“特定地理尺度的生产，才是资本协调自身矛盾的机制”①。尺度的生产不可能仅以经济手段便可达成，仍需社会上广泛的经济外体制支持，方能建构新的尺度关系。特别是国家领域性的变动往往涉及既有空间构造与管理组织的重构，因而更不可忽略背后隐藏的地缘政治竞合过程。

因此，尺度本身应当以建构主义观点（Constructionist Perspective）来看待，有三个重点应予注意②：其一，尺度经由社会建构而产生，并非预设或固定的；其二，社会与空间有其互相建构的属性，治理尺度的重构，必然涉及既有不同治理尺度间的政治关系重组；其三，尺度建构寓权力于其中，是一种竞合过程，涉及充满冲突的权力斗争。

有别于过去将尺度视为各自独立、不同规模的静态空间场域，社会建构的观点将尺度间的关系视为一种持续演进的社会—空间动态，尺度的生产是一种充满异质、冲突与竞合的过程。③

6. 尺度研究的方法论挑战

目前有关尺度的术语还不足以解释地理尺度间复杂的、发展变化的历史的相互联系和相互依赖。④ 当用诸如地方、城市、区域等术语来划分相对独立的社会关系的地域界线时，他们混淆了相互重叠和紊乱的尺度间网络。关于尺度研究所遇到的方法论挑战，列斐伏尔（Lefebvre H.）认为，至少

① N.Smith，*Uneven Development*：*Nature*，*Capital*，*and the Production of Space*，Athens：University of Georgia Press，1990.

② H.Leitner，“Spaces of Encounters：Immigration，Race，Class，and the Politics of Belonging in Small-town America”，*Annals of the Association of American Geographers*，Vol.102，No.4（2012），pp.828-846.

③ E.Swyngedouw，*Excluding the Other*：*The Production of Scale and Scaled Politics*，London：Arnold，1997.

④ ［美］尼尔·博任纳：《城市、地域、星球：批判城市理论》，李志刚等译，商务印书馆2019年版，第28页。

包括以下三个方面[①]：第一，将尺度概念化为一个过程，如本地化、区域化、国家化或者全球化，而不是作为永久固定的既定事物；第二，概念化所有地理尺度的内在联系及其在更广泛的尺度层级结构中的嵌入；第三，发展强调学科间关系和多尺度转换的后学科发展，而不是本体化传统学科分工所基于的独特尺度焦点。卡斯特尔斯（Castells M.）区分了城市的两个基本维度：尺度维度和功能维度，前者关注的是城市尺度上所组织的社会过程的物质性，后者关注的不仅包括地理环境和社会过程的地域范围，还涉及它们扮演的功能角色。[②] 哈维（Harvey D.）认为，地理尺度是社会经济关系相互交织的组织—地域矩阵，作为地方与区域嵌入的社会空间关系、国家政治—制度结构、全球抽象劳动和世界市场空间之间的“传动装置”[③]，调解资本循环的核心运作及其内在危机倾向和由此引发的社会政治冲突。

经过 40 余年的研究后，中外学者对尺度的理解日趋深入，同时对于尺度建构等观点也基本形成共识，但对尺度的概念界定、尺度的本体论状态、尺度与网络及地域等概念的关系等问题仍存在多样甚至相互矛盾的观点[④]，甚至有学者主张因概念的混乱性而将“尺度”抛弃，但这也反向说明我们对“尺度”的研究远未达到饱和的程度，有着广阔的领域和空间有待深入探寻。

（二）尺度重组的分析架构

尺度安排从来不会一成不变，而是随着资本积累、国家监管、社会再生产和社会政治斗争的动态变化而不断发展。[⑤] 因此，严格意义上讲，地理尺度不是静止的、固定的或者社会空间的永久性财产，不能被解释为由绝对地理尺度定义的嵌套领域容器系统，它是特定社会过程的可延展的维度，任

---

① ［美］尼尔·博任纳：《新国家空间：城市治理与国家形态的尺度重构》，王晓阳译，江苏凤凰教育出版社 2020 年版，第 10 页。

② M.Castells，*the Urban Question*：*A Marxist Approach*，Cambridge，MS：MIT Press，1972.

③ ［美］尼尔·博任纳：《新城市空间：城市理论与尺度问题》，王周杨译，江苏凤凰教育出版社 2022 年版，第 71 页。

④ 马学广、李鲁奇：《国外人文地理学尺度政治理论研究进展》，《人文地理》2016 年第 2 期。

⑤ ［美］尼尔·博任纳：《新国家空间：城市治理与国家形态的尺度重构》，王晓阳译，江苏凤凰教育出版社 2020 年版，第 84 页。

何一个地理尺度的制度结构、功能、历史和机制都只能通过其向上、向下以及与它所嵌入的更广泛尺度顺序内的其他地理尺度的横向联系来相对把握①，尺度结构可以被描述为叠加的和相互渗透的尺度层级体系的马赛克，但不会以整齐的重构、一致的模式相互重叠，不同的行为尺度以垂直、水平、对角线、向心、离心和涡旋方式在各种混合组合中联系在一起，由此也引发了尺度运动、尺度修复、尺度渗透和尺度重组等一系列动态过程。因此，尺度问题研究的分析焦点是尺度化和尺度重组的过程②，而不是尺度本身。

1. 尺度重组的内涵与原理

20 世纪 90 年代以来，尺度问题得到了地缘政治经济和批判性城市研究等不同学科领域越来越多的重视③，其具体反映之一是新兴的全球城市理论家与管制主义城市研究者的尺度重组研究。批判性城市研究更多的关注当代社会空间重构的一些更加具体的维度与动态，比如地方营造、集聚、地方化、分散化、劳动地域分工以及随之而来的空间修复的构造和拆除，地域化、去地域化和再地域化的过程，空间网络的拓展和加厚，政治经济关系的区域化倾向以及空间不均衡发展，以及更加重要的地理尺度的社会生产以及相关联的尺度重组过程。

尺度重组（Rescaling）理论发轫于资本全球流动背景下西方国家通过一系列分权化、去政府化、私有化对国家角色和功能的重塑④、国家空间与城市及区域治理的重构⑤，从理论上讲，它已成为探讨区域空间生产和区域治

① ［美］尼尔·博任纳：《新国家空间：城市治理与国家形态的尺度重构》，王晓阳译，江苏凤凰教育出版社 2020 年版，第 12—16 页。

② ［美］尼尔·博任纳：《城市、地域、星球：批判城市理论》，李志刚等译，商务印书馆 2019 年版，第 29 页。

③ ［美］尼尔·博任纳：《新城市空间：城市理论与尺度问题》，王周杨译，江苏凤凰教育出版社 2022 年版，第 106—107 页。

④ E.Swyngedouw. “Neither Global nor Local：‘Glocalization’ and the Politics of Scale”，In *Spaces of Globalization*：*Reasserting the Power of the Local*，A.Mair（eds.），New York：The Guilford Press，1997.

⑤ G.Macleod，M.Goodwin，“Space，Scale and State Strategy：Rethinking Urban and Regional Governance”，*Progress in Human Geography*，Vol.23，No.4（1999），pp.503-527.

理的重要视角，在实践中，也成为创新区域发展环境、促进经济发展的重要工具。[①] 尺度重组的基本原理可以表述为[②]：尺度是经由社会政治过程而动态建构的，并且它同这一处于持续变化中的社会政治过程相互作用，因而同样处于持续的动态重构中；这种重构既可以指单个尺度的建构、再造或废除，也可以指尺度间关系的转变以及整个尺度结构的调整。而实际上，这三方面的过程在本质上是一致的。

尺度重组作为重塑国家和区域竞争力的政策和空间治理手段，正逐渐成为创新区域发展环境和促进经济发展的重要工具。[③] 但是，尺度重组在当前研究中仍是一个“复杂的隐喻”，一方面它被学者们赋予了不同的含义并涉及全球化、城市治理、地方政治动员等复杂过程[④]，另一方面当前研究也大多侧重于对其动因、机制的探讨，而对其内涵、表现等较少进行更为系统的总结。

尽管“尺度重组”一词被学者们广泛使用，但其内涵却存在一定的差异。例如，布伦纳（Brenner N.）提到“通过尺度重组过程根植的尺度结构经由强烈的社会政治斗争而被持续地废除和再造”，即强调尺度结构本身的转变[⑤]；基廷（Keating M.）将尺度重组定义为“社会、经济和政治体系向国家之上、国家之下和跨域国家的新的空间层次的迁移”[⑥]，即更强调现实发生的以国家尺度为基点的尺度相对化过程；而哈尔斯塔德（Haarstad H.）等则将尺度重组理解为“在新的尺度并以促进网络内交流的方式策略地转变诉求

---

① 晁恒、马学广、李贵才：《尺度重构视角下国家战略区域的空间生产策略——基于国家级新区的探讨》，《经济地理》2015 年第 5 期。

② 马学广：《全球城市区域的空间生产与跨界治理研究》，科学出版社 2016 年版，第 117 页。

③ 晁恒、马学广、李贵才：《尺度重构视角下国家战略区域的空间生产策略——基于国家级新区的探讨》，《经济地理》2015 年第 5 期。

④ 马学广、李鲁奇：《全球重构中尺度重组及其地域性管制实践研究》，《地域研究与开发》2017 年第 2 期。

⑤ N.Brenner，*New State Spaces*：*Urban Governance and the Rescaling of Statehood*，Oxford：Oxford University Press，2004.

⑥ M.Keating，“Introduction：Rescaling Interests”，*Territory*，*Politics*，*Governance*，Vol.2，No.3（2014），pp. 239-248.

以适应霸权话语”[①]，即更强调尺度在政治斗争中的手段性。尽管这些具体界定存在差异，但它们大多基于对尺度的社会建构和动态转变的理解，即将尺度看作同建构它的、处于持续变化中的社会政治过程相互作用，并因而同样处于持续变化中的空间范畴。尽管不同学者对“尺度重组”概念的具体界定存在差异，但几乎所有的定义都是基于对尺度的社会建构和尺度的动态转变的理解。因此，尺度重组在一定程度上可以看作尺度所固有的属性，它可以涵盖各种形式的尺度变动，而不论这种变动的动因、形式如何。这一宽泛的界定使得它存在多种直接或间接的、结构或能动的、现实或表征的形式[②]，既存在尺度间行政权限的直接下放，也存在因区划调整而间接引起的管制权力上移；既存在以制度重构为代表的尺度结构变动，也存在行动者所采取的尺度跳跃等策略；既存在由组织等要素构成的尺度实体，也存在话语建构中行动者对区域尺度的想象。尺度重组由多个行动者基于各自利益所共同推动，而非由单一行动者所主导，尺度重组本质上是行动者间权力和利益的重组。在此基础上，“尺度重组”的常见含义有三类：抽象层面的社会建构基础上尺度的历史演变、具体层面的国家或城市尺度重组以及政治斗争视角的行动者对尺度的运用。[③]这一概念具备四个基本要素或特征，即尺度的社会建构和动态演进、尺度重组同政治斗争的关联性、尺度重组的路径依赖性以及尺度重组同其他空间维度的关联性。“尺度重组”涉及广泛的社会空间过程，如政府层级间权力关系转变、金融体系转型、城市企业主义、新区域主义、全球化市场和福利政策调整等。这些过程不仅包括尺度结构的直接调整，还更为明显地通过地域重构体现出来。尺度重组的典型地域性管制实践可归纳为行政权限调整、行政区划调整、地方增长极的培育和跨边界区域

---

① H.Haarstad，A.Fløysand，“Globalization and the Power of Rescaled Narratives：A Case of Opposition to Mining in Tambogrande，Peru”，*Political Geography*，Vol.26，No.3（2007），pp.289-308.

② 马学广、李鲁奇：《尺度重组中海洋国家战略区域的策略与制度建构——以山东半岛蓝色经济区为例》，《经济地理》2016 年第 12 期。

③ 马学广、李鲁奇：《全球重构中尺度重组及其地域性管制实践研究》，《地域研究与开发》2017 年第 2 期。

合作。尺度重组战略被广泛地视为解决经济危机倾向、处理管制问题、重新校准权力关系以及为经济增长、地域治理和政治认同建立新的地理基础的手段①，城市与大都市区日益成为管制试验、制度创新与社会政治竞争的战略地点。

因此，尺度重组的基本原理可以表述为：尺度是经由社会政治过程而动态建构的，并且它同这一处于持续变化中的社会政治过程相互作用，因而同样处于持续的动态重构中；这种重构既可以指单个尺度的建构、再造或废除，也可以指尺度间关系的转变以及整个尺度结构的调整。而实际上，这三方面的过程在本质上是一致的，例如在若干城市之上构建新的区域尺度（比如城市群、都市带、经济区等），这一尺度的建构必然引起城市与区域、区域与国家等尺度间关系的变化（如将部分城市管制权力转移到新的区域尺度，或引起区域与国家尺度在资本积累中的竞争等），这意味着整个尺度结构已经发生了调整。因此，从这个意义上说，“尺度重组”是一个相当宽泛的概念，它几乎可以涵盖所有形式的尺度变动，而不论这种变动的动因、形式、结果如何。这一宽泛的界定也给予了“尺度重组”概念较大的灵活性，使得它得以描述与尺度相关的广泛的社会空间过程，并由不同学者从不同视角出发开展基于尺度重组的多样的研究。

2. 尺度重组的属性特征

尺度重组是一个动态运作的过程，因此对它的把握不应仅仅局限于结构本身，更应关注其在运作中所体现的动态的属性特征，如不同利益群体之间的政治斗争、新旧尺度结构之间的互动等。

第一，相对性：“尺度的相对化”。国家在地理尺度的分析中占有关键地位，甚至“我们对地理尺度的理解本身就是依赖于国家的（State-Dependent）”。这使得国家中心主义广泛存在于20世纪的西方社会科学中。而在西方二战后的凯恩斯福利国家中，国家尺度在政治经济地理中取得了绝对的首要性，

① ［美］尼尔·博任纳：《新城市空间：城市理论与尺度问题》，王周杨译，江苏凤凰教育出版社2022年版，第116页。

例如在经济上以“全国发展主义”（National Developmentalism）为指导，地方和区域经济则被看作全国经济空间的次级单元。然而，20 世纪 70 年代以后，随着西方“后凯恩斯竞争国家”的兴起①，原有以国家为中心的一致的积累体制和调节模式逐渐被关注关键地区的差异化、去中心化的管制策略所取代。在这种情况下，国家在动态重构的尺度结构中似乎不再具有主导性角色。杰索普（Jessop B.）使用“尺度相对化”（Relativization of Scale）一词来描述这一转变。②③ 他指出，战后国家尺度的主导地位在当前已受到挑战，但这一国家首要性的丧失并非意味着其它任何尺度获得了同国家过去相似的首要性，相反，各个尺度之间为争夺主导性而进行持续的斗争，因而当前发生的是在纠缠的而非嵌套的层级中相互联系的并伴随着不同时间性和空间性的尺度的扩散。这一对当前尺度重组过程的理论化描述打破了对固定的、国家中心的尺度结构的认识，进而为尺度动态冲突的重组过程的研究打开了道路。

第二，方向性：向上、向下和向外。尺度相对化通常伴随着积累重心和管制权力由国家向上至超国家尺度、向下至次国家尺度的转移，即向上或向下的“尺度跳跃”，这体现出明显的方向性。除此之外，这一方向性也体现在向外至私人资本（即强调公私合作等政府治理模式变革）或“斜侧着移动”（即强调跨地方的治理模式）的过程中。值得注意的是，尽管学者们对这些过程的描述通常以国家尺度为基点，但它同样也可以运用到其它尺度，如在跨边界合作区域中由城市尺度向区域尺度的管制权力的转移。此外，正是由于尺度重组必然伴随着以权力等要素的流动为标志的尺度间关系的变动，因此，这一方向性成为研究中一个重要的切入点，如斯马特（Smart A.）对珠

① N.Brenner，*New State Spaces*：*Urban Governance and the Rescaling of Statehood*，Oxford：Oxford University Press，2004.

② B.Jessop，“The Rise of Governance and the Risk of Failure：The Case of Economic Development”，*International Social Science Journal*，Vol.155（1998），pp.29-45.

③ B.Jessop，“The Crisis of the National Spatio-temporal Fix and the Tendential Ecological Dominance of Globalizing Capitalism”，*International Journal of Urban and Regional Research*，Vol.24，No.2（2000），pp.323-360.

江三角洲“自下而上”的尺度项目的研究①、哈尔斯塔德（Haarstad H.）对秘鲁矿区的尺度政治中“自下而上的尺度化”（Scaling from Below）的研究②等。应当指出的是，这一方向性仅仅是对尺度重组过程的概略性描述，尺度重组并非只是简单的权力转移，相反，在这一过程中，伴随着不同政治力量之间的斗争，国家权力发生破碎、变形，不同尺度之间也互相穿插、渗透，并形成不一致的、分散的权力格局。

第三，整体性：尺度结构、空间和全球政治经济的重构。尺度重组的整体性首先表现为尺度或尺度间关系的转变也常常意味着整个尺度结构的转变，例如新的区域尺度的建构必然引起城市与区域、区域与国家甚至区域与全球等尺度之间关系的变化，而这些多重尺度间关系的转变相互交织而形成的则是整个尺度结构在一定程度上的重塑。其次，尺度重组并非是一个孤立的过程，它是新一轮全球化背景下发生的包含再地域化、再边界化和再尺度化（即尺度重组）的更为广泛的空间重组的一个维度。例如，开发区的建设既伴随着固定基础设施的投资（再地域化），又常常伴随着行政区划的调整或行政边界的柔性化（再边界化），同时其功能也常常超越城市尺度而同其上的多重尺度相联系（尺度重组）。最后，尺度重组还是更为广泛的全球政治经济重构的一部分。正是在这个意义上，它同新自由主义化、全球资本积累、跨国移民等一系列经济社会过程相互作用，并因特定的社会经济环境而呈现出特有的形式。

第四，动态性：持续的重构和暂时的平衡。如前所述，在西方人文地理学的“尺度转向”中，尺度不再被看作孤立的、固定的空间范畴，而是由社会建构并随社会关系的变动而发生持续的建构和重组。例如，在资本积累

① A.Smart，G.Lin，“Local capitalisms，local citizenship and translocality：Rescaling from below in the Pearl River Delta region，China”，*International Journal of Urban and Regional Research*，Vol.31，No.2（2007），pp.280-302.

② H.Haarstad，A.Fløysand，“Globalization and the Power of Rescaled Narratives：A Case of Opposition to Mining in Tambogrande，Peru”，*Political Geography*，Vol.26，No.3（2007），pp.289-308.

中，资本必须不断地重复去地域化和再地域化过程，而同这一周期性的资本循环相伴随，尺度结构也要发生持续的调整。又如，在不同利益群体之间持续的政治斗争中，尺度成为“合作和竞争达到脆弱平衡的舞台”；而正因为这种新的尺度结构是暂时的、脆弱的，因此随着其中所包含的潜在冲突的逐渐显化，新一轮的尺度政治斗争会随之展开。因而，尺度的动态性并非仅仅是其所依赖的社会过程的动态性的表现，相反，尺度结构会反作用于这种社会过程，因此更准确地说，尺度动态重组的动力来自于尺度同社会关系之间持续的相互作用。

第五，冲突性：政治斗争的场所、目标和工具。尺度重组内含着相互冲突的社会行动者之间的关系，而它又成为持续的、动态的尺度重组的驱动力。学者们更多地使用“尺度政治”一词来描述这一冲突的尺度重组过程，其中，尺度不仅仅作为政治斗争的场所，同时还是斗争的目标和工具。首先，尺度是“控制和支配存在的场所”，即政治过程在尺度中产生并运作。其次，尺度是“政治建构”的，它作为政治斗争的目标和结果而成为互相冲突的权力关系的反映和暂时固化。例如，地方政府为获得更高的自主性和更多的资源常常会同中央政府展开斗争，而斗争中各方妥协的结果则常常是各类国家级新区的建立、行政等级的调整等尺度重组过程。最后，尺度政治斗争并不必然以尺度作为首要目标，在更多的情况下，政治斗争和制度实践的“尺度分化”常常会被行动者所利用，成为实现其特定政治目标的工具。例如，在斗争中，行动者可以通过“尺度跳跃”将斗争转移至更高尺度，进而扩大对空间的影响程度，以获得实现自身利益所需的政治权力。

第六，路径依赖性：既有尺度结构的凝滞作用。尺度重组中的冲突不仅存在于运作于其中的社会关系中，同时还存在于新旧尺度结构之间（或旧的尺度结构与重构这一尺度结构的新的尺度项目之间），并使得尺度结构以路径依赖的方式持续、动态演进。这意味着尺度重组中一个尺度或尺度结构并非被另一个全新的尺度或尺度结构所简单替代；相反，通过试验性策略新的尺度项目以分层的（Layered）方式叠加于原有的尺度结构之上，而原有的尺度结构则可能会限制新的尺度结构的产生。一个典型的例子是我国的省直管县体制改革，在试点中，通过尺度跳跃，县级尺度同省级尺度建立了新的治理网络，但原有的市级尺度仍对县级尺度形成较强的制约，如周边县对于作为经济中心的市的依赖、市级政府在人事等方面对县级政府的控制等等。因而新的尺度结构的形成必须通过行政区划的渐进调整、市县关系的重新建构等项目而分层地、渐进地进行。

3. 尺度重组的主要类型

市场经济活动和政府组织结构之间的二分在社会科学的研究中相当普遍。而考虑到二者之间的联系，这一二分法可以进一步地细化为以下三个方面：(1) 市场经济活动方面，如以跨国公司为代表的全球资本、劳动力等要素流动的加速，以及全球城市的崛起，城市和区域之间融合度的提高等；(2) 国家机构对资本积累过程的调控和管制方面，如国家级新区的设立、福利制度的改革等；(3) 政府组织结构本身方面，如政府间国际组织的建立、行政区划调整、市长联席会议等等。

通过对尺度重组相关理论的梳理，可以发现这一二分法被学者们广泛使用，但两方面的界限却各不相同。例如基廷（Keating M.）将尺度重组划分为“功能性尺度重组”（Functional Rescaling）和“制度性尺度重组”（Institutional Rescaling）①，前者存在于“经济发展”以及“福利政策”领域，包含市场经济活动和国家对经济和社会的调控；而后者则指“政府地域结构的转变”。又如斯温格杜（Swyngedouw E.）将尺度结构理解为网络和管制秩序（Regulatory Order）的统一②，前者指内在联系的经济活动的空间或地理安排，即资本积累方面；后者指地理制度安排，如国家、区域/地区的治理形式，或欧盟等跨国组织，因而它涉及制度结构和调节模式；等等。

沿用布伦纳（Brenner N.）和斯温格杜（Swyngedouw E.）的划分方法，尺度重组可以划分为：(1) 积累体制的尺度重组，主要涉及资本积累策略在

---

① M.Keating，“Introduction：Rescaling Interests”，*Territory*，*Politics*，*Governance*，Vol.2，No.3 (2014)，pp.239-248.

② E.Swyngedouw，“Globalisation Or ‘Glocalisation’? Networks，Territories and Rescaling”，*Cambridge Review of International Affairs*，Vol.17，No.1 (2004)，pp.25-48.

多重尺度的扩散和重构；(2) 调节模式的尺度重组，主要涉及国家对资本积累的管制策略以及与之相联结的制度结构在多重尺度的扩散和重构。

首先，积累体制的尺度重组。积累体制的尺度重组主要涉及资本积累领域尺度结构的转变，这一过程同资本的去地域化和再地域化紧密交织。在资本积累中，通过寻求更廉价的原材料、劳动力等，资本会消除一系列地理障碍，这体现了资本的去地域化过程。这一空间上的扩张伴随着时间上的加速，被哈维（Harvey D.）称为“时空压缩”①。在这种情况下，国家地域性甚至地理本身都在收缩甚至消散。正是在这个意义上，当前资本主义全球化才被认为产生了无地方的、无距离的和超地域的地理，进而削弱或侵蚀了国家在资本积累中的重要性。然而，这一认识将全球空间和国家地域性之间的关系看作零和博弈，并忽视了地域性被“重构”而非被“侵蚀”的可能。而为纠正这一认识，需要引入再地域化的概念。再地域化是经历了去地域化后的地方或地域的重构。尽管伴随着时空压缩，资本流通越来越快，但它最终是附着于地方的，只有通过相对固定的、地域根植的形式，即通过重构或新建社会空间基础设施的暂时的“空间修复”过程，资本循环才能持续地在时间上和空间上展开。因此，全球化并非意味着地域性的消失，相反，全球尺度上的去地域化内在地与同时发生在次全球尺度上的再地域化相关联。这一包括去地域化和再地域化在内的地域重构深刻影响了全球化背景下资本积累的尺度结构。伴随这一过程，国家在资本积累中的首要性降低，而城市和区域，尤其是具有竞争优势的特定地区日益跨越国界边界并同超国家和全球经济网络相联结，进而在全球资本循环中获得越来越突出的地位。

其次，调节模式的尺度重组。随着资本积累和其它经济活动开始打破原有的尺度格局，国家对社会经济的管制权力以及国家组织结构本身也开始向多尺度扩散。这种转变主要体现在两方面：一方面是管制权力向超国家和次国家尺度的转移，以及个别有竞争力的地区行政自主性的增加，即向上和向下的尺度重组；另一方面是行政管理模式的变化，尤其是政府同企业、公

---

① D.Harvey，*The Condition of Postmodernity*，Oxford：Basil Blackwell，1989.

民之间关系的变化，即向外的尺度重组。国家权力向次国家尺度和超国家尺度的转移在尺度重组的理论和实证研究中已被学者们反复强调，如布伦纳（Brenner N.）指出，尽管20世纪70年代以来国家尺度发生了去中心化，但在超国家和次国家尺度，管制的各种地域策略仍对资本积累起到巨大的作用。[①] 伴随着新自由主义（以及随之而发展起来的新公共管理运动）和治理理论的兴起，在尺度重组中，政府开始改变原有的官僚制管理模式，而代之以一种新的治理形式，如参与和权力分享、多层面整合、多样性和去中心化、协商、灵活性和可修改性以及试验和知识创新。如前所述，尺度重组是更广泛的空间重构的一个维度并同其它维度相互交织，因此，其实践形式极为多样，既可能涉及空间的转变（如跨边界区域的建立），也可能涉及非空间的转变（如公私合作）；既可能涉及积累体制的转变（如跨国经济体的形成），也可能涉及调节模式的转变（如国家级开发区的设立）；既可能涉及国家地域内的转变（如特定县市行政区划的调整），也可能涉及跨国家地域的转变（如超国家合作组织建立）等。

4. 尺度重组的研究路径

在尺度重组的研究路径方面，麦金农（MacKinnon D.）总结了两个经典方向，即政治经济学方法和后结构主义方法。[②] 前者强调尺度作为不固定的物质实体的社会建构，揭示社会空间的生产，通过尺度的政治（Politics of Scale）的概念反映尺度重组的关系维度。后者批判了政治经济学将尺度物化、本质化、回归空间拜物教的倾向，将尺度视为呈现特定社会空间秩序的基本认识论，而非本体论存在的物质形式。后结构主义方法强调尺度作为不同行为者和群体在寻求获得特定形式的身份和优势时使用的表征或话语框架的重要性。从这个意义上说，它关注尺度是如何通过社会实践和话语进行社

---

① N.Brenner, "Between Fixity and Motion: Accumulation, Territorial Organization and the Historical Geography of Spatial Scales", *Environment and Planning D: Society and Space*, Vol.16, No.4 (1998), pp.459-481.

② D.MacKinnon, "Reconstructing Scale: Towards a New Scalar Politics", *Progress in Human Geography*, Vol.35, No.1 (2010), pp.21-36.

会建构的，以及尺度是如何参与身份和地方的塑造的。针对以上两种不同，麦金农（MacKinnon D.）明确了自己的研究立场，即从批判现实主义哲学的角度看待尺度问题：尺度是一个“真实的”物质实体，可以通过具体的表征和话语来认识和理解，并采用后结构主义的关键要素，运用政治经济学视野使研究尺度重组更加开放。

5. 尺度重组的研究框架

在尺度重组的研究框架方面，国内外专家学者提出了较为丰富的分析架构，但尚未形成统一的分析思路。琼斯（Jones M.R.）① 和布伦纳（Brenner N.）② 提出的“国家空间选择性”，强调国家通过瞄准特定的地理尺度和制定有区别对待的政策来发挥区域优势以及提升竞争力；泊克曼（Perkmann M.）提出的“政治动员—治理建构—战略统一”，用来分析尺度重组的一般化过程③；基廷（Keating M.）提出的“领域—经济和社会利益—制度”，用来表示尺度重组的形式表现④。后续学者如苏晓波综合运用了国家空间选择性和行动者角色的分析框架研究边疆省份云南如何融入全球化进程⑤，马学广等则提出“策略—制度”的分析思路进行本土化尝试⑥，并将尺度重组的研究思路应用于分析我国海外园区的空间治理体系⑦、“飞地经济”的跨界空间治

① M.R.Jones，“Spatial Selectivity of the State? The Regulationist Enigma and Local Struggle over Economic Governance”，*Environment and Planning A*，Vol.29，No.5（1997），pp.831-864.

② N.Brenner，*New State Spaces*：*Urban Governance and the Rescaling of Statehood*，Oxford：Oxford University Press，2004.

③ M.Perkmann，“Construction of New Territorial Scales：A Framework and Case Study of the EUREGIO Cross-Border Region”，*Regional Studies*，Vol.41，No.2（2007），pp.253-266.

④ M.Keating，“Rescaling Europe”，*Perspectives on European Politics and Society*，Vol.10，No.1（2009），pp.34-50.

⑤ X.B.Su，“Transnational Regionalization and the Rescaling of the Chinese State”，*Environment and Planning A*，Vol.44，No.6（2012），pp.1327-1347.

⑥ 马学广、李鲁奇：《尺度重组中海洋国家战略区域的策略与制度建构——以山东半岛蓝色经济区为例》，《经济地理》2016 年第 12 期。

⑦ 马学广、鹿宇：《尺度重组视角下我国海外园区空间治理体系重构研究》，《中国海洋大学学报》（社会科学版）2021 年第 5 期。

理实践[①]、地域性管制实践[②]、城市群区域合作模式[③]、异地共建园区的空间生产[④]、欧盟海洋空间规划的理念和方法[⑤]等多个领域。

6. 尺度重组的研究内容

尺度重组的研究内容包括国家的尺度重组和城市的尺度重组两个方面。在国家尺度的讨论中，长期以来，国家空间一直被视为一个具有固定领域的自然实体，是一个纯粹的地理容器，忽略了跨边界、跨领域的社会流动对国家空间的社会建构和国家自身的主动性。[⑥]另一方面，随着全球化的新发展，许多学者认为经济全球化削弱了民族国家的力量，导致国家领域的消亡和边界的崩溃。布伦纳（Brenner N.）纠正了上述两个偏见，他的新国家空间（New State Space）理论指出，国家空间是一种社会建构，是社会关系在资本积累、治理重建和社会政治斗争等一系列社会过程而发生的持续性、多维度重构的社会关系舞台、工具和结果。民族国家仍然发挥着积极作用，它不是全球化的"无辜受害者"，而是促进全球化的"政治催化剂"。[⑦⑧]这为理解国家空间的动态性、多尺度性和国家自主性提供了重要的理论视角。城市的尺度重组是指城市这一区域组织对全球经济和资本的控制权的变化，包括世界城市体系的发展和城市空间结构的转变。[⑨]资本不会凭空流动从而赚

---

① 张钊、马学广、王新仪：《尺度重组与制度嵌入："飞地经济"的跨界空间治理实践》，《贵州省委党校学报》2021 年第 6 期。

② 马学广、李鲁奇：《全球重构中尺度重组及其地域性管制实践研究》，《地域研究与开发》2017 年第 2 期。

③ 唐承辉、马学广：《尺度重构视角下城市群区域合作的模式与策略研究——以山东半岛城市群为例》，《城市发展研究》2022 年第 2 期。

④ 马学广：《异地共建园区的空间生产及其作用机理》，《学习与探索》2023 年第 3 期。

⑤ 王新仪、马学广：《欧盟海洋空间规划理念、方法及启示》，《浙江海洋大学学报》（人文科学版）2022 年第 3 期。

⑥ 陈品宇、李鲁奇、孔翔：《尺度重组理论视角下的粤港澳大湾区建设研究》，《人文地理》2019 年第 1 期。

⑦ N.Brenner，*New State Spaces*：*Urban Governance and the Rescaling of Statehood*，Oxford：Oxford University Press，2004.

⑧ N.Brenner，"Open Questions on State Rescaling"，*Cambridge Journal of Regions*，*Economy and Society*，No.1（2009），pp.123-139.

⑨ N.Brenner，"Globalisation as Reterritorialisation：The Re-scaling of Urban Governance in the European Union"，*Urban Studies*，Vol.36，No.3（1999），pp.431-451.

取利润，城市作为资本地域化的基本形式，承担着资本流动所需的基础设施和社会环境。尤其是在跨国资本流动中，具有优势区位的城市不断壮大成为世界城市，而这种地位的变化又带动了城市自身空间形态的重构，以适应城市的转型需求。可以说，虽然城市已经确立了边界范围，但通过尺度的嵌套转换，它已经成为连接地方、区域、国家和全球经济的关键“全球—地方”空间。泰勒（Taylor P. J.）和基廷（Keating M.）等学者已经捕捉到了这一现象，称之为尺度的层级与范围发生了错位，城市功能正在改变领域框架。①② 基于此，城市治理不应将城市也视为预设平台，而应看到其社会建构性、尺度重叠性和特征变化性。③

7. 尺度重组的评价

然而，正如一些学者所指出的，尽管尺度重组为国家和城市治理作出了重要的理论贡献，但仍存在不足。一方面，尺度重组理论关注西方语境下具有经济竞争优势的城市区域，忽略了领土政治和国内权力关系如何影响尺度重组的过程④⑤⑥，“在空间经济和政策分析中忽视对权力几何变化的关注，总是无法解释或影响区域社会经济的发展轨迹”⑦。另一方面，它缺乏对社会

① P.J.Taylor.“A Materialist Framework for Political Geography”, *Transactions of the Institute of British Geographers*, Vol.7, No.1 (1982), pp.15-34.

② M.Keating,“Rescaling Europe”, *Perspectives on European Politics and Society*, Vol.10, No.1 (2009), pp.34-50.

③ N.Brenner,“Globalisation as Reterritorialisation: The Re-scaling of Urban Governance in the European Union”, *Urban Studies*, Vol.36, No.3 (1999), pp.431-451.

④ C.Yang,“The Geopolitics of Cross-boundary Governance in the Greater Pearl River Delta, China: A Case Study of the Proposed Hong Kong- Zhuhai-Macao Bridge”, *Political Geography*, Vol.23, No.7 (2006), pp.817-835.

⑤ X.B.Su,“Transnational Regionalization and the Rescaling of the Chinese State”, *Environment and Planning A*, Vol.44, No.6 (2012), pp.1327-1347.

⑥ X.B.Su,“From Frontier to Bridgehead: Cross-border Regions and the Experience of Yunnan, China”, *International Journal of Urban and Regional Research*, Vol.37, No.4 (2013), pp.1213-1232.

⑦ 魏成、沈静、范建红：《尺度重组——全球化时代的国家角色转化与区域空间生产策略》，《城市规划》2011 年第 6 期。

行动者参与并影响空间重构的具体过程的详细论述，使得“这是一个没有血肉的人的系统”[①]。尺度重组相关研究中对社会行为者的分析大多局限于尺度上推、尺度下移的纵向关系之中，而对合作联盟与尺度政治之间的横向关系关注相对较少。此外，国家尺度重组和全球资本积累之间的联系大多是放在欧美的经验中，并不完全适用于欧美以外的城市实践。[②] 正如吴德荣（Ngo T.W.）等所言，中国的尺度重组不仅是对全球化和资本积累危机的回应，也是为其自身国家建设的积极转型过程。[③]

未来的尺度重组研究仍需在各个层面进行抽象概念的具体性研究，其中最紧迫的任务包括[④]：第一，从理论上解析当代城市化进程中进行尺度化和尺度重组的机制；第二，探索促成原有稳定的城市化的尺度间结构出现动摇、重组和转型的条件；第三，分析城市结构在尺度重组过程中的各种路径和轨迹；第四，诠释支持或反对城市化过程中进行尺度重组的各种政治战略、社会力量和区域联盟；第五，研究尺度化过程、尺度重组过程与其他社会空间重构过程（比如场所营造、地域化和网络化等）之间的相互作用。

（三）尺度政治的思路方法

尺度政治（Politics of Scales）理论是伴随着20世纪70年代以来剧烈的“全球重构”而发展起来的[⑤]，这一过程以全球化的深入发展为基础，伴随着福特—凯恩斯主义的危机、新自由主义的兴起等一系列相互交织的政治经济转变。与此同时，西方人文地理学也经历了制度、文化、关系和尺度等多重

---

① 马学广、李鲁奇：《新国家空间理论的内涵与评价》，《人文地理》2017年第3期。

② X.B.Su，“Transnational Regionalization and the Rescaling of the Chinese State”，*Environment and Planning A*，Vol.44，No.6（2012），pp.1327-1347.

③ T.W.Ngo，C. Yin，Z. Tang，“Scalar Restructuring of the Chinese State：The Subnational Politics of Development Zones”，*Environment and Planning C：Government and Policy*，Vol.35，No.1（2017），pp.57-75.

④［美］尼尔·博任纳：《城市、地域、星球：批判城市理论》，李志刚等译，商务印书馆2019年版，第34—35页。

⑤ N.Brenner，*New State Spaces：Urban Governance and the Rescaling of Statehood*，Oxford：Oxford University Press，2004.

转向。[①] 这些现实和学术背景为尺度政治的研究提供了实践和理论基础。[②]

1. 尺度政治的内涵

地理学家们对尺度政治的理解是多样的、变化的、有条件的，在这种情况下，对于尺度政治的研究很难进行简单的流派或阶段划分。“尺度政治”这一概念最早由美国学者史密斯（Smith N.）提出[③]，尽管他并未明确指出其具体定义，但通过纽约流浪汉抗议政府收回公园的案例说明了尺度政治的基本过程，即通过扩展尺度来达到某种政治目的。随后，史密斯（Smith N.）又通过对纽约流浪汉交通工具的研究，进一步说明了尺度的生产和再生产可以作为政治策略。[④] 遵循这一社会建构路径，德莱尼（Delaney D.）等提出了“尺度的政治建构”[⑤]，并认为尺度建构中的政治过程是持续的、开放的，并包含国家行动者、非国家行动者等广泛的主体。斯温格杜（Swyngedouw E.）也强调尺度的生产和转变，他指出，社会空间斗争和政治策略常常围绕尺度问题展开，而权力的动态平衡常常同尺度的重塑或一个全新的尺度格式塔（Gestalt of Scale）的生产相联系。[⑥] 布伦纳（Brenner N.）在强调尺度的动态建构和重构的基础上，区分了单数和复数的“尺度政治”[⑦]，前者强调单一的、自我封闭的空间单元中社会空间组织的生产、重构或竞争，而后者强调多层的尺度层级中，尺度间特定的分化、排序和层级的生产、重构

---

① 苗长虹：《变革中的西方经济地理学：制度、文化、关系与尺度转向》，《人文地理》2004年第4期。

② 马学广、李鲁奇：《国外人文地理学尺度政治理论研究进展》，《人文地理》2016年第2期。

③ N.Smith，*Uneven Development*：*Nature*，*Capital*，*and the Production of Space*，Athens：University of Georgia Press，1990.

④ N.Smith，“Contours of a Spatialized Politics：Homeless Vehicles and the Production of Geographical Scale”，*Social Text*，Vol.10，No.4（1992），pp.54-81.

⑤ D.Delaney，H.Leitner，“The Political Construction of Scale”，*Political Geography*，Vol.16，No.2（1997），pp.93-97.

⑥ E.Swyngedouw，“Globalisation Or ‘Glocalisation’? Networks，Territories and Rescaling”，*Cambridge Review of International Affairs*，Vol.17，No.1（2004），pp.25-48.

⑦ N.Brenner，“The Limits to Scale? Methodological Reflections on Scalar Structuration”，*Progress in Human Geography*，Vol.25，No.4（2001），pp.591-614.

或竞争。他认为复数的尺度政治更能有效抓住各个地理尺度间内在的关联性并系统化地描述尺度的生产和转变，因此应当被称为“尺度结构化政治”（Politics of Scalar Structuration）或“尺度化政治”（Politics of Scaling）。文化转向后，尺度被作为表征修辞、主体实践，这深刻影响了尺度政治的研究。琼斯（Jones K.T.）认为，作为修辞的尺度的构建，并非只是将政治过程从一个层次转移至另一个层次，尺度政治涉及主体意识的重塑，而非客观实体的建构和再生产。① 与此类似，库尔茨（Kurtz H.E.）也认同尺度作为认识论的观点，并强调尺度政治中政治话语（Political Discourse）的作用，认为尺度是“表达（Frame）政治空间性概念的方式”②。哈尔斯塔德（Haarstad H.）等进一步强调话语的作用，并将其作为行动者获得权力（Empowerment）的关键。③ 此外，摩尔（Moore A.）也拒绝将尺度作为分析尺度政治的物质实体，指出为了分析尺度政治不一定要承认尺度的“存在”，“没有尺度也可以发展尺度政治理论”④。至此，尺度政治的内涵变得更加丰富，其关注点也发生了转移，但原有的概念之间存在混淆之处，不同的研究路径之间也需要整合。在这种情况下，麦金农（MacKinnon D.）在前人研究基础上加以提升，提出了“尺度性政治”（Scalar Politics）的概念。⑤ 与政治经济学强烈的物质色彩不同，其认为尺度政治融合了后结构主义对尺度非物质性的理解，包括表达性、话语等，这使得尺度不仅具有物质属性，还具有话语属性。⑥

---

① K.T.Jones，“Scale as Epistemology”，*Political Geography*，Vol.17，No.1（1998），pp.25-28.

② H.E.Kurtz，“Scale Frames and Counter-scale Frames：Constructing the Problem of Environmental Injustice”，*Political Geography*，Vol.22，No.8（2003），pp.887-916.

③ H.Haarstad，A.Fløysand，“Globalization and the Power of Rescaled Narratives：A Case of Opposition to Mining in Tambogrande，Peru”，*Political Geography*，Vol.26，No.3（2007），pp.289-308.

④ A.Moore，“Rethinking Scale as a Geographical Category：From Analysis to Practice”，*Progress in Human Geography*，Vol.32，No.2（2008），pp.203-225.

⑤ D.MacKinnon，“Reconstructing Scale：Towards a New Scalar Politics”，*Progress in Human Geography*，Vol.35，No.1（2010），pp.21-36.

⑥ 马学广、李鲁奇：《新国家空间理论的内涵与评价》，《人文地理》2017 年第 3 期。

国内学者主要聚焦尺度政治的实证研究，对其理论探讨尚处于起步阶段。例如，刘云刚等总结了尺度政治的一般模式①，胡志丁等将尺度政治理论引入地缘能源安全评价模型的构建②，杨雪峰从尺度政治的角度分析了跨域环境下区域内地方政府之间的邻避风险和冲突解决机制③，王璇等基于新区治理中尺度政治建构的内在逻辑和制度型塑视角剖析国家级新区的多重尺度特征④，马学广等从结构—行为—行动者视角可以总结出尺度政治研究的三个方向：作为政治过程的尺度结构转变、跨尺度的政治行为与策略以及跨尺度的政治行动者联系网络⑤。此外，马学广等借鉴"依赖空间"和"交互空间"概念，分析各行动者的利益和策略以及在此基础上形成的相互重叠的依赖和交互空间，进而探讨重叠空间下形成的特定制度形态⑥。王丰龙等对尺度政治作出了较为本土化的理论解释，认为尺度政治主要是指"基于尺度重构的政治博弈和权力争夺"⑦。其中，尺度一方面被用作改变权力关系的工具或框架，另一方面也是政治博弈的对象和场域。总之，国内尺度政治研究已取得一定进展⑧，但我国近年来社会公共事件的增加、城市和区域管理改革的进一步深化等都表明尺度政治理论在我国仍有很大的应用和发展空间。

2. 尺度政治的形式

具体的尺度政治研究主要涉及三种尺度形式：一是不同的地域范围或大小，以物质空间为目标，更接近对现实世界的划分；二是不同的行政或组织级别，以组织空间为目标，更接近社会空间的结构化；三是对地方化权利范

① 刘云刚、王丰龙：《尺度的人文地理内涵与尺度政治——基于1980年代以来英语圈人文地理学的尺度研究》，《人文地理》2011年第3期。

② 胡志丁、葛岳静、徐建伟：《尺度政治视角下的地缘能源安全评价方法及应用》，《地理研究》2014年第5期。

③ 杨雪锋：《跨域性环境邻避风险：尺度政治与多层治理》，《探索》2020年第5期。

④ 王璇、郐艳丽：《国家级新区尺度政治建构的内在逻辑解析》，《国际城市规划》2021年第2期。

⑤ 马学广、李鲁奇：《国外人文地理学尺度政治理论研究进展》，《人文地理》2016年第2期。

⑥ 马学广、李鲁奇：《尺度政治中的空间重叠及其制度形态塑造研究——以深汕特别合作区为例》，《人文地理》2017年第5期。

⑦ 王丰龙、刘云刚：《尺度政治理论框架》，《地理科学进展》2017年第12期。

⑧ 马学广、李鲁奇：《国外人文地理学尺度政治理论研究进展》，《人文地理》2016年第2期。

围的不同表述，以表达空间为目标，更注重对表征世界的描述和想象。对应于基于机构 / 权利的结构主义权力观和基于关系的后现代主义权力观①②③，上述三种尺度可以分别从结构和行动者两个角度来理解。第一种尺度的结构形式主要是指地域划分的结构，其代表是不同的边界，其行动者形式主要是指参与者的对比态势，如参与者的数量。第二种尺度的结构形式主要是指制度化的命令或权属关系，其代表是行政级别和条约，其行动者形式主要是指主体在该级别中的地位，如官员级别。第三种尺度的结构形式主要是指政治活动合法性的界定，如反抗的合法化或现有权力关系的问题化，其行动者形式主要是指主体的准入资格和身份认同等。

尺度不仅可作为对抗强势方或提高影响力的工具，还可作为协调拥有重叠利益的行动者的工具。典型的尺度政治（Politics of Scale）研究常以相对抗的行动者及其策略为对象，其中弱势方通过对尺度的运用尤其是对更高尺度行动者的动员同强势方展开竞争。④这一“对抗性”和对高尺度的关注贯穿在国内外大量尺度政治研究中，为分析社会冲突、地方发展策略等提供了重要思路。尺度政治是以政治为导向的尺度应用，它通过“强势方”和“弱势方”之间的“尺度上推”和“尺度下推”来描述政治博弈。例如史密斯（Smith N.）对无家可归者与警察以交通手段争夺空间控制权的尺度政治解读⑤、加拿大和爱尔兰残疾人与国家政府的利益对抗⑥，对新安江流域生态

① M.Foucault，*Discipline and Punish*：*The Birth of the Prison*，Harmondsworth：Penguin，1979.

② M.Foucault，J.D.Faubion，*Power*：*The Essential Works of Foucault 1954—1984*，Vol. 3，New York：The New Press，2001.

③ S.M.Balan，“Foucault's View on Power Relations”，*Cogito-Multidisciplinary Research Journal*，Vol.1，No.2（2010），pp.1972-1977.

④ 马学广、李鲁奇：《尺度政治中的空间重叠及其制度形态塑造研究——以深汕特别合作区为例》，《人文地理》2017 年第 5 期。

⑤ N.Smith，“Contours of a Spatialized Politics：Homeless Vehicles and the Production of Geographical Scale”，*Social Text*，Vol.10，No.4（1992），pp.54-81.

⑥ R.Kitchin，W.Robert，“Disability Activism and the Politics of Scale”，*Canadian Geographer/Le Géographe Canadien*，Vol.47，No.2（2003），pp.97-115.

补偿不同政府主体的博弈特征和博弈机制的分析[①]等。尺度政治也被抽象为尺度化、尺度重构和权力关系转化的过程。[②]然而，尺度政治的内涵远不止社会运动，其他层面，如城市、地区和国家甚至全球尺度之间的社会过程也适用于尺度政治的分析，例如在流经许多国家的湄公河流域的水资源管理中，国家行为体通过利益谈判实现了跨国家尺度的区域合作。[③]

3. 尺度政治的研究方向

借鉴考克斯（Cox K.R.）[④]对两类尺度政治研究的区分以及摩尔（Moore A.）[⑤]和麦金农（MacKinnon D.）[⑥]对两类尺度研究路径的区分，尺度政治的研究可分为两类，一类以尺度建构和重组为关注点，另一类则以行动者对尺度的策略运用为关注点。其中，后者又可细分为关注“行为”的和关注“行动者”的。因此，可以将使用“结构—行为—行动者（关系）”的分析思路，将尺度政治的研究方向分为三种：（1）作为政治过程的尺度结构转变，以尺度本身的建构和重组为出发点，关注这一过程的政治动因、政治结果等；（2）跨尺度的政治行为与策略，以行动者的行为为出发点，关注行动者利用尺度分化所部署的一系列政治策略；（3）跨尺度的政治行动者联系网络，以行动者本身及行动者之间的关系为出发点，关注政治斗争中跨尺度的联系网络的构建。其中，行动者之间联系网络的建构也可看作一种政治策略，但它更侧重于网络化（纵横交错）的“关系”，而非尺度化（强调纵向）的

① 任以胜、陆林、虞虎等：《尺度政治视角下的新安江流域生态补偿政府主体博弈》，《地理学报》2020 年第 8 期。

② 王丰龙、刘云刚：《尺度政治理论框架》，《地理科学进展》2017 年第 12 期。

③ L.Lebel，P.Garden，M.Imamura，“The Politics of Scale，Position，and Place in the Governance of Water Resources in the Mekong Region”，*Ecology and Society*，Vol.10，No.2（2005），p.18.

④ K.R.Cox，“Spaces of Dependence，Spaces of Engagement and the Politics of Scale，or Looking for Local Politics”，*Political Geography*，Vol.17，No.1（1998），pp.1-23.

⑤ A.Moore，“Rethinking Scale as a Geographical Category：From Analysis to Practice”，*Progress in Human Geography*，Vol.32，No.2（2008），pp.203-225.

⑥ D.MacKinnon，“Reconstructing Scale：Towards a New Scalar Politics”，*Progress in Human Geography*，Vol.35，No.1（2010），pp.21-36.

"行动"。

第一，作为政治过程的尺度结构转变。这一方向以尺度本身而非行动者作为主要研究对象，并关注尺度在斗争、冲突的政治过程中的建构和重组。它基于尺度的"政治建构"，并同"尺度结构化"（Scalar Structuration）等理论相联系。在这方面的研究中，最突出的主题应当是全球化和新自由主义背景下国家尺度结构的重塑，即"国家尺度重组"。杰索普（Jessop B.）用"尺度相对化"描述这一尺度结构的转变。[①] 他指出，当前国家政治经济空间的首要性受到了削弱，但这并没有导致新的主导尺度的产生，相反，当前发生的是"同纠缠的而非简单嵌套的层级相联系的、并伴随着不同的时间性和空间性的尺度的扩散"。在这个过程中，次国家和超国家尺度都在全球资本主义再生产中扮演重要角色。与此同时，学者们开始探究这一尺度重组过程中的政治斗争和冲突，尤其是国家权力转移和治理模式的变化，如冢本（Tsukamoto T.）对日本新自由主义背景下的地方政治行动和发展型国家（Japanese developmental state，JDS）尺度重组的研究[②] 等。

在这些研究中，最具代表性的是布伦纳（Brenner N.）的"新国家空间"（New State Space）理论及其对西欧的实证研究。[③] 布伦纳（Brenner N.）区分了狭义的国家空间和完整意义（Integral Sense）的国家空间，并提出了"国家空间选择性"（State Spatial Selectivity）的概念，它包含"国家空间项目"（State Spatial Projects）和"国家空间策略"（State Spatial Strategies）：前者同狭义的国家空间相联系，涉及对国家行政组织结构内部的整合；后者同完整意义的国家空间相联系，涉及国家对外部社会经济过程的干预和调节。随后，他又将国家空间项目和国家空间策略分别同尺度和地域维度组合，形

---

① B.Jessop，"The Rise of Governance and the Risk of Failure：The Case of Economic Development"，*International Social Science Journal*，Vol.155（1998），pp.29-45.

② T.Tsukamoto，"Neoliberalization of the Developmental State：Tokyo's Bottom-Up Politics and State Rescaling in Japan"，*International Journal of Urban and Regional Research*，Vol.36，No.1（2012），pp.71-89.

③ N.Brenner，*New State Spaces：Urban Governance and the Rescaling of Statehood*，Oxford：Oxford University Press，2004.

成了国家空间选择性演变的四对基本要素：中心化和去中心化、单一性和多样性、统一性和定制化以及平等化和集中化。此外，布伦纳还指出国家空间的重构是“分层的”，即“新的国家空间项目和策略叠加在旧的国家空间组织的形态之上”；同时它还是斗争的，其中不同的社会力量动员国家机构以实现自身利益，原有的国家空间组织和新兴的重构项目之间也存在冲突和不平衡。布伦纳将这一框架应用到对西欧的研究中，并发现二战以来，西欧经历了从20世纪70年代以前关注空间平衡的“空间凯恩斯主义”（Spatial Keynesianism），到20世纪80年代以后关注全球竞争力和关键地区发展的“后凯恩斯竞争国家”（Post-Keynesian Competition states）及“尺度重组的竞争国家体制”（Rescaled Competition State Regime，RCSR）的转变。

第二，跨尺度的政治行为与策略。不同于强调尺度结构本身的政治建构和重组，尺度政治的另一研究方向更多地关注行动者利用尺度分化所开展的政治斗争。这方面的研究可追溯到史密斯（Smith N.）对纽约流浪汉示威活动和流浪汉交通工具的两个实证分析。①② 随后，学者们从更广泛的社会政治斗争的领域运用并发展了这一理论，如考克斯（Cox K.R.）对英格兰斯托公园附近土地利用冲突等案例的研究③、哈里森（Harrison J.）对加利福尼亚农药飘失冲突的研究④ 等。

在这些研究中，被广泛运用的一个理论框架是史密斯（Smith N.）的“尺度跳跃”（Jumping Scales）。⑤ Smith 指出，针对抽象空间成功的政治斗

① N.Smith，*Uneven Development*：*Nature*，*Capital*，*and the Production of Space*，Athens：University of Georgia Press，1990.

② N.Smith，“Contours of a Spatialized Politics：Homeless Vehicles and the Production of Geographical Scale”，*Social Text*，Vol.10，No.4（1992），pp. 54-81.

③ K.R.Cox，“Spaces of Dependence，Spaces of Engagement and the Politics of Scale，or Looking for Local Politics”，*Political Geography*，Vol.17，No.1（1998），pp.1-23.

④ J.Harrison，“Abandoned Bodies and Spaces of Sacrifice：Pesticide Drift Activism and the Contestation of Neoliberal Environmental Politics in California”，*Geoforum*，Vol.39，No.3（2008），pp.1197-1214.

⑤ N.Smith，*Uneven Development*：*Nature*，*Capital*，*and the Production of Space*，Athens：University of Georgia Press，1990.

争是通过尺度跳跃实现的，通过将某一尺度上破碎的空间组织成一个一致的、联系的地方（Place），斗争被提升到层级中的上一层尺度。尺度跳跃是尺度政治的重要权力来源，通过该过程，不同政治力量之间的权力格局发生变化，那些具备较强尺度跳跃能力的政治力量被加强而对尺度的运用较为有限的政治力量则相对被削弱。

文化转向后，尺度跳跃有了更为丰富的内涵。一方面，赫罗德（Herod）等指出尺度跳跃实践可以被看作行动者通过“成为”（Becoming）的过程（如成为国家尺度）而对新尺度的建构，而非行动者从一个尺度简单地转移到另一个尺度。另一方面，哈尔斯塔德（Haarstad H.）等则通过“话语”“叙事”等概念的引入和发展更为清晰地将尺度跳跃实践和权力的获得联系起来。① 尽管尺度跳跃在尺度政治研究中占据重要地位，但也有学者从其它角度发展分析行动者行为的理论框架。典型的如库尔兹（Kurtz H.E.）的“尺度框架”（Scale Frames）。② 它基于社会运动研究中的“集体行动框架”，并包含集体行动框架的三个内在联系的功能——命名、谴责和诉求，而这些功能都涉及特定的地理尺度或被特定的地理尺度所分化。行动者对尺度框架的建构是通过“尺度习语”（Scale Idioms）进行的，它们包括“作为管制手段的尺度”“作为包含 / 排除手段的尺度”以及“作为分析范畴的尺度”。与此相对，库尔兹（Kurtz H.E.）又提出了“反尺度框架”（Counter-Scale Frames），它被用来对抗或削弱尺度框架。在尺度政治斗争中，常常存在若干相对立的尺度框架和反尺度框架，社会行动者根据自己的利益对其进行部署、对抗或调整，以达到特定的政治目标。

第三，跨尺度的政治行动者联系网络。尽管这一研究方向同样关注尺度分化中以行动者为主体的政治斗争，但它更强调行动者之间的关系，以及

---

① H.Haarstad，A.Fløysand，“Globalization and the Power of Rescaled Narratives：A Case of Opposition to Mining in Tambogrande，Peru”，*Political Geography*，Vol.26，No.3（2007），pp.289-308.

② H.E.Kurtz，“Scale Frames and Counter-scale Frames：Constructing the Problem of Environmental Injustice”，*Political Geography*，Vol.22，No.8（2003），pp.887-916.

由这些纵横交错的关系所构成的联系网络。而网络概念的引入也使得这一研究方向不再局限于层级的、纵向的视角（如尺度跳跃）。这方面的研究同尺度理论中关于网络的讨论密切相关。尺度与网络的关联性一直受到学者们的关注，如布伦纳（Brenner N.）指出地理尺度和联系网络是相互建构的，强调尺度关系的垂直性并不代表否认横向的尺度间关系①，摩尔（Moore A.）也指出将尺度和网络看作不相容的或矛盾的空间范畴的观点不利于社会空间关系理论的进一步发展。②

不过，也有学者反对将尺度和网络混合起来，如马斯顿（Marston S.A.）等认为简单地将纵向的尺度和横向的网络相结合并不能克服尺度本身的缺点。③ 总之，网络既非与尺度互不兼容，也非完全等同于尺度本身，它应当被看作跨越尺度并将同一尺度内和不同尺度间的行动者联系起来的基于“关系”的空间范畴。因而，网络并非仅仅是横向的，而是多层的、纵横交错的。网络为尺度政治的研究提供了重要的思路。通过这一“跨越空间而非覆盖空间”的地理概念，被空间界限所分隔的政治实体得以被联系起来；同时，网络关系中权力分配的不均衡性使得一些行动者更具备“倾斜网络以实现自身利益”的能力。这些都为政治斗争的进一步开展创造了条件。网络方面的研究中最具代表性的理论框架是考克斯（Cox K.R.）的“联系网络”（Networks of Association）。④ 考克斯认为，行动者不会被边界所限制，而网络也“很少完全被区域形式（Areal Forms）所包含”，它使得边界变得疏松多孔。这一认识为跨尺度的联系网络的建立提供了可能性。在考克斯的理论中，“依赖的空间”和“参与的空间”被作为理解空间政治的切入点，前者

---

① N.Brenner，“The Limits to Scale? Methodological Reflections on Scalar Structuration”，*Progress in Human Geography*，Vol.25，No. 4（2001），pp.591-614.

② A.Moore，“Rethinking Scale as a Geographical Category：From Analysis to Practice”，*Progress in Human Geography*，Vol.32，No.2（2008），pp.203-225.

③ S.A.Marston，“The Social Construction of Scale”，*Progress in Human Geography*，Vol.24，No.2（2000），pp.219-242.

④ K.R.Cox，“Spaces of Dependence，Spaces of Engagement and the Politics of Scale，or Looking for Local Politics”，*Political Geography*，Vol.17，No.1（1998），pp.1-23.

指行动者实现其利益所依赖的本地化的社会关系，后者指获得依赖的空间的政治所开展的空间。参与的空间通过尺度跳跃或联系网络而被建构：一方面，行动者可以通过向上或向下的尺度跳跃在其它尺度动员政治力量；另一方面，行动者还可以同具备决策能力的社会权力中心建立联系，以直接实现政治斗争的目标，或者同具备影响权力中心的能力的其它政治力量建立联系，以间接对决策施加影响。考克斯进一步指出，这种网络的建构既可能广于依赖的空间，也可能在依赖的空间之内；此外，尺度政治过程中常常伴随着多个行动者以及多个网络，因此实现斗争目的的有效方式并非静态，而是在持续的网络建构中被不断发现。总之，考克斯对网络的强调使得尺度政治不再仅仅被理解为纵向层级间行动者之间的互动，而是由穿越尺度的纵横交错的复杂关系网络中行动者之间的互动而驱动的政治过程。

二、空间生产理论体系

不断与时俱进的空间生产理论已经由经典马克思主义原理中的“空间中的生产”（Production in Space）发展到空间政治经济学思想中的“空间的生产”（Production of Space）乃至跃升为尺度政治经济学思想中的“空间尺度的生产”（Production of Spatial Scale）；空间生产的地域性实践不断突破距离的局限，由“城市空间的生产”扩展为“区域空间的生产”乃至进一步扩张为“全球空间的生产”①；空间生产的指引思想由“社会空间理论”提升为“空间政治经济学思想”乃至当今的“尺度政治经济学”。空间生产理论立足于社会空间演变的角度，通过对空间生产过程、空间资源流动、空间资本增殖、空间政治霸权、空间权利运动、空间生态系统等多方面的考察，来寻求社会空间的变革方法和空间矛盾的解决之道。②

列斐伏尔较为系统地提出了“空间生产”理论，认为空间并不仅仅是

① 马学广：《全球城市区域的空间生产与跨界治理研究》，科学出版社 2016 年版，第 80 页。

② 孙全胜：《列斐伏尔“空间生产”的理论形态研究》，中国社会科学出版社 2017 年版，第 2 页。

社会的容器，还具有更为丰富而深刻的社会内涵。① 首先，空间是社会运行的物质载体，是社会生产与互动的平台。第二，空间是社会的产物，是人类社会意识形态、社会结构、社会生产和生活方式的结晶，社会变化必然引发空间调整。第三，空间会对社会产生反作用。一方面，空间生产同时伴随着社会关系的再生产，空间生产是特定社会形态延续的关键；另一方面，空间的调整必将导致社会关系的调整，引发社会运动和社会变革。而且，可以通过空间的调整来调适社会成员间的关系，促进社会生产方式、居民生活方式的变革。②

（一）空间性的历史发展

1. 空间与空间性

空间问题一直是哲学关注的焦点，而空间之所以引起重视，是因为空间始终与人类的生产和生活联系密切。在马克思主义哲学中，空间是物质的存在方式和广延性。也就是说，空间是表征物质存在的范围、场所和条件的范畴，它既可以理解为物质存在的具体样式，也可以理解为物质存在的属性。③ 当然，空间只是物质存在的一个方面和一种属性，物质还有其他的存在形式或属性，如时间、运动和各种具体物质形态所具有的带有其自身特殊性的具体属性。因此，事物的空间不能等同于事物本身。作为物质的一种存在方式，空间与物质是不可分割的。说到物质，它总是具有一定的空间形态，没有脱离空间形态或空间属性的物质；相反，说到空间，它总是指物质的空间，没有脱离物质的纯粹空间。在这个意义上，空间是客观的，空间总是物质性的。作为空间性研究的集大成者，法国哲学家列斐伏尔（Lefebvre H.）首次将空间引入到经典的马克思主义生产理论中④，对空间范畴及其属性进行了系统阐述⑤。

① ［法］亨利·列斐伏尔：《空间的生产》，刘怀玉等译，商务印书馆 2021 年版，第 1 页。

② 马学广：《城市边缘区空间生产与土地利用冲突研究》，北京大学出版社 2014 年版，第 8 页。

③ 庄友刚：《何谓空间生产？——关于空间生产问题的历史唯物主义分析》，《南京社会科学》2012 年第 5 期。

④ ［法］亨利·列斐伏尔：《空间的生产》，刘怀玉等译，商务印书馆 2021 年版。

⑤ H.Lefebvre，*The Production of Space*，Oxford：Blackwell Publishing Ltd，1991.

美国地理学家、城市研究洛杉矶学派奠基人爱德华·苏贾（Soja E.W.）提出了强调其社会内涵的“空间性”（Spatiality）概念[①]，用于区别“空间”自身，强调空间是人类行为与社会结构的中介与结果，空间的组织与意义是社会转译、转变与经验的产物，主张空间、时间与社会存在的三元辩证统一，认为空间是社会地生产出来的，同时又以实质形式（具体的空间性）和个人群体之间的一组关系而存在，是社会生活本身的具现与中介。苏贾认为，人们将各自的特性施加于他们所处的环境，并尽其所能地改变和调整环境，使之满足他们的需要并体现他们的价值。同时，人类自身又逐渐适应了自然环境和周围的人。因此，存在着一个连续的双向过程，一种社会空间辩证法（Socio-Spatial Dialectic）[②]，即人们在创造和改变城市空间的同时又被他们所居住和工作的空间以各种方式控制着。邻里和社区被创造、维系和改造；同时，居民的价值、态度和行为也不可避免地被其周围的环境以及周围的人的价值、态度和行为所影响。[③]因此，空间不能被简单地看作是一个用于表述社会、经济和政治过程的媒介。它本身对于城市发展的模式以及城市内部不同社会群体之间关系的实质也十分重要。

2. 空间的理论范畴

列斐伏尔（Lefebvre H.）首先考察了人们对空间范畴的定义。他认为，到目前为止，人们普遍还是把空间限定为一个抽象的空间，“这被称为纯粹哲学，他们提出了精确而具体的论题，如对称和反对称的论题，对称的客体及其反射和镜像的效应”。[④][⑤]在此基础上，列斐伏尔对空间范畴进行了横向和纵向的考察。从横向来看，首先，作为物质的存在形式，空间是可以被感

---

① E.W.Soja，*Postmodern Geographies：The Reassertion of Space in Critical Social Theory*，London：Verso Press，1989.

② E.W.Soja，“The Social-Spatial Dialectic”，*Annals of the Association of American Geographers*，Vol.70，No.2（1980），pp.207-225.

③ ［美］保罗·诺克斯、［美］史蒂文·平奇：《城市社会地理学导论》，柴彦威、张景秋译，商务印书馆2005年版，第7页。

④ H.Lefebvre. *Space：Social Product and Use Value*，New York：Irvington，1979.

⑤ H.Lefebvre，*The Production of Space*，Oxford：Blackwell Publishing Ltd，1991.

知的客观质料和能量，不仅可以被测量，也可以被转化和利用。列斐伏尔认为，空间和时间密切相关，都是物质的存在形式，但空间比时间更持久。空间包含着时间，时间只能通过空间来呈现。其次，作为一种客观存在，空间不仅与物质运动紧密相连，而且是有限性和无限性的结合。列斐伏尔认为，空间与运动之间的密切关系可以被每个人有效地感知到。宇宙是无限的，而具体的空间形式是有限的。最后，空间呈现出多种形式，不仅可以表现在物理、信息、能量等物质空间，还可以表现在精神、文化、艺术、知识等社会空间。纵向来看，虽然人类无时无刻不在与空间打交道，但人们对空间的正确认识不是一蹴而就的，而是经历了一个漫长的历史阶段。古人只是机械地理解空间，认为空间只是一个空白区域，既没有认识到空间的外延，也没有理解空间的内涵。列斐伏尔指出，笛卡尔（Descartes R.）赋予空间范畴更明确的含义，让空间渗透到几何学领域，即让“空间进入了绝对领域”。在笛卡尔那里，空间成了与主体对应的客体，是事物的内在秩序。他还指出，康德（Kant I.）回归并补充了古代的空间范畴，将空间研究从具体的解析几何研究转向抽象的推测性研究。但是，仅仅用数学和哲学的方法来研究空间是不全面的，它不能克服与空间的隔绝，因此必须用社会学方法来补充其不足。[①] 此外，列斐伏尔还指出，在空间的历史演变中，空间的范畴具有双重含义：物理空间和精神空间。所谓“精神空间”只是空间概念的隐喻意义，它并不客观。在本体论层面，“精神空间”和“物质空间”并不并存，在物理空间之外不存在精神空间。从根本上说，精神空间是指对物理空间的反映，是物质空间的概念表达，也就是列斐伏尔所说的“感知和想象”的空间。

列斐伏尔（Lefebvre H.）还从结构主义的角度详细研究了空间的属性。他认为，空间与政治权力、经济模式、文化意识和其他社会因素密切相关。它不仅有物理形式，也有社会实用性和政治功能，是动态化的社会产物。其一，空间展现着物理形态，其面对的是物质世界和人们的日常生活，是几何学和地理学的范畴，是经验性的事实和实在性的形象。其二，空间呈现社会

---

① H.Lefebvre. *Space：Social Product and Use Value*，New York：Irvington，1979.

实践性，社会生产实践不仅是社会空间形态形成的动力，也是社会空间形态演变的基础。空间生产正是人们在社会生产实践中不断淘汰旧的空间结构，创造新的空间结构的过程。其三，空间形态呈现出流动性，其不是静止不变的，而是随着社会的发展和环境的变化呈现出不同的形式和样式。其四，空间的呈现是层叠性的，它不仅组织了生产关系，也组织了消费关系，还组织了生态关系，人类也创造了许多层叠的社会空间形态，包括国家空间、区域空间、城乡空间、信息空间等，使空间本身已经走向了一个“层叠”的序列。其五，空间具有多种价值，它既是生产资料，是创造剩余价值的工厂，具有使用功能，又是消费对象，能被人们用于休闲和消费；既是政治意识形态统治的工具，能够被国家控制和利用，被分割为等级结构，又是阶级斗争的目标和场域，能够被改造成差异空间。

（二）空间生产理论的发展

1. 空间生产理论的起源

20 世纪 60—70 年代，西方资本主义国家普遍出现了城市社会危机，表现为城市中心区的衰落、城市重构与城市财政危机、城市阶级斗争和社会运动的不断演变和升级等。面对城市社会的冲突和危机，城市社会学和城市地理学将目光转向了空间研究，一些学者求助于马克思主义的知识传统，逐渐形成了新马克思主义的空间理论。其中，法国哲学家列斐伏尔（Lefebvre H.）首次将空间引入到经典的马克思主义生产理论中，创造性地提出了空间生产理论。① 列斐伏尔把西方的城市空间生产看作是资本主义生产关系的再生产并对其进行批判性分析，认为“空间中的生产”已经转变为“空间的生产”，空间是生产资料，具有使用价值并用来创造剩余价值。②③④ 沿着列斐伏尔的空间生产思路，借助于马克思的资本循环理论，美国学者大卫·哈维（Harvey D.）通过资本三级循环运动对城市空间的塑造来解释资本的城市化

① H.Lefebvre，*The Production of Space*，Oxford：Blackwell Publishing Ltd，1991.

② H.Lefebvre，*The Production of Space*，Oxford：Blackwell Publishing Ltd，1991.

③ H.Lefebvre，*The Production of Space*，Oxford：Blackwell Publishing Ltd，1991.

④ 高鉴国：《新马克思主义城市理论》，商务印书馆 2006 年版。

过程，并揭示了城市空间产生和发展的本质。① 他指出，城市空间的本质是一种建构环境，其生产和创造过程是资本控制和作用的结果，城市化是资本积累的一种重要形式，其本质是资本的城市化。为了追求更多的剩余价值，需要按照资本的逻辑来解构和重构空间。美国学者苏贾（Soja E.）指出，空间是资本的产物，由资本控制并受制于资本的逻辑，是资本主义社会关系的再生产者。资本空间化的过程实质上是资本在塑造城市空间的过程中追求利益的体现。②③ 与上述三位学者不同，美国城市研究学者卡斯特尔斯（Castells M.）提出了集体消费的概念，从"消费—集体消费—政府干预"的逻辑链条来分析空间生产，认为城市只是市场机制辅以政府政策的物理扩展，政府干预下的集体消费品生产已经成为城市空间发展变化的重要因素。④⑤ 此后，美国学者史密斯（Smith N.）等其他西方马克思主义学者对空间生产理论进行了补充。⑥ 随着空间生产理论的不断丰富，西方学者开始对该理论进行实证研究。例如博勒加德（Beauregard R.A.）研究了 1970—1989 年美国资本向建筑环境的转移⑦、哥谭（Gotham F.K.）分析了美国房地产行业的资本第二级循环⑧、克里斯托弗（Christophers B.）研究了 2001—2007 年美国和英国资本向城市建成环境（包括房地产）的转移等⑨。

---

① D.Harvey，*The Urbanization of Capital*，Oxford：Basil Blackwell Ltd，1985.

② E.Soja，"The Socio-Spatial Dialectic"，*Annals of the Association of American Geographers*，Vol.70，No.2（1980），pp. 207-225.

③ 张凤超：《资本逻辑与空间化秩序——新马克思主义空间理论解析》，《马克思主义研究》2010 年第 7 期。

④ M.Castells，*The City and the Grassroots*，London：Edward Arnold，1983.

⑤ 高峰：《城市空间生产的运作逻辑》，《学习与探索》2010 年第 1 期。

⑥ N.Smith，*Uneven Development*：*Nature*，*Capital*，*and the Production of Space*，Athens：University of Georgia Press，1984.

⑦ R.A.Beauregard，"Capital Switching and the Built Environment：United States，1970-89"，*Environment and Planning A*，No.26（1994），pp.715-732.

⑧ F.K.Gotham，"The Secondary Circuit of Capital Reconsidered：Globalization and the U.S. Real Estate Sector"，*American Journal of Sociology*，Vol.112，No.1（2006），pp.231-275.

⑨ B.Christophers，"The Territorial Fix：Price，Power and Profit in the Geographies of Markets"，*Progress in Human Geography*，Vol.38，No.6（2014），pp.754-770.

2. 空间生产理论的中国化

20世纪末，我国学者开始引入新马克思主义空间生产理论，但主要是对该理论的一般性介绍和简单评价①②，主要分布在哲学和马克思主义、城市科学（城市地理、城市规划和建筑领域）、社会学、城市文化和文学等领域。黄宗仪对上海城市空间的生产进行了较深刻的研究③；杨宇振运用哈维（Harvey D.）的"资本城市化"理论，系统剖析了未来城市化进程中权力与资本流动的关系④；武廷海等以资本城市化为主线，从土地制度、金融资本与银行、国家政策体系等多重角度对转型环境下的中国新城现象进行了理论和实证研究⑤；刘云亚等运用空间生产理论分析了改革开放后珠三角地区的各类战略用地⑥；朱晓翔等在对空间生产理论的"三元空间方法论"进行理论深化的基础上，形成了由旅游制度空间、经济空间和社会空间组成的旅游三元空间分析框架⑦；马学广以城市空间政治经济学理论为指导，以政府、企业、社区组织间的社会互动为线索，探讨制度变迁与生产方式变革背景下的城市空间生产过程⑧，以及城市空间生产过程中社会行动者基于土地利用的各种社会冲突及其整合机制。

综合国内外的研究来看，虽然城市空间生产理论日趋成熟和复杂，但并没有形成固定的研究范式，且其理论以思想自由、批判深刻、整合广泛而

① 夏建中：《新城市社会学的主要理论》，《社会学研究》1998年第4期。

② 包亚明：《现代性与空间的生产》，上海教育出版社2003年版。

③ 黄宗仪：《都市空间的生产：全球化的上海》，《台湾社会研究季刊》2004年第53期。

④ 杨宇振：《权力、资本与空间：中国城市化1908—2008年——写在〈城镇乡地方自治章程〉颁布百年》，《城市规划学刊》2009年第1期。

⑤ 武廷海、杨保军、张城国：《中国新城：1979—2009》，《城市与区域规划研究》2011年第2期。

⑥ 刘云亚、韩文超、闫永涛等：《资本、权力与空间的生产——珠三角战略地区发展路径及展望》，《城市规划学刊》2016年第5期。

⑦ 朱晓翔、乔家君：《乡村旅游社区可持续发展研究——基于空间生产理论三元辩证法视角的分析》，《经济地理》2020年第8期。

⑧ 马学广：《城市边缘区空间生产与土地利用冲突研究》，北京大学出版社2014年版，第2页。

著称，但也带来了松散晦涩的弊端。① 其次，正如安东尼·奥罗姆（Anthony M. O.）等所指出的，新马克思主义城市理论过分强调经济和生产的决定性作用，而忽视了地方政府和文化机构对城市生活的影响。② 一个共同的特点和趋势是，虽然空间生产理论涉及面较广，但基本上都是以城市问题为主。此外，目前我国对空间生产的研究还处于引进和模仿的阶段，主题集中在对资本扩张和空间生产的批判上，对空间生产理论案例剖析的深度和丰富度还有待进一步加强。

（三）空间生产理论的要点

法国学者列斐伏尔（Lefebvre H.）力图纠正传统理论对于空间的简单的和错误的看法，认为空间不仅仅是社会关系演变的“容器”或社会互动的“平台”，空间是社会的产物，而且空间还反映和反作用于社会③，空间既是利益角逐的场所，又是利益博弈的产物，还反映和影响了社会权力和利益分配的格局。

1. 列斐伏尔与“空间的生产”

列斐伏尔提出了空间生产理论。④ 他在研究城市实际问题的过程中寻求理论支持，进而发展了马克思主义，其贡献在于跳出了经典马克思主义理论的时间范畴，突出了空间的重要性，特别是在研究城市问题时引入了空间概念，并提出了“空间是产物”的重要观点。⑤ 在这一理论下，空间从固定的、孤立的客观物质转变为灵活的社会过程，空间成为过程和社会建构的结果和产物，城市空间也具有辩证的物质属性和社会属性双重属性。空间的生产在列斐伏尔的思想中占据了核心地位。生产的通常含义是指物质生产，在马克

---

① 叶超、柴彦威、张小林：《“空间的生产”理论、研究进展及其对中国城市研究的启示》，《经济地理》2011 年第 3 期。

② ［美］安东尼·奥罗姆、陈向明：《城市的世界——对地点的比较分析和历史分析》，任远译，上海人民出版社 2005 年版。

③ 马学广：《城市边缘区空间生产与土地利用冲突研究》，北京大学出版社 2014 年版，第 7 页。

④ ［法］亨利·列斐伏尔：《空间的生产》，刘怀玉等译，商务印书馆 2021 年版。

⑤ H.Lefebvre，*Space：Social Product and Use Value*，New York：Irvington，1979.

思看来，空间是物质生产的媒介。然而，列斐伏尔认为，空间的生产本身与生产有直接关系。为了解决生产过剩和资本积累之间的矛盾，剩余资本转向对建筑环境的投资，从而为生产、流通、交换和消费创造物质环境。资本主义也通过空间关系的生产和再生产获得了新的生存空间，并延缓了其危机的爆发。空间生产本质上是资本主义维持其可持续发展的一种生存方式，各种城市建设、规划和设计是空间生产的最明显的现象。

"(社会) 空间是 (社会) 的产物"[①]是列斐伏尔空间理论的核心。空间不仅是事物在某个场景中的经验设置，也是一种态度和习惯实践，它被理解为社会秩序的空间化。[②]空间在现实社会的现有生产方式中具有其真实性，它是生产的工具，是统治和权力的工具，是抽象的和真实的。(社会) 空间是过去社会历史和行为的产物，在其中允许有新的行为。只有当社会关系表现在空间中时，社会关系才会存在，并将自身投射到空间中，在其中固化并成为空间本身。[③]这个过程周而复始，(社会) 空间不断被塑造，同时也在塑造社会关系。列斐伏尔提出的社会空间概念，既不是由事物的集合或感官数据的堆砌所构成的，也不是由装满各种内容的空壳构成的。从本质上讲，他是在完善精神空间和物质空间之外的未知。

空间生产理论为分析城市空间提供了一个政治经济学视角。空间是具有社会性的。作为社会的产物，空间是一束关系，是一个政治过程。空间是具有政治性的，这是列斐伏尔明确提出的。在他看来，城市空间展现的不是纯粹的客观事实，而是资本主义制度下的社会关系。他谈论的不是一种空间科学，而是空间生产的理论。城市空间是资本主义的产物，它必然被注入了资本主义的逻辑 (为利润和剥削劳动力而生产)。那么，由此产生的矛盾就是剥削空间以谋取利润的需求与消费空间的人的社会需求之间的矛盾。[④]空

---

① H.Lefebvre，*The Production of Space*，Oxford：Blackwell Publishing Ltd，1991.

② R.Shields，*Lefebvre*，*Love and Struggle*：*Spatial Dialectics*，London and New York：Routledge，1999.

③ 汪原：《亨利·列斐伏尔研究》，《建筑师》2005 年第 5 期。

④ 王伟强：《和谐城市的塑造——关于城市空间形态演变的政治经济学实证分析》，中国建筑工业出版社 2005 年版。

间是带有意图和目的而被生产出来的，它被用来生产剩余价值。

鉴于“空间”长期以来被认为既是一种具体的物质形态，又是一种精神建构，存在着传统二元论即物质空间和精神空间之间的分歧。在此基础上，列斐伏尔提出了社会空间和社会实践的概念，并试图以一种“空间三元辩证法”来说明不同历史发展时期空间体系的连续性。社会空间既是物质的也是精神的，但它不仅仅是两者的简单融合，而是一种超越。列斐伏尔把“空间三元辩证法”的三个维度的认识论分别概括为感知的（Perceived）、构想的（Conceived）和生活的（Lived）三种，物质空间是被感知的，精神空间是被构想的，社会空间是生活的。[①] 由此，列斐伏尔提出了空间分析的概念三元组[②]：①空间实践（Spatial Practice），强调空间的物质性，指人们可以观察和感觉的事物，是构成日常生活的“路径与网络”；②空间表征（Representations of Space），强调空间的概念性，指被人为定义或建构的具有统一符码系统的理性抽象空间；③表征空间（Representational Spaces），强调空间的象征性，是私人的、具体的、日常的微观空间，也是最为生动和具有创造性的空间。

列斐伏尔首创的空间生产理论深刻地解释了城市化进程与资本主义生产方式的内在关系，发展了马克思主义政治经济学的空间维度。其不足之处在于，宏观、抽象的理论不能具体解释微观层面的城市空间生产问题，但其理论对后来的学者起到了很大的启发作用。

2. 大卫·哈维与“资本的城市化”

大卫·哈维（Harvey D.）将空间维度引入马克思历史唯物主义中，发展成为历史—地理唯物主义，提出了“时间—空间修复”理论、“空间不平衡发展”理论等重要的理论成果，极大地推动了新马克思空间生产理论的发展。

历史—地理唯物主义本质上是一种方法论。它将地理和空间的维度融

① 赵海月、赫曦滢：《列斐伏尔“空间三元辩证法”的辨识与建构》，《吉林大学社会科学学报》2012 年第 2 期。

② H.Lefebvre，*The Production of Space*，Oxford：Blackwell Publishing Ltd，1991.

入过去以时间维度为主导的线性历史，将马克思主义政治经济学引入空间维度，在城市空间分析和马克思主义之间架起一座沟通的桥梁，主要目的是解释空间是如何产生的、空间生产过程是如何融入资本主义的动态发展及其矛盾中的。历史—地理唯物主义方法论的实质是将时间和空间整合到一个整体的解释框架中，同时，它坚持认为没有物质实践活动的过程就不能理解时间和空间的客观性，并认为空间只能由“为社会生活再生产服务的物质实践活动”来创造。①

大卫·哈维的理论聚焦于分析资本主义下的城市进程。他认为，资本主义城市化的动力来自于资本积累和围绕资本积累开展的阶级斗争。正如马克思所强调的，资本需要创造一个特殊的景观，以使积累过程顺利进行。那么，他的研究重点就是围绕着“资本主义如何产生自己的地理（空间）景观”②。因此，大卫·哈维提出了“时间—空间修复”理论。“修复”概念包含了若干相互交织的内涵③：投入建成环境及其相关基础设施投资的相对稳定与长期性；这些投资在空间上的不可移动性；他们可以作为资本危机倾向的潜在解决方案。大卫·哈维认为，资本主义通过在时间上向后推和在空间上对外扩张来解决经济危机。这种方式对缓解资本主义危机起到了重要作用，但不能从根本上解决经济危机。“时间—空间修复”的前提是资本的过度积累，资本主义经济的充分发展必然会导致过剩问题，产生大量的剩余劳动力和剩余资本，只能利用“时间—空间修复”机制来缓解危机。其中，“时间修复”是指将资本投入到长期项目中以延缓其回归到流通领域的时间；“空间修复”是指在其他地区开辟市场，以空间转移的形式将剩余资本投入到新的生产周期中，空间修复主要通过将积累的时间约束转换成空间约束而

① D.Harvey. Justice，*Nature*，*and the Geography of Difference*，Oxford：Basil Blackwell Ltd，1997.

② D.Harvey，*Justice*，*Nature*，*and the Geography of Difference*，Oxford：Basil Blackwell Ltd，1997.

③ ［美］尼尔·博任纳：《新城市空间：城市理论与尺度问题》，王周杨译，江苏凤凰教育出版社 2022 年版，第 67 页。

实现。事实上，“时间—空间修复”并不能解决过度积累的内在问题，每一种地域组织结构都只是暂时性的出于稳定状态，最终的贬值乃至崩溃都是不可避免的，每一次时间—空间修复都不过是社会空间创造性破坏的混乱“跷跷板”中一个相对长期非稳定性的“动态均衡”。

大卫·哈维在马克思经典资本循环的基础上进行了细分：初级循环包括直接的生产领域和消费领域；二级循环包括生产领域的固定资本和消费领域的消费基金，即将资本投向建成环境（城建行业和房地产）；三级循环即将资本投向科技研究和社会公共事业等社会支出。当一级循环出现剩余时，将促进下一级循环的快速发展，而城市化的快速推进就是由于初级循环的过度积累，导致资本流向建成环境。在时间修复失败后，资本主义社会就会转向以商品输出和资本输出为主的空间修复机制来缓解经济危机，并最终导致空间不平衡发展的结果。可见，大卫·哈维的资本三级流通理论是对马克思和列斐伏尔的资本循环理论的有效拓展和完善。

大卫·哈维的空间生产理论聚焦于空间的认识和方法论上，在继承经典马克思政治经济学的基础上，弥补了列斐伏尔空间生产理论对于现实问题解释力不足的问题，极大地发展了新马克思主义空间生产理论，对后续的研究起到了重要的启发和引领作用。

（四）空间生产对尺度治理的影响

西方理论界关于空间生产的研究具有重大的理论意义。① 首先，空间问题的重要性得到了深刻揭示。虽然不能说空间问题在经典社会理论中已经被完全遮蔽，但它的确不是一个专门的研究对象，空间维度也没有被作为考察社会历史现象的基本维度和视角。其次，以空间认识论作为社会研究的基本方法论，为西方理论界的“空间转向”与“尺度转向”打开了一个广阔的研究领域。一方面，理论视野、理论方法和理论范式的转变和创新，极大地丰富和完善了经典社会理论关于尺度的研究，对空间维度的审视和重新叙述，

---

① 庄友刚：《西方空间生产理论研究的逻辑、问题与趋势》，《马克思主义与现实》2011 年第 6 期。

使经典社会理论聚焦于尺度这一重要命题，从而获得了更广阔的平台和更完善的尺度分析框架；另一方面，其关于空间维度的表述又促使尺度政治登上城市研究舞台中央，开创和发展了诸如城市学研究、城市化研究等诸多理论领域和学科，大大促进了社会科学的发展和繁荣，强化了对城市化等实际问题的研究。第三，对空间的社会性的反思、追问、分析和解释，改变了以往从自然科学或自然哲学角度对空间的认识。空间不仅是自然科学的研究对象，也是各种社会科学的思考对象。空间已经成为连接和沟通自然科学和社会科学的联合点。这种对空间本质的深刻理解是一种新型的空间哲学和尺度哲学。第四，从历史唯物主义的角度看，将空间和空间生产的理论分析指向对资本关系的批判，具有重要的理论意义和价值。虽然不能明确作出西方空间生产理论是历史唯物主义的判断，但它对马克思主义的资本批判理论无疑具有重要的启迪和参考价值。历史唯物主义资本批判理论的现实发展和时代面貌，应该把这些理论概念纳入自己的整体理论体系。换言之，历史唯物主义及其资本批判理论不仅需要历史维度的解释，也需要空间维度的建构，需要尺度导向的诠释。在这一点上，空间生产理论无疑具有探索性的地位和价值。

三、尺度政治经济学方法论体系

20世纪80年代以来，面对全球化背景下剧烈的空间重构过程，一些学者以“空间生产”理论为基础，进一步提出作为空间维度的尺度也是社会生产的。在此基础上，一批学者开始从马克思主义政治经济学视角研究尺度的建构和重组以及其中所包含的政治过程。“尺度转向”在西方经济地理学中，实质上是一场关于“尺度”的“本体论”革命，它使经济地理学从关于尺度的“空间科学”而转向尺度的政治学（Politics of Scale）。进而，有关尺度的层级、关系、过程和动力的研究，便构成了当代西方经济地理学和整个人文地理学的核心论题。“尺度的政治学”与资本主义“空间的生产”是密不可分的。“尺度转向”在一定意义上是当代西方经济地理学的一次“本体论”

革命，它对理解资本主义社会经济生活提供了基于“尺度”和“空间”的独特视角。正如列斐伏尔（Lefebvre H.）所言：“哪里有空间，哪里就有存在。”① 通过“尺度转向”，西方经济地理学在关注地方的综合、地方之间的相互依赖性的同时，进一步强调尺度生产和尺度重组过程对资本主义空间经济动态的重要性，它使经济地理学家既关注于全球化对地方和空间的影响，也关注于地方和空间对全球化的影响。

（一）尺度政治经济学的内涵

1. 尺度政治经济学的起源和基本内涵

当前一轮的全球重组极大地分散了全国尺度的政治—经济生活，并加强了次国家和超国家级社会空间组织的重要性②，这些转变破坏了静态的、固定的和嵌套层次结构的地理尺度的旧的概念，并揭示了尺度的社会生产、历史多样性和政治争议的特征。凯尔和马洪（Keil R. and Mahon R.）整合了有关尺度的辩论，提出了“尺度政治经济学”概念③，为解决当前政治经济生活不断地尺度化和尺度重组提供了参考，这一术语明确强调了尺度研究的焦点不是尺度本身，而是地理历史中混杂的尺度化和尺度重组过程，它们是社会空间关系动荡不安、冲突不断波动的基础、媒介和结果。④ 20 世纪 80 年代，针对社会学家沃勒斯坦（Wallerstein I. M）将世界经济结构按地域横向划分为“核心—边缘—半边缘”三个独立空间的观点⑤，英国地理学家泰勒（Taylor P.J.）批判性地构建了以纵向的地理尺度为划分依据，由全球、国家和城市共同构建成整体的带有明显唯物主义色彩的“尺度的政治经济

---

① H.Lefebvre，*The Production of Space*，Oxford：Blackwell Publishing Ltd，1991.

② ［美］尼尔·博任纳：《新国家空间：城市治理与国家形态的尺度重构》，王晓阳译，江苏凤凰教育出版社 2020 年版，第 83—84 页。

③ R.Keil，R.Mahon，*Leviathan Undone? The New Political Economy of Scale*，Vancouver：University of British Columbia Press，2010.

④ ［美］尼尔·博任纳：《新城市空间：城市理论与尺度问题》，王周杨译，江苏凤凰教育出版社 2022 年版，第 129 页。

⑤ ［美］伊曼纽尔·沃勒斯坦：《现代世界体系》，郭方、刘新成、张文刚译，高等教育出版社 1998 年版。

学”框架①，为马克思主义政治地理学的研究奠定了理论基础。与沃勒斯坦的世界经济单一模式即绝对空间结构不同，泰勒构建的世界经济结构是一种相对空间结构，它通过意识形态将各种经验与现实分开。泰勒（Taylor P.J.）最早将地理尺度概念化以探讨不同尺度对于资本主义发展的意义，提出了对之后的尺度研究影响深远的作为“尺度的政治经济”的三层尺度框架：全球（现实）尺度、国家（意识形态）尺度和城市（体验）尺度，每种尺度在资本主义世界体系的运作中扮演着不同的角色。例如，全球尺度主要作为“现实的尺度”（Scale of Reality），用来组织资本主义世界体系的形态；国家尺度则是“意识形态的尺度”（Scale of Ideology），资产阶级在该尺度中宣扬阶级分化的意识形态，而国家主义就是一种普遍的包装方式；城市尺度则是“经验的尺度”（Scale of Experience），是资本主义社会日常生活所在地。历史上，不同社会经济阶级会在对应的尺度间组成，产生根本的矛盾与尺度间的断裂。

综上所述，尺度政治经济（Political Economy of Scale）指的是一种以空间尺度关系作为分析核心的方法，用以理解资本主义中各政治经济生命的尺度组织，如何于社会上生产，并于长期中逐步转型。② 尺度政治经济学从本体论的角度理解尺度，它涉及作为物质实体的尺度的社会建构，关注尺度同现实物质过程、事件和空间形式之间的互动。③ 尺度政治经济强调各种空间尺度间的主导附属关系不是绝对的，也不会有预设的优势空间尺度存在，而是不同尺度为了所需利益互相斗争、对抗、接合或重组的社会—空间过程。这一分析架构强调跨尺度（Interscalar）关系，地理尺度是经济、政治与社会活动及关系的产物。尺度政治经济以尺度动态、相互交织及持续变迁等观点，提供一个多层级治理（Multilevel Governance）的理论对话平台，衔接全球资本主义地理的抽象趋势（宏观分析）及城市发展政治脉络的具象轨迹

---

① P.J.Taylor. “A Materialist Framework for Political Geography”, *Transactions of the Institute of British Geographers*, Vol.7, No.1 (1982), pp.15-34.

② 马学广：《全球城市区域的空间生产与跨界治理研究》，科学出版社 2016 年版，第 84 页。

③ 马学广：《全球城市区域的空间生产与跨界治理研究》，科学出版社 2016 年版，第 115 页。

（微观分析）。

2. 尺度政治经济学中的“尺度”

从尺度政治经济的视角来看，尺度通过社会相互作用而被构建。尺度不是传统欧几里得几何学中相对固定的、有界的、自我封闭的、给定的容器，而是一个社会互动的过程，在不停歇地发展演变，是一个动荡不安的社会政治竞争场域，是社会的产物。因此，地理尺度不是一个预先假定的和固定的空间层级，而是通过社会、经济和政治过程被构建出来的。行动者通过在不同的尺度中定位他们的行动而在嵌套的政治层级中操纵权力和权威关系，并通过这种方式重塑和重建尺度现实。

尺度的政治经济学将尺度看作广泛的社会政治经济过程的产物①，并且这一社会建构的尺度是作为“物质实体”而存在的。这一阶段源自于政治经济学研究，其关注点大致有以下三个：（1）尺度建构，研究尺度通过社会空间过程而被建构的动因和机制；（2）尺度重组，从资本主义全球化、国家管制、区域和城市规划等方面研究原有的尺度结构如何被社会政治经济过程重构；（3）尺度政治，研究尺度过程如何同其它社会过程交织运作，并影响政治行动者之间的权力关系。

学术界对尺度政治经济学的研究兴趣呈现爆炸式增长，尺度问题在这一领域的理论、方法论与具体研究层面一直处于核心位置。基于尺度政治经济学的研究视角②，所有的尺度（无论社区或者城市或者区域或者国家或者全球等）都被理解成由社会生产的、政治上相互竞争而且具有历史延展性的，尺度化的过程呈现出与更为广阔的政治经济重构过程紧密交织的特征③，包括地缘经济的整合、国家地位的重塑、城市与区域发展新模式的生产等。

---

① P.J.Taylor，“A Materialist Framework for Political Geography”，*Transactions of the Institute of British Geographers*，Vol.7，No.1（1982），pp.15-34.

② R.Keil，R.Mahon，*Leviathan Undone? The New Political Economy of Scale*，Vancouver：University of British Columbia Press，2010.

③ ［美］尼尔·博任纳：《新城市空间：城市理论与尺度问题》，王周杨译，江苏凤凰教育出版社2022年版，第6页。

（二）尺度政治经济学的内容

随着空间不断被资本主义生产方式开发和改造，它将在全球尺度、国家尺度和城市尺度上分别呈现出不同的形态，尺度也随着空间的演变而发生变化。尺度政治经济与只是重新排序预先设定的场所、空间或者尺度无关，而不同尺度重新嵌套过程中的互动和交织更为复杂，具体表现为新的地方正在出现，新的空间正在被创造，新的组织尺度正在被发展，新的行为模式正在被构想。① 尺度政治经济学也逐渐围绕三种空间尺度的资本积累与循环过程展开，即全球尺度、国家尺度和城市尺度。

1. 全球尺度：全球非均衡化空间

在地理空间范围内，全球规模和资本主义扩张是统一的，形成了世界经济体系，塑造了全球非平衡空间的形式。② 世界经济体系的建立是一个资本征服空间的动态过程，呈现出规模扩张的特点。具体而言，从 14 世纪到 15 世纪，欧洲资本主义工商业产生萌芽并逐步发展，物质生产和商品交换在地中海沿岸城市中盛行，并逐渐扩展到北海和波罗的海的港口城市，使欧洲成为一个资本主义商品贸易区。15 世纪至 17 世纪的“地理大发现”时期，欧洲资本主义国家开始发展远洋贸易，大力开拓殖民地，在非洲、美洲和亚洲建立商品贸易门户，大力发展资本主义和殖民主义，形成了世界性商品交换和分工的雏形，奠定了世界经济体系的基础。18 世纪中期，工业革命开始。资本主义国家的生产力发展，迫切需要获得生产资料和倾销商品。他们通过政治、军事等手段加快了对殖民地的剥夺，形成了高度发达的垄断资本主义（又称帝国主义），将世界各国和地区卷入资本主义生产方式，推动了世界经济体系的发展。进入 21 世纪，随着科技革命的到来，资本主义产销网络覆盖全球，加深了世界各国的经济联系，掀起了经济全球化的浪潮，加速了世界经济体系的运行和发展。

重要的是，世界经济体系长期以来的国际分工，造成了发达地区和不

---

① ［美］尼尔·博任纳：《新国家空间：城市治理与国家形态的尺度重构》，王晓阳译，江苏凤凰教育出版社 2020 年版，第 16 页。

② N.Smith，*The Endgame of Globalization*，New York and London：Routledge，2005.

发达地区的发展差异，形成了不平衡的空间，尺度也会随着空间的演变而出现分化。① 在全球范围内，资本从发达地区向不发达地区分化，形成一个循环往复的“跷跷板”，塑造了核心、半边缘和边缘的空间结构。② 因此，在全球范围内，世界经济体系的建立和资本主义生产方式的全球推广，加剧了全球劳动分工和商品贸易交换价值的不平等，造成了世界经济体系中“核心—半边缘—边缘”的结构差异，当这种地理差异现象被映射到全球尺度时，就体现为全球不平衡空间的发展形态。

总体来说，全球尺度在地理和空间范围上与资本主义的发展过程是一致的。以资本积累为核心驱动力，不断扩大空间尺度，最终形成世界经济体系。同时，世界经济体系的空间结构差异也导致了全球范围内的空间分化，导致全球空间发展的不平衡。

2. 国家尺度：新国家空间

世界经济体系的全面建立，加剧了各国在全球市场的竞争，使得国家空间在资本积累的推动下不断发生变化。国家空间的重构现象已经成为地理学的一个重要研究主题。为此，布伦纳（Brenner N.）研究了1960—2000年西欧国家的空间形态和演变关系③，具体解释了国家空间形态从空间凯恩斯主义阶段到危机中的福特主义阶段，再到第一轮、第二轮全球化战略阶段的演变过程，并在此基础上提出了新国家空间理论，使其成为经济全球化背景下国家尺度的重要理论依据。

新国家空间的出现是一个巨大的政治制度、经济发展和社会秩序的转型过程，呈现出尺度重构的特点。④ 随着17世纪“威斯特伐利亚体系”的建立，国家作为一个具有固定主权、明显边界和意识形态对立的固定空间容

① S.Amin，*Accumulation on a World Scale*，Hassocks，Sussex：Harvester Press，1979.

② J.P.Jones，H.Leitner，S.A.Marston，et al. “Neil Smith's Scale”，*Antipode*，Vol.49，No.1（2017），pp.138-152.

③ N.Brenner，*New State Spaces*：*Urban Governance and the Rescaling of Statehood*，Oxford：Oxford University Press，2004.

④ N.Brenner，“Globalisation as Reterritorialisation：The Re-scaling of Urban Governance in the European Union”，*Urban Studies*，Vol.36，No.3（1999），pp.431-451.

器，长期处于“国家中心主义”的认识论中。[①] 然而，随着地理空间研究的“社会转向”，国家空间作为一个容器，不断充斥着资本积累、社会活动和权力争夺等复杂的社会关系。国家空间的塑造已经成为一个社会动态转化的过程，体现了“国家空间性”[②]。在经济全球化的冲击下，各国有选择地划分空间尺度，引导资本流动，调整资本积累的空间尺度，加剧社会关系的重构，使原本稳固的国家空间结构发生了尺度重构，形成超国家空间（如东盟、欧盟等）和次国家空间（如新区、城市群等）。特别是国家制定专门政策，强化超国家空间和次国家空间的战略优势，使地方政府和社会组织有能力重构国家空间治理体系，以吸引国内外资本投资，维护国家资本利益。

因此，新国家空间的形成和发展是一个尺度重构的过程。它不但没有削弱国家的统治力量和经济资本，反而成为建立国家竞争力、保持经济全球化与国家力量动态平衡的有效途径。

3. 城市尺度：多中心城市空间

随着全球非均衡空间的发展和新国家空间的运作，城市已经成为资本积累的关键地理空间。具体而言，城市是全球资本积累和流通的关键节点，是生产活动、社会活动和文化活动的集中地。然而，随着全球生产力的提高和资本积累的加速，城市原有的均衡地理空间结构被打破，推动了城市空间分化现象，导致全球许多城市形成了多中心空间格局。

多中心城市空间是资本推动城市化的动态结果，体现了尺度分化的特征。传统的芝加哥学派和中心地理论是分析城市土地利用和城市功能分布的经典理论基础。他们认为，资本会优先集中在城市中心，然后以分层的方式向外围扩散。在不同的资本要素组合下，会形成不同的城市功能。[③][④] 然而，

① J.Macleavy，J.Harrison，“New State Spatialities：Perspectives on State，Space，and Scalar Geographies”，*Antipode*，Vol.42，No.5（2010），pp.1037-1046.

② B.Jessop，“State Theory：Putting Capitalist States in Their Place”，*Journal of Critical Realism*，Vol.16，No.3（1990），pp.165-169.

③ B.J.Berry，F.E.Horton，*Geographic Prespective on Urban System*，New Jersey：Prentice-Hall Inc，1970.

④ ［德］沃尔特·克里斯塔勒：《德国南部中心地原理》，常正文、王兴中译，商务印书馆1998年版。

随着20世纪的科技革命和后福特主义带来的灵活、分散的生产方式，资本对城市空间的支配和改造呈现出多样化的特点。一方面，政府加强对传统优势城市中心空间（如城市中心、港口）的资本投入，以巩固地方政府对城市的统治；另一方面，中央政府和地方政府纷纷提出优惠政策，吸引资本对城市边缘空间（如国家级新区、工业园区）进行资本化改造，打造多个城市经济增长点，从而提升城市在区域、全国乃至全球的竞争力。因此，全球大部分的城市空间已经发展成为多中心城市区域。这种从单中心到多中心的演变过程，可以看作是城市尺度上资本积累的分化过程。

总之，在尺度分化的作用下，城市空间不断被资本化和改造，形成了多中心的空间形态。这些多中心空间不仅是容纳经济资本、社会资本和文化资本的场所，也是全球资本竞争的关键城市空间节点，是实现资本生产和再生产的重要载体。

（三）尺度政治经济学的方法论

在全球化实践的复杂背景下，尺度政治经济学思想要想不停留在抽象的理论建构上而发挥其实践作用，就必须对“迅速变化、流动与不确定”的全球化空间矛盾和时代困境作出回应，用更加灵活的革命策略来完成马克思主义在全球、国家和地方等不同尺度上改造世界的宗旨。[①] 区域、民族国家和世界全球化经济体系的多尺度、分层级的政治经济学，为我们发现不同地理尺度的实践、利益冲突和矛盾提供了方法，进而为尺度政治经济学的“地方行动”提供了关键的立足点。在某种程度上，也可以说，之所以要在全球、国家和地方尺度上共同推动马克思主义政治经济学的发展，是因为整个世界已经被各种复杂的地缘政治和资本创造的破坏性力量分割得支离破碎。而尺度政治意味着整合所有层面和维度的策略。列斐伏尔以“同质化—碎片化—等级化”作为其抽象矛盾空间批判辩证法的核心范畴，准确把握了时代特征。资本主义的全球扩张导致全球空间日益同质化和均等化，但资本的空间再生产只有通过尺度之间和尺度内部的空间急剧分化和不断再分化才能实

① 鲁宝：《论空间政治经济学批判》，《常州大学学报》（社会科学版）2020年第6期。

现。这种均等化和再分化的过程最终导致了全球政治经济的不平衡发展，其不平衡的矛盾主要体现在三个尺度上，即地方城市尺度、民族国家尺度和全球尺度。

一方面，必须重新审视全球化发展带来的“全球化”与“地方化”之间的悖论。全球化开辟了商品、人员、服务、资本、信息和技术的全球贸易和流通网络，资本主义通过新的国际分工，实现了生产和信息的跨国化和国际化。资本主义的全球化撕裂了民族国家的边界线，从而削弱了民族国家对其经济的支配和自主权，即“去地域化”。一方面，全球秩序导致了民族国家的消失，甚至民族地区的解体为“一个平滑的世界”空间，“一个克服了国家边界约束的受控社会和一个实现了世界市场的全球帝国”①；另一方面，种族主义、社群主义、城市运动以及各种文化、身份政治都坚持封闭式地方行动，这就导致了全球化和地方化相互对抗的国际秩序模式。资本主义国家试图将自己的利益扩展到全球空间以实现普遍性，这不可避免地导致了欠发达国家和地区的边缘化，形成了中心与边缘的二元对立，导致了所谓的“全球化与地方化”的悖论。② 然而，问题并不那么简单，全球化并没有废除地方和国家。全球化不能脱离国家和地方独立描述，必须引入“尺度”范畴才能辨明其中的复杂性。此外，“地方”不会消失，因为它永远不可能被区域、国家甚至世界所吸收。众多的“地方”被国家和地区高度接受；国家空间包括区域；世界空间不仅容纳国家空间，而且通过分割过程促进新的国家空间的形成。所有这些空间都渗透着不断变化的流动性。应该说，社会空间的超级复杂性现在才显现出来，它表现为个体的独立性和特殊性、相对固定的点、运动与浪潮的流向——其中，有的是相互渗透，有的是相互冲突，等等。③

---

① ［美］麦克尔·哈特、［意］安东尼奥·奈格里：《帝国：全球化的政治秩序》，杨建国、范一亭译，江苏人民出版社 2008 年版。

② 丰子义、杨学功、仰海峰：《全球化的理论与实践：一种马克思主义的视角》，江苏人民出版社 2017 年版。

③ H.Lefebvre，*The Production of Space*，Oxford：Blackwell Publishing Ltd，1991.

另一方面，必须辩证地理解全球、国家和（城市）地方之间“三位一体”的尺度政治学。尺度问题是尺度政治经济学所关注的核心问题。正如布伦纳所强调的，尺度政治“不断分析资本主义在每个地理尺度上建立和体现的多重时空矛盾，从地方到全球的空间不仅是激烈的政治斗争的场所，也是这些空间不断被重构甚至超越的过程”①。首先，全球化是一个世界性的空间重构过程，这一过程部分地通过国家社会空间组织的重构来实现。其次，资本的全球化和国家区域权力的重组被认为是全球社会空间重建的两个内在相关过程。最后，“城市问题不再是一个市政问题，而是一个国家和全球问题”②。城市化已经成为资本在当地安营扎寨的场域支撑，也是资本重构人们具体日常经验的舞台。因此，它构成了全球化的三个基本层面之一。地方城市化建立在全球化力量和国家空间规划力量的中介位置，它与世界国家体系和跨国资本的地理学形成了三位一体的结构。与以全球地方二元对立来理解全球化的观点不同，列斐伏尔认为全球资本积累、国家间交流体系和城市化的社会地理转移在各个空间尺度上紧密交织，形成一个复杂的网络。③ 国家空间与区域空间的竞争，以及跨区域集团与多国企业的竞争加剧，造成了一个民族国家内部与全球经济中“国家”地位的再生产之间的矛盾不断被激化。

尺度政治经济学方法论的主要挑战不仅仅是深化对社会空间关系尺度分化和尺度分层特征的认识，更为普遍的挑战在于④：第一，探讨尺度化的政治经济结构（包括尺度间的规则体制）是如何在多元化的地理历史过程中被积极地生产、竞争、瓦解和转型的；第二，描绘这类垂直秩序的社会空间结构是如何塑造以及反过来被不断演化的权力、统治、剥削、规范化、竞争与叛乱的地理所塑造的。

---

① N.Brenner，*New State Spaces*：*Urban Governance and the Rescaling of Statehood*，Oxford：Oxford University Press，2004.

② H.Lefebvre，*The Production of Space*，Oxford：Blackwell Publishing Ltd，1991.

③ N.Brenner，*New State Spaces*：*Urban Governance and the Rescaling of Statehood*，Oxford：Oxford University Press，2004.

④ ［美］尼尔·博任纳：《新城市空间：城市理论与尺度问题》，王周杨译，江苏凤凰教育出版社 2022 年版，第 129—130 页。

第二章　国家治理体系的建构与优化

从党的十八届三中全会首次提出“推进国家治理体系和治理能力现代化”，到党的二十大报告将“基本实现国家治理体系和治理能力现代化”作为到2035年我国发展的总体目标之一，国家治理现代化是实现社会主义现代化的应有之义。建构合理的国家治理体系是国家战略区域空间生产的前提和背景。

一、治理与国家治理体系

治理是社会统治方式的一种新发展，公私部门的界线趋于模糊，不再偏重以政府权威和制裁作为社会治理机制，治理理论深深地植根于国家与社会的互动关系之中，国家治理是对社会需求的积极回应和管理方式的正向变革。

（一）治理、多层次治理与多中心治理

1. 治理的内涵

“治理”（Governance）这个概念最初与“政府”（Government）一词具有相同内涵，表示“控制”或“操纵”。① 从1989年开始，“治理”概念开始同“危机”联系在一起，世界银行将非洲问题归结为国家治理出现了危

---

① 康兴涛、李扬：《跨区域多层次合作的政府治理模式创新研究——基于政府、企业和社会关系视角》，《商业经济研究》2020年第9期。

机。[①] 在公共管理领域，治理的概念是20世纪90年代开始在全球范围逐步兴起的，且学术界更为关注将“治理”与“统治”（Government）进行区别。治理理论的主要创始人之一罗西瑙（Rosenau J.N.）将治理定义为“一系列活动领域里的管理机制”[②③]，是通行于规制空隙之间的制度安排，或许更重要的是当两个或更多规制出现重叠、冲突时，或者需要在相互竞争的利益之间进行调解时，它就是发挥作用的原则、规范、规则和决策程序。与统治不同，治理指的是一种由共同的目标支持的活动，这些管理活动的主体可能不是政府，也不需要依靠国家的强制力。[④] 治理理论的代表人物之一罗茨（Rhodes R.A.W.）认为，治理是“自我组织的组织间网络”，“标志着统治含义的改变，指的是一种新的统治过程，或改变了有序统治的条件，或是统治社会的新方法”。[⑤] 治理理论的另一位代表人物斯托克（Stoker G.）指出：“治理的本质在于，它所关注的统治机制并不依赖于政府的权威和制裁。‘治理的概念是，它所要建立的结构和秩序不能从外部强加；它的作用是要依靠多种进行统治的以及互相发生影响的行为者的互动’。”[⑥] 此外，全球治理委员会（The Commission on Global Governance）在1995年发布的《我们的全球之家》报告中对“治理”作出了具有代表性和权威性的定义，其指出：治理是或公或私的个人和机构经营管理相同事务的诸多方式的总和，是一个调和冲突或不同利益并采取联合行动的持续过程。它包括有权迫使人们服从的正式机构和规则，以及各种非正式安排。在所有这些情况下，人民和机构要么同意，要么认为授予他们权力符合他们的利益。它有四个特

---

① 程聪、巴殿君：《多层次治理视域下的中国实践与未来发展》，《行政论坛》2022年第2期。

② J.N.Rosenau，*Governance without Government：Order and Change in World Politics*，Cambridge：Cambridge University Press，1992.

③ J.N.Rosenau，“Governance in the Twenty-first Century”，*Global Governance*，Vol.1，No.1（1995），pp.13-43.

④ 俞可平：《全球治理引论》，《马克思主义与现实》2002年第1期。

⑤ R.A.W.Rhodes，“The New Governance：Governing without Government”，*Political Studies*，Vol.44，No.4（1996），pp.652-667.

⑥ G.Stoker，“Governance as Theory：Five Propositions”，*International Social Science Journal*，Vol.50，No.155（1998），pp.17-28.

征：治理不是一套规则条例，也不是一种活动，而是一个过程；治理的建立不是基于统治，而是基于调和；治理同时涉及公共和私人部门；治理并不意味着一种正式制度，但确实有赖于持续的相互作用。①② 从上述各种关于治理的定义中可以看到，治理一词的基本含义是指政府的或非政府的公共管理组织在一个既定的范围内运用公共权威维持秩序，满足公众的需要。治理的目的是在各种不同的制度关系中运用权力去引导、控制和规范公民的各种活动，从而实现公共利益的最大化。因此，治理是一种公共管理活动和公共管理过程，它包括必要的公共权威、管理规则、治理机制和治理方式。③

2. *多层次治理的内涵*

治理本身是多样化、多层次的。1993 年欧盟这一“超国家机构”诞生，随之而来也产生了许多新的治理关系，这种关系超越了双边乃至多边的国与国之间的层次，使得公共治理要求变得更加复杂，需要重新思考中央和地方各级政府的合作模式。④ 由此，20 世纪 90 年代初马克斯（Marks G.）创立了“多层次治理”（Mutilevel Governance）理论⑤，希望在不同疆域、不同层级和不同权责政府间建构一种协调治理结构。其提出，在多层次治理结构中，欧盟各成员国逐渐将政策重心向上转移到超国家机构，向下转移到不同类型的次国家组织。罗西瑙（Rosenau J.N.）认为，我们正处在一个“边界迁移、权威重构、民族国家衰落和非政府组织在地区、国家、国际和全球等诸层次上的激增为特征和标志的时代”⑥，这一表述明示了治理包含地区、国

---

① The Commission on Global Governance，*Our Global Neighborhood*：*The Report of the Commission on Global Governance*，New York：Oxford University Press，1995.

② 马学广：《城市边缘区空间生产与土地利用冲突研究》，北京大学出版社 2014 年版。

③ 俞可平：《治理和善治：一种新的政治分析框架》，《南京社会科学》2001 年第 9 期。

④ 吴伟强、周静娴、谢娜娜：《城市治理转型：数字时代的多层次治理》，《浙江工业大学学报》（社会科学版）2020 年第 1 期。

⑤ G.Marks，“Structural Policy and Mutilevel Governance in the EC”，*The State of the European Union*：*The Maastricht Debate & Beyond*，Vol.51，No.2（1993），pp.391-410.

⑥ J.N.Rosenau，“Governance in the Twenty-first Century”，*Global Governance*，Vol.1，No.1（1995），pp.13-43.

家、国际和全球的不同层次[①]。此后，杰弗里（Jeffery C.）引入了“自下而上”的参与模式[②]，强调次国家权威的政策参与和治理能力，进一步完善了多层次治理理论体系。霍格（Hooghe L.）等将多层级治理区分为两大类型：第一类型的分析单元是单一政府，第二类型的分析单元是政策部门。[③]乔卫兵提出，治理是一种多层次而非单一层次的实践，“需要从全球层次、区域层次、次区域层次、国家层次和次国家层次单独和综合地进行协调”[④]。虽然学界对治理层次的划分不尽相同，各治理层次所面对的治理对象及治理目标也有所差异，但在理论、内涵方面却有着较为一致的观点，即注重多行为主体参与，在决策和治理过程中体现出一定的民主性和合法性。[⑤]多层次治理的不同层次并不是彼此孤立和割裂的。因此，在尊重各个层次相对独立的同时，需要人为自觉地打破各个层次的界限，从整体上审视和驾驭多层次治理。

3. 多中心治理的内涵

与其他公共治理模式相比，多中心治理理论是在公共管理研究领域中的“新理论”，且传入我国的时间较晚。多中心理论起源于匈牙利哲学家波兰尼（Polanyi K.）对于计划经济和市场经济的比较研究，之后在政治行政领域获得进一步发展，并趋向成熟。多中心治理理论（Polycentric Governance）是以奥斯特罗姆夫妇（Vincent Ostrom 和 Elinor Ostrom）为核心的学者在对发展中国家农村社区公共池塘资源进行实证研究的基础上创立的，首先意味着在公共物品生产、公共服务提供和公共事务处理方面存在着多个供给主体。[⑥]“多中心”对应着“单中心”，其反对权力的垄断和

---

① 俞可平：《全球化：全球治理》，社会科学文献出版社 2003 年版。

② C.Jeffery，“Sub-National Mobilization and European Integration：Does it Make any Difference?” *Journal of Common Market Studies*，Vol.38，No.1（2000），pp.1-23.

③ L.Hooghe，G.Marks，“Unraveling the Central State，but How?”，*American Political Science Review*，Vol.97，No.2（2003），pp.233-243.

④ 乔卫兵：《全球治理及其制度化》，《欧洲》2002 年第 6 期。

⑤ 程聪、巴殿君：《多层次治理视域下的中国实践与未来发展》，《行政论坛》2022 年第 2 期。

⑥ 任声策、陆铭、尤建新：《公共治理理论述评》，《华东经济管理》2009 年第 11 期。

集中化，相反，其意味着行政体制中存在许多决策中心，意味着政府、市场的共同参与和多种治理手段的应用，它们在形式上是相互独立的。[①] 这就突破了传统的政府大包大揽的管理方式，更多地强调治理主体的多元化。根据现有研究可以总结得出，多中心治理以自主治理为基础，具有包括政府、企业、社会组织等在内的复合主体的网络型结构，通过合作和竞争实现公民利益最大化和公民多样化的需求，从而减少了“搭便车”行为和“公地的悲剧”，提高了决策的科学性，扩展了治理的公共性。[②③] 多中心治理的应用范围十分广泛，尤其是第三部门理论发展推动了多中心治理范式的确立与深化，有关公共参与[④]、公民社会[⑤]、专家决策[⑥]、政府与非营利组织（Non-Profit Organization）合作[⑦⑧] 等均可以看作研究实现多中心治理的途径。

（二）新区域主义思潮及其影响

20 世纪 90 年代，随着经济全球化进程日益加快，区域发展模式也发生了深刻的变化。区域一体化逐渐成为全球发展的主流趋势，区域协调发展再次成为人们关注的焦点。在全球竞争日益激烈的环境下，传统意义上单一的城市中心已经不能满足竞争的需要。整合区域优势，充分利用城市以及周边地区的资源互补，以区域为杠杆撬动在全球市场中的竞争优势已经成为备受

---

① 王兴伦：《多中心治理：一种新的公共管理理论》，《江苏行政学院学报》2005 年第 1 期。

② 孔繁斌：《公共性的再生产：多中心治理的合作机制建构》，凤凰出版传媒集团 2008 年版。

③ 王志刚：《多中心治理理论的起源、发展与演变》，《东南大学学报》（哲学社会科学版）2009 年第 S2 期。

④ 陈水生、屈梦蝶：《公民参与城市公共空间治理的价值及其实现路径——来自日本的经验与启示》，《中国行政管理》2020 年第 1 期。

⑤ 俞可平：《中国公民社会：概念、分类与制度环境》，《中国社会科学》2006 年第 1 期。

⑥ 王锡锌：《我国公共决策专家咨询制度的悖论及其克服——以美国〈联邦咨询委员会法〉为借鉴》，《法商研究》2007 年第 2 期。

⑦ 郭小聪、文明超：《合作中的竞争：非营利组织与政府的新型关系》，《公共管理学报》2004 年第 1 期。

⑧ 郁建兴、沈永东：《调适性合作：十八大以来中国政府与社会组织关系的策略性变革》，《政治学研究》2017 年第 3 期。

关注的发展模式。[①][②][③] 这种新形式的区域发展迫切要求一种既能有机整合区域资源，又能避免20世纪末在欧美国家流行的“巨人政府”可能带来的与居民沟通不畅、政府机构臃肿、机关人员管理困难、改革无法实施、资源分配不公等各种问题弊端的合作治理模式。[④] 新区域主义就在这种时代的背景下应运而生了。

1. 新区域主义的内涵与特点

与传统的区域发展理论不同，“新区域主义”（New Regionalism）并没有明确的范畴界定和逻辑严密的理论体系，代表的是区域协调发展和一体化追求的一系列运动的总和。其内容涉及多尺度的区域空间规划、区域经济地理、社会发展和区域联合治理，根据区域特点，强调多种区域战略的紧密联系和整合。[⑤] 与“生态区域主义”（Ecological Regionalism）、“马克思区域主义”（Marxist Regionalism）等历史中“区域主义”的主张和方法相比，“新区域主义”思潮主要具有以下四个特点。

第一，新区域主义注重区域特征，研究方法以系统分析和实地调研为主。随着二战后区域科学和空间学派的兴起，利用统计学和计量经济学对区域进行定量分析一度成为区域研究的主流方法。这种方法将区域简单地抽象为一个“经济景观”，并构建一个“模型”来分析其驱动机制，很难适用于复杂的社会问题，特别是难以对生态环境保护等非经济行为作出合理解释，需要定性研究作为补充。同时，区域的空间范围也从早期的大都市扩大到省级、国家级甚至大洲级这些难以界定的层次，忽视了区域特征和空间尺度。

---

① A.J.Scott，M.Storper，“Regions，Globalization，Development”，*Regional Studies*，Vol.37（2003），pp.579-594.

② A.E.G.Jonas，K.Ward，“Introduction to a Debate on City-Regions：New Geographies of Governance，Democracy and Social Reproduction”，*International Journal of Urban and Regional Research*，Vol.31，No.1（2007），pp.169-178.

③ R.K.Vogel，“The City Region as a New State Space”，*Progress in Planning*，Vol.73（2010），pp.64-68.

④ 叶林：《新区域主义的兴起与发展：一个综述》，《公共行政评论》2010年第3期。

⑤ 吴超、魏清泉：《“新区域主义”与我国的区域协调发展》，《经济地理》2004年第1期。

为了关注具体的“区域特征”而不是抽象的“功能”[①]，“新区域主义”强调区域研究中定性与定量研究、系统分析与实地调研相结合。自 20 世纪 60 年代行为地理学首次引入现象学方法，即强调现场观察和环境感知以来，这种在区域研究中关注区域特征和现场调查的方法被“新区域主义”运动广泛采用，并在“新城市主义”（New Urbanism）、“适宜居住的社区”（Livable Communities）等运动中盛行。

第二，新区域主义直面区域和城市发展中的各种社会问题。随着城市化和工业化进程的加快，西方发达国家普遍出现了环境污染、社会分化、阶级矛盾、郊区蔓延、城郊对抗等一系列城市问题，需要新的视角和方法来缓解。在这种背景下，“新区域主义”直面当前不断激化的社会矛盾和各种问题，例如，在区域联合治理的研究中，“新区域主义”强调要认真分析郊区之间、郊区与中心城市之间的复杂矛盾、政治联合的可能形式以及如何平衡地方税基和服务[②]；在区域规划的研究中，与20世纪初的“区域主义”相反，“再城市化”重新成为区域发展的主要目标。

第三，新区域主义综合平衡社会公平、环境保护和经济增长的发展目标。区域发展应包括经济、社会和生态环境等多维度的内容[③]，盲目强调经济增长的传统区域发展模式已经受到广泛质疑。“新区域主义”把维护社会公平和良好的生态环境放在区域发展的突出位置，在区域可持续发展的研究中提出了经典的全面平衡经济增长、社会公平和环境优化的“3Es”（Equity，Environment and Economy）目标。

第四，新区域主义重视物质规划以及不同层次的物质规划与社会、经济发展规划之间的密切配合。由于区域科学和空间学派的学者非常重视资料收集和模型构建，忽视了区域规划的重要作用，使得最终研究结论影响下的

---

① J.Friedmann，C.Weaver，*Territory and Function*：*The Evolution of Regional Planning*，London：Edward Arnold，1979.

② 张树剑、黄卫平：《新区域主义理论下粤港澳大湾区公共品供给的协同治理路径》，《深圳大学学报》（人文社会科学版）2020 年第 1 期。

③ 郑先武：《区域研究的新路径：“新区域主义方法”述评》，《国际观察》2004 年第 4 期。

区域发展规划由另一个规划师完成，割裂了理论与实践的紧密联系，阻碍了区域的可持续发展。“新区域主义”强调恢复重视物质规划的传统，并进一步倡导不同层次的规划紧密结合，避免因缺乏联系而难以呼应甚至冲突的局面。此外，受可持续发展理论的影响，“新区域主义”更加强调区域规划对社会经济发展、生态环境保护和社会问题缓解的“引导”作用，而不是盲目地“控制”空间增长的方式和速度——这也是区域可持续发展的必然要求。

2. 新区域主义的优势与影响

与20世纪欧美国家流行的“巨型政府”和“多中心”的区域发展模式以及早期的“区域主义”相比，新区域主义通过横向治理网络的构建，形成了跨部门而非单一部门的协作，形成了由多个地方辖区共同组成的治理层次，这就跳出了政府部门单一管理的框架，调动了非营利组织、公民组织等各种形式的组织参与区域问题解决和政府决策实施的积极性，大大扩大了区域治理的参与者。① 此外，新区域主义主张通过灵活的政策网络实现区域一体化和发展协调，这有助于解决区域内各级政府各自为政、效率低下的问题，有利于组建区域治理的协作性或合作性组织，采取多种形式解决区域性公共问题。在新区域主义的影响下，欧美国家出现了许多新的区域和城市治理模式，如“多层次”治理模型、多边联合治理、城市间“跳跃式”合作方式等，大大拓展了区域治理的理论和实践成果，反映了新世纪世界范围内区域发展理论的演变趋势。

（三）城市、区域与国家治理的尺度分异

全球化大变革对民族国家及其治理产生了深远的影响，其中之一就是国家治理的尺度重组，即国家权力通过地域化从国家尺度分化为多空间尺度。② 面对全球化带来的国家治理调整，为了实现有效治理，民族国家必须在全球范围和地方范围内将部分权力上交到全球尺度的国际性组织和下放到

---

① 叶林：《新区域主义的兴起与发展：一个综述》，《公共行政评论》2010年第3期。

② N.Brenner，“Globalisation as Reterritorialisation：The Re-scaling of Urban Governance in the European Union”，*Urban Studies*，Vol.36，No.3（1999），pp.431-451.

地方尺度。在这种背景下，区域尺度尤其是城市区域尺度脱颖而出，城市区域主义逐渐兴起并取代了传统区域主义。它强调区域是国家治理、资本积累和政治重构的最佳规模，而不是国家尺度或城市。① 区域尺度的上升实际上包括从全球到区域、从国家到区域、从城市（地方）到区域的三重经济和政治调整过程，其中每一个过程都涉及国家权力的调整和尺度的重组，因此它是城市区域崛起的关键力量。

1. 城市区域主义的内涵

城市区域主义（Metropolitan Regionalism）实际上是一种基于城市密集区（如城市群、都市圈、都市圈等）的空间尺度进行制度设计、政策制定和治理机制建设的城市发展战略和治理模式。它涉及广泛的制度变迁和治理调整，包括通过市县合并和通过中心城市与周边地区合并建立大都市区政府的方式调整行政区划；建立城际公共服务机构、区域委员会和规划组织；城市政府之间的非正式协调机制（Informal Coordination Mechanism，如市长联席会议、政府论坛等）以及私人部门和社会组织之间的合作机制；中央政府（联邦政府）和省（州）政府的行政指导和立法措施等。

国家是地理不均衡发展中最重要的制度中介者，它调节着各种不同空间的社会极化效果，通过不同地理尺度的策略布局而将社会关系阶层化，并且通过控制空间的功能差异来维持阶层间的和谐关系。传统上，国家空间被看成自我封闭且被动接纳社会经济活动的容器。由于国家空间在全球化和区域化之间担当中介角色，因而成为空间矛盾和冲突的焦点所在，扮演着争取控制、重组以及转化社会空间的中心角色。国家是经济全球化的参与者，经济全球化所带来的距离、密度和分割并没有瓦解国家本身，反而重塑了国家空间、政府治理的尺度和范围。国家在权力资本、权力空间重组与重构等过程中获得新的影响力。② 在福特—凯恩斯主义治理模式下，国家成为一支凌驾于社会生产之上的独立力量，它不仅对资本主义生产工具的生产和再生产

① A.J.Scott，*Global City-Regions*：*Trends*，*Theory*，*Policy*，Oxford：Oxford University Press，2001.

② 胡燕、孙羿：《新自由主义与国家空间：反思与启示》，《经济地理》2012 年第 10 期。

过程进行调控，而且直接介入到劳动力的生产和再生产过程①，管制作为协调资本与劳动力的工具，其尺度和边界正在发生变化，尺度重组改变了传统国家的经济边界，国家权力空间的边界更加具有弹性、柔韧性，不再受制于领土边界的刚性约束。国家内部流通的监管规则、政府间关系以及地方政府行为，重塑了国家作为静态的、封闭的领土空间，新国家空间产生了。

2. 城市和区域尺度治理的优势

在全球化背景下，城市和区域开始显示出相对于国家的治理优势，城市主义和新城市区域主义的潮流逐渐兴起。城市主义强调，在治理过程中，城市尺度先于其他尺度，应被视为最基本、最重要的国家治理单元。国家治理与政策应围绕城市尺度设计、制定和实施，并将更多的权力和资源下放给城市尺度以实现有效的治理绩效。然而，城市区域主义并不是一个新生事物。在长期的城市研究中，一直存在着区域主义的观点。新区域主义认为，区域可以同时为国家治理和城市治理提供最佳的空间尺度，因为它相对于国家尺度来说足够小，不同的治理主体可以通过面对面的互动建立信任和合作。同时，它又比城市尺度大，可以支持大规模的社会网络和产业网络。政策主体之间稳定的合作网络关系，需要加强地方性知识、社会关系和目标之间的互动，营造有利于学习、创新和成长的氛围，从而促进区域内各主体之间的非交易性的相互依赖，以促进制度学习、强化社会网络和产生创新集群。因此，在新区域主义看来，以地方和城市自治居民为主的社区首先要关注整个区域的公共事务和发展，更多地考虑他们的共同未来，与政府一起与其他各级政府、非政府组织和私人部门建立稳定的合作网络关系。

二、国家治理体系现代化

国家治理体系和治理能力是一个国家的制度和制度执行能力的集中体现，其现代化进程贯穿了中国式现代化发展的全过程。

---

① 周立斌、杨林：《空间政治经济学对我国城市发展的启示》，《学术交流》2014 年第 4 期。

（一）全球化与新自由主义思潮

1. 新自由主义的起源

20 世纪 30 年代，资本主义爆发了规模空前的世界性经济危机，生产要素完全过剩，经济社会出现了严重的“滞胀”，主张扩大政府开支、增加市场需求、实施财政赤字、刺激经济繁荣的凯恩斯主义经济学（Keynesian Economics）应运而生。它重新审视了经济危机的原因，为资本主义世界度过经济危机指明了方向。然而，自 20 世纪 70 年代以来，资本主义经济面临的主要问题已经从生产要素的完全过剩转向生产要素的不完全过剩。凯恩斯主义针对生产要素过剩的需求管理政策并不能解决“滞胀”问题，反而使这个问题更加严重，即凯恩斯主义在 20 世纪 70 年代失灵。① 同时，随着二战后世界经济秩序的重建，新的科技革命和生产的高度社会化，使世界各国之间的联系越来越紧密。

2. 新自由主义的特征

新自由主义（Neoliberalism）包括货币学派、供给学派、理性预期学派、伦敦学派、弗莱堡学派等众多思想流派，这些思想流派的理论观点并不完全相同，在许多问题上的看法彼此有很大分歧，但又有一些共同的基本特征。②③④

首先，新自由主义的目标是建立一个新的全球秩序和一个由美国等发达国家主导的世界资本积累体系。在经济全球化的背景下，新自由主义的目标是建立一个全新的全球政治经济秩序。这个目标与资本主义发展的新阶段有关——经济全球化标志着资本主义进入了国际垄断阶段。新自由主义是垄断资本的国际扩张理论，它与垄断资本的国际扩张和经济全球化紧密相

---

① 李其庆：《全球化背景下的新自由主义》，《马克思主义与现实》2003 年第 5 期。

② ［美］诺姆·乔姆斯基：《新自由主义和全球秩序》，徐海铭、季海宏译，江苏人民出版社 2000 年版。

③ 程恩富：《新自由主义的起源、发展及其影响》，《求是》2005 年第 3 期。

④ 杨玉成、赵乙儒：《论新自由主义的源流、性质及局限性》，《世界社会主义研究》2022 年第 2 期。

连。[①] 新自由主义提倡市场法则和自由平等原则，但是，由于新自由主义代表了国际垄断资本的利益，以美国为首的发达资本主义国家在全球化中占据了主导地位，而广大发展中国家则处于被剥削的地位，这种全球秩序的最大特点就是不平等。

其次，新自由主义对发达国家和发展中国家实行双重标准。新自由主义主张实施所谓的自由市场理论，强调商品、服务、资本和货币的自由跨境流动。然而，它对美国等发达资本主义国家通过政府补贴、非关税壁垒和其他措施实施贸易保护主义的现象却充耳不闻。相反，它赞扬他们凭借自己控制的一系列国际组织和产业规则控制世界各国，实施美国模式的世界经济一体化；同时，却要求发展中国家不管自身经济发展水平、国际贸易、国际金融等国内外条件是否成熟，都要尽快实施金融自由化和贸易自由化。这鲜明地反映了新自由主义的虚伪性、欺骗性和功利性。

最后，新自由主义极力主张非管制化、私有化和福利个人化，反对国家干预、公有制和福利国家。新自由主义主张“市场万能”的市场机制功能和个人自由主义，强调国家对经济运行的干预越少越好，这也是新自由主义理论的核心内容。新自由主义主张“私人产权神话”，认为在市场这只“看不见的手”的调控下，私有经济可以自动实现均衡，赋予人们自由选择的权利，这是公有制所不具备的。此外，新自由主义认为，基于高税收政策的福利国家是经济效率低下的一个重要原因。它削弱了人们的工作、储蓄和投资热情，增加了人们对国家的依赖惯性，应该把保障的责任从国家转移到个人。

综上所述，新自由主义关于市场配置资源、减少政府干预、降低政府开支的观点对国民经济发展有一定的参考意义，但总体上是保守的、落后的，是在凯恩斯主义基础上的“倒退”。因此，许多西方学者把新自由主义称为“右翼经济学”或“新保守主义”。[②]

---

① 中国社会科学院课题组：《新自由主义研究》，《经济学家》2004 年第 2 期。

② D.M.Kotz，“Globalization and Neoliberalism”，*Rethinking Marxism*，Vol.14，No.2（2002），pp.64-79.

3. 新自由主义的优势与缺陷

新自由主义体制下的城市化生产在很大程度上是通过国家战略的空间与尺度转型，在城市肌理中不断探索、制度化、规范化其市场规制而得以发生的。① 在新自由主义的影响下，西方发达国家大力推行私有化政策、减少社会福利政策和减税政策，调整国内生产关系和经济关系，增强国际竞争力，使其摆脱了70年代的“滞胀”困境，并产生了随后20年里的经济繁荣。然而，更重要的是，新自由主义所奉行的理念和政策导致了一系列的负面效应。对于发达国家来说，首先，新自由主义主张减少公共开支，尤其是工人工资，这大大降低了社会购买力，导致总需求不足，通货紧缩危机取代了通货膨胀危机，成为经济增长的新障碍。其次，新自由主义大力推行金融自由化和放松管制的政策，催生了历史上空前的泡沫经济，实体经济和虚拟经济被过度分离，资本主义经济危机四伏。最后，新自由主义所倡导的私有化和无限制的自由市场竞争，导致少数人垄断了社会上最多的资本，而大多数人却一无所有，这大大加剧了资本主义国家社会结构中的贫富分化，阻碍了国民经济的正常运行。新自由主义也未能促进发展中国家的经济发展。

如上所述，新自由主义对发达国家和发展中国家实行两套标准，而发达国家从来没有实行过完整的新自由主义，却要求发展中国家努力实行新自由主义的全部思想，这对发展中国家的民族工业发展造成了致命的打击，大大削弱了政府对国内经济和金融活动的控制能力，经济安全、民族独立和国家主权不断弱化，与发达国家的经济差距不断扩大。

（二）社会—空间维度与国家领域重构

社会科学家在过去40年中发展出了4种不同的社会—空间维度（Social-Spatial Dimension）：地域、地点、尺度和网络。美国社会学家布伦纳（Brenner N.）认为，当代对国家空间重构的讨论主要着重于全新的地理尺度和治国方略的领域轮廓。② 对国家空间的概念化在方法论和主题上都极为复

---

① ［美］尼尔·博任纳：《新城市空间：城市理论与尺度问题》，王周杨译，江苏凤凰教育出版社2022年版，第13页。

② ［美］尼尔·博任纳：《新国家空间：城市治理与国家形态的尺度重构》，王晓阳译，江苏凤凰教育出版社2020年版，第89页。

杂，主要集中在国家空间重组的三条相互交织的轴线上，即国家的再领域化（领域性不再被视为政治关系中预先给定的、自我封闭的平台，而是作为历史上特定的空间封闭战略以及不断演化的多尺度的制度架构）、国家的重新划界（边界不再仅仅被视为国家主权的分界线，而是被理解为通过多方面的符号、标记和政治经济实践来表达和争夺国家权力的方式）和国家的尺度重构（国家权力的尺度组织不再被理解为永久固定的背景结构，现在被认为是政治经济进程的构成性，是有争议的，因此可能具有延展性的维度）。

1. TPSN 框架的基本内涵

国家空间治理是领域（Territory）、地方（Place）、尺度（Scale）、网络（Network）等多维社会空间关系互动的结果。① 英国政治学家杰索普（Jessop B.）②③ 等学者通过探讨领域、地方、尺度、网络等多维社会空间在全球化背景下的相互作用，形成了 TPSN 模型，为分析尺度重组和社会空间建构的作用过程提供了多维视角。④ 在一定程度上，在地域、地点、尺度和网络上相对不同的争论的延续，反映了研究对象的不同，反映了它们在不同研究领域和历史背景中相对重要性的转移，也在一定程度上反映了智力的快速循环。

“领域”主要是指实体的自然地理或行政管辖空间，具有明显的内外差异。⑤⑥ 自我封闭的领域边界是现代政治组织的基本特征之一⑦，这种将领域

① 马学广、李鲁奇：《城际合作空间的生产与重构——基于领域、网络与尺度的视角》，《地理科学进展》2017 年第 12 期。

② B.Jessop，N.Brenner，M. Jones，“Theorizing Sociospatial Relations”，*Environment and Planning D：Society and Space*，Vol.26，No.3（2008），pp.389-401.

③ B.Jessop，“Territory，Politics，Governance and Multispatial Metagovernance”，*Territory，Politics，Governance*，Vol.4，No.1（2016），pp.8-32.

④ 马学广、鹿宇：《尺度重组视角下我国海外园区空间治理体系重构研究》，《中国海洋大学学报》（社会科学版）2021 年第 5 期。

⑤ 苗长虹、胡志强：《城市群空间性质的透视与中原城市群的构建》，《地理科学进展》2015 年第 3 期。

⑥ E.Swyngedouw，“Globalisation Or ‘Glocalisation’? Networks，Territories and Rescaling”，*Cambridge Review of International Affairs*，Vol.17，No.1（2004），pp.25-48.

⑦ ［美］尼尔·博任纳：《新国家空间：城市治理与国家形态的尺度重构》，王晓阳译，江苏凤凰教育出版社 2020 年版，第 95 页。

性视为现代国家形态既定、固化、不变因而相对透明的特征，在20世纪大多数国家形态的方法论中被不自觉地复制。领域的基本内涵在于个人、团体或机构对有界空间的占有①，因此它是一个包括社会关系在内的有界空间，在社会建构过程中体现为“领域化”（Territorialisation），“将某些现象或实体同有意义的有界空间连接起来”的过程。② 在全球地方化的过程中，生产要素突破了现有的空间界限，导致原有领域和特定社会关系的分离，产生了新的领域。这个过程被认为是“去领域化”（Derritorialisation）和“再领域化”（Reterritorialisation）。具体来说，在社会建构的过程中，虽然行政边界或地理边界变得模糊甚至消失，但新的政治、经济、文化甚至社会空间却重新出现了。“地方”与“领域”相类似，它也可以是一个由自然资源、文化习俗、经济政治制度组成的综合体。它强调区域之间的差异和特定空间的嵌入性，同时也注意到对空间的控制和占领，其和领域可相互转化。③④

“尺度”作为“在地理整体的建构和动态变化中的一个因素，而不仅仅是地理联系的产物”，指的是不同大小的有界空间（如地方、区域、国家和全球）的嵌套层次结构。⑤⑥ 随着全球重构和空间生产理论的兴起，学者们意识到尺度的社会建构和政治建构，提出了尺度化、尺度重组、尺度政治、尺度跳跃等概念，从而开展全球地方化和区域重构的研究。

“网络”主要来自于生产要素流动所产生的功能性联系网络和行为体互动所形成的行动者网络，其和尺度相互建构，既有横向尺度关系，也有纵向

---

① J.Painter，“Rethinking Territory”，*Antipode*，Vol.42，No.5（2001），pp.1090-1118.

② D.Delaney，*Territory：A Short Introduction*. Oxford：Blackwell Publishing，2005.

③ F.Ercan，S.Oguz，“Rescaling as a Class Relationship and Process：The Case of Public Procurement Law in Turkey”，*Political Geography*，Vol.25，No.6（2006），pp.641-656.

④ J.T.Miao，“Parallelism and Evolution in Transnational Policy Transfer Networks：The Case of Sino-Singapore Suzhou Industrial Park（SIP）”，*Regional Studies*，Vol.52，No.2（2018），pp.1-10.

⑤ S. A. Marston，“The Social Construction of Scale”，*Progress in Human Geography*，Vol.24，No.2（2000），pp.219-242.

⑥ D.Delaney，H.Leitner，“The Political Construction of Scale”，*Political Geography*，Vol.16，No.2（1997），pp.93-97.

尺度关系，这也就意味着网络不同于地方、领域等社会空间维度的固定性，其更强调流动性，使地方、领域在不同尺度之间串联。①②

2. TPSN 框架下的尺度重构

TPSN 模型强调，尺度重构实际上是一个社会空间关系的重新排序过程。旧有的 TPSN 组合中稳固的社会结构可能导致竞争、反抗和斗争，并从基层挑战自上而下的社会空间战略和制度设置。因此，在社会空间关系重构的过程中，需要创造性地行使国家权力，平息原有环境中的对抗性力量，保障新的社会空间配置。这就需要引入新的治理手段和国家干预，而新的治理技术在社会空间上就表现为 TPSN 的重新组合。③ 杰索普（Jessop B.）在使用 TPSN 方法描述尺度重构的过程时，特别强调了这四个维度的相对重要性可能会因为不同的时空修复而发生变化。④ 换句话说，领域、地方、尺度和网络的相对作用可能随着时间和情景的变化而变化。每个维度都可以作为结构化原则（Structuring Principle）影响其他维度，并作为结构化场所（Structured Field）受到其他维度的影响。⑤ 例如，领域在地方的影响下表现为核心—边缘结构。⑥ 此外，每个维度都有特定的结构矛盾（Structural Tensions），所以不同维度的组合进一步反映了领域的有界和跨界、尺度的单一和多重、网络的围合和开放等矛盾以及相应的政治策略和结构。⑦ 因此，

---

① N.Brenner，“The Limits to Scale? Methodological Reflections on Scalar Structuration”，*Progress in Human Geography*，Vol.25，No. 4（2001），pp. 591-614.

② K.R.Cox，“Spaces of Dependence，Spaces of Engagement and the Politics of Scale，or Looking for Local Politics”，*Political Geography*，Vol.17，No.1（1998），pp.1-23.

③ 蒋明华：《行政区与功能区嵌套空间的生产与重构——国家尺度重构视角下的深圳特区扩容》，《人文地理》2022 年第 2 期。

④ B.Jessop，“Territory，Politics，Governance and Multispatial Metagovernance”，*Territory*，*Politics*，*Governance*，Vol.4，No.1（2016），pp.8-32.

⑤ 马学广、李鲁奇：《新国家空间理论的内涵与评价》，《人文地理》2017 年第 3 期。

⑥ B.Jessop，N.Brenner，M. Jones，“Theorizing Sociospatial Relations”，*Environment and Planning D：Society and Space*，Vol.26，No.3（2008），pp.389-401.

⑦ M.Jones，B.Jessop，“Thinking State/Space Incompossibly”，*Antipode*，Vol.42，No.5（2010），pp.1119-1149.

在 TPSN 重组的过程中，如何战略性地选择关键维度以引导其他维度成功完成国家领域的重组，就成为理论研究的一大重点。

（三）国家尺度重组及其地域治理

1. 国家尺度重组的内涵

国家尺度重组理论是美国学者布伦纳（Brenner N.）对国家理论进行空间化而形成的。① 在此之前，英国学者杰索普（Jessop B.）指出，一些社会力量试图利用现有的社会结构来实施新兴战略，以实现特定的社会经济目标，而之前的国家结构仍然发挥着作用。② 两者之间关系的不断演变导致国家对某些阶层和社会力量给予优先考虑。此外，为确保国家机构的功能统一、业务协调和组织一致性所采取的措施被称为“国家项目”（State Projects）。在制度结构与国家权力不断演变的斗争中，正是由于一些社会力量因其影响力而享有特权，国家项目会对一些群体有明显的倾向性，使国家项目本身产生“战略选择性”（Strategic Selectivity）。布伦纳认为，国家项目的“战略选择性”具有空间导向。③ 为了实现特定的战略，国家项目倾向于突出特定层次和领域的国家机构。由于这些特定的“层面”和“领域”具有明确的空间导向，国家项目就产生了“空间选择性”（Spatial Selectivity）。在此基础上，布伦纳等人做了进一步拓展：为了配合具体的政治战略，空间选择性会被重新调整，从而导致国家尺度组织（如各级政府）被社会性地生产和阶段性地改变，该过程就是国家尺度重组。

国家尺度重组不仅是经济和政治危机的体现，也是管理这些危机的空间表现，而且这种空间表现会根据背景的不同而采取不同的形式。麦金托什（Mackintosh M.）提出的合作伙伴关系过程模型解释了国家尺度重组

---

① 蒋明华：《行政区与功能区嵌套空间的生产与重构——国家尺度重构视角下的深圳特区扩容》，《人文地理》2022 年第 2 期。

② B.Jessop，“State Theory：Putting Capitalist States in Their Place”，*Journal of Critical Realism*，Vol.16，No.3（1990），pp.165-169.

③ N.Brenner，*New State Spaces*：*Urban Governance and the Rescaling of Statehood*，Oxford：Oxford University Press，2004.

的具体动机。[①] 在这个模型中，麦金托什将合作过程分为三个阶段：协同（Synergy）、转变（Transformation）和预算增加（Budget Enlargement）。其中协同是指那些既有可识别资产或能力又有不同且不完全互斥目标的各方通过合并不同的资产或权力创造更多的利益，并通过合理分配这些利益来解决危机的过程。正是因为合作各方的资源和能力可以创造新的价值，从而达到解决危机的目的。因此，追求协同效应是各方合作的直接动力。国家尺度重组本质上就是在新的尺度结构上建立各种社会力量的合作关系，协同效应则是国家尺度重组的具体动因。

2. 国家尺度重组下的地域治理

地理尺度是一种社会关系的建构，新的社会空间也带来了新的治理关系。[②][③] 国家尺度的重组就是指不同尺度之间的权力和控制力的变化，即中央政府主动调节经济、社会和空间发展干预权力的过程——包括将权力向上转移到区域组织或向下转移到地方政府。[④] 因此，地域治理是经济、社会和空间尺度重构的内在要求和必然结果。地域治理有时也被称为区域治理，是指政府、非政府组织、私人部门、公民和其他利益相关者通过谈判、协商和伙伴关系对区域公共事务采取集体行动，以实现区域公共利益最大化的过程。[⑤]

地域治理具有三个基本特征：一是由多个主体形成的组织间网络或网络治理；二是强调充分发挥非政府组织和公民参与的重要性；三是注重用多元弹性的“协调”方式来解决区域问题。由此可见，地域治理不是无条件的，

---

① M.Mackintosh，“Partnership：Issues of Policy and Negotiation”，*Local Economy*，Vol.7，No.3（1992），pp.210-224.

② 苗长虹：《变革中的西方经济地理学：制度、文化、关系与尺度转向》，《人文地理》2004年第4期。

③ 张京祥：《国家—区域治理的尺度重构：基于“国家战略区域规划”视角的剖析》，《城市发展研究》2013年第5期。

④ J.Shen，“Scale，State and the City：Urban Transformation in Post Reform China”，*Habitat International*，Vol.55，No.3-4（2007），pp.303-316.

⑤ 陈瑞莲、杨爱平：《从区域公共管理到区域治理研究：历史的转型》，《南开学报》（哲学社会科学版）2012年第2期。

它必须有深厚的公民社会和公民参与传统、发达的非政府组织体系，以及公私合作和协商治理的文化。地域治理在我国的研究范围十分广泛，包括跨界（域）治理①、协同治理②、城市治理③、乡村治理④等，利用国家尺度重组理论，对经济圈与城市群、大都市区、特别合作区⑤、海外园区等飞地经济⑥⑦等不同地域尺度进行治理机制与路径分析。

三、国家空间选择性理论

基于其他学者的研究成果，布伦纳（Brenner N.）提出了“国家空间选择”（State Spatial Selectivity）理论⑧，认为资本积累及其空间运作以及权力的空间实践并非均等的散布于地表，而是基于既有的物质性或制度性差异，选择具有潜在获利机会的地点进行空间布局，国家往往对特定的地理区域或尺度有着空间选择上的偏好（同时会忽视、排斥和边缘化其他地域）⑨，由此更加深化了地域空间的不均衡发展，导致某些特定地域的“节点”功能更加被突显出来。

---

① 张成福、李昊城、边晓慧：《跨域治理：模式、机制与困境》，《中国行政管理》2012 年第 3 期。

② 姬兆亮、戴永翔、胡伟：《政府协同治理：中国区域协调发展协同治理的实现路径》，《西北大学学报》（哲学社会科学版）2013 年第 2 期。

③ 盛广耀：《城市治理研究评述》，《城市问题》2012 年第 10 期。

④ 贺雪峰：《乡村治理区域差异的研究视角与进路》，《社会科学辑刊》2006 年第 1 期。

⑤ 胡剑双、孙经纬：《国家—区域尺度重组视角下的长三角区域治理新框架探析》，《城市规划学刊》2020 年第 5 期。

⑥ 马学广、鹿宇：《尺度重组视角下我国海外园区空间治理体系重构研究》，《中国海洋大学学报》（社会科学版）2021 年第 5 期。

⑦ 李鲁奇、马学广、鹿宇：《飞地经济的空间生产与治理结构——基于国家空间重构视角》，《地理科学进展》2019 年第 3 期。

⑧ N.Brenner，*New State Spaces*：*Urban Governance and the Rescaling of Statehood*，Oxford：Oxford University Press，2004.

⑨ 马学广：《全球城市区域的空间生产与跨界治理研究》，科学出版社 2016 年版，第 91 页。

（一）新国家空间理论与空间选择性

1. 尺度重组下的国家空间

正如布伦纳（Brenner N.）所言，国家在促进和调节当代社会空间转型中扮演着关键角色，国家又通过这种角色在功能、制度和地理上进行了重组。① 当代国家制度正在被显著地向上、向下和向尺度重组，以创建优质的、全新的、多形态的、多变的制度地理。这些制度地理不再彼此均匀地重叠、集中在一个单一的主导地理尺度内或构成一个单一的嵌套组织层次。因此，国家空间应该被概念化为空间选择性政治战略的舞台、媒介和结果(表 2–1)。② 因此，与盛行于主流社会科学的空间拜物教、方法论领域主义和方法论国家主义相反，布伦纳（Brenner N.）认为③，国家空间在概念上是：(1) 作为持续的变化进程，而不是静态的事物、容器或平台；(2) 具有多形态而不仅仅是领域的地理形式；(3) 具有多尺度而不仅仅是国家组织结构。国家空间的地理必须被视为前提、舞台和不断发展的政治战略的结果，它不是事物、容器或者平台，而是社交产生的、冲突的、动态变化的社会空间交互矩阵。④ 国家权力的空间并不仅仅是被“领域容器”所“塞满”，相反的，是通过在不同制度位置和一系列地理范围内进行的监管项目和社会政治斗争，积极地产生和改变国家的空间性。

表 2–1　国家中心主义方法之外的国家空间研究

国家中心主义的假设	批判性替代
空间拜物教：国家空间被视为永恒且静止的，因此不受系统变化的影响	国家空间的过程概念化：国家空间被认为是政治、经济、法规和体制变革的持续过程

① ［美］尼尔·博任纳：《新国家空间：城市治理与国家形态的尺度重构》，王晓阳译，江苏凤凰教育出版社 2020 年版，第 84 页。

② ［美］尼尔·博任纳：《新国家空间：城市治理与国家形态的尺度重构》，王晓阳译，江苏凤凰教育出版社 2020 年版，第 90 页。

③ ［美］尼尔·博任纳：《新国家空间：城市治理与国家形态的尺度重构》，王晓阳译，江苏凤凰教育出版社 2020 年版，第 92 页。

④ ［美］尼尔·博任纳：《新国家空间：城市治理与国家形态的尺度重构》，王晓阳译，江苏凤凰教育出版社 2020 年版，第 95 页。

续表

国家中心主义的假设	批判性替代
方法论的领域主义：国家领域被视为现代国家形态不变、固定或永久的方法；国家空间的地理缩小到其领域范围	强调它的多形态的地理：国家形态的地理被认为是多形态的、多方面的且不断演化的；领域被视为国家空间的许多地理维度之一
方法论的国家主义：从本体论的角度来说，国家尺度被视为现代国际体系中政治权力逻辑上的首要层面	强调国家尺度的多样性：国家监管和政治斗争在各种相互交织的空间尺度上展开；国家尺度组织和国家法规的尺度划分被认为是历史演化，有时会进行重大重组

资料来源：［美］尼尔·博任纳：《新国家空间：城市治理与国家形态的尺度重构》，王晓阳译，江苏凤凰教育出版社2020年版，第93页。

2. 新国家空间理论的内涵与要点

伴随着20世纪70年代以来全球化不断加速，世界各国都开展了不同形式的国家空间重构，例如在欧美国家表现为世界城市的兴起、新一轮区域化实践、国家权力下放等交织的社会经济过程。政府重新集中生产能力和专业化、高性能的基础设施投资于境内最具全球竞争力的城市—区域，在这些区域都配备针对特定地点的国家行政管理形式和特殊用途的定制化的监管安排，并越来越被视为重要的制度基础，用于提升全球竞争优势，吸引流动资本投资。① 这一空间重组过程在我国主要表现为改革开放后经济特区的设立、分税制改革、战略区域规划的实行等。② 为把握这一多元的、不稳定的重构过程，国内外学者从不同视角出发对其动因、手段、表现等进行探讨，如关注制度因素③④、关注尺度间关系⑤⑥、关注联系网

① ［美］尼尔·博任纳：《新国家空间：城市治理与国家形态的尺度重构》，王晓阳译，江苏凤凰教育出版社2020年版，第3页。

② 马学广、李鲁奇：《新国家空间理论的内涵与评价》，《人文地理》2017年第3期。

③ 魏成、陈烈：《制度厚实、制度空间与区域发展》，《人文地理》2009年第2期。

④ 张钊、马学广、王新仪：《尺度重组与制度嵌入："飞地经济"的跨界空间治理实践》，《贵州省党校学报》2021年第6期。

⑤ 刘云刚、叶清露：《区域发展中的路径创造和尺度政治——对广东惠州发展历程的解读》，《地理科学》2013年第9期。

⑥ 安宁、马凌、朱竑：《政治地理视野下的粤港澳大湾区发展思考》，《地理科学进展》2018年第12期。

络[①][②]等。不过，在对国家空间重构的分析中，以往研究或是忽视国家的重要作用，或是虽承认国家的重要性和主动性，但对国家调节空间重构过程的模式和手段等缺乏更为系统的探讨。在此基础上，布伦纳发展了“新国家空间”（New State Space，NSS）理论[③]，系统分析了作为“过程”的国家空间重构，并认为其趋势和结果都源于国家的选择，同时强调国家的多尺度性、空间重构的路径依赖性等，这些都为全球化、城市和区域治理、行政结构重组等研究主题提供了新的思路和方法。

新国家空间理论是对国家空间重构的系统性描述，它将国家空间看作动态的“过程”，而非预定的、固定的“容器”。其核心观点包括[④]：

第一，以社会建构的国家空间为研究对象，并关注其多维重构，尤其是尺度重组过程。新国家空间理论是对国家重构的“地理描述”[⑤]，它将国家空间作为研究对象。受空间生产理论的影响，新国家空间理论强调国家空间的社会建构，即把国家空间看作是通过资本积累、规制重构、社会政治斗争等一系列社会过程而对社会关系进行持续、多维度重构的阶段、工具和结果。基于这一视角，“国家空间”应更准确地表述为“国家空间性”（State Spatiality），它强调空间与社会的不可分割[⑥]，并包括物理空间之外的一系列社会条件或实践。从结构上看，国家空间性可以区分为狭义的国家空间（State Space in the Narrow Sense）、完整意义的国家空间（State Space in the Integral Sense）和表征意义的国家空间（State Space in the Representational

---

① K.R.Cox，“Spaces of Dependence，Spaces of Engagement and the Politics of Scale，or Looking for Local Politics”，*Political Geography*，Vol.17，No.1（1998），pp.1-23.

② 郭建科、秦娅风、董梦如：《基于流动要素的沿海港——城市网络体系空间重构》，《经济地理》2021年第9期。

③ N.Brenner，*New State Spaces*：*Urban Governance and the Rescaling of Statehood*，Oxford：Oxford University Press，2004.

④ 马学广、李鲁奇：《新国家空间理论的内涵与评价》，《人文地理》2017年第3期。

⑤ Y.Li，F.Wu，“The Transformation of Regional Governance in China：The Rescaling of Statehood”，*Progress in Planning*，Vol.78，No.2（2012），pp. 55-99.

⑥ 胡燕、孙羿：《新自由主义与国家空间：反思与启示》《经济地理》2012年第10期。

Sense)。[①] 其中，狭义的国家空间强调国家机构本身在空间上的组织形式，如边界性、尺度分化等，是一种离散的、领域上集中的、独立的、内部差异化的制度配置，涵盖了国家领域组织不断变化的地理环境和国家管辖范围内的行政区划；完整意义的国家空间则涉及国家以外的社会关系及其在空间中的分化，是指启动国家制度来规范社会关系并影响其区位地理的特定领域、特定地点和特定尺度的方式，如国家的空间政策、国家政策的空间效应等；表征意义的国家空间则转向认识论，强调人们对各种“空间想象”的建构以及与之伴随的话语和表征实践等。通过上述以空间为目标的进程，国家制度试图增强区域内的区位资产、加速资本的流通、吸引劳动力、解决地方特有的社会组织问题[②]，并维持经济活动和人口增长等多种中心内部和之间的领域凝聚力。狭义的国家空间、完整意义上的国家空间和表征意义上的国家空间三者相互影响，产生了历史上特定的国家空间形式。

第二，关注资本积累方式的转变、国家管制模式转型和行动者的社会政治斗争等多重动因。20 世纪 70 年代以来，伴随着生产要素的快速流动、跨国经济组织的兴起等，原有的资本循环模式发生剧烈变动，它在空间上表现为去领域化（Deterritorialization）和再领域化（Reterritorialization）两个交织的趋势[③]：一方面，随着“流动空间”的逐渐显现，资本得以在一定程度上摆脱原有领域的束缚而在全球快速流动，这使得领域间的界限开始模糊甚至消亡；另一方面，资本并未完全脱离领域，它须通过相对固定的基础设施（如交通设施、产业聚集区等）的生产而重新附着于地方以展开新一轮循环。这一辩证的过程深刻重构了国家空间，尤其表现为世界城市、都市连绵区、国家区域性中心城市等次国家空间的崛起。[④] 因此，在新一轮全球重构

---

① N.Brenner，“Urban Governance and the Production of New State Spaces in Western Europe，1960-2000”，*Review of International Political Economy*，Vol.11，No.3（2004），pp.447-488.

② ［美］尼尔・博任纳：《新国家空间：城市治理与国家形态的尺度重构》，王晓阳译，江苏凤凰教育出版社 2020 年版，第 98 页。

③ N.Brenner，“Beyond State-centrism? Space，Territoriality，and Geographical Scale in Globalization Studies”，*Theory and Society*，Vol.28，No.1（1999），pp.39-78.

④ 魏成、沈静、范建红：《尺度重组——全球化时代的国家角色转化与区域空间生产策略》，《城市规划》2011 年第 6 期。

中，空间越来越成为支撑资本循环的关键要素，这反过来导致了国家空间本身的多尺度重构。国家空间重构并非只由客观结构性因素所驱动，相反，阶级、政治联盟等社会力量之间的政治斗争同样扮演关键角色，而新的国家空间构造也反过来塑造了领域联盟、社会政治动员等。从这个意义上看，国家是交互或协商的场所①，它的重构同各种社会力量之间的斗争和妥协紧密交织。尤其是在表征意义的国家空间中，行动者通过表征和话语策略②塑造或重塑国家空间的斗争更为明显。不过，尽管布伦纳反复强调“多种社会力量为实现自身利益而动员国家机构的斗争”③，但他并未重点分析各种非国家行动者影响国家的具体过程，而是关注作为全球重构的“必要的地理舞台和行动者”的国家在其影响下所采取的管制策略，即对国家空间选择性地运用。

第三，关注国家空间选择性及其演变趋势，以及国家空间重构的分层特征。首先，策略—关系国家理论及其空间化。策略—关系国家理论主要由英国政治学家杰索普（Jessop B.）发展起来，在某种程度上，它突破了传统的经济决定论，认为国家并不是作为一个理想的集体资本家或工具为资本循环服务的，相反，它与资本循环在制度上是相分离的或特殊化的。因此，国家应该在社会中进行分析，并被视为一种社会关系和无法行使其自身权力的制度集合。在这个意义上，国家不是给定的、功能上一致的，所以它必须通过国家项目（State Projects）实现功能上的一致性即形成国家效应（State Effects）。④同时，作为各种社会力量之间不平衡的斗争舞台，国家可能会偏向某些行为者，也就是说，其具备赋予特定社会力量、利益和行

---

① J.Macleavy，J.Harrison，“New State Spatialities：Perspectives on State，Space，and Scalar Geographies”，*Antipode*，Vol.42，No.5（2010），pp.1037-1046.

② N.Brenner，B.Jessop，M.Jones，et al.，“Introduction：State Space in Question”，In *State/Space：A Reader*，N.Brenner，B.Jessop，M.Jones（eds.），Oxford：Blackwell Publishing，2003，pp.1-26.

③ N.Brenner，*New State Spaces：Urban Governance and the Rescaling of Statehood*，Oxford：Oxford University Press，2004，p.38.

④ B.Jessop，“State Theory：Putting Capitalist States in Their Place”，*Journal of Critical Realism*，Vol.16，No.3（1990），pp.165-169.

动者优先性的“策略选择性”（Strategic Selectivity）。[①][②] 国家倾向于将某些阶级派系和社会力量优先于其他组织[③]，这是由于旧的国家结构与旨在利用国家制度进行特定社会经济规划的新兴政治战略之间不断发展的关系所致。尽管策略—关系国家理论为分析国家及其调节活动提供了一个理论框架，但它“对空间不够敏感”[④]。因此，琼斯（Jones J.P.）在“策略选择性”的基础上提出了“空间选择性”的概念，将“地方”嵌入国家的策略选择中，强调国家对特定地方赋予的优先性。在此基础上，布伦纳进一步将策略—关系国家理论“空间化”。与国家形态类似，布伦纳首先将国家视为一个在空间上分化的和具有不一致性的制度实体，即“国家空间形式”（State Spatial Form）；为了实现空间上的功能整合，国家必须通过类似国家项目的“国家空间项目”（State Spatial Projects）来调整不同尺度和领域的国家机构和活动；与此相对，在干预空间上的资本积累和社会斗争等活动时，国家必须采取类似国家策略的“国家空间策略”（State Spatial Strategies）。[⑤] 在这里，布伦纳将策略—关系国家理论的大量关键对象和概念嫁接到地理学中，不仅关注国家机构、资本循环和社会斗争的地理维度，而且在此基础上将国家项目和国家策略这一对关键概念发展为相应的空间化概念。由此，国家项目将注意力从国家机构的整合转移到不同空间单元的国家机构的整合。其次，国家空间选择性的演变要素及趋势。在将“空间”嵌入国家项目和国家策略这一对概念之后，布伦纳又进一步将策略选择性的“空间分化”分解为

---

① 肖扬东：《“策略关系”国家理论：走向“结构—能动性”的辩证》，《现代哲学》2012 年第 4 期。

② B.Jessop，“State Theory：Putting Capitalist States in their Place”，*Journal of Critical Realism*，Vol.16，No.3（1990），pp.165-169.

③ ［美］尼尔·博任纳：《新国家空间：城市治理与国家形态的尺度重构》，王晓阳译，江苏凤凰教育出版社 2020 年版，第 109 页。

④ M.R.Jones，“Spatial Selectivity of the State? The Regulationist Enigma and Local Struggle over Economic Governance”，*Environment and Planning A*，Vol.29，No.5（1997），pp.831-864.

⑤ N.Brenner，*New State Spaces*：*Urban Governance and the Rescaling of Statehood*，Oxford：Oxford University Press，2004.

尺度分化和领域分化两个方面①，由此，国家空间项目和国家空间策略分别同尺度和领域维度相组合形成国家空间选择性演进的四对基本要素：中心化和去中心（Centralization vs.Decentralization）、统一性和定制化（Uniformity vs.Customization）、单一性和多样性（Singularity vs.Multiplicity）、平等化和集中化（Equalization vs.Concentration）。国家空间选择性则在这四对要素中持续、双向变动。最后，分层与路径依赖的演变过程。新国家空间理论的一个关键优势在于对原有国家空间构造的敏感性。②由于原有的空间构造存在"惰性"③，新构造的产生必将受到原有利益关系、制度安排的制约，因此国家空间重构并非彻底的、一次性的，而是通过分层的（Layering）④过程将新的国家空间项目和策略叠加在原有的国家空间组织形态之上。⑤在这一过程中，原有的国家空间构造既为分层的重构策略提供了对象和平台，同时也可能限制这一策略的推行，甚至使其面临失败的风险，因此，国家空间项目和策略的推行更多的是一个"试错"的过程。这一持续的分层重构使得国家空间构造在路径依赖中动态演进，并由于分层策略在不同尺度和领域上的不均衡分布和不均衡效果而形成"马赛克"式的制度形态。

3. 新国家空间理论的应用与表现

新国家空间理论已经在欧美亚太的多个国家、地区和领域得到广泛应用，新国家空间理论的引入有助于深入认识中国城乡融合和区域协调发展的政治经济内涵及国家权力在不同地理尺度的再安排，旨在为新时期城市群、

---

① N.Brenner，*New State Spaces*：*Urban Governance and the Rescaling of Statehood*，Oxford：Oxford University Press，2004，p.38.

② D.Mackinnon，J.Shaw，"New State Spaces，Agency and Scale：Devolution and the Regionalisation of Transport Governance in Scotland"，*Antipode*，Vol.42，No.5（2010），pp.1226-1252.

③ 罗小龙、殷洁、田冬：《不完全的再领域化与大都市区行政区划重组——以南京市江宁撤县设区为例》，《地理研究》2010年第10期。

④ D.Massey，*Spatial Divisions of Labour*：*Social Structures and the Geography of Production*，Basingstoke：Macmillan Press，1995，pp.113-116.

⑤ N.Brenner，*New State Spaces*：*Urban Governance and the Rescaling of Statehood*，Oxford：Oxford University Press，2004，p.38.

都市圈、城乡一体化等空间规划与区域治理体系的完善提供深度思考。

首先，新国家空间理论在我国城市与区域发展中的应用。新国家空间理论已经成为国内城市和区域治理研究的新兴理论工具。①② 改革开放以来国家主导下的分权化过程中，我国的国家空间也表现出与西方类似的尺度和领域重构特征③，我国城市群发展战略体现出国家空间选择的重构过程，在国家空间选择的支持下城市群被赋予了优先发展权④，中国城市群的崛起是国家管制的尺度上移与下移的新空间发展战略，是地方发展意图及中央策略选择共同作用下的管制平台。⑤ 新国家空间理论可以从国家权力空间组织、国家空间策略政策以及国家资源空间配置等 3 个维度解释中国城市与区域发展的空间分异问题。⑥

其次，尺度重组视角下的国家战略区域空间生产与治理。尺度重组是全球生产方式转变和国家地域重构相互作用的产物，其实质是国家为提高经济竞争力和积累财富，利用尺度和治理调整而进行的一种空间生产策略。⑦ 国家新区、城市群、都市圈等诸多国家战略区域规划的出台重构了我国城市—区域的空间尺度。⑧⑨ 但由于城市成员间缺乏内在需求耦合，制度建构

---

① 匡贞胜、孙斌栋：《新国家空间框架解读中国空间转型现象的再审视》，《地理科学进展》2021 年第 3 期。

② 李禕：《中国区域管治的演变：以长江三角洲地区为例》，南京大学出版社 2013 年版，第 43 页。

③ 马学广、李鲁奇：《新国家空间理论的内涵与评价》，《人文地理》2017 年第 3 期。

④ 马学广、唐承辉：《新国家空间理论视角下城市群的国家空间选择性研究》，《人文地理》2019 年第 2 期。

⑤ Y.Li，F.Wu，"The Transformation of Regional Governance in China：The Rescaling of Statehood"，*Progress in Planning*，Vol.78，No.2（2012），pp. 55-99.

⑥ 陈浩、张京祥、李响宇：《国家空间分异与国家空间视角的中国城市研究思路初探》，《人文地理》2017 年第 5 期。

⑦ 晁恒、马学广、李贵才：《尺度重构视角下国家战略区域的空间生产策略——基于国家级新区的探讨》，《经济地理》2015 年第 5 期。

⑧ ［美］尼尔·布伦纳、徐江：《全球化与再地域化：欧盟城市管治的尺度重组》，《国际城市规划》2008 年第 1 期。

⑨ 肖金成、袁朱：《经济引擎——中国城市群》，重庆大学出版社 2022 年版。

层面缺乏必要的保障，这样的“区域协调”大多流为形式。① 2005 年以来中央政府通过密集批复各种国家战略区域规划，形式上重建了区域尺度，并试图以此实现中央对地方发展调控力加强、促进区域协调均衡发展的双重目标。②③ 不同于改革开放以后直至 21 世纪初频繁使用的行政区划调整手段（例如设置海南省、重庆市，开展撤县设区、省直管县等行动），推出“国家战略区域”更多地体现了中央政府开始关注对柔性尺度调整手段的运用，也表现出其治理方式的新变化。④⑤

再次，制度逻辑下的空间生产和空间治理。制度通过直接界定空间行为边界、内容或者间接通过资本、物质要素等形塑空间，其过程谓之为制度空间化⑥，基于空间特性而引导的制度安排与制度变迁过程亦即空间制度化⑦，前者体现为不同的制度安排产生不同的空间以适应新物质空间和社会空间的再生产，后者体现为空间激发的制度创新或制度变迁，制度空间化与空间制度化的双向耦合催生了社区共同体⑧，制度化空间的生产和空间治理是一个包含着国家意志、基层社会组织、城市建设制度的空间化和日常生活空间制度化的双重过程，是确立国家与个人关系的重要手段。⑨

---

① 魏成、沈静、范建红：《尺度重组——全球化时代的国家角色转化与区域空间生产策略》，《城市规划》2011 年第 6 期。

② 马学广、李鲁奇：《尺度重组中海洋国家战略区域的策略与制度建构——以山东半岛蓝色经济区为例》，《经济地理》2016 年第 12 期。

③ 张紧跟：《从放权强镇到市域整合：尺度重组视阈中的珠三角“市管镇”体制再造》，《广东社会科学》2020 年第 4 期。

④ 张京祥：《国家—区域治理的尺度重构：基于“国家战略区域规划”视角的剖析》，《城市发展研究》2013 年第 5 期。

⑤ 吴金群、廖超超：《我国城市行政区划改革中的尺度重组与地域重构——基于 1978 年以来的数据》，《江苏社会科学》2019 年第 5 期。

⑥ 马学广：《大都市边缘区制度性生态空间的多元治理——政策网络的视角》，《地理研究》2011 年第 7 期。

⑦ 欧阳东、朱喜钢、张强等：《制度空间化与空间制度化：边境型自由贸易试验区规划实践与思考》，《规划师》2020 年第 9 期。

⑧ 王巍：《制度空间化与空间制度化视角下基层治理联系制度的逻辑与优化——以安徽省 C 市为例》《领导科学》2022 年第 4 期。

⑨ 杨辰：《日常生活空间的制度化——20 世纪 50 年代上海工人新村的空间分析框架》，《同济大学学报》（社会科学版）2009 年第 6 期。

4. 新国家空间理论的评价

新国家空间理论是对国家空间重构的系统性描述，聚焦城市治理、资本循环等多种相互交织的过程。不过，这并非意味着它是一个庞杂的理论集合，相反，其核心关注点仍在于国家空间在多种社会经济动因以及特定国家空间选择性的作用之下所开展的尺度和领域分化的、路径依赖的重构过程。其理论优势主要在于①：(1) 承认国家空间的社会建构和过程性，并从不同视角（尤其是尺度视角）理解国家空间；(2) 强调国家在空间重构中的积极作用，尤其是对国家空间选择性的运用；(3) 关注对重构中的管制危机、社会斗争等矛盾的分析；(4) 将国家空间重构理解为分层和路径依赖的、历史和地方上特定的演变过程。新国家空间理论为新型国家空间的选择和建构提供了理论分析工具。不过，该理论也存在若干不足，如缺乏对行动者的详细探讨、缺乏对尺度和领域以外的空间维度的分析、重构趋势仍有待验证等。尽管如此，新国家空间理论有效整合了人文地理学关于国家治理与空间关系的相关理论，对于全球化研究、城市和区域治理研究以及行政结构重组研究等仍具有重要的借鉴意义。

（二）国家空间选择性的方法论体系

1. 国家空间选择性的内涵与维度

作为国家空间重构的手段，国家空间选择性（State Spatial Selectivity）是新国家理论的核心概念之一。② 学者奥费（Offe C.）率先提出了国家的结构选择性以揭示在资本积累中国家的独特作用，即国家倾向于特定利益（通常是资本）集团并对其排序与整合的过程，从而实施政策与管理社会危机。③ 杰索普（Jessop B.）认为国家自身并不会产生功能与运作一致的国家形式，而需要通过特定的积累策略和领导权项目来实现，即国家通过“策略

---

① 马学广、李鲁奇：《新国家空间理论的内涵与评价》，《人文地理》2017 年第 3 期。

② 马学广、唐承辉：《新国家空间理论视角下城市群的国家空间选择性研究》，《人文地理》2019 年第 2 期。

③ C.Offe，“Structural Problems of the Capitalist State”，*German Political Studies*，No.1（1974），pp.31-57.

选择性”赋予特定社会力量、利益和行动者的优先性，进而形成国家效应和实现资本循环。① 琼斯（Jones M.R.）基于策略关系国家理论和尺度政治等理论提出了“空间选择性”概念②，特指“空间特权化和清晰化”的进程③，认为通过对特定地方、尺度与空间的优先关注促进了权力和政策跨地域分化，并且产生了不同的政治经济效应。空间不仅是国家制度组织的关键维度，而且由于它们以特定的地理区域、场所和尺度为目标，因此经常成为国家战略的明确对象。

与上述学者认为国家空间是一个固定的、给定的和领域的容器不同，布伦纳（博任纳）认为国家空间是一个新兴的、策略选择的和政策冲突的过程，它是通过不同领域和尺度上的调控策略和社会政治斗争而发生的持续重构，并反映在地方和历史上特定的演变趋势中（表 2–2）。④ 在这个意义上，国家空间性有狭义和完整意义的内涵，其中前者指的是国家空间项目（State Spatial Project），即通过国家空间项目的动员来关注国家机构的尺度构造，如改变国家行政级别或调整运行规则；而后者指的是国家空间策略（State Spatial Strategy），即通过国家空间战略的运用来关注国家机构之外的社会关系，如通过产业政策、区域政策等引导资本流向特定空间。因此，国家空间选择性可以理解为多元社会力量改变原有国家空间性构造下持续的尺度间斗争的表达（表 2–3），即基于原有的物质性或制度性差异，国家资本积累及其空间运作实践往往对特定地理区域或尺度的空间选择有偏好，而不是均匀地散布在地表。⑤

---

① B.Jessop，“State Theory：Putting Capitalist States in Their Place”，*Journal of Critical Realism*，Vol.16，No.3（1990），pp.165-169.

② M.R.Jones，“Spatial Selectivity of the State? The Regulationist Enigma and Local Struggle over Economic Governance”，*Environment and Planning A*，Vol.29，No.5（1997），pp.831-864.

③ ［美］尼尔·博任纳：《新国家空间：城市治理与国家形态的尺度重构》，王晓阳译，江苏凤凰教育出版社 2020 年版，第 111 页。

④ N.Brenner，“Urban Governance and the Production of New State Spaces in Western Europe，1960-2000”，*Review of International Political Economy*，Vol.11，No.3（2004），pp.447-488.

⑤ 马学广、唐承辉：《新国家空间理论视角下城市群的国家空间选择性研究》，《人文地理》2019 年第 2 期。

表 2–2　国家选择性的维度

结构的	结构选择性来自于国家队私人资本的依赖，这些税收对国家自身的再生产至关重要。其结果是，国家参与了一个“分类过程”，在制定和实施政策时系统地享有资本利益
战略的	战略选择性源自旧的国家结构和新兴战略之外的相互关系，这些战略转变启动了国家权力：国家是战略的场所、生产者和产物，特定的阶级派别和社会力量试图通过战略的场所、再生产和产物将组织统一性强加于国家并促进特殊形式的经济干预。其结果是，国家的特殊形式使某些战略优先于其他战略，使某些势力享有特权，某些利益优先于其他利益，某些时间范围的重要性超过其他范围，某些联盟的可能性超过其他联盟
空间的	空间选择性是由旧的国家结构的地理与转换和工具化的国家权力的地理新兴战略之间的相互关系产生的，其结果是国家特权通过积累战略（经济政策）和支配工程（意识形态）来使尺度、场所和空间具有特权

资料来源：［美］尼尔・博任纳：《新国家空间：城市治理与国家形态的尺度重构》，王晓阳译，江苏凤凰教育出版社 2020 年版，第 112 页。

表 2–3　福特—凯恩斯主义的国家空间选择性

	国家空间计划	国家空间战略
尺度维度	国家行政和监管能力在全国范围内集权；区域和地方服从于国家中心的宏观经济和宏观分配要求	国家尺度被提升为政治经济生活的最基本尺度，国民经济因此成为经济组织、积累和监管的基本地理单位，国家是其中的主要行为主体
领域维度	在整个国家空间经济中建立了相对统一的领域管理结构，跨区域和地方建立了统一的社会福利和社会基础设施供给标准，从而将它们纳入了越来越多的集体经济或公共经济中	为了平等化工业和基础设施投资在全国空间经济中的分配，启动了再分配政策，在大多数国家，战后凯恩斯主义干预主义是人均收入稳定区域趋同过程的关键因素，这种特征在发达国家一直延续到 20 世纪 70 年代后期

资料来源：［美］尼尔・博任纳：《新国家空间：城市治理与国家形态的尺度重构》，王晓阳译，江苏凤凰教育出版社 2020 年版，第 160 页。

在作用方式上，国家空间策略通常通过分层的方式重构国家空间，而非进行剧烈的、全新的重构。这个过程包含了试错性的政策试验，以探索新的重构策略并将其叠加于国家空间及原有重构策略上，进而推动国家空间路径依赖式的演进，形成“马赛克”式国家空间形态。① 例如近年来中国密集推行的国家级新区、城市群、主体功能区、自由贸易试验区等一系列规划，这些规划在空间上、功能上可能存在重叠，在实施效果上也参差不齐，但通过这种政策的试验和分层叠加，能够推动国家空间（不均衡地）动态重构，以实现提高区域国际竞争力、协调区域间发展等目标。

2. 国家空间选择性的基本要素与分析框架

国家空间选择性体现了国家对特定尺度和领域的偏好，这种偏好使其通过国家空间项目或策略引导国家机构和社会经济空间的重构。② 在国家空间选择性的动态演变过程中，国家空间项目和国家空间策略也可以分别与尺度和领域维度相结合，形成四对基本要素，即中心化与去中心化、单一性与多样性、统一化与定制化、平等化与集中化。这四对基本要素为理解特定时期的国家空间选择性的形式提供了一个基本分析框架。③ 然而，国家空间选择性的重构根植于原有的政治地理并受其制约，因此这种重构不是连续的和一次性的，而是一个新的国家空间项目及其策略叠加在旧的国家空间分层重构的过程。在此基础上，国家空间选择性的过程被概念化，并通过国家空间项目及其策略的尺度和领域维度而被理解，但国家空间选择性的具体形式并不是在网格中孤立和静止的，而是取决于国家空间重构过程中特定时期的地域和历史条件。

（三）国家空间选择性的政策价值与意义

作为新国家空间理论的研究焦点，国家空间选择性整合了地理学、政治学、管理学等学科有关国家、尺度、战略、空间等概念，在认识国家空间的社会建构和过程性的基础上，从不同视角（尤其是尺度视角）理解国家空间，强调国家在空间重构中的积极作用，并将国家空间重构理解为具有层次性和路径依赖性的历史和地方上的特定演变过程，是对国家空间重构进行的

---

① 李鲁奇、马学广、鹿宇：《飞地经济的空间生产与治理结构——基于国家空间重构视角》，《地理科学进展》2019 年第 3 期。

② N.Brenner，*New State Spaces*：*Urban Governance and the Rescaling of Statehood*，Oxford：Oxford University Press，2004.

③ 马学广、李鲁奇：《新国家空间理论的内涵与评价》，《人文地理》2017 年第 3 期。

系统描述，为全球碎片化的区域与城市、国家与地方转型研究提供了一个统一的分析框架和视角①，促进了不同学科、地域和背景之间的学者在空间转型和治理领域的对话和交流，在城市理论批评领域发挥了重要作用，也为解读改革开放以来中国高速城镇化背景下的空间转型提供了分析框架、研究视角和方法论工具。② 从国内来看，国家空间选择性理论可应用于以下几个方面的研究中。③

1. 全球化研究

一方面，国家空间选择性理论涉及去区域化、再区域化等直接针对全球化而发展的概念，这有助于深刻理解全球化过程本身，并用来解释改革开放以来的产业转移、全球城市的兴起等现象。另一方面，国家空间选择性理论强调国家为应对全球化而使用的空间选择性及其空间效应，这有助于深刻理解改革开放以来国家对经济特区、沿海开放城市、高新技术产业开发区、保税区等城市区域的建立和培育。但在分析中，也应避免过分强调全球化而忽视影响空间选择的其他因素，如地方间的过度竞争、土地资源的浪费、环境的破坏等。④

2. 城市和区域治理研究

国家空间选择性理论从次国家尺度出发研究国家空间重构，因此城市和区域治理问题就成为一个典型的应用领域。新中国成立以来，中国的城市和区域发展政策几经调整，从以均衡和国防安全为主过渡到改革开放后注重效率和提高经济效益⑤，再到2000年后的以区域协调为特征。⑥ 这一轨迹反映了

---

① 马学广、唐承辉：《新国家空间理论视角下城市群的国家空间选择性研究》，《人文地理》2019 年第 2 期。

② 匡贞胜、孙斌栋：《新国家空间框架解读中国空间转型现象的再审视》，《地理科学进展》2021 年第 3 期。

③ 马学广、李鲁奇：《新国家空间理论的内涵与评价》，《人文地理》2017 年第 3 期。

④ Y.Li，F.Wu，“The Transformation of Regional Governance in China：The Rescaling of Statehood”，*Progress in Planning*，Vol.78，No.2（2012），pp. 55-99.

⑤ 魏成、沈静、范建红：《尺度重组——全球化时代的国家角色转化与区域空间生产策略》，《城市规划》2011 年第 6 期。

⑥ 张京祥：《国家—区域治理的尺度重构：基于“国家战略区域规划”视角的剖析》，《城市发展研究》2013 年第 5 期。

国家在工业建设、全球竞争、可持续发展等因素的影响下对国家空间选择性的不断调整。此外，国家空间选择性理论不仅限于解释宏观演变趋势，同时由于它也强调尺度、分层等视角，因此同样可以被用来分析特定的城市和区域治理问题，例如针对特定城市的前后多个管制项目和策略之间的冲突和衔接。

3. 行政结构重组研究

国家行政结构通常是层级式的，而具体的行政组织往往与某一管辖单元相关联，因此具有明显的空间分化。这使得行政结构的重组往往表现为空间的重构，如尺度上权力的下放和上收、领域上行政边界的柔性化或重划等。国家空间选择性理论对尺度和领域的强调正为此提供了一个分析工具。例如，基于尺度的视角，省直管县的改革可以理解为一个典型的尺度重组过程，即由省—市—县转变为省—县的尺度结构，而通过分析不同尺度的政府的意图和作用①，可以更清楚地把握其矛盾和解决方案。同时，如果把资本循环等多重动因、国家空间项目、路径依赖等概念或命题结合起来，则可以更全面、更系统地描述和解释特定行政结构的重组现象。

四、新型国家空间的建构

20 世纪 70 年代以来，随着全球生产方式和管制模式的转变，城市、区域、国家等尺度间关系发生剧烈重构②，表现为定制化的城市和区域政策、跨国组织的兴起以及新型国家空间的崛起等。在全球重构的去地域化和再地域化进程中，国家领域不再作为一个同构的、自封闭的绝对空间来运作，而是作为一个由多个部分重叠的制度形式和既不一致、不相邻也不相同的监管结构组成的多态的、多尺度的制度镶嵌体。③ 新型国家空间是新国家空间理

① 罗小龙、沈建法、顾朝林：《中国城市区域管治重构：国家 · 市场 · 社会》，东南大学出版社 2015 年版。

② 马学广、李鲁奇：《尺度重组中海洋国家战略区域的策略与制度建构——以山东半岛蓝色经济区为例》，《经济地理》2016 年第 12 期。

③ [美] 尼尔 · 博任纳：《新国家空间：城市治理与国家形态的尺度重构》，王晓阳译，江苏凤凰教育出版社 2020 年版，第 59 页。

论及所蕴含的尺度重组理论在中国的具体实践，我国新型国家空间的形成与发展既是经济全球化背景下区域崛起的回应，也是我国实施城市与区域管制策略的产物。

（一）新型国家空间建构的必要性与理论内涵

1. 新型国家空间建构的必要性

一是我国区域协调发展不平衡和不充分的难题。具体包括：空间分布的不均衡，原有东西部经济差距扩大的同时出现南北经济分化，“胡焕庸线”以西地区核心城市、城市群和都市圈分布稀疏；经济发展的不均衡，我国四大板块之间及板块内部的新型工业化、信息化、城镇化、农业现代化水平差异明显，乡村经济发展的动力尤为不足；协调发展、行政区分割的不均衡，“行政区行政”现象明显、“行政区经济”弊端进一步凸显，城乡和区际要素流动、产业转移和商品贸易不畅；体制机制创新不充分，城乡二元的户籍壁垒没有根本消除，区域协调体制机制有待完善，跨行政区共建共享机制尚未形成；公共服务供给不充分，城乡公共资源配置仍不合理，协调区域发展与实现基本公共服务均等化的压力依然巨大。

二是我国区域协调发展三大根本性“难题”仍未获得有效破解。一是体制机制问题。城乡融合和区域协调发展的体制机制还不完善，严重阻碍了合作渠道的建立和要素资源的有序流动，严重阻碍了城乡区域合作和一体化进程。二是协作共赢问题。现阶段仍然存在跨界要素流动不顺畅、城乡公共资源配置不合理、区域创新合作结构不均衡等旧问题。三是承载空间问题。基于地理界线的行政区划存在层级多乱、大小悬殊、调整频繁等问题，易造成难以彻底打破的行政壁垒和地区封锁，对区域经济形成了一种刚性约束，严重阻碍了我国城乡融合和区域协调发展进程。

三是打造新型国家空间对于破解我国区域协调发展“难题”具有战略意义。新型国家空间是新时代的新空间。改革开放以来，我国国家空间发生了剧烈重构，经济特区、城市群、国家级新区以及各种政策示范区等新型国家空间被广泛塑造并逐渐成为新时代我国区域发展战略中的主要空间载体。新型国家空间是新时代的新方略。新型国家空间在最大程度上规避了“行政区经济”的弊端，不再是单纯的行政空间而是具有国家战略意义，涵盖政治、经济、社会等多个领域多级尺度的复合性国家空间。

其次，深刻理解新型国家空间是全球化背景下国家空间重构的产物，其本质是遵循渐进性实验主义的制度化空间和国家战略区域，是新时代推进我国城乡融合和区域协调发展的关键载体。

2. 新型国家空间理论的基本内涵

首先，新型国家空间是中国式“新国家空间”。新型国家空间是新国家空间理论及所蕴含的尺度重组理论在中国的具体实践。可以说，我国新型国家空间的形成与发展既是经济全球化背景下区域崛起的回应，也是我国实施城市与区域管制策略的产物，体现了国家主体由于经济全球化和市场化冲击而重要性有所削弱，但仍通过一系列空间政策对区域协调发展发挥着主导作用的特征。不同于传统的行政区空间，新型国家空间是由资本积累、管制重构、社会政治诉求等一系列社会过程而发生持续、多维度重构的社会关系的舞台、工具和结果①，体现了由政府主导、特定制度嵌入的国家空间重构过程，具有典型的差异化、实验性、制度传导性和扩散性，以及由于全球化“时空压缩”所形成的跨越地域边界性、去中心性和地方化等独特属性。②这种战略驱动型的“制度化空间”更符合新时代我国区域经济发展的新形势和新要求，已成为推进我国城乡融合和区域协调发展的关键载体。

其次，新型国家空间尺度重组对我国城乡融合和区域协调发展具有强大推动作用。新型国家空间的塑造基于我国经济发展尤其是区域经济发展重大战略需求，面向我国区域经济发展问题瓶颈，通过政府主导下有选择性地嵌入特定制度环境，已成为我国实施区域发展战略的主体形态。新型国家空间这种尺度上移和尺度下移的尺度重组方式，极大发挥了地方政府及社会力量的主观能动性，打通了城乡间、城市间、区域间行政壁垒和要素流动阻碍，有力推动了我国城乡融合和区域协调发展。

---

① 马学广、李鲁奇：《新国家空间理论的内涵与评价》，《人文地理》2017 年第 3 期。

② 马学广、唐承辉：《新国家空间理论视角下城市群的国家空间选择性研究》，《人文地理》2019 年第 2 期。

3. 新型国家空间的特点

新型国家空间是深受马克思主义政治经济学影响的新国家空间理论与中国具体实际相结合的产物。我国的新型国家空间与传统的国家空间以及西方的“新国家空间”相比，主要“新”在以下四个方面：

一是“新”在制度性和战略性。新型国家空间最大的特色是原生性创新制度嵌入，而这种制度嵌入的出发点是服务于国家发展战略。在新型国家空间形成过程中，政府通过国家空间项目（特定区域内的国家领土组织和行政管理的分化）和国家空间策略（国家对特定区域社会经济生活的干预）给予地方一定的发展自主权和政策扶持，并通过区域规划、基础设施建设、政府间合作网络等措施形成适应国家某一战略需求的空间形式。而我国新型国家空间大多是服务于国家区域发展战略，如城市群、都市圈、国家级新区、自由贸易（港）区等。

二是“新”在实验性和渐进性。新国家空间理论的一个关键优势在于对原有国家空间构造的敏感性。由于原有的空间构造存在“惰性”，新构造的产生必将受到原有利益关系、制度安排的制约，因此国家空间重构并非彻底的、一次性的，而是通过分层的过程将新的国家空间项目和策略叠加在原有的国家空间组织形态之上。国家空间项目和策略的推行更多的是一个“试错”的过程。这一持续的分层重构使得国家空间构造在路径依赖中动态演进，并由于分层策略在不同尺度和领域上的不均衡分布和不均衡效果而形成“马赛克”式的制度化空间形态。我国诸多“试点”“试验区”都体现了这种渐进性实验主义思想。

三是“新”在多元性和多维性。我国新型国家空间在强调政府主导的基础上，纳入了非政府组织、社会团体、公民等多元主体共同参与，新型国家空间既关注了尺度和领域等空间维度，又关注到了网络、地方等更广泛的维度，并强调不同维度间的互动。如本研究提出，新时代我国区域协调发展的趋势是跳跃式和网络化，其典型空间载体即为飞地园区。此外，政府间非正式合作网络也推动了区域间联系的增强，例如在京津冀、长三角、粤港澳等地区广泛存在着市长联席会议、城市经济协调会等区域协调组织。

四是“新”在跨界性和复合性。不同于传统上由行政区划边界界定的刚性地域，新型国家空间以“柔性”地理边界为特征，通过国家策略嵌入使得要素流动更加自由顺畅有序，能更大程度打破行政区划方式所带来的行政壁垒甚至地区封锁，促进城乡、城际和区际深入交流和合作共赢，最大程度规避了“行政区经济”带来的负面效应，并通过尺度重组方式加强与优化了地区间合作网络，从而极大推进了城乡融合和区域协调发展。

4. 新型国家空间的功能定位

一是从城乡融合、城市区域化和区域协调发展角度认识新型国家空间的功能作用。新型国家空间以城市作为分析尺度，对城乡融合而言，新型国家空间尺度重组将城市视作“面”，关注其内部的城乡关系；对城市区域化而言，新型国家空间尺度重组将城市视作“点”，强调城市之间的互动关系；对区域协调发展而言，新型国家空间尺度重组将城市视作“网”，强调城市区域间的网络联系。新型国家空间尺度重组推进城乡融合和区域协调发展的传导过程和作用机制可以概括为：我国城乡融合和区域协调发展面临突出问题并形成特定的空间需求→政府为主导进行制度环境的嵌入→产生实验性制度创新行动→引发制度性集体行动→形成先行先试节点和枢纽效应→形成特定新型国家空间→根据城乡区域发展现实需求进行尺度重组（即国家尺度首要性的降低和多尺度的制度层级的形成）→进行空间生产并形成规模经济→跨越城乡、城际和区际地域边界的要素分散、流动与集聚并存→推进城乡融合和区域协调发展。

二是从国家战略平台高度认识新型国家空间的发展定位。新型国家空间为以政府行政力量为起点、以充分发挥市场配置资源的决定性作用为核心、以调动社会大众参与积极性为支点，建设全新的体制机制与治理模式提供了可能性。

三是从全球视野、中国方案思维认识新型国家空间的中国特色。新型国家空间是新国家空间理论的本土化尝试，它即吸收借鉴了新国家空间的基本认识论和方法论，又立足于中国特殊的国土空间行政结构和复杂关系，使其能更客观准确地把握我国城乡融合和区域协调发展过程的问题瓶颈与突破方向。

（二）新型国家空间建构的意义

改革开放 40 多年来，随着国家制度结构和国家监管活动新的制度等级的建立，长期以来根深蒂固的国家尺度主导的政治经济监管已经不稳定。在这些尺度重组的国家权力配置中，为了增强地方经济增长能力而进行的各种深远的体制改革和政策调整，主要的城市—区域已经成为重要地理目标。① 国家尺度向下重组，将监管任务权力下放或者去中心化到地方行政层级，并同时对地方制度结构进行重组，进而建构了新型的国家空间。

新型国家空间的建构在理论上可以拓展新国家空间理论在推动城乡融合和区域协调发展领域的应用，在实践上可以加深对城市群、都市圈、城乡一体化等基于城市和区域战略的转型升级的认识，借助新国家空间理论将现行功能性制度化空间单元空间治理方式予以理论化，因此具有重要的理论价值、应用价值和社会意义。

1. 理论价值：强化“新国家空间”等交叉学科的前沿理论对重大政策问题的分析

“新型国家空间”是对全球化背景下中国国家空间重构的系统性地理描述，其不再聚焦国家之间的利益博弈关系，而是关注与国家内部结构相关的权力配置、尺度层级以及资本循环过程，并将国家空间看作动态的过程而非静止的容器，强调国家在空间重构中的主动性与积极影响，特别是在区域治理过程中对国家空间选择性的应用，认为国家空间具有动态性、多维性以及能动性，在不同领域与尺度交互过程中不断发生重构，在一定程度上整合了人文地理学中有关国家治理与空间关系的相关理论，以新国家空间的视角研究城乡融合和区域协调发展有助于在理论上不断拓展新视野、作出新概括，推动研究宗旨的合规律性和研究成果的合目的性的统一。

---

① ［美］尼尔·博任纳：《新国家空间：城市治理与国家形态的尺度重构》，王晓阳译，江苏凤凰教育出版社 2020 年版，第 4 页。

2. 应用价值：强调国家在空间重构中的积极作用，尤其是对国家空间选择性的运用

基于新国家空间理论解读、分析与检验中国的城乡融合与区域协调发展战略、政策以及空间转型等现象，以刻画国家、区域与城市空间的尺度重组和地域重构过程、空间管制的重大转型以及国家与地方的双向互动、国家空间选择性引致的国家空间多维重构、功能区与行政区互动过程中政府空间的管理与创新问题以及区域政策的演变历程及其特征，指出国家空间选择性（空间发展战略、国家权力与国有资源空间配置）塑造了不平衡的经济格局，这些都链接了新国家空间理论与中国空间转型实践，在一定程度上实现了应用与理论的隔空对话，推进了城乡融合及区域协调发展领域与新国家空间研究领域之间的协调互动。

3. 社会意义：在中国城市的现实语境下探究国家空间转型的底层机制及逻辑

新国家空间理论为中国城市与区域治理研究提供了一个崭新的视角，有助于重新诠释改革开放以来中国各个尺度的空间转型现象，对中国情境的历史根植性及其可能产生的路径进行充分的分析，深入探究中国国家空间转型的底层机制及逻辑。新国家空间试图整合尺度、制度、空间生产等理论并把城市、区域、国家等概念进一步理论化，从这一视角切入将以中国城市的现实语境为基础并提出国家空间概念和分析框架，以新国家空间视角切入研究中国城乡融合和区域协调发展，推动有关新国家空间研究的国内外对话交流，从而结合地理学、管理学、政治学、经济学等相关学科与中国社会经济具体情境视角进行全面深入的反思。

（三）新型国家空间建构的思路

1. 新国家空间视角

从新国家空间理论视角，揭示新型国家空间的战略性和制度性。新型国家空间是为落实特定国家战略而划设的具有实验意义的制度化功能性空间，既是国家空间重构和区域崛起的回应，又是国家实施城市与区域管制策略的产物。我国的新型国家空间作为“新国家空间”的中国化实践，通过实

验性的国家空间项目和国家空间策略解决特定区域的发展问题，加速要素资源跨界流动，然后通过制度传导、扩散与规制形成或优化其他区域或更高尺度上的空间联系，推动区域一体化发展。新型国家空间具有显著的制度性、战略性、实验性、渐进性以及由全球化“时空压缩”所形成的跨越地域边界性、去中心性和地方化等独特属性。这种战略驱动型的制度化空间更符合新时代我国区域经济发展的新形势和新要求，已成为推进我国城乡融合和区域协调发展的关键载体。

2. 尺度重组视角

从尺度重组理论视角，揭示城乡融合和区域协调发展情境下新型国家空间的作用过程与方式。在经济全球化竞争下，尺度重组已成为我国调控空间发展的重要跨界治理手段，以实现吸引资本流动、培育区域经济发展动能的目的。尺度重组体现为不同主体为实现自身利益，对既有尺度间的各种关系进行重组的过程，并为资本积累创造“新国家空间”，从而引导资本与要素的流入和锁定，提升其全球竞争力。尺度重组本质是对经济干预和调节的权力在不同空间尺度重新配置的过程，即治理的重构。而在城乡融合和区域协调发展目标下，新型国家空间尺度重组作用过程可以概括为：我国城乡融合和区域协调发展面临突出问题并形成特定的空间需求→政府为主导进行制度环境的嵌入→产生实验性制度创新行动→引发制度性集体行动→形成先行先试节点和枢纽效应→形成特定新型国家空间→根据城乡区域发展现实需求进行尺度重组→进行空间生产并形成规模经济→跨越城乡、城际和区际地域边界的要素分散、流动与集聚并存→推进城乡融合和区域协调发展。值得注意的是，新型国家空间这一国家范围内的空间重构现象既同国家资本积累方式的转变相联系，又由一系列政治、社会、文化等非经济因素驱动；既表现为领域的重构，又表现为尺度、地方等多重空间维度的重构。

3. 空间治理视角

从空间治理视角，提出并揭示新型国家空间是城乡融合和区域协调发展的关键需求和必然选择，且需要多元主体参与、多样空间方式推进、多种治理机制协调作用。本研究以新型国家空间治理重构为着力点，强调多元主体参与、多样空间方式推进、多种治理机制协调，结合国家空间项目及策略拟设计一套融合多角度多领域的新型国家空间尺度重组推进我国城乡融合和区域协调发展的施策方案，主要包括：城乡融合层面，构建“空间单元—空间治理”分析框架，提出公共资源分配和公共服务供给的空间正义、多元共治的治理结构和协调有序的新型国家空间尺度重组推进城乡融合发展的施策思路；城市区域化层面，构建以数据支撑、范围划定、试点建设、合作网络、跨区互通、规划对接六大方面构成的新型国家空间尺度重组推进城市区域化发展的空间治理模式；区域协调发展层面，以板块间协调构建高质量发展的蓝图性指引、以问题区域协调把控区域政策方向、以城乡协调明确精准施策着力点、以城市群都市圈协调促进国内大循环的“四位一体”空间治理策略等。施策方案设计的创新在于措施的体系化、跨界性、连续性，通过跨界路径融合和政策供给侧创新，提高新型国家空间尺度重组行为频度、外部响应度、要素活跃度等，以期产生新的“政策临界点”，推动各种创新性制度的涌现，使新型国家空间尺度重组得以顺利完成并进入良性可持续发展状态。

4. 全球视野、中国方案视角

从全球视野、中国方案的视角，形成新国家空间理论中国化具体实践。新型国家空间的核心思想源自西方的新国家空间理论及尺度重组概念，是新国家空间理论的本土化尝试。它即吸收借鉴了新国家空间的基本认识论和方法论，又立足于中国特殊的国土空间行政结构和复杂关系，使其能更客观准确地把握我国城乡融合和区域协调发展过程的问题瓶颈与突破方向，向全球提供了具有参考意义的运用新国家空间理论解决国家现实问题的中国方案。

（四）新型国家空间建构的重点

新型国家空间建构的两大核心问题：一是我国城乡融合和区域协调发展为什么需要新型国家空间，这是一个什么样的空间，它“新”在何处？二是新型国家空间尺度重组是如何推进城乡融合和区域协调发展的，对城乡融合、城市区域化和区域协调发展情境下新型国家空间尺度重组推进作用的过程、形式、路径、时序与对策作出合理清晰的谋划。

1. 新型国家空间建构的综合框架

新型国家空间是响应国家战略需求、弥补行政区划弊端、推动区域一体化发展及其他多重历史使命的关键所在。

第一，新型国家空间是新时代我国城乡融合和区域协调发展的应有之义和关键载体。新型国家空间是新国家空间理论中国化的具体实践，是全球化背景下国家空间重构和区域崛起的回应，也是国家实施城市与区域管制策略的产物。新型国家空间受我国重大区域发展战略驱动，通过国家有选择性的创新性制度嵌入地方管制活动，产生实验性制度创新行动，并引发制度性集体行动，形成先行先试节点和枢纽效应，从而形成国家战略区域和制度化空间，并根据后续发展目标不断调整优化发展策略。新型国家空间的形成及尺度重组过程打破了传统的依靠地理界线的行政区划发展模式，将发展目标直接定位到国家区域发展战略，能够直击我国城乡融合和区域协调发展的要害，也是我国高质量发展的显著体现。实践证明，城市群、都市圈、国家级新区等新型国家空间已成为我国经济发展的强大动力源。

第二，特别指出需要构建一个系统完整的新型国家空间理论框架来推动我国城乡融合和区域协调发展。面对国内目前仍未出现新国家空间理论中国化研究体系，本研究拟构建“新型国家空间尺度重组推进城乡融合和区域协调发展”理论框架，以期丰富新国家空间理论具体实践。该理论体系由理论内核、基本思路、基本理念、基本方式、基本目标、动力要素、空间形式、传导过程、作用机制、发展路径等要素组成，是一个不断演化与自我超越的政治—经济—社会及尺度—领域—地方多维体系。

2. 新型国家空间建构的多维解构

从多维角度解读新型国家空间推进城乡融合和区域协调发展的过程与效应，决定新型国家空间战略驱动发展的方向。

第一，从生命周期角度来深度解读新型国家空间形成与发展的复杂且变换，实现其理论逻辑与构建的实践逻辑存在统一性、合规律性。在新型国家空间初期存在主体缺位和功能错位的市场失灵现象，这为体制机制创新和空间治理重构等嵌入提供现实需求。在新型国家空间的孕育、生成、成长、成熟阶段（本项目仅研究孕育与生成阶段，即构建），政府、社会组织、企业等主体会有不同的表现形式：一是在孕育阶段，新型国家空间处于塑造时期，其构成要素一般表现为“零碎”阶段，首先需借助于国家战略支持和政府各领域政策等进行激励和保障，并通过基础设施、专项资金、政府采购等各种方式进行投资与建设等，此时市场作用难以充分发挥；二是在生成阶段，由政府单独推动的制度化空间逐渐转为由多元主体共同推动的新型国家空间；各主体均能获得不断发展，进而推动新型国家空间以及尺度重组的效率提高和转型升级，社会机制开始初显作用。此外，在成长和成熟阶段，市场在组织、调整以及配置资源领域的作用不断凸显，但政府机制仍占据主导地位；而后，政府机制出现僵化，市场机制出现失灵，迫切要求积极调整和完善前两种机制，高度重视社会机制发挥的不可替代的作用，新型国家空间又在新一轮尺度重组中进行更新优化。

第二，从国家空间选择的角度来探讨城乡融合与区域协调发展的空间逻辑，使得国家空间策略更加注重区域协调性与内在统一性。当前我国大力推进城乡融合和区域协调发展战略，作为制度工具广泛推广，从服务于地方经济发展的增长工具转变为重构区域经济格局与实现空间治理现代化的管制策略。这一转变折射出国家权力的多尺度变迁。同时，空间选择性上表现为一方面由城市尺度向城市—区域尺度上移；另一方面，由城市—区域尺度向城市及城市间尺度下移。尺度上移与尺度下移相互交织，共同塑造不同地理尺度下的国家空间逻辑。

第三，从网络化协同治理角度来解读新型国家空间的推进机制，通过纳入新的治理模式和参与者，进一步修正和发展现有理论。新国家空间理论忽略了对“新国家空间”塑造过程中参与者定义的修正。仅仅考虑政府力量是远远不够的，应该增加非政府机构、社会组织、公民等多元参与者。可见，越来越多的新型国家空间是由社会民众参与和新参与者群体针对一个特定问题提出和推动的。另外，支持其成员特定利益的集群和网络管理组织也是一类新型中介机构，也未被纳入到“新国家空间”治理中，参与者视角也没有被包含在新国家空间理论中。可见，从新型国家空间塑造参与者到治理模式的修改，越来越需要嵌入一种新的治理机制。这种机制就是网络化协同治理。这种治理包含网络治理、层级治理和市场治理的多元化、共生化、网络化的治理模式，是伴随整个新型国家空间生命周期过程的。网路化治理进一步扩大了新型国家空间的作用效应，可以更高效率地推进城乡融合和区域协调发展。

第三章　国家战略区域的崛起与空间生产

由中央政府命名或者批复其规划、肩负着特定国家职能的重要区域，就称之为“国家战略区域”。“国家战略区域”作为新的空间单元和行政组织，其设立、发展和内涵的演变集中体现了国家地域化的空间生产策略。①在既定的范围内，国家战略区域不断透过空间层级和尺度重组，动员了社会空间的生产和再生产，实现了资本积累和提高了全球竞争力，以顺应全球化的挑战。

一、国家战略区域的理论内涵

中央政府通过“国家战略区域”的设立实现了策略性的尺度重组与“梯度”差别性制度供给②，及时地“嵌入”了全球资本循环网络，促进了区域经济的快速增长，国家战略区域成为优化国土开发格局的主要抓手和促进区域协调的重要平台。

（一）国家战略区域的国际发展

通信技术的发展以及新的全球生产组织方式的形成打破了传统的生产边界。特别是跨国公司的生产组织，超越了国家行政边界，使区域和城市成为国家重要的“积累空间”。很多国家的空间生产尺度转向了区域空间，更

① 马学广：《全球城市区域的空间生产与跨界治理研究》，科学出版社2016年版，第44页。

② 晁恒、马学广、李贵才：《尺度重构视角下国家战略区域的空间生产策略——基于国家级新区的探讨》，《经济地理》2015年第5期。

新或创新区域环境促进区域经济发展成为很多国家或地区空间生产策略改善的方向，并且促使了全球城市区域（Global City-Regions）的快速发展。① 在此背景下，欧洲国家不断编制区域规划，制定新的区域政策和资金计划，甚至为超大项目成立各种准国家性质的规划和投资协调机构，来促进作为国家产业重心的次国家区域发展。② 美国近年来发布的《美国2050》提出要培育11个巨型城区，包括重点建设东海岸、五大湖区和加州三大都市区，以及墨西哥湾沿岸四大发展区。在亚太地区，许多发展中国家迅速建立了出口加工区、科技园区（城）、开发区等新型产业空间，与中心城市一起构成了人口和产业集聚、经济活动高度密集的巨型城市区域。③ 改革开放以来，我国通过建立沿海开放城市、核心城镇群和国家级新区等战略区域，实现了“差异化”的制度供给，使战略区域能够及时“嵌入”全球资本循环网络，促进了经济增长。近年来，为适应全球化竞争环境，加快重点领域的转型发展，我国更是密集出台了一系列国家战略规划，相继建设了以国家级新区、国家综合配套改革试验区、国家自贸区等为代表的一批不同类型的“国家战略区域”。④⑤

作为一种积极应对全球化竞争的尺度重构现象，国家战略区域是一种相对柔性的，同时又具有“中国特色”的尺度重构工具⑥，同时兼具全球化

---

① M.Keating, *The New Regionalism in Western Europe: Territorial Restructuring and Political Change*, Cheltenham: Edward Elgar, 1998.

② E.Swyngedouw, “Authoritarian Governance, Power, and the Political of Rescaling”, *Environment and Planning D: Society and Space*, No.18 (2000), pp.63-76.

③ A. A.Laquian, *Beyond Metropolis: the Planning and Governance of Asia's Mega-Urban Regions*, Baltimore: John Hopkins University Press, 2005.

④ 晁恒、马学广、李贵才：《尺度重构视角下国家战略区域的空间生产策略——基于国家级新区的探讨》，《经济地理》2015年第5期。

⑤ H.Chen, J.Zhang, X.Li, et al, “Rescaling as a Leading National Transformation Project: Decoding State Rescaling in China's Changing Central State-led Regional Planning”, *China Review*, Vol.14, No.1 (2014), pp.97-124.

⑥ 晁恒、马学广、李贵才：《尺度重构视角下国家战略区域的空间生产策略——基于国家级新区的探讨》，《经济地理》2015年第5期。

的一般特征与中国制度环境特色。① 尺度重构后构建的国家战略区域治理结构是一个战略博弈的过程，体现了中央与地方、各级地方政府之间的治理与互动。② 作为尺度重构的工具，国家战略区域本身会受到尺度重构"暂时性"与"非固定性"的影响。尺度重构的"暂时性"和"非固定性"意味着没有一成不变的主导优势尺度，每个区域都会进行动态调整，从而寻求适合自身发展的空间尺度。③④ 因此，受自身特点的影响，国家战略区域也呈现出动态的社会组织建构的过程，并不断以创新的方式安排其空间尺度组合。⑤ 此外，中央政府也通过对国家战略区域放松空间与项目审批的管制、给予相关的制度创新权力，以此来激励区域的发展。⑥ 通过将政策优势和重要性流入特定的空间尺度，忽略其他空间尺度⑦，从而促进国土开发和区域协调发展。

（二）国家战略区域的发展历程

新中国成立后，我国工业基础薄弱，生产力布局极不均衡，全国 70% 以上的工业集中于东部沿海地区，严重影响了内地的经济发展。为改变这一现状，受苏联"社会主义生产布局理论"尤其是"均衡布局论"的影响，我国加快生产力布局调整，大力实施区域均衡发展战略，在中西部地区进行大规模投资，加快了内陆地区的经济发展，缩小了沿海与内地之间的经济差

---

① 张京祥：《国家—区域治理的尺度重构：基于"国家战略区域规划"视角的剖析》，《城市发展研究》2013 年第 5 期。

② 晁恒、李贵才：《国家级新区的治理尺度建构及其经济效应评价》，《地理研究》2020 年第 3 期。

③ B.Jessop，"The Rise of Governance and the Risk of Failure：The Case of Economic Development"，*International Social Science Journal*，Vol.155（1998），pp.29-45.

④ B.Jessop，"The Crisis of the National Spatio-temporal Fix and the Tendential Ecological Dominance of Globalizing Capitalism"，*International Journal of Urban and Regional Research*，Vol.24，No.2（2000），pp.323-360.

⑤ B.Mansfield，"Beyond Rescaling：Reintegrating the 'National' as a Dimension of Scalar Relations"，*Progress in Human Geography*，Vol.29，No.4（2005），pp.458-473.

⑥ 张京祥：《国家—区域治理的尺度重构：基于"国家战略区域规划"视角的剖析》，《城市发展研究》2013 年第 5 期。

⑦ 晁恒、马学广、李贵才：《尺度重构视角下国家战略区域的空间生产策略——基于国家级新区的探讨》，《经济地理》2015 年第 5 期。

距，广大内陆地区即成为当时的“国家战略区域”。改革开放后，受国际上盛行的梯度转移理论的影响，国家对经济布局和区域经济发展战略作出重大调整，由均衡发展战略转向非均衡发展战略，先后形成了沿海地区优先发展阶段和东、中、西“三大地带”发展阶段，初步形成区域协调发展思想体系①。进入 20 世纪末 21 世纪初，我国开启区域发展总体战略和主体功能区战略，先后提出了西部大开发、东北老工业基地振兴、中部地区崛起、东部率先发展四大区域发展战略，俗成“四大板块”，各个板块采取不同的发展战略和区域政策，使得区域经济实力不断增强，尤其是中西部和东北地区经济取得快速发展。在这一过程中，国家通过特定空间尺度的生产、重构和竞争，产生了有差异的空间生产单元。中心城市与核心城镇群的发展带动了区域的整体发展，并且在推动中心城市与城镇群发展的过程中，采取了特殊政策地区（包括经济特区、国家级新区、大规模“开放区”等）引领与示范的发展策略②，例如上海浦东新区、天津滨海新区、重庆两江新区、苏州工业园区等。党的十八大以来，尤其是“十三五”规划期间，我国明确了推动区域协调发展的重要任务，以“一带一路”建设、京津冀协同发展、长江经济带发展为引领塑造区域协调发展新格局；党的十九大报告更是把区域协调发展上升为国家七大战略之一，强调重视各个区域的比较优势，按照优势互补、互利共赢的原则，加强区域合作，不断缩小区域差距。③ 此后，我国区域发展总体战略不断充实完善，逐步形成了区域发展的新格局。截至 2023 年底，我国区域发展新格局的特征呈现“四三二一格局”。④ 其中，“四”指的是“四大板块”；“三”指的是“三大经济圈”或者“三大城市群”，包含京津冀世界级城市群、长三角世界级城市群和粤港澳大湾区；“二”指的

① 赵霄伟：《新时期区域协调发展的科学内涵、框架体系与政策举措：基于国家发展规划演变的研究视角》《经济问题》2021 年第 5 期。

② 晁恒、马学广、李贵才：《尺度重构视角下国家战略区域的空间生产策略——基于国家级新区的探讨》，《经济地理》2015 年第 5 期。

③ 肖金成：《区域发展战略的演变与区域协调发展战略的确立——新中国区域发展 70 年回顾》，《企业经济》2019 年第 2 期。

④ 刘应杰：《中国区域发展新格局的四个问题思考》，《区域经济评论》2020 年第 3 期。

是“两条经济带”，即长江经济带和黄河流域生态保护和高质量发展；“一”指的是“一带一路”倡议，即“丝绸之路经济带”和“21世纪海上丝绸之路”，这也是连通国内外发展的对外开放大战略。近几年来，中央政府针对典型经济区更是陆续划定了百余项“国家战略区域”，进一步细化和落实我国区域发展总体战略。这些战略区域以国务院批复或发文的形式出台，涵盖了国家级新区、区域规划、指导意见和综合改革等多种类型，涉及多个空间尺度。这些国家战略区域联南接北、承东启西、宏微结合、交错互融，极大推动了我国区域经济高质量发展。

（三）国家战略区域的政策实践

中国建立国家战略区域的实质是为了解决区域发展过程中经济活动的不平衡或动力不足的问题。为解决区域间发展不平衡或区域发展过程中严重失衡的问题，国家应成立相应的管理机构或委托国家有关部门根据问题区域的实际情况，制定一系列有针对性的法律、规则、措施等，并要求地方政府制定相应的配套实施意见或具体措施。① 国家战略区域就是这些政策法规的具体实践形式。

国家战略区域是落实到具体空间上的一种制度安排。根据解决区域问题的空间尺度的不同，我国国家战略区域政策可以分为以国家为空间单元的国家战略区域政策、以大区域为空间单元的国家战略区域政策和以省市为空间单元的国家战略区域政策。

1. 以国家为空间单元的国家战略区域政策

以国家为空间单元的国家战略区域政策，主要是从国家整体利益出发，考虑国内各地区之间的协调发展，充分发挥地区之间的比较优势，按照区域分工理论组织生产，提高整个国家的竞争力。自1953年“一五”计划开始，我国已经经历了十三个五年计划，十四五规划正在进行中，每一个五年计划均结合我国国情对区域发展战略进行谋划，为我国整体区域经济发展擘画蓝图。此外，日本全国性综合开发计划是最典型的以国家为空间单元的区域政

① 丰志勇：《国家发展战略视角下的区域政策与经济增长研究》，东南大学出版社2012年版。

策。日本先后实施了多个全国性综合开发计划（以下简称全综计划），每个全综计划都以日本整个国土开发为背景。日本的区域政策取得了良好的效果。通过多次全综规划，日本建成了世界一流、最发达便捷的交通网络，将整个日本紧密联系在一起。区域一体化经济的发展，明显缩小了日本经济发展的地区差异，使日本走上了区域均衡发展的良性轨道，为日本经济的持续稳定发展奠定了坚实的基础。

2. 以大区域为空间单元的国家战略区域政策

大区域为空间单元的区域政策主要解决国家内部区域之间发展不平衡问题，也就是通过区域政策解决落后地区经济发展问题。我国的西部大开发、中部崛起、东北老工业基地振兴等战略都是以大区域为空间单元的区域政策。西部大开发20年来，西部基础设施建设获得了天翻地覆的变化，西部经济发展速度超过了全国平均水平，西部与东部地区之间的差距不断缩小，成渝城市群成为我国经济发展的又一重要增长极。中部崛起战略实施以来，中部加快了接受东部地区产业转移的步伐，以武汉城市圈、中原城市群、长株潭城市群为代表的中原地区正在构建以城市群为空间载体的区域一体化经济，区域内部之间的差距逐渐在缩小。

3. 以省市为空间单元的国家战略区域政策

省市层面上的空间单元规划主要是以省或市行政区作为空间相对封闭的一个区域，突出省市的独特发展资源、先进的发展理念及示范作用。一个先进的发展理念或一个创新性的发展模式，需要一个完整的单元省或市进行先行先试，在取得成功经验后，在其他区域实施。其中，最具代表性的为国家级新区。国家级新区是我国于20世纪90年代初设立的一种新开发开放与改革的综合功能区，承担国家重大发展和改革开放战略任务。自1992年上海浦东新区设立以来，我国已先后批准成立19个国家级新区，武汉长江新区、合肥滨湖新区等多个城市新区提出要打造国家级新区。这些国家级新区作为地方制度改革和创新的"试验田"，拥有直达快享的政策红利、完善的基础设施、雄厚的产业基础和先进的生产条件，已成为我国全方位扩大对外开放的重要窗口、辐射带动区域发展的重要增长极和国民经济发展的重要引擎。

综上所述，国家战略区域已经成为国土开发和区域协调发展的重要组织形式和空间单元，体现了中国应对国内外发展挑战的区域空间生产战略。从尺度重构的角度看，区域空间生产、尺度选择与国家战略区域密切相关：国家权力的尺度选择促进了国家战略区域的建立和发展，也体现了国家尺度战略的演变。作为一种空间生产战略，尺度重构的实质是尺度重构过程中形成的各种发展制度或治理制度对区域发展的影响。① 以国家级新区、自由贸易区等为代表的国家战略区域具有可操作性、针对性和有效性，是对国家总体空间战略的进一步细化和实施，在确定物质空间范围的同时，通过行政组织调整和空间规划编制等方式实现治理模式的重组，从而实现区域空间生产战略。

二、国家战略区域的主要类型

（一）国家战略区域典型分类体系

国家战略区域有多种分类方法。按照国家出台批复或发文的形式划分，国家战略区域可划分为国家级新区、区域规划、指导意见和综合改革等四种类型。② 国家级新区为我国直接批复设立的一种新开发开放与改革的大城市区，例如上海浦东新区、天津滨海新区、河北雄安新区等；区域规划是为实现特定区域的开发和建设目标而进行的总体部署，为城市规划提供有关城市发展方向和生产力布局的重要指南，经常以规划纲要等形式存在，例如《河北雄安新区规划纲要》《粤港澳大湾区发展规划纲要》《成渝地区双城经济圈建设规划纲要》等。指导意见是中央或国家有关部门用于阐述和说明开展国家战略区域工作的基本思想、原则、要求，并对工作进行原则性指导的意

---

① 罗震东：《分权与碎化——中国都市区域发展的阶段与趋势》，《城市规划》2007 年第 11 期。

② 晁恒、马学广、李贵才：《尺度重构视角下国家战略区域的空间生产策略——基于国家级新区的探讨》，《经济地理》2015 年第 5 期。

见，例如《中共中央　国务院关于新时代推进西部大开发形成新格局的指导意见》《中共中央　国务院关于新时代推动中部地区高质量发展的意见》等。综合改革是我国为促进地方经济社会发展而推出的一项新的举措，其落地方式一般为各领域的综合改革试验区，例如国务院将上海、深圳、沈阳、杭州、西安、青岛等城市设定为区域性国资国企综合改革试验区。

按照战略目标，国家战略区域可分为：建设国际竞争力区域、促进重点地区发展和转型、推动欠发达地区可持续发展、深化区域合作与对外开放、探索发展改革试点等五种类型。建设国际竞争力区域例如京津冀世界级城市群、长三角世界级城市群、粤港澳大湾区等国家级城市群与经济圈，推动形成我国经济增长极，以提升区域的国际影响力；促进重点地区发展和转型例如振兴东北老工业基地、哈成城市群等，以推动东北地区资源型城市转型升级；推动欠发达地区可持续发展例如西部大开发、呼包鄂榆城市群等，以提升西部地区经济发展水平，缩小东西部发展差距；深化区域合作与对外开放例如上海浦东新区、河北雄安新区等国家级新区，以打造成为我国区域合作的样板和对外开放的前沿；探索发展改革试点例如国家自贸区、智慧城市、国家综合配套改革试验区等，选取部分城市先行先试，从而积累经验，逐步扩大其他城市或区域，以推动深化不同领域改革。

按照尺度重构过程，国家战略区域可划分为低尺度擢升型国家战略区域和高尺度下沉型国家战略区域两类，以下将重点介绍这两种类型的国家战略区域。

（二）低尺度擢升型国家战略区域

低尺度擢升型国家战略区域是一种自下而上由市场自发的战略空间，其尺度特征是由低尺度行政者（例如城市或县区政府等）发起并主导，高尺度行动者（例如中央或省级政府）扮演执行者角色；其合作模式是市场主导模式，与具有明显社会经济差距的个体为合作选择对象。这类国家战略区域的典型代表是地方保税港区，其通过与一个或多个城市建立跨界功能拓展区，以企业为代表的市场化力量成为城市间功能拓展区合作的核心动力，促进了城市间异地增长联盟的发展，实现了城市间经济共赢，成为产业合作的典型案例。以青岛前湾保税港区为例，其按照“功能整合、政策叠加”的要求，整合港口区、保税区、物流区等多个功能区形成保税港区，实现了从单一保税区到多功能保税港区的转变。[①] 在此过程中，山东省委省政府出台了相关指导文件，希望通过“区区联动”提高保税港区的辐射效应。在这一背景下，青岛保税港区先后在德州乐陵等多个城市设立了八个功能拓展区，将保税港区的功能政策优势辐射到其他城市，并吸引资本和企业在特定区域聚集。这些城市与青岛较大的经济发展差距与保税港区独特的政策优势，促进了异地共建功能拓展区的合作发展，推动了资本的去区域化和再区域化。作为一个长期过程，城市间共建功能拓展区的产业合作经历了资本和权力的再领域化、权力尺度重构、跨尺度合作网络的构建等多个空间维度的重构，且这些维度也相互影响相互作用。通过共建拓展区，青岛保税港区在领域外获得了一百多平方公里的“经济飞地”，缓解了土地资源的紧缺，实现了跨界空间生产和资本再领域化。根植于特定领域的政策优势通过跨界权力的延伸，在新的领域“固着”，提高了合作参与者的积极性。此外，拓展区管委会的成立也对城市间原有的权力和利益产生了影响，以权力尺度重构促进了园区之间的资本转移和再领域化。随着区域合作的不断深入，逐渐吸引了高尺度行动者的关注和支持。因此，利用关键行动者的作用和现有的制度安排，有助于提高合作网络的成功概率。

由上述分析可知，这种市场化的合作模式使社会经济发展差距明显的城市成为合作的发起者，并随后得到了中央或省级高尺度行动者的支持，加快了合作进程。中央和地方政府都成为区域合作的参与者，但高尺度行动者主要是提供支持而不是主导合作的发展。企业作为产业转移的主体，已经成为共建拓展区的主要参与者，使该合作具有市场主导的特征。在合作对象的选择上，经济发达的城市往往与经济落后的城市合作，形成“飞地嵌入”型的空间布局。在合作初期，城市间政府进行了相对充分的信息交流，为合作

① 胡燕京、郭瑞佳：《保税港区对区域经济影响效应的实证研究——以青岛前湾保税港区为例》，《东方论坛》2014 年第 1 期。

奠定了基础。随着合作共识的达成，城市间政府通过签订合作协议，将原有的政策优势扩展到新的城市，使经济发达城市的力量和资本延伸到经济落后城市，建立起跨界体系和资本合作空间，为合作提供资本和权力支持。但是，经济发达的城市占据着比较有利的地位，而经济落后的城市则需要作出利益上的妥协。因此，未来需要优化合作双方的权利和义务，实现城市间利益的相对公平分配，从而提高合作的可持续性。①

（三）高尺度下沉型国家战略区域

高尺度下沉型国家战略区域是一种自上而下由政府主导的战略空间，其尺度特征是高尺度行政者（例如中央或省级等）扮演发起者与主导者的角色，低尺度行动者（例如城市或县区等）则为执行者；其合作模式是政府主导模式，通过上升为国家发展战略实现“差别化”制度供给，合作对象则是规划范围内城市。这一类型国家战略区域往往为中央政府批准成立的城市群、经济圈或经济区，例如京津冀世界级城市群、武汉城市圈、山东半岛蓝色经济区等。

在这一战略的帮助下，传统上权力相对薄弱的低尺度政府获得了发展机会，加强了对行政区域内低尺度政府的控制。此外，中央和省级政府等高尺度行动者也通过权力下放等尺度下移策略，赋予了城市及其县区管理自主权。行政权力的下放不仅体现了尺度间权限的“去中心化”，也体现了区域政策从“统一性”到“定制化”的转变，使地方政府在实施地方化发展战略时有更大的自由度，从而吸引资本“固着”并推动其再领域化。在合作过程中，尺度间权限的调整更为复杂，省级政府为了达到不同的目的，采取尺度下移和尺度上移两种策略，反映出区域合作中的尺度上移策略已不再是唯一的尺度逻辑。② 这种依靠高尺度行政者发布行政命令进行合作的合作模式，推动了区域合作的发展和经济区域化的进程，但并没有实现政治区域化。这

---

① 唐承辉、马学广：《尺度重构视角下城市群区域合作的模式与策略研究——以山东半岛城市群为例》，《城市发展研究》2022 年第 2 期。

② 唐承辉、马学广：《尺度重构视角下城市群区域合作的模式与策略研究——以山东半岛城市群为例》，《城市发展研究》2022 年第 2 期。

主要是由于作为最高尺度行动者的中央政府发布的战略规划等行政命令的具体形式并不具有真正的法律效力。在实施过程中，各省市区政府基于自身利益难以贯彻落实，甚至制定内容不同的新规划，降低了原有规划的效力。该战略制定的过程主要是由高尺度行动者进行决策，而市县区政府等低尺度行动者并没有充分表达自己的意愿且沟通不足，导致该战略只能依靠上级政府强制执行，多尺度行动者的积极性没有被充分调动起来，从而降低了区域合作的效果。

三、国家战略区域的空间生产策略

由于不同类型国家战略区域的空间生产策略不尽相同，因此本节选取近年来备受瞩目的新国家空间类型——国家级新区作为代表来阐述其空间生产的各类因素。

（一）国家战略区域空间生产的结构因素

根据列斐伏尔（Lefebvre H.）的“空间三元辩证法”[①]核心范畴，国家级新区等国家战略区域空间生产可从空间的表征、空间的实践、表征的空间三部分进行剖析。[②]

1. 国家战略区域空间的表征

空间的表征指的是空间的概念化，或权力、知识和空间性的配置，主流社会秩序的物质性被嵌入其中，并由此获得正当性。[③]在国家级新区的实践中，主要表现为政府和政府组织的各学科专家对新区空间规划构想的抽象设计，实际上是权力对空间的构建，包括战略制定、政策设计、主管部门、派出机构等。在战略制定和政策设计方面，国家级新区的发展始终贯穿着不同层级政府之间关于空间权力的构建。主要的行政手段包括制定和限制各种

---

① H.Lefebvre，*The Production of Space*，Oxford：Blackwell Publishing Ltd，1991.

② 庄良、叶超、马卫等：《中国城镇化进程中新区的空间生产及其演化逻辑》，《地理学报》2019 年第 8 期。

③ D.Gregory，*Geographical Imaginations*，Cambridge，MA：Blackwell，1994.

战略计划和政策文本，这种由政府制定的法规文本主要反映了不同话语权背后的利益诉求。在初始阶段，地方政府主要通过各种开发区的产业建设来推动城市规模的扩大。随着大量单一功能开发区的增加和发展，其对社会服务和管理的功能需求也日益增加，迫切需要采取一些更全面的措施来整合开发区的功能，特别是要打破一些体制和机制的瓶颈。但是，传统的“先后有别”的区域发展战略使得区域差异日益严重，必须选择建立一个更具有综合功能的空间载体，作为新的增长极来带动城市或区域的发展。与此同时，地方政府开始大规模规划新区，并不断追求更高的行政级别，争取更多的发展特权或政策支持。在竞争激烈的申请过程中，发展较好或潜力较大的新区将被冠以国家称号。新区也由此成为开发区转型发展的主要模式，也成为新一轮城市空间战略拓展的重要途径。从主管部门和机构来看，国家级新区体现了政府自上而下的权力配置。根据区域战略的空间布局，国务院或地方政府会有选择地指导具体地方进行新区建设的准备工作。如果顺利通过审批，将被正式授予相应级别的新区称号，并形成自上而下的严格行政管理体系，包括高层主管部门的宏观指导和地方政府高级配置的派出管理。此外，成立的新区管委会往往是省、市政府的派出机构，按照县级以上的组织规范，负责经济发展、城市建设管理或社会事务管理。因此，在早期阶段和目前大多数新区采用管委会型，在较为成熟的后期阶段，新区需要突破原有行政区的桎梏，承担更多的建设、管理和服务职能，然后逐步建立一级建制政府，实现向独立行政区的转变。

2. 国家战略区域空间的实践

空间的实践是指社会生活中实现生产和再生产的时空惯例和空间结构（场所和路径等），实际上对应的是以物理形式塑造权力的现实空间的过程，具体有四个方面：空间的生产、空间的支配和控制、空间的占有和使用、空间的可及性和距离。[①] 一方面，对时空格局演变的考察，有利于揭示国家级新区发展的一系列阶段性过程和结果，关系着政府行为、土地利用、资源环

---

① D.Harvey，*The Condition of Postmodernity*，Oxford：Basil Blackwell，1989.

境、社会生活等诸多方面；另一方面，通过讨论新区与市辖区及相关县区的空间设置和组合关系，便于把握新区在城镇化进程中的空间演变逻辑。政府通过对国家级新区的设置，构建了地理距离和空间规模嵌套的分级实践模式。随着新区规划范围的不断扩大，其管理组织的选址也逐步由市辖区实现权力配置的外拓。

3. 国家战略区域表征的空间

表征的空间指的是对抗空间或斗争领域，其源于社会生活的隐私和底面，及以想象力来质疑主流空间实践和空间性的批判性艺术。① 在国家级新区的发展中，它主要体现在日常生活中身体之间的社会关系上，是随着时间和使用而（借助于权力）对空间的重构。由于缺乏统一规范的设立标准和评估监督机制，地级市授意或以发文形式设立的新区所占比例最大，基于新区空间竞争的权力关系也更为交织复杂。新区的设立充分体现了城镇化进程中各级政府之间的空间权力博弈，作为权力向心的标志，行政中心驻地在增设新区的过程中发挥着重要作用。由于老城区和县城发展的压力，许多地级市将面临市辖区的扩张和行政中心的搬迁问题，而新区大多成为各大城市在政府驻地搬迁前采取的重要过渡形式之一。随着政府驻地的成功搬迁，一些新区也基本随之撤销或转型，而其他保留的新区则继续承担着城市建设的重任，并有超过 13% 的新区涉及地级或省级行政中心的搬迁，有些甚至出现了地市级行政中心从市辖区搬迁到县城的特殊情况。这表明地方政府在行使行政手段方面的力度之大。但是，新区的不断新增和发展，也激发和形成了一些发展失序问题。首先，在人口城镇化长期滞后于土地城镇化的过程中，兰州新区等国家级新区的城市空间延伸和拓展出现了“鬼城”等突出现象，且 90% 以上的地级市都在规划城市新区，一些城市新区的总面积已是建成区的数倍。其次，新区的发展也给行政区划工作带来了潜在的挑战和困难：许多城市通过撤县（市）设区，推动新区向行政区域转型，这势必会产生强烈的示范效应，且新区下设二级新区的案例也在增多，加之新区逐步加强了

---

① D.Gregory，*Geographical Imaginations*，Cambridge. MA：Blackwell，1994.

对行政区域内街道、乡镇等的托管和代管方式，这也形成了行政区划管理的新难题。此外，新区建设热潮仍然是各大城市的重要发展方向，还有很多新区处于筹备状态或尚未建立正式的管理机构。更多的城市战略或规划也在不断对新区进行高标准的设想，特别是省市两级的“十四五”规划。其中，大部分新区规划已经付诸实施，部分面积和人口规划普遍趋大，目标过高而不切实际已经成为不可忽视的隐患。因此，近年来新区的发展一直受到高层的预警和相关文件的明确约束，规划预警确保了在结合数据和事实等科学分析的基础上处理好失范失控的问题。

（二）国家战略区域空间生产的行为因素

上述三大范畴相互作用且辩证统一，是国家级新区实现空间生产过程的重要环节与组成，而其组成的“三元空间”彼此之间的往复式螺旋递进则是空间生产的主要途径。①

战略政策与部门机构之间的互补，巩固了国家新区各级政府之间发生关联的重要规则和习惯，是政府权力引导空间行为的重要工具。政府主导的新区发展模式在精神意志、物质实践、社会反馈等方面都有自己内含的固定资本，而资本的再领域化和再空间化又增加了非均衡发展的时空复杂性，这既可以成为政府行为下的优势资源，也可以成为阻碍行为的制约因素。而政府自我设计和接受的规训方式又塑造了它的空间行为，由土地财政推动的级差地租利益产生了资本投资强度的地域差异。因此，政府权力的空间配置从根本上重塑了城市空间的组合模式。同时，当这种规训文本和管理设计在地方政治体系中失去空间实践的意义时，城市发展的权利诉求就会更加突出。

地理上的不平衡发展需要将空间规模的变化与政治行为结合起来，考虑不同规模等级背后的权力差异与重现。新区不平衡不充分发展的时空格局是在政治经济和社会生态的变化过程中产生、形成、调整和重构的。新区面积规模的扩大及其管理距离的变化，凸显了当代地理空间形态中易变性和流

① 庄良、叶超、马卫等：《中国城镇化进程中新区的空间生产及其演化逻辑》，《地理学报》2019 年第 8 期。

动性的重要战略意义。不同的行为者和代理人试图通过跨越行政区域的边界来实施空间规划行为，从而实现新区在“城市—区域—国家”等不同层面的尺度上移和重构。

国家级新区反映了特定地方的特定权力所推行和支持的特殊政策，这些特定的权力从空间生产中获得了重要的财富利益和政治话语权，同时新区也面临着不同层级、尺度和地点的发展困境，如资金有限、人气不足、管理缺位、债务风险、产能过剩、交通拥堵、生态治理、环境危机等城市问题。在新区的空间生产和再生产过程中，政治权力和社会权利之间的矛盾不断被重塑，而区域的不平衡发展使得代表多种特殊利益的政府决策面临巨大阻力。既有的政策显然是不稳定、不平衡的，但在政府对新区的数量、规模等空间要素进行调节和干预后，这种不平衡的状态反而加剧，使得新区空间的生产似乎陷入了无法从根本上修复的困境。

（三）国家战略区域空间生产的行动者因素

近年来，国家开始重视利用建立“国家级新区”等刚性尺度重构的手段。作为一种应对发展挑战的区域空间生产策略，国家级新区一方面可以使中央政府直接干预和调控其发展，体现了“中央集权”的特点；另一方面，在空间开发、项目审批、制度创新等方面获得了较大的自主权，在一定程度上体现了“地方分权”的特征。① 中央设立的国家级新区均要求成为改革试验的先行区，成为区域乃至全国的“中心”，提出了经济和产业职能的辐射和带动，以及制度和模式的创新要求。因此，国家级新区要成为区域发展的引擎和政策发力点，需要创新治理模式，加强中央的直接控制，同时需要保留一定的发展自主权。

国家级新区通常以成立新区管委会的形式，作为上级政府的派出机构，来实现新区内部权力的水平和垂直转移，实现内部行政边界的调整。例如，重庆两江新区包括江北区、渝北区、北碚区三个行政区部分区域，及重庆北

---

① 晁恒、马学广、李贵才：《尺度重构视角下国家战略区域的空间生产策略——基于国家级新区的探讨》，《经济地理》2015 年第 5 期。

部新区、两路寸滩保税港区、两江工业园区等功能经济区，各行政主体关系复杂。在两江新区成立之后，市委、市政府就派出了新区管委会作负责两江新区经济发展和开发建设的统一规划、统筹协调和组织实施。两江新区管委会代管北部新区、两路寸滩保税港区，管理直管区内新批准成立的开发管理机构。两江新区内各区人民政府负责各自辖区的行政管理和社会事务工作，接受两江新区管委会对经济建设和开发开放工作的指导和协调。

同时，由于“迅速膨胀的生产信息”越来越不可能由少数决策者所完全掌握，因此需要一个更加开放的治理体系，不应仅限于政府的主导作用。国家战略空间生产的治理体系应采用“扁平化”的治理理念，将企业的治理作用引入治理体系。治理体系可以对影响区域发展的各种制约因素进行快速的制度调整，在原有的制度优势耗尽之前获得新的制度优势，从而建立更加符合区域实际的治理结构，提高区域财富积累的绩效。

（四）国家战略区域空间生产的运行机制

以上从结构、行为和行动者等方面分析了国家级新区的空间生产特征。上述特征的形成，与国家级新区自上而下和自下而上相结合的空间生产运行机制密切相关。2010 年以来，大部分国家级新区都是通过地方申请、中央审批的方式设立的。可见，国家级新区是由中央政府和地方政府合力生产的特殊政策空间。① 首先，国家级新区的空间生产具有自上而下的机制。随着改革的不断深入，中央把国家级新区作为加快区域发展、促进区域协调的重要手段。国家新区在宏观上相对均衡的布局清晰地反映了其区域增长极的功能。其次，国家级新区的空间生产也有自下而上的机制。地方政府敏锐地抓住了国家空间选择的转折点，积极响应并主动谋求自己的新国家战略空间地位。为了契合国家空间选择转向城市和城市群的偏好，地方政府在界定国家级新区的空间边界时，广泛联合城市群体空间，从而体现了国家级新区在微观上的多尺度和跨边界特征。这种自上而下与自下而上相结合的空间生产机

---

① 殷洁、罗小龙、肖菲：《国家级新区的空间生产与治理尺度建构》，《人文地理》2018 年第 3 期。

制，体现了新时期我国中央—地方关系调整中集权与分权相结合的特点：一方面，中央政府通过公权力的尺度上移，加强对地方发展的调控与干预；另一方面，则通过公权力的尺度下移，促进地方政府获得更大的自主发展权。

四、海洋国家战略区域空间生产与治理

近十年来，我国沿海各大城市群纷纷出台区域性规划，并且部分规划被上升为国家战略，如《辽宁沿海经济带发展规划》《国务院关于推进天津滨海新区开发开放有关问题的意见》《河北沿海地区发展规划》《山东半岛蓝色经济区发展规划》《黄河三角洲高效生态经济区发展规划》《江苏沿海地区发展规划》《长江三角洲地区区域规划纲要》《浙江海洋经济发展示范区规划》《海峡西岸经济区发展规划》《珠江三角洲地区改革发展规划纲要》《广西北部湾经济区发展规划》和《海南国际旅游岛建设发展规划纲要》等 12 个，并且其中涵盖了 8 个国家级新区。同时，国家还批准了以发展海洋经济为主要职能的国家新区——浙江舟山群岛新区和青岛西海岸新区，以及天津、山东、浙江、福建、广东等国家海洋经济发展试点区。上述海洋国家战略区域为我国沿海地区的发展提供了重要的空间支撑和政策试验。其中，山东省所拥有的海洋国家战略区域的空间生产与治理可供案例探讨，比如黄河三角洲高效生态经济区（2009 年由国务院批复），山东半岛蓝色经济区（2011 年由国务院批复）和青岛西海岸国家新区（2014 年由国务院批复）等，本节以山东半岛蓝色经济区为例，探讨典型海洋国家战略区域的空间生产过程与尺度治理机制。①

20 世纪 70 年代末以来，随着全球生产和生产组织方式的转变以及由此引起的管制模式变革，全球、国家、区域、城市乃至社区等多重尺度（Scale）间关系发生剧烈重构，它表现为城市企业主义、梯度化政策供给、

---

① 马学广、李鲁奇：《尺度重组中海洋国家战略区域的策略与制度建构——以山东半岛蓝色经济区为例》，《经济地理》2016 年第 12 期。

定制化区域设计、跨国组织的兴起以及试点区域的扩大化和形式多样性等多种形式。为把握这一复杂趋势，西方人文地理学经历了继空间转向、制度转向、社会转向、文化转向等后的“尺度转向”（Scalar Turn），开展了一系列基于“尺度重组”（Rescaling）的理论和实证研究。而改革开放后，我国也在全球化、分权化背景下经历了剧烈的尺度重组，其中一个典型表现是国家战略区域①②的兴起，如各类国家级新区、国家级城市群、国家级综合配套改革试验区和其他负载重大国家使命和职能改革的空间形式（城市、区域、社区等）等。与此同时，国内人文地理学界也开始引入、探讨尺度问题并开展了丰富的实证研究，如对西方经济地理学尺度转向的总结③、对中国城市体系尺度重构的研究④、对广东惠州发展中的路径创造和尺度政治的研究⑤、对全球城市区域空间生产机制和跨界治理模式的探讨⑥、基于 TPSN 模型从领域、网络与尺度的视角对以深汕特别合作区为典型的城际合作空间生产与重构的研究⑦等。

随着国内学术界对空间生产研究的泛化和深化，学者们日益关注以地方上特定的（Place-Specific）区域发展轨迹为着眼点的“具体层面”⑧的尺度

---

① 张京祥：《国家—区域治理的尺度重构：基于“国家战略区域规划”视角的剖析》，《城市发展研究》2013 年第 5 期。

② 晁恒、马学广、李贵才：《尺度重构视角下国家战略区域的空间生产策略——基于国家级新区的探讨》，《经济地理》2015 年第 5 期。

③ 苗长虹：《变革中的西方经济地理学：制度、文化、关系与尺度转向》，《人文地理》2004 年第 4 期。

④ 沈建法：《空间、尺度与政府：重构中国城市体系》，载吴缚龙、马润潮、张京祥主编《转型与重构：中国城市发展多维透视》，东南大学出版社 2007 年版，第 22—38 页。

⑤ 刘云刚、叶清露：《区域发展中的路径创造和尺度政治——对广东惠州发展历程的解读》，《地理科学》2013 年第 9 期。

⑥ 马学广：《全球城市区域的空间生产与跨界治理研究》，科学出版社 2016 年版，前言，第 1—4 页。

⑦ 马学广、李鲁奇：《城际合作空间的生产与重构——基于领域、网络与尺度的视角》，《地理科学进展》2017 年第 12 期。

⑧ N.Brenner，*New State Spaces*：*Urban Governance and the Rescaling of Statehood*，Oxford：Oxford University Press，2004.

重组分析，而不同国家战略区域的主题定位（如海洋强国、沿海开发、东北振兴、中部崛起、西部大开发、两型社会等）正体现了尺度重组过程的地方特定性。因此，本节以山东半岛蓝色经济区为例，分析“海洋国家战略区域”的空间生产过程与尺度治理机制。山东半岛蓝色经济区建设始于2009年，并于2011年正式上升为国家战略，是山东省“蓝黄战略”的重要组成部分，是我国第一个以海洋经济为主题的区域发展战略，是我国区域发展从陆域经济延伸到海洋经济、积极推进陆海统筹的重大战略举措。在这一案例中，“海洋”“蓝色”不仅反映了其功能定位，同时也被发展为一系列话语在上升为国家战略的过程中发挥关键作用，本节将融合尺度重组的多种分析思路，剖析这一特定区域的空间生产过程与尺度治理机制。

（一）尺度政治经济分析的理论背景和分析思路

当代城市与区域的空间生产已经由关注空间中的生产（生产要素的空间布局）、空间的生产（塑造特定空间的制度、行为、行动者关系）转向到尺度的生产（特定尺度建构的政治经济关系），尺度成为全球范围内当代城市与区域治理研究的重要理论切入点。

尺度政治经济研究经历了由重点关注尺度的政治建构到重点关注行动者的话语和实践的转变。① 传统意义上，尺度是一个给定的、固定的、封闭的社会空间单元，是社会关系的容器。② 在20世纪80年代的“尺度转向”中，尺度开始被看作“社会建构”③，是一种客观物质实体，并且随社会关系的变动发生持续重构并反作用于社会关系。这一尺度结构经由强烈的社会政治斗争和博弈而“被持续地废除和再造”的过程就是尺度重组。④ 通过对资本循环和积累的地理的持续重塑，空间的生产废除了原有的、并在这个过

① 马学广、李鲁奇：《国外人文地理学尺度政治理论研究进展》，《人文地理》2016年第2期。

② 马学广、李鲁奇：《新国家空间理论的内涵与评价》，《人文地理》2017年第3期。

③ S. A.Marston，“The Social Construction of Scale”，*Progress in Human Geography*，Vol.24，No.2（2000），pp.219-242.

④ N.Brenner，“The Limits to Scale? Methodological Reflections on Scalar Structuration”，*Progress in Human Geography*，Vol.25，No.4（2001），pp.591-614.

程中产生了新的空间结构和治理尺度，社会、经济和政治体系不断地向国家之上、国家之下和跨越国家的新的空间层次迁移。其中，国家尺度重组（State Rescaling）受到广泛关注，它特指国家尺度向上至超国家尺度、向下至次国家尺度所进行的资本积累和空间管理体制的重构①②，这同尺度相对化（Relativization of Scale）③、全球地方化（Glocalization）④ 等概念是一致的。此外，尺度重组还是一种政治策略⑤⑥，它将斗争或诉求转移至其它尺度，这又类似于“尺度跳跃”（Jumping Scales）的概念。总之，“尺度重组”日益成为“复杂的隐喻”⑦，它涉及各种形式的尺度间关系变动。因此，为了能够较为完整地在整体上把握山东半岛蓝色经济区的空间生产过程与尺度治理机制，本节将使用包含尺度化、尺度建构、尺度政治等广义的“尺度重组”概念。下文将简要回顾尺度重组的分析框架和研究方法，并发展出“策略—制度”的分析思路，以剖析山东半岛蓝色经济区的空间生产过程与尺度治理机制。

① P.J.Taylor，“Is there a Europe of Cities? World Cities and the Limitations of Geographical Scale Analyses”，In *Scale and Geographic Inquiry*：*Nature*，*Society*，*and Method*，E. Sheppard，R.McMaster (eds.)，Oxford，United Kingdom：Blackwell Publishing，2004，pp.213-235.

② M.Keating，“Introduction：Rescaling Interests”，*Territory*，*Politics*，*Governance*，Vol.2，No.3 (2014)，pp.239-248.

③ B.Jessop，“The Rise of Governance and the Risk of Failure：The Case of Economic Development”，*International Social Science Journal*，Vol.155 (1998)，pp.29-45.

④ E.Swyngedouw，“Globalisation Or ‘Glocalisation’? Networks，Territories and Rescaling”，*Cambridge Review of International Affairs*，Vol.17，No.1 (2004)，pp.25-48.

⑤ A.Herod，M.W.Wright，“Placing Scale：An Introduction”，In *Geographies of Power*：*Placing Scale*，A.Herod，M.W. Wright (eds.)，Oxford：Balckwell Publishing，2002，pp.1-14.

⑥ H.Haarstad，A.Fløysand，“Globalization and the Power of Rescaled Narratives：A Case of Opposition to Mining in Tambogrande，Peru”，*Political Geography*，Vol.26，No.3 (2007)，pp.289-308.

⑦ T.Tasan-Kok，W. K. Altes，“Rescaling Europe：Effects of Single European Market Regulations On Localized Networks of Governance in Land Development”，*International Journal of Urban and Regional Research*，Vol.36，No.6 (2001)，pp.1268-1287.

1. 尺度重组分析框架的建立

尺度重组研究并无通行的分析框架，学者们大多根据不同研究需要确定各自的分析思路，如布伦纳（Brenner，2004）建立的国家空间选择性分析框架。① 本节借鉴泊克曼（Perkmann，2007）提出的尺度重组的一般框架②，它包含：(1) 政治动员（Political Mobilization），指尺度重组赖以发生的社会基础的形成；(2) 治理建构（Governance Building），指协调不同利益群体的新的制度安排的形成；(3) 策略统一（Strategic Unification），指通过新尺度的建构实现预定的目标。这三方面大致对应尺度建构的准备、形成和结果，因而构成一个完整的区域尺度空间生产与尺度治理的分析架构。

2. 尺度研究的主要分析方法

当前主导性的尺度研究方法主要有两个，分别是政治经济方法（Political-Economic Approaches）和后结构方法（Post-Structural Approaches）。③ 在尺度转向中，受后结构主义影响，尺度不再被看作固定、封闭的社会关系的容器，而是社会建构的。与此同时，一些学者开始沿用马克思主义政治经济学的分析思路，从资本循环、国家重构、全球化等角度开展尺度研究。不过，这一方法对"尺度建构"的认识是不彻底的，它仍倾向于从本体论的角度理解尺度，即尺度一经建构就成为独立于主体的客观物质实体。与此相对，后结构方法则将尺度看作一种认识论，强调主体在政治过程中对尺度的主观建构，并以"不同行动者和团体所运用的表征策略（Representational Device）或话语框架（Discursive Frame）"④ 为关注点。总之，在尺度研究中，政治经济方法更强调尺度本身的社会建构和历史演变，而后结构方法则更强调行动

---

① N.Brenner，"Urban Governance and the Production of New State Spaces in Western Europe，1960-2000"，*Review of International Political Economy*，Vol.11，No.3 (2004)，pp.447-488.

② M.Perkmann，"Construction of New Territorial Scales：A Framework and Case Study of the EUREGIO Cross-Border Region"，*Regional Studies*，Vol.41，No.2 (2007)，pp.253-266.

③ A.Moore，"Rethinking Scale as a Geographical Category：From Analysis to Practice"，*Progress in Human Geography*，Vol.32，No.2 (2008)，pp.203-225.

④ D.MacKinnon，"Reconstructing Scale：Towards a New Scalar Politics"，*Progress in Human Geography*，Vol.35，No.1 (2010)，pp.21-36.

者在政治过程中对尺度的主观塑造。

3. 区域空间生产的“策略—制度”分析思路

基于以上思路，本节对山东半岛蓝色经济区的实证分析将以区域尺度的空间生产为关注点，从策略建构与制度建构两方面进行分析。区域空间生产应包含两个相互联系的方面：(1) 合法性的获得，即被人们接受和支持的过程，它涉及对区域功能定位的阐释以及在此基础上的政治动员；(2) 区域实体的建立，即管制尺度本身的建构，它涉及组织、权限等方面的制度安排的形成。

在山东半岛蓝色经济区的空间生产过程中，区域合法性的获得主要通过：(1) 建构并解读“蓝色”话语，阐释区域功能定位，以获得区域内各级政府和社会的支持；(2) 在话语建构的基础上，运用霸权话语和联系建构进行尺度跳跃，以获得国家的认同。而区域实体的建立主要表现为组织、尺度、地域、跨界等方面的制度架构的形成。因此，山东半岛蓝色经济区合法性的获得是一种“策略建构”，即通过政治策略取得支持，它主要涉及对区域建构目标的阐释以及在此基础上的动员，因此大致对应泊克曼 (Perkmann，2007) 框架中的“政治动员”和“策略统一”以及后结构分析方法[①]；而管制实体的形成则是一种“制度建构”，即通过制度的建立为区域尺度提供基本架构，因此它大致对应泊克曼框架中的“治理建构”以及政治经济分析方法。通过这一“策略—制度”的分析思路，可以较为全面地揭示山东半岛蓝色经济区的尺度建构过程。

策略建构和制度建构并非两个分离的概念，而是区域尺度建构中一个连续的过程。同公共政策的一般过程类似，国家战略区域的空间生产通常涉及问题认定、提出初步构想、论证和动员、获得合法性、制度设计、制度建设等六个阶段。其中，前两个阶段可称为“概念建构”，即基于特定发展问题提出建构国家战略区域的初步思路；第三和第四个阶段大致对应“策略建

① M.Perkmann，“Construction of New Territorial Scales：A Framework and Case Study of the EUREGIO Cross-Border Region”，*Regional Studies*，Vol.41，No.2 (2007)，pp.253-266.

构”，即通过论证和动员等策略获得合法性；最后两个阶段则对应“制度建构”，即通过对制度的探索和建设形成国家战略区域的实体架构。从这个角度看，策略建构应被看作制度建构的前提和基础，只有通过策略建构，国家战略区域才能被国家和社会所承认和支持，若丧失这一合法性，制度建构将会由于缺乏足够的资源、缺乏各级政府部门和社会的配合而难以进行或难以取得预期效果；制度建构则是策略建构的落实和归宿，它将人们的表征实践（即赋予事物某种价值与意义的实践活动）转换为现实空间中国家战略区域的实体建构，由此国家战略区域才能作为国家空间重构的一个工具发挥实际作用。此外，从概念上看，策略建构和制度建构及其具体方式或体现了对尺度的直接运用，或体现了尺度分化及尺度间关系调整，因此二者的关联性也在于它们都是尺度重组过程的不同表现形式。

（二）山东半岛蓝色经济区空间生产的策略建构

通过话语建构和尺度跳跃等策略，“山东半岛蓝色经济区”开始被山东各级政府和社会各界广泛接受，并最终上升为国家战略，这一成功的政治动员为制度建构提供了良好的社会和政治基础。①

1. 山东半岛蓝色经济区“蓝色”话语的建构

基于半岛的地理环境和资源优势，山东省早在1991年就提出“海上山东”构想，并于1998成立“海上山东”建设领导小组，并且制定了《“海上山东”建设规划》。2009年，胡锦涛总书记在山东视察时作出要“打造山东半岛蓝色经济区”的决策。自此，“海上山东”开始演变为一系列以“蓝色”为核心的公共政策话语和学术化专有术语，“山东半岛蓝色经济区”逐渐演变为国家战略区域。

“蓝色经济”是一个拥有较高历史纵深和科技内涵的经济术语。“蓝色经济”的提出可追溯到我国20世纪60年代开始的“五次蓝色产业技术革命”（藻类、虾类、贝类、鱼类、海珍等五次养殖浪潮）② 以及20世纪80年

① 马学广、李鲁奇：《尺度重组中海洋国家战略区域的策略与制度建构——以山东半岛蓝色经济区为例》，《经济地理》2016年第12期。

② 何广顺、周秋麟：《蓝色经济的定义和内涵》，《海洋经济》2013年第4期。

代的“蓝色革命”构想（运用现代科技，向蓝色海洋和内陆水域索取优质水产）①。在这里，“蓝色”是一种基于“海洋”的借代修辞，因而“蓝色经济区”战略同“海上山东”战略是一脉相承的。② 不过，二者并非只是文本上的差别，正是由于“蓝色”是一种修辞，因此它比“海洋”更为抽象，而抽象性的提高常常意味着外延的扩大。因此，“蓝色经济”并不仅仅指“海洋经济”，它具备更强的综合性和系统性，更侧重于“直接开发、利用、保护海洋以及依托海洋所进行的经济活动的综合”，“蓝色经济区”也被定义为“涵盖自然生态、社会经济、科技文化诸因素的复合功能区”③。此外，抽象性的提高也使得“蓝色”更易于解读，这一方面提高了政策的灵活性，另一方面也为学术讨论扩展了空间。因此，“蓝色”话语就其生动性而言便于接受且易于推销，就其抽象性而言则拥有可读性强和可适度扩大外延的概念弹性。

山东半岛蓝色经济区的空间生产是多重利益相关者基于特定制度环境而频繁互动的结果，受“结构、行为、行动者”这一空间生产三要素的制约。④ 从主体上看，山东省政府在“蓝色”话语的建构中扮演关键角色。早在 2007 年，山东省委省政府就在全省海洋经济工作会议中提出建设海洋经济强省的目标；2009 年，山东半岛蓝色经济区又被上升到山东省区域发展战略的高度。此后，山东省省内各级政府、媒体、学者等主体开始进一步解读和发展“蓝色”话语：各级政府通常在“蓝色经济”框架下，立足本地实际提出各自的发展战略，如 2011 年青岛市政府提出的“中国蓝色硅谷”战略；媒体在报道中常常以“蓝色”为素材，提出“蓝潮”“蓝色引擎”“蓝色风”等生动性较强的词语；学者的话语建构主要体现为对“蓝色经济”“蓝

① 冯瑞：《蓝色经济区研究述评》，《东岳论丛》2011 年第 5 期。

② 郑贵斌：《提升山东半岛蓝色经济区规划建设水平三个重要问题》，《理论学刊》2010 年第 1 期。

③ 姜秉国、韩立民：《山东半岛蓝色经济区发展战略分析》，《山东大学学报》（哲学社会科学版）2009 年第 5 期。

④ 马学广：《城市边缘区的空间生产与土地利用冲突研究》，北京大学出版社 2014 年版。

色粮仓”“蓝色牧场”“蓝色经济区”等概念的解读和探讨。此外，从形式上看，“蓝色”话语并不限于书面或口头语言，也表现为多种非语言符号，如山东半岛蓝色经济区海洋食品博览会中各市展位的蓝色主色调。

因此，山东半岛蓝色经济区“蓝色”话语建构过程中，不同行为主体发挥着相互补充但又不可替代的作用。各行动者依赖和交互空间的性质、行动者间的相对权力关系以及各自掌握的不同资源等因素共同塑造了山东半岛蓝色经济区的组织架构、管理权限和利益分配等制度形态。[①]“蓝色”话语主要通过“说服”和“激励”两种手段动员各级政府和社会。一方面，这一话语建构基于山东省的资源优势、外部环境等阐明了山东半岛蓝色经济区建构的“功能需要”，即推行海洋发展战略的必要性和合理性，进而通过理性的方式说服动员对象；另一方面，“蓝色”话语也提供了一个较为明确的“愿景”，如《山东半岛蓝色经济区发展规划》中提到的“具有较强国际竞争力的现代海洋产业集聚区”等战略定位，这一构想调动了社会各界的热情尤其是地方政府的积极性，进而有利于获得这些主体的认可和支持。

2. 山东半岛蓝色经济区尺度跳跃策略的运用

除山东省各级政府部门和社会外，山东半岛蓝色经济区“蓝色”话语的建构也为动员中央政府提供了一定基础，而在这一朝向国家尺度的尺度跳跃中，主要运用了以下两类策略。

一方面，“蓝色”战略同国家尺度上的霸权话语相结合。在尺度政治分析中，霸权话语（Hegemonic Discourses）指占主导地位的话语[②]，较低尺度上的行动者常常通过重塑诉求并同较高尺度上的霸权话语相适应而获得支持。在山东半岛蓝色经济区的建构中，利益相关的各行为主体通过重塑“蓝色”话语，将山东半岛蓝色经济区同“国家海洋战略”联系起来。例如，《山东半岛蓝色经济区发展规划》中提到，“打造和建设好山东半岛蓝色经济

---

① 马学广、李鲁奇：《尺度政治中的空间重叠及其制度形态塑造研究——以深汕特别合作区为例》，《人文地理》2017 年第 5 期。

② H.E.Kurtz，“Scale Frames and Counter-scale Frames：Constructing the Problem of Environmental Injustice”，*Political Geography*，Vol.22，No.8（2003），pp.887-916.

区，有利于……保障我国黄、渤海运输通道安全，维护和争取国家海洋战略权益”。其中，“国家海洋战略”是国家尺度上被广泛认同的霸权话语，因而将建设山东半岛蓝色经济区看作“维护和争取国家海洋战略权益”，也就意味着它被“塑造”（Frame）为国家尺度上的战略问题，即进行了朝向国家尺度的尺度跳跃。

另一方面，“蓝色”战略同国家尺度的行动者建立联系。建立联盟（Forming Alliances）是尺度跳跃的重要手段①，较低尺度上的社会行动者通过取得较高尺度上行动者的支持，得以直接或间接影响权力格局。在山东半岛蓝色经济区的尺度跳跃中，国家海洋局扮演了这一高尺度行动者的角色。2009 年，国家海洋局与山东省政府签署《关于共同推进山东半岛蓝色经济区建设战略合作框架协议》，指出“国家海洋局把打造山东半岛蓝色经济区作为全国海洋事业发展的战略重点，在工作指导和重大项目安排等方面给予大力支持”。作为国家海洋行政主管部门，国家海洋局在国家海洋政策的制定中扮演关键角色，因此来自海洋局的支持为山东半岛蓝色经济区建设随后正式上升为国家战略提供了重要基础。

（三）山东半岛蓝色经济区空间生产的制度建构

2011 年 1 月 4 日，国务院以国函〔2011〕1 号文件批复了《山东半岛蓝色经济区发展规划》，山东半岛蓝色经济区正式上升为国家战略。同时，这一战略也经由话语建构被社会各界所广泛接受，这表明山东半岛蓝色经济区的策略建构已取得一定成效。在这个过程中，山东省也开始着手开展蓝色经济区的制度建构。作为一种尺度修复（Scalar Fix）②，山东半岛蓝色经济区的空间生产为区域经济活动提供了相对稳定的制度架构。这些制度架构的形成来自于山东省内外各个行为主体在组织、尺度、地域、边界等方面所开展的

---

① A.Underthun，S.Kasa，M.Reitan，“Scalar Politics and Strategic Consolidation：The Norwegian Gas Forum's Quest for Embedding Norwegian Gas Resources in Domestic Space”，*Norwegian Journal of Geography*，Vol.65，No.4（2011），pp.226-237.

② N.Brenner，*New State Spaces*：*Urban Governance and the Rescaling of Statehood*，Oxford：Oxford University Press，2004.

制度建构。尽管形式不同，这些制度建构的具体方式都直接或间接体现了尺度间关系的转变。不过，这种转变并不简单地表现为管制权力由各尺度向区域尺度的聚集，而是省、市、县等尺度间复杂的权力关系变动。

1. 山东半岛蓝色经济区组织机构的建立与调整

作为有形的制度实体，组织机构是山东半岛蓝色经济区建构的重要标志。早在1998年，山东省就成立了“海上山东”建设领导小组。提出山东半岛蓝色经济区战略后，山东省委省政府又于2009年成立了山东半岛蓝色经济区规划建设领导小组和推进协调小组，尽管它们并非正式部门，但在蓝色经济区建设初期仍然发挥了主导性作用。2009年8月，山东半岛蓝色经济区建设办公室成立，并且作为正式机构在相当长一段时期内承担了协调、监督、项目审核等多项工作。2013年，在“蓝黄两区”办公室现有机构的基础上，山东省又整合成立正厅级的山东省区域发展战略推进办公室，它隶属于省发展改革委员会并主管重点区域规划建设的综合指导等工作。同时，山东省各城市也建立了相应的机构，如威海市2009年成立的蓝色经济区管理办公室。作为一个新的空间尺度和区域治理机制，山东半岛蓝色经济区却并未形成介于省市之间的独立管理机构，而是由依附于省政府的正式或非正式机构进行协调。这表明，山东半岛蓝色经济区的空间生产是一种相对松散的区域化过程，而非正式的、剧烈的行政尺度结构变革。

2. 山东半岛蓝色经济区尺度间行政权限的调整

在山东半岛蓝色经济区的空间生产过程中，组织、地域等方面的调整都是尺度重组过程的外在表现，都最终体现为“权力和控制在尺度间的变动”①。但除了这些间接的调整外，尺度重组更明显地体现为权力在尺度间的纵向转移，其典型表现是行政层级间审批权限的调整。在分权化趋势下，山东省早在2001年就发布了两批《山东省省级行政审批事项改革方案》。2009年后，随着山东省《关于深入推进行政审批制度改革的实施意见》的出台，

① J.Shen，“Scale，State and the City：Urban Transformation in Post-Reform China”，*Habitat International*，Vol.31，No.3（2007），pp.303-316.

行政审批事项的下放和取消进入新阶段。其中，为与山东半岛蓝色经济区的建设相适应，山东省也陆续下放、取消了一批涉海审批事项并承接了一批国务院下放的涉海审批事项。

简政放权能够有效地释放市场活力，激发下级政府和社会组织的创造力，有助于推动政府管理创新，其中，审批权限下放是落实简政放权放管结合的关键举措。审批权限下放是为加强各市县政府在本地蓝色经济发展中的自主性，但它通常不针对特定地区。而行政权限调整的另一表现是通过成立各类园区直接赋予特定地区特定管制权力，以进一步打造地方竞争优势。如青岛西海岸新区作为国家级新区，直接享有省级经济管理权限并承接了青岛市下放的海洋经济、投资发展、人才引进等类别的权限。这一尺度间权力关系的剧烈变动体现了国家由“平等化”“统一性”① 的空间政策到关注具有全球竞争优势的特定地区的空间政策的转变。西海岸新区通过这些权限得以进一步增强发展的自主性，以充分挖掘竞争优势并吸引全球资本，进而带动区域整体发展。

3. 山东半岛蓝色经济区行政地域的空间重构

作为国家空间重构的一个维度，行政地域重构常常同尺度重组相互交织。研究发现，尺度重组的典型地域性管制实践可归纳为行政权限调整、行政区划调整、地方增长极的培育和跨边界区域合作。② 比如，在撤县（市）设区中，县（县级市）的政治与经济权力通过行政地域的扩展被吸纳到地级市。③ 在制度建构过程中，山东半岛蓝色经济区通过撤县（市）设区、合并设区，县（县级市）的管制和经济活动也得以在更大地域、更高尺度被协调。

---

① N.Brenner，*New State Spaces*：*Urban Governance and the Rescaling of Statehood*，Oxford：Oxford University Press，2004.

② 马学广、李鲁奇：《全球重构中尺度重组及其地域性管制实践研究》，《地域研究与开发》2017 年第 2 期。

③ 沈建法：《空间、尺度与政府：重构中国城市体系》，载吴缚龙、马润潮、张京祥主编《转型与重构：中国城市发展多维透视》，东南大学出版社 2007 年版，第 22—38 页。

行政地域的空间重构是公共权力主导下空间资源配置的主要形式，会对区域空间生产形成持久而强大的影响力。自1991年提出“海上山东”战略以来，山东省经历了一定幅度的行政区划调整。其中，地级市的数量先增加后稳定，而地区则不断减少直至消失；市辖区的数量也呈总体上升趋势，而县的数量总体上则下降。从时间上看，20世纪90年代的行政区划调整较为频繁，而2000年后山东半岛蓝色经济区地域内各行政区数量则相对稳定。近年来，随着山东半岛蓝色经济区的建设，行政区划又进行了部分调整。

2009年以来，山东半岛蓝色经济区地域范围内的行政区划调整主要是撤市设区、撤县设区和合并设区。撤市设区和撤县设区指文登市和沾化县的调整，其目的是解决地级市市区狭小、蓝色产业发展不协调等问题。通过这一调整，县（市）的管制权力被整合到地级市，从而提高了统筹地区发展、聚集资源要素的能力。合并设区主要指青岛市分别合并市北区和四方区以及黄岛区和胶南市并设立新的市北区和黄岛区的调整。其中原黄岛区发展空间狭小，“地域化”的权力① 也造成区县间的不良竞争，以至于同胶南市的产业结构相似系数（2012年）高达80.0226%②。而通过行政区划调整，青岛西海岸地区得以实现空间、管制、产业的整合与协调，这也为后续设立青岛西海岸新区奠定了空间基础。总之，作为制度建构的一个重要方面，山东半岛蓝色经济区近年来的行政区划调整都是朝向区域整合的方向进行的，但它主要发生于地级市以内而较少涉及跨市域边界的调整。

4. 山东半岛蓝色经济区跨界公共事务的制度化协调

跨界公共事务的制度化协调主要包括政府间行政协议的签署，以及政府间合作论坛的持续举办等。在山东半岛蓝色经济区的制度建构中，除局限于市域内的空间和职能调整外，另一个重要的制度化协调方式是城市间的跨

① 马学广、王爱民、闫小培：《权力视角下的城市空间资源配置研究》，《规划师》2008年第1期。

② 黄少安、李增刚：《山东半岛蓝色经济区发展报告2014》，中国人民大学出版社2015年版，第272—284页。

边界的合作[①]，它更直观地体现了山东半岛蓝色经济区的区域空间生产过程。其中，跨界公共事务制度化协调最典型的两种形式是行政协议的签订与合作论坛的举行。

签署行政协议是山东半岛蓝色经济区制度化城市合作机制的重要形式。[②][③] 2009年之前，山东半岛蓝色经济区各市就已开始订立合作协议，如2004年青岛与日照签署的《关于进一步发展两市交流合作关系的框架协议》。2009年以后，山东半岛蓝色经济区内各市间的合作协议日益增多，其中以市际双边协议为主，如2012年青岛市分别与山东半岛其他五市签订的《战略合作框架协议》，同时也存在若干多边协议，如2011年的《加强区域合作交流推进青潍日城镇组团发展合作书》等。这一自下而上的区域化空间生产形式，是山东半岛蓝色经济区制度建构的关键形式。山东半岛蓝色经济区的空间生产在很大程度上是一个自上而下的“诱导”过程，其中，中央政府和山东省政府扮演关键角色[④]，比如制定和批复城市发展规划、下放审批权限等。而城市间合作协议的签订，表明山东半岛蓝色经济区内合作型政府[⑤]开始兴起，管制权力也随之相对自发地向区域尺度上移。不过，这些协议的订立主体仍以各市政府为主[⑥]，而缺少其它主体的参与。

跨界公共事务制度化协调的另一种城市合作形式是各类政府间合作论坛的举行，这些相对松散、灵活的合作方式已开始超越政府内部的

---

① 马学广、李鲁奇：《全球重构中尺度重组及其地域性管制实践研究》，《地域研究与开发》2017年第2期。

② 马学广、孙凯：《山东沿海城市带地方政府跨政区合作研究》，《青岛科技大学学报》（社会科学版）2015年第3期。

③ 马学广、贾岩、王新仪：《基于尺度思维的山东半岛城市群政府间公务互动及跨界治理机制研究》，《青岛科技大学学报》（社会科学版）2022年第3期。

④ 李辉、王学栋：《山东半岛蓝色经济区建设中的地方政府间合作研究》，《中国石油大学学报》（社会科学版）2011年第6期。

⑤ 马学广、王爱民、闫小培：《从行政分权到跨域治理：我国地方政府治理方式变革研究》，《地理与地理信息科学》2008年第1期。

⑥ 王佃利、梁帅：《跨界问题与半岛蓝色经济区一体化发展探析》，《山东社会科学》2012年第3期。

制度建构而包含多元主体间的协商，即日益体现出“尺度治理”（Scalar Governance）的特征。①“蓝色经济大家谈”是山东半岛蓝色经济区最重要的发展论坛，至今已举办六届。前四届同“半岛市长论坛”相结合，关注区域一体化、蓝色产业发展等问题，第五届转向“金融改革”等议题，第六届打破了以往7地市市长对话模式，首次采用专属城市定制模式即青潍对话，特邀青岛蓝色硅谷核心区管委会对话潍坊滨海经济技术开发区，旨在促进海洋生物资源的开发与利用，构建技术合作与交流平台。这一政府间合作论坛包含政府代表、企业代表、学者、市民和媒体等多元行为主体，因而同时涉及人际网络的建立、政府组织间的协作、行政体系与市场体系的协调等，即从个体、组织、系统等方面②都明显体现了“尺度治理”的思想。

与此同时，山东半岛蓝色经济区内各市还通过交通、通信、电力等基础设施的互联推进“同城化”。同城化的本质是实现区域治理融合的同城效应过程，是城市发展到一定阶段的产物。③山东半岛蓝色经济区同城化的具体案例包括：2014年贯通青岛、烟台、威海三市的青荣城际铁路使胶东三市迈入“一小时生活圈”，以及烟台与威海计划统一电话区号等。这些不同的同城化合作形式都相对弱化了城市间的行政边界并进一步推动了山东半岛蓝色经济区的区域空间生产与合作治理进程。

（四）结论与讨论

基于尺度重组的理论视角，本节分析了作为海洋国家战略区域的山东半岛蓝色经济区的空间生产过程和尺度治理机制。在区域空间生产的策略建构过程中，区域合法性的获得成为基本目标，它通过两类策略实现：首先，

---

① 罗小龙、沈建法、陈雯：《新区域主义视角下的管治尺度建构：以南京都市圈建设为例》，《长江流域资源与环境》2009年第7期。

② B.Jessop，“The Rise of Governance and the Risk of Failure：The Case of Economic Development”，*International Social Science Journal*，Vol.155（1998），pp.29-45.

③ 马学广、窦鹏：《中国城市群同城化发展进程及其比较研究》，《区域经济评论》2018年第5期。

建构以“蓝色”为核心的话语，并通过说服和激励两种方式动员省内各级政府和社会的支持；其次，通过重塑“蓝色”话语并适应“国家海洋战略”等霸权话语，以及同国家海洋局建立联系等方式进行尺度跳跃，以获得中央政府的支持。而在区域空间生产的制度建构过程中，基本目标则是建立起区域尺度赖以存在的制度架构，因而组织、空间（尺度、地域、跨界）等方面的制度调整成为基本手段。尽管表现各异，但这些具体的建构方式或体现了对尺度的直接运用，或体现了尺度间关系的转变等，因而在不同程度上都统一于山东半岛蓝色经济区的尺度重组过程。

同其它国家战略区域相比，山东半岛蓝色经济区的空间生产存在两个突出特征。首先，基于本地鲜明的海洋特色而建构起来的以“蓝色”为核心的话语在合法性的获得中扮演关键角色。海洋是山东半岛蓝色经济区的核心发展定位，它因被融入国家海洋战略而成为山东半岛蓝色经济区至关重要的合法性来源，而推动这一海洋特色被人们所熟知和承认的一个重要因素正是由山东省不同主体所共同建构起来的“蓝色”话语，它广泛存在于政府文件、媒体报道、学术研究、社会讨论中，使得山东半岛蓝色经济区的海洋经济特色日趋突出，进而在国家区域规划中脱颖而出。其次，国家战略区域并不特指城市尺度之上的区域尺度，而是指所有被上升为国家战略的地域综合体。从这个意义上看，山东半岛蓝色经济区空间生产中的另一特征在于它嵌套了另一国家战略区域，即青岛西海岸新区。由于青岛西海岸新区享有省级经济管理权限，因此，它的设立引发了更为剧烈的、特定性的（即朝向特定地域的）权限下放活动，进而更强烈地重构了山东半岛蓝色经济区内的尺度间关系。

不过，总体来看，由于国家战略区域的空间生产必然涉及区域合法性的获得和区域治理制度架构的形成，因此其它国家战略区域同山东半岛蓝色经济区的区域空间生产之间仍存在较多相似点。尤其是涉及尺度跳跃、制度化组织机构的设立、政府间合作协议的签订、行政地域的空间重构、行政管理权限的重组等具体的策略和制度建构方式时，各个国家战略区域的共性更为突出。从这个意义上看，基于对山东半岛蓝色经济区的分析而发展起来的策略—制度分析思路在对其它国家战略区域的分析中具有一定的借鉴意义。

不过，这一区域空间生产过程和尺度治理机制的适用性，通常仅限于对策略建构和制度建构进行二分的层面。换言之，本节中所涉及的山东半岛蓝色经济区策略建构的两个基本手段和制度建构的四个主要内容及其具体表现既难以涵盖所有可能的国家战略区域的建构方式，也难以同时在其它案例中以同样的方式体现出来，因此，它们对于其它国家战略区域的分析仍仅具有参照意义。在这种情况下，可在区分策略建构与制度建构的基础上依据地方上特定的发展定位、空间格局、权力关系等重新建构分析思路，以更准确地剖析不同国家战略区域的建构中所体现的复杂的尺度重组现象。

此外，本节在山东半岛蓝色经济区空间生产过程和尺度治理机制的策略建构和制度建构分析中，分别借鉴了后结构方法和政治经济方法的尺度研究思路。一方面，策略建构中的话语建构尤其是适应霸权话语的过程体现了行动主体对尺度的主观建构，这时尺度不再作为客观实体和分析预设，而是由行动者所定义的，如将山东半岛蓝色经济区的建构“理解为”“塑造为”国家尺度的问题；另一方面，在制度建构中，尺度则被视为客观实体和外部结构，它一方面因社会关系的变动而发生持续重构，另一方面又影响了其中所运作的社会关系。这一分析方式既非将二者相分离，也非将二者相融合①，而是通过并行的分析从更多样的研究视角剖析区域尺度的建构过程。

本节的主要结论是：(1) 地方上特定的发展条件对尺度重组过程有强烈影响，并由此产生各异的重构趋势，因此“具体层面”的尺度重组研究应关注这些多样的趋势及其形成机制，因此，需要高度关注区域的独特性及其负载的专有职能。(2) 区域空间生产并不意味着管制权力朝向单一的区域尺度聚集，而是表现为复杂的、多向的权力关系变动，因此，需要高度关注各个

---

① D.MacKinnon，“Reconstructing Scale：Towards a New Scalar Politics”，*Progress in Human Geography*，Vol.35，No.1（2010），pp.21-36.

尺度层级之间的结构关系及其相互作用形式。(3) 尺度重组由多个行动者基于各自利益所共同推动，而非由单一行动者所主导，因此需要高度关注利益的识别、研判及聚合。(4) 尺度重组本质上是行动者间权力和利益的重组，因此策略和制度建构中所隐含的复杂权力和利益关系成为关注点，因此需要高度关注资源流动的方向及其结构。

第四章　国家级新区的空间生产与治理

当前中国的区域发展已经进入到一个新的阶段，需要适应经济、政治和社会建设的新常态。面对转变经济发展方式和解决区域经济发展过程中不断涌现出的新矛盾和新问题，国家“十四五”规划纲要提出要“形成主体功能明显、优势互补、高质量发展的国土空间开发保护新格局”；党的二十大报告特别强调“构建优势互补、高质量发展的区域经济布局和国土空间体系”的重要性并提出实施路径。因此，国家区域发展战略指引下的国土开发格局优化和经济发展空间格局优化成为关系国民经济发展大计的重大问题，需要从实践应用和理论研究两个维度加以深入解析和更进一步探索。

首先，在实践应用上，国家在近五年来先后发布了一系列涉及多个空间尺度的新区、综合配套改革试验区以及经济区规划，共有 80 余项区域规划及相关政策文件上升为国家战略。这些区域因所肩负的特殊国家使命而被称为“国家战略区域”（State Strategic Region），成为落实国家区域发展战略、优化国土开发格局和实现地方发展诉求的重要空间依托，体现了我国应对国内外发展挑战的区域空间生产策略。其次，在理论研究上，“尺度重组”（Scale Rescaling）作为行政组织调整、空间生产策略和地域重构的产物，成为新区域主义探讨全球化、区域空间生产和区域治理的重要视角。国家通过策略性的区域尺度重组和“梯度”差别性制度供给，使国家战略区域及时“嵌入”了全球资本循环网络，引发不同尺度空间组织与治理形式的重构，促进特殊制度区域经济的快速增长。因此，当前我国的国家战略区域是在空间治理尺度“上移”和“下移”的双重背景下出现的新的非传统、弹性化和非常态的功能性制度化区域空间形态，是城市转型与国家地域重构相互作用的产物。国家战略区域的崛起，使传统国家权力开始在区域空间生产上重新分配，并引致了国家角色的转型和区域治理的变革，为新常态社会经济与政治发展提供基础。国家空间尺度重构是不均衡和非连续性的，可以被看作是一种叠加的过程，新规划的空间安排加诸国家空间组织的固有形态之上，呈现为一种多层叠加的领域马赛克，于不同历史时刻被确立的政治地理在此紧密交织。

一、国家级新区战略的发展演变

20 世纪 90 年代以来，国家级新区已经成为国土开发和协调区域发展的重要组织形式和空间单元，体现了我国应对国内外发展挑战的区域空间生产策略。[①] 2005 年至今，中央先后批准发布了一系列国家级新区，成为国家宏观调控在区域层面上落实的重要举措。国家级新区的概念，是指新区的成立乃至于开发建设上升为国家战略，总体发展目标、发展定位等由国务院统一进行规划和审批，相关特殊优惠政策和权限由国务院直接批复，在辖区内实行更加开放和优惠的特殊政策，鼓励新区进行各项制度改革与创新的探索工作。

以“国家级新区”为关键词在知网上搜索，截至 2023 年 12 月，共找到 39 篇文献，报纸文献若干，中文核心期刊文献 4 篇；其中有 4 篇文献对三大国家级新区分别从发展动力、现行政策、科技创新能力、建设模式进行比较分析，其余文献对单独某个新区的一方面内容进行研究，主要有发展战略，经验及启示，管理体制等方面；从研究内容上来看，目前国内学者对国家级新区从不同的方面开展研究，比如产业结构布局和发展模式、管理体制模式、建设模式、科技创新、配套法律规范体系等；但从研究对象上来说，多

---

① 晁恒、马学广、李贵才：《尺度重构视角下国家战略区域的空间生产策略——基于国家级新区的探讨》，《经济地理》2015 年第 5 期。

数文献的研究对象只是单一的某个新区，只有少数文献对上海、天津、两江三大新区进行比较研究。

（一）国家级新区设立的背景和意义

国家级新区的设立对我国的经济社会发展具有重要的影响，对此，学者们普遍认为，国家级新区作为一种国家战略，体现了国家在政策、资金和项目上对新区的支持，会在全国打造多个新的经济增长极，带动和平衡区域经济发展。

国家级新区是国家重点支持开发的区域，具有改革先行先试区、新产业集聚区等特征①，为促进所在区域加快发展，带动周边地区，国家在政策、资金等方面往往给予较大力度的支持。国家级新区的设立是国家宏观调控在区域层面上落实的重要手段和缩小区域发展差距、推进区域经济一体化进程的重要举措②，有利于现阶段推进我国合理有效地配置公共资源充分发挥不同地区比较优势。国家级新区通过担负更具体、更特殊的战略使命，深化、优化区域发展③，国家级新区起步于不同的国际经济背景和国家发展阶段，代表了当时国家对于发展模式的创新探索。密集设立国家级新区，有助于集中国家和地方的力量，打造多个新的经济增长极，从而助力区域协调发展和经济稳定增长④，以新区建设带动区域发展是中国实施区域发展战略的重要手段。国家级城市新区作为国家战略的重要体现，在统筹发展和先行先试上承载着探索改革与创新的重要使命。

国家新区设立有着各自的目的和意义。广州南沙新区设立的意义在于更深层次地学习借鉴和利用我国香港、澳门的优势，深化珠三角的改革创新；通过与香港、澳门的合作开发，支持香港、澳门的长期繁荣。⑤ 浙江舟山群岛新区是我国首个以海洋经济为主题的国家级新区，其设立是基于国家

① 肖金成、黄征学：《中部地区城市群的形成与展望》，《区域经济评论》2014 年第 1 期。
② 段娟：《近五年来我国战略性区域规划研究综述与展望》，《区域经济评论》2014 年第 6 期。
③ 李晓江：《“钻石结构”——试论国家空间战略演进》，《城市规划学刊》2012 年第 2 期。
④ 金文：《中国上半年设立四个国家级新区 助力区域协调发展》，《港口经济》2014 年第 7 期。
⑤ 李晓江：《“钻石结构”——试论国家空间战略演进》，《城市规划学刊》2012 年第 2 期。

海洋（蓝色国土）战略需要和国家战略性资源输入需要。同时，中央政府把浙江舟山群岛新区解释为与上海浦东新区互动发展，作为浦东新区向蓝色国土的延伸。作为中国首个群岛新区，舟山群岛新区规划瞄准新加坡及中国的香港等世界一流港口城市，要拉动整个长江流域经济的发展。① 陕西西咸新区是国内首个创新城市发展方式国家级新区，对于创新城市发展方式、深入实施西部大开发战略、引领和带动西部地区发展、扩大向西开放具有重要意义②，同时还是建设丝绸之路经济带重要支点。

（二）国家级新区的产业结构布局

由于新区的发展具有共性，同时不同的新区具有不同的发展比较优势，因此学者们既提出了国家级新区共同的创新发展模式——绿色新区和可持续发展，又对不同的新区提出了具体的产业结构布局和发展模式。其中，国家级新区的绿色转型、绿色增长是经济发展的首要任务。③ 近10年来，上海浦东新区的经济职能重心转向高端制造、商务贸易、科技创新以及服务业的转型和提升。上海浦东新区产业升级模式的四个要点分别是，双途径产业升级与促进升级体系建立，外源型产业开发与较高产业门槛，融资渠道创新与创投资金设立，产业集聚与功能分区发展。④

天津滨海新区的功能发展重点在顺应沿海化趋势的重化工产业，跨国合作的高端重型制造业和国家战略性产业，注重以于家堡CBD建设为核心，发展服务业，促进城市服务功能与宜居环境提升，建设天津主城和滨海新区“双城”。我国各国家级新区在主导产业的选择及布局方面，抢占产业制高点和以产业集群促进产业转型升级是普遍采用的模式。⑤ 国家新区空间

---

① 吴志鹏：《三大国家级新区现行政策比较及对浙江舟山群岛新区建设的启示》，《发展研究》2011年第12期。

② 王军：《西咸新区创新城市发展方式的思考》，《城市规划》2014年第6期。

③ 彭美玉、王庆：《九大国家级新区缔结绿色发展联盟》，《当代贵州》2014年第23期。

④ 倪外、曾刚：《上海浦东新区产业升级研究：路径和突破方向》，《上海经济研究》2009年第4期。

⑤ 姜铭、雷仲敏、曲卉青：《我国城市新区发展建设的思考与探索》，《青岛科技大学学报》（社会科学版）2014年第3期。

结构布局的思路，应明确空间发展的主要方向，采取“多中心、组团式”模式，并与中心城区保持一定的距离，配套设置与主导产业相应的功能区，通过产业规划和城市功能空间规划实现产业的集聚化发展。天津滨海新区今后的发展，不但应当主动面向和服务东北亚，而且应当有意识地融入东北亚区域合作与发展的大格局中去。① 天津滨海新区以建设现代制造业、物流业为中心，从建设伊始即大力发展以现代制造业为代表的第二产业，形成航空航天、石油化工、装备制造、新能源新材料等八大支柱产业②，推进产业向集聚化、高端化、融合化和国际化发展。

重庆两江新区产业职能的发展没有重复沿海的模式，更加关注适应区域资源人口特征的制造业，同时十分重视创新型的服务业发展③，一方面着力探索内陆开放背景下服务和产业双轮驱动的模式，另一方面也在寻求工业化和城镇化协调互动的发展途径，从“重业轻城、项目主导”的发展方式，转向城市服务平台和环境品质的整体塑造。

浙江舟山群岛新区具有进入国际经济大循环的独特优势：货物海运得天独厚的港口自然条件和吸引高端国际化人才集聚的优美生态环境。④ 浙江舟山群岛新区国际化产业发展的定位是临港制造业、海洋和佛教旅游、大宗战略物资贸易与服务、海洋新兴科技产业、海洋主题文化创意的国际化城市。

甘肃兰州新区是西北地区第一个国家级新区，对于中国的政治经济安全、国土安全有重大意义⑤，关系到中国的资源战略以及应对美国的战略东移，对带动西部开发开放、拉动西部经济发展有重要作用。甘肃兰州新区建设面临的问题有：如何解决新区自立化程度，如何保障政策制度的科学性和延续性，如何避免土地城市化快于人口城市化，如何保障充足的资金注入，

---

① 李锦坤：《面向东北亚：天津滨海新区的现状与未来》，《东北亚论坛》2007 年第 1 期。

② 李铀、叶滑、白然：《我国国家级新区建设模式比较及对天府新区的借鉴和启示》，《四川省社会主义学院学报》2012 年第 4 期。

③ 李晓江：《“钻石结构”——试论国家空间战略演进》，《城市规划学刊》2012 年第 2 期。

④ 钟凯凯：《“浙江舟山群岛新区”国际化发展产业定位探讨》，《海洋开发与管理》2013 年第 2 期。

⑤ 及志松：《兰州新区成为第五个国家级新区意义重大》，《国际融资》2012 年第 10 期。

如何提升新区就业吸纳能力，如何安置好舟曲移民并保障就业等。

（三）国家级新区的建设方向

学者们对新区建设提出的建议，基本都包括服务业、创新产业和特色发展的行业，主要方面有管理体制、城市定位和空间发展战略、科技创新、地理区位的角度。

1. 国家级新区总体建设方向

关于国家级新区管理体制的建设，管理体制直接影响到管理的效率和效能，决定着区域发展方向和发展效益，功能区是实现城市经济社会职能的重要空间载体。[①] 管理体制与功能区设置之间交互影响和协同演进决定了国家级新区的发展路径。目前各新区管理体制的共同点是实行管委会体制模式[②]，各新区管理体制的不同点是形式各异、侧重点不同。创新管理体制必须充分体现新区自身的特殊性，坚持新区体制改革的渐进性，寻求新区体制运行的高效性，重点抓好新区内行政区与功能区的协调性。国家级城市新区应突出城市新区发展建设核心价值理念，提高城市新区规划建设水平，加快推进城市新区管理体制机制改革，强化区域间的合作发展，积极探索土地开发利用模式的创新。

2. 典型国家级新区的建设方向

各个国家级新区的发展应正视自身的问题，强化优势、错位发展。天津滨海新区的城市空间发展战略是在进一步强化京津唐发展走廊的基础上，构筑多中心网络化的城市区域，在实现快速健康可持续发展的同时，努力实现建设高品质人居环境。[③] 天津滨海新区驱动力因子主要包括：空间区位布局优势，产业经济动态优势，基础资源保障优势以及政策提升优势等。[④] 四

---

① 王佳宁、罗重谱：《国家级新区管理体制与功能区实态及其战略取向》，《改革》2012 年第 3 期。

② 林善炜：《国家级新区体制模式对福州新区体制创新的启示与建议》，《北京城市学院学报》2014 年第 6 期。

③ 霍兵；《天津滨海新区的城市定位和空间发展战略》，《时代建筑》2010 年第 5 期。

④ 薛志波：《天津滨海新区发展的驱动力分析》，《特区经济》2010 年第 4 期。

川天府新区在科技创新上已经具备了一定基础和条件，但要实现建成“国家自主创新中心”的目标，需要结合自身科技创新资源、条件等实际[①]，从建设科技创新平台、招才引智、营造创新创业环境、加强科技国际交流合作等方面进一步加强科技创新能力建设。长三角地区拥有上海港、宁波港、舟山港等港口，区域中相邻各港之间无法避免地存在着相互竞争和相互影响[②]，这种相互竞争和影响的关系直接推动了区域港口体系的形成与发展。舟山群岛新区具有独特的群岛型资源环境特征，深水岸线条件优越但也面临用地空间、用水总量等的制约[③]，“四岛一城”的战略定位中，“国际物流岛”是国家发展战略的核心，“海上花园城”是地方发展战略的核心，资源的分配要协调好两者之间的关系。陕西西咸新区的发展面临四大挑战[④]：借势与借地能否各偿所愿、错位发展遭遇挑战、小镇式繁荣能否实现以及文化产业能否率先破局等。传统产业转型与新兴产业培育是青岛西海岸新区产业结构调整中面临的两大难题[⑤]，西海岸新区传统产业与新兴产业的良性互动为其协同发展提供了可行性。青岛西海岸新区目前存在的主要问题包括[⑥]：经济结构、区域发展水平、行政管理体制、创新能力、对外开放水平与新区发展的要求不相适应等。广州南沙新区的建设应与东莞虎门实现组合发展[⑦]，从而解决南沙新区开发所遭遇的规划不明确以及面积不足的难题。

---

① 王月龙、吴岚、王新前：《三大国家级新区科技创新能力建设经验及对天府新区的启示》，《四川省社会主义学院学报》2014年第1期。

② 彭勃：《舟山群岛新区港口区位势评价及其发展战略研究——基于舟山、宁波、上海三港区位势的实证分析》，《经济地理》2013年第6期。

③ 郑德高、陈勇、王婷婷：《舟山群岛国家新区发展战略中的“央、地”利益权衡分析》，《城市规划学刊》2012年第S1期。

④ 罗天昊：《西咸新区面临四大挑战》，《大经贸》2011年第7期。

⑤ 付代红：《青岛西海岸经济新区传统产业与新兴产业的协同机制》，《中国石油大学学报》（社会科学版）2012年第5期。

⑥ 冷静：《青岛西海岸新区与我国其他国家级新区比较及发展对策》，《中共青岛市委党校　青岛行政学院学报》2014年第4期。

⑦ 钟昊玲：《南沙构建国家级新区的路径探讨》，《广东经济》2012年第9期。

二、国家级新区的空间生产策略

20 世纪 80 年代以来，通讯与信息技术的迅速发展和国际贸易条件的改变，加速了全球生产要素流动和生产组织方式的变化，改变了区域角色与“全球—地方”的治理模式。[①] 这一变化，使区域成为参与全球竞争和实现国家财富积累的重要空间单元，同时也成为学界和政治界广泛讨论的术语。这一趋势更是促进了区域研究的迅速复兴，如何改进区域发展的制度基础，培育区域竞争力和积累财富，成为“新区域主义”（New Regionalism）研究关注的焦点。[②] 近年来，尺度重构（Scale Rescaling）作为行政组织调整、空间生产策略和地域重构的产物，成为新区域主义探讨全球化、区域空间生产和区域治理的重要视角。所谓区域空间生产策略，是指为提高区域经济竞争力和实现财富积累，国家权力在不同地理尺度间的互动和治理调整。[③] 由此，西方发达国家普遍进行了政府角色重塑与治理结构的变革，进一步调整了“集权与分权”“市场与政府”配置资源的关系，使国家权力重组为新的空间尺度，以形成竞争优势。[④] 改革开放以来，我国区域发展政策的演变也体现了国家和地方对经济全球化趋势客观及时的反映。[⑤] 国家通过策略性的区域尺度重组和“梯度”差别性制度供给，使得国家 / 地方权力作用于不同的空间范围，引发不同尺度空间组织与治理形式的重构，促进特殊制度区域经济的快速增长。

近几年来，中央政府针对典型经济区更是陆续划定了近 60 项“国家战

---

① 魏成、陈烈：《制度厚实、制度空间与区域发展》，《人文地理》2009 年第 2 期。

② 苗长虹：《从区域地理学到新区域主义：20 世纪西方地理学区域主义的发展脉络》，《经济地理》2005 年第 5 期。

③ 魏成、沈静、范建红：《尺度重组——全球化时代的国家角色转化与区域空间生产策略》，《城市规划》2011 年第 6 期。

④ E.Swyngedouw，“Authoritarian Governance，Power，and the Political of Rescaling”，*Environment and Planning D：Society and Space*，No.18（2000），pp.63-76.

⑤ 陆大道、薛凤旋：《1997 中国区域发展报告》，商务印书馆 1997 年版，前言第 4 页。

略区域”，进一步细化和落实我国区域发展总体战略。这些战略区域以国务院批复或发文的形式出台，涵盖了国家级新区、区域规划、指导意见和综合改革等四种类型，涉及多个空间尺度。针对这一新的地域空间现象，学者们从制度转向和尺度转向的视角探讨我国区域规划和区域政策对区域发展的影响[①]，认为恰当地运用区域规划这一“主动的尺度重构工具”是保持国家制度柔性创新的重要方式。但现有研究多侧重于区域规划和区域组织等“柔性”的尺度重构手段[②]，而对于中央政府渐次设立国家级新区的“刚性”尺度重构手段则缺乏理论化的探讨。国家级新区的设立与发展将导致不同尺度空间之间的经济连接和治理变化，但其是否有利于捕捉区域发展机遇，培育区域竞争优势仍值得探讨。因此，国家级新区将成为我们探讨区域空间生产策略的重要例证。本节将重点剖析“国家级新区”这一新兴的地域空间现象及其政治经济效应，客观评价这种尺度重构行为对区域空间生产的影响。

（一）尺度重构视角下的国家战略区域

尺度（Scale）作为地理学度量空间的重要概念，是表征空间规模、层次及其相互关系的量度。[③] 20世纪70年代，亨利·列斐伏尔提出“空间生产”（Production of Space）的理论，不断探讨空间性、社会再生产和城市化实践。[④] 而后，尺度逐渐成为政治经济分析工具，关注特定的尺度构造是如何被生产和再生产的。[⑤] 尺度重构反映了中央 / 区域政府对地方经济、社会和空间等进行主动调节的权力干预，这包括将权力上移（Scaling Up）至区

---

① 张京祥：《国家—区域治理的尺度重构：基于“国家战略区域规划”视角的剖析》，《城市发展研究》2013年第5期。

② M.Jones，“The Rise of the Regional State in Economic Governance ‘Partnerships for Prosperity’ or New Scales of State Power”，*Environment and Planning A*，Vol.55（2001），pp.1185-1211.

③ R.Howitt，“Scale and the Other：Levinas and Geography”，*Geoforum*，Vol.33（2002），pp.299-313.

④ 马学广：《城市边缘区空间生产与土地利用冲突研究》，北京大学出版社2014年版，第19—27页。

⑤ 李小建、苗长虹：《西方经济地理学新进展及其启示》，《地理学报》2004年第z1期。

域组织，或权力下移（Scaling Down）至地方政府。[①] 随着区域和地方在条件创造与应对全球化挑战方面的优势开始凸显，一方面引起了国家、区域和地方角色的转变，另一方面使国家、区域和地方面临更加复杂的社会、环境和空间问题。尺度重构作为重塑国家和区域竞争力的政策和空间治理手段，正逐渐成为创新区域发展环境和促进经济发展的重要工具。

1. 全球化与国家战略区域崛起

通讯和信息技术的发展以及全球贸易条件的改变，使资本与技术迅速向全球扩张，随之形成了新的全球化生产组织方式。随着全球化的深入，这种生产组织方式打破了传统国家和区域的边界，产品的分工通过跨国公司和跨界企业实现了全球范围内的网络整合。企业的空间集聚与投资的区位选择，导致了城市体系和城市区域在全球范围内的重组。由此，全球化时代生产组织方式的变化，改变了国家的角色，促进了区域的崛起和城市的快速涌现。[②] 特别是跨国公司的生产组织，超越了国家行政边界，使区域和城市成为国家重要的“积累空间”。很多国家的空间生产尺度转向了区域空间，更新或创新区域环境促进区域经济发展成为很多国家或地区空间生产策略改善的方向，并且促使了全球城市区域（Global City-Regions）的快速发展。[③]

在此背景下，欧洲各国不断编制区域规划来制定新的区域政策和资金计划，甚至为超大项目成立各种准国家性质的规划和投资协调机构，来促进作为国家产业重心的次国家区域发展。[④]《美国 2050》提出培育 11 个巨型都市区域，其中重点建设东海岸、五大湖区、加州三大都市区域，以及墨西哥湾沿岸四大发展地区。在亚太地区，很多发展中国家迅速建立了诸如出口加

① J.Shen，“Scale，State and the City：Urban Transformation in Post Reform China”，*Habitat International*，Vol.55，No.3-4（2007），pp.303-316.

② A.J.Scott，“Regions Motors of the Global Economy”，*Future*，Vol.28，No.5（1996），pp.391-411.

③ M.Keating，*The New Regionalism in Western Europe*：*Territorial Restructuring and Political Change*，Cheltenham：Edward Elgar，1998，p.73.

④ E.Swyngedouw，“Authoritarian Governance，Power，and the Political of Rescaling”，*Environment and Planning D*：*Society and Space*，No.18（2000），pp.63-76.

工区、科学园区（城）、开发区等新型产业空间，其与中心城市一起构成了由大量人口和产业聚集，以及高密度的巨型城市区域。① 改革开放以来，我国通过沿海开放城市、核心城镇群和国家级新区等战略区域的设立，实现了“差别化”制度供给，使战略区域及时“嵌入”了全球资本循环网络，促进了经济增长。近年来，为加快重点地区的转型发展、落实重大发展与改革战略，中央政府更是密集推出了以国家级新区、国家综合配套改革试验区和国家自贸区等为代表的“国家战略区域”。

2. 国家转型与区域空间生产策略

国家战略区域的崛起，使传统国家权力开始在区域空间生产上重新分配，并引致了国家角色的转型和区域治理的改变。很多国家与地方政府通过尺度重构来重塑全球化环境中的“场所空间”，从而为本国和本地区寻找对流动资本进行“附着”的更多机会。有学者认为全球化背景下国家权力已经转换为了一种新的形式，其以空间尺度化的形式被重新定义，通过尺度重构来实现国家发展战略和区域空间生产策略。② 但这种转变并不是国家功能的削弱，而是国家为创造新的“资本积累空间”而进行的空间生产策略逻辑。以此为视角，可以更好地理解西方资本主义国家所进行的一系列分权化、去管制化、私有化和全球化等政策转向。比如，斯考特（Scott J.A.）指出地理上连续的地方政府通过相互联系，形成一种空间联盟以应对全球化的机遇和挑战。③ 因此，所谓“全球策划、地方执行”的 TG&AL（Think Globally, Act Locally）理念，已经成为诸多发达国家和发展中国家有效回应全球变化和危机挑战的首选途径。

在中国，全球化的力量也在不断重组空间尺度体系，并已经深刻改变

---

① A.A.Laquian，*Beyond Metropolis：the Planning and Governance of Asia's Mega-Urban Regions*，Baltimore：John Hopkins University Press，2005，p.6.

② N.Brenner，“Global，Fragmented，Hierarchical：Henri Lefebvre's Geographies of Globalization”，*Public Culture*，No.10（1997），pp.137-169.

③ A.J.Scott，*Global City-Regions：Trends，Theory，Policy*，Oxford：Oxford University Press，2001，pp.326-327.

了区域与地方发展的总体环境，尤其是中央与地方以及地方之间的治理关系。20世纪80年代，国家提出“沿海开发开放”和“梯度开发”的区域发展总体战略；2000年以来，国家先后提出推进西部大开发、全面振兴东北地区老工业基地、大力促进中部地区崛起、积极支持东部地区率先发展等战略。[①] 在这一过程中，国家通过特定空间尺度的生产、重构和竞争，产生了有差异的空间生产单元。中心城市与核心城镇群的发展带动了区域的整体发展，并且在推动中心城市与城镇群发展的过程中，采取了特殊政策地区（包括经济特区、国家级新区、大规模“开放区”等）引领与示范的发展策略。因此，特殊制度空间引领区域发展的空间生产策略，在我国一直发生着并深刻影响着城市发展。[②] 正如学者指出，全球化以来在“全球—地方”连接下，民族国家试图通过增长极（Growth Pole）和产业特区（Industrial Park）等与产业增长有关的空间选择（Spatial Selectivity），来形成不同空间尺度之间新的经济连接。[③]

3. 国家级新区空间生产的政策效应

国家级新区已经成为国土开发和协调区域发展的重要组织形式和空间单元，体现了我国应对国内外发展挑战的区域空间生产策略。尺度重构视角下，区域空间生产、尺度选择与国家级新区三者具有紧密的联系：国家权力尺度选择推动着国家级新区的设立，进而带动了国家战略区域的发展，同时也映射了国家尺度战略的演变。尺度重构作为一种空间生产策略，其实质是尺度重构过程中形成的各种发展制度或治理制度对区域发展的影响。[④] 国家级新区兼具操作性、针对性和有效性，是对国家总体空间战略的进一步细化和落实，在划定物质空间范围的同时，其通过行政机构调整和空间规划编制

① 李晓江：《“钻石结构”——试论国家空间战略演进》，《城市规划学刊》2012年第2期。

② 沈建法：《中国城市化与城市空间的再组织》，《城市规划》2006年第S1期。

③ 苗长虹：《变革中的西方经济地理学：制度、文化、关系与尺度转向》，《人文地理》2004年第4期。

④ 罗震东：《分权与碎化——中国都市区域发展的阶段与趋势》，《城市规划》2007年第11期。

等方式也实现了治理模式的重组，以实现区域空间生产策略。

在创造区域竞争力的过程中，很多国家进行了“尺度选择”（Scale Selectivity）行为，也就是“将优势和重要性导向特定的空间尺度，同时忽略或者边缘化其他空间尺度的一种行为趋势”①。但是，渐次设立“国家级新区”的做法根本无法在西方自由市场经济和地方自治的环境中实施，而在中国却是一种重要而有效的区域空间生产策略。这也体现了改革开放以来中国的发展既有全球化特征，也更具有本土化的特征。本节通过“国家级新区”来探讨区域空间生产策略，也是兼具全球化一般特征和中国制度特色的研究领域。

（二）国家级新区空间生产的背景及过程

尺度重构作为区域空间生产策略，其在空间领域的调整和选择具有“暂时性”和“非固定性”，这就意味着一个永久性的主导优势尺度并不存在，各个空间为了寻求主导性或是进行尺度接合将进行动态竞争。②③ 这就说明了国家战略区域是一个动态的社会建构过程，空间尺度的组合不断被争议和重构。④

1. 国家战略区域空间生产的背景

改革开放以来，中央政府通过积极出台各种主题的国家战略区域，通过给予这些制度空间相应的要素投入和制度创新的权利来激励其发展，实现国家经济空间格局的重构。⑤ 特别是近年来，面对区域一体化、区域发展战

---

① N.Brenner，“The Urban Question as A Scale Question：Reflections on Henri Lefebvre，Urban Theory and The Politics of Scale”，*International Journal of Urban and Regional Research*，Vol.24，No.2（2000），pp.361-378.

② B.Jessop，“The Rise of Governance and the Risk of Failure：The Case of Economic Development”，*International Social Science Journal*，Vol.155（1998），pp.29-45.

③ B.Jessop，“The Crisis of the National Spatio-temporal Fix and the Tendential Ecological Dominance of Globalizing Capitalism”，*International Journal of Urban and Regional Research*，Vol.24，No.2（2000），pp.323-360.

④ B.Mansfield，“Beyond Rescaling：Reintegrating the ‘National’ as a Dimension of Scalar Relations”，*Progress in Human Geography*，Vol.29，No.4（2005），pp.458-473.

⑤ 杨小军：《建国 60 年来我国区域经济发展战略演变及基本经验》，《现代经济探讨》2009 年第 9 期。

略落实和转型发展的要求，国家加快了战略区域的划定。2008年至2014年，中央政府已经批复了50多个国家战略区域，按其战略目标可分为：建设国际竞争力区域、促进重点地区发展和转型、推动欠发达地区可持续发展，深化区域合作与对外开放、探索发展改革试点等五种类型。在这一过程中，国家级新区起到了更大尺度战略区域发展引擎和政策发力点的作用，客观上激发了中央政府通过设立国家级新区的积极性。

2005年以来，中央政府一方面加强了对区域、地方发展的干预与控制，上收了一系列地方发展权力；另一方面又通过积极批复"国家级新区"并给予相应的要素投入和制度创新权力，来重构区域经济空间格局。在此背景下，对于区域和地方政府而言，一方面在全球化和市场化过程中地方政府对中央政府直接投资的依赖不断趋弱；另一方面，国家对一些涉及地方发展的关键权力和资源控制收紧。因此，地方政府更加渴求得到制度创新的空间以及国家对重要发展资源和要素放松管制的空间，对于设立"国家级新区"尤其热衷并积极向上争取。

2. 国家级新区的设立背景与发展定位

20世纪90年代以后，由中央政府命名并给予政策和体制上大力支持的"国家级新区"，其通过赋予体制、模式、职能和产业试验与创新使命，形成超常规超高速的发展态势。

（1）利用外部资本，启动中国经济阶段：改革开放初期，经济特区的设立是在国家经济低迷、百废待兴的时刻，所作出的挽救经济危机的举措。当时的全球分工主要是面向劳动力市场和原料产地，而深圳经济特区依靠毗邻香港的优势，其在引进外资和技术、行政体制改革、企业制度建设、土地有偿使用等方面进行制度创新突破，引领了珠三角城镇群的发展。在国家转型的过程中也逐步走向了区域化，通过前海新区、深港互动、构建大珠三角等行动，从最初的制造基地正在向"国际城市"甚至"全球城市"转变。

（2）引入全球资本，嵌入全球化阶段：20世纪90年代初期，资本全球化与全球贸易体系已基本建立，我国也提出了东部沿海对外开放。上海浦东新区的设立是为了引进全球资本，加快融入全球市场，并由此带动了整个长三角全面对外开放，实现经济快速增长。浦东新区设立初期，其职能主要集中在金融、航运和高层次的国际制造业等方面，重点建设陆家嘴 CBD、保税区、金桥开发区、空港和集装箱港。2000 年以后，浦东新区职能重心转向了高端制造、商务贸易、科技创新以及服务业的转型和提升，始终走在国际交往功能的前沿。1997 年金融危机以后，全球化出现了新的机遇，并且受第三次科技革命的影响，现代制造业在全球布局。在此背景下批复了滨海新区，一方面寄希望于推动我国制造业的自主创新和提升国际竞争力，另一方面希望其快速发展能够带动整个京津冀地区。① 天津滨海新区的职能重心是跨国合作的高端重型制造业和国家战略性产业，试图在全球装备制造业转移的背景下，通过引进、吸收、转化，推动国家战略性产业的突破。

（3）启动内部需求，经济转型阶段：2008 年全球金融危机以来，为应对国际、国内发展环境的变化，国家对发展路径与经济结构进行了重大调整，空间战略逐渐转向内陆、中西部和东北部地区。同时基于宏观调控、区域协调发展和激发国内发展动力的需要，通过一系列政策的出台和酝酿，进而推出了重庆两江新区、广州南沙新区、浙江舟山群岛新区、陕西西咸新区、贵州贵安新区、青岛西海岸新区、大连金普新区和成都天府新区。这是启动内需和经济转型背景下的区域空间生产策略，通过“国家级新区”推进国家战略区域的改革与转型，提升发展。

（三）国家级新区的空间生产策略

全球化时代，面对全球资本的“无疆界”流动，国家战略区域的空间生产策略致力于精确捕捉区域发展的机遇，以形成区域发展优势。国家级新区体现了我国应对国内外发展挑战的区域空间生产策略，但是密集批复的“国家级新区”能否实现统筹区域发展的目标，还是加剧了区域之间的恶性竞争仍值得进一步商榷。对于国家战略区域，其空间生产策略应通过地域组织和空间生产安排，以降低区域产业分工网络中的交易费用，来实现区域发展的要素集聚和产业集群。因此，这就需要通过制度建构、治理重构、规划

---

① 李晓江：《“钻石结构”——试论国家空间战略演进》，《城市规划学刊》2012 年第 2 期。

整合和财税安排来构建其空间生产策略体系。

1. 国家级新区空间生产的制度建构

国家级新区的设立，可以在一定程度上重构国家战略区域的制度架构。全球化背景下，区域虽然成为国家资本积累的最适宜空间单元，但在市场化和分权化的影响下，地方政府的"企业化"转向在很大程度上弱化了"区域"的地位和作用。尽管区域层面出现了各种主题的区域规划以及相应的协调性组织，但由于成员间缺乏内在需求耦合，以及制度建构层面缺乏必要的保障，区域内部仍是竞争大于合作。当前在节能、低碳和生态安全的影响下，运输成本已成为制约全球生产与消费空间格局的重要因素，经济活动在区域内进行集聚和布局的趋势也愈发明显。这主要表现在两个方面：一方面体现在生产与消费的空间关系，更强调区域性消费市场与产业集群；另一方面体现在生产环节的水平布局与垂直布局，以及在区域内部的集中布局选择。因此，国家战略区域的制度架构要打破区域内部的恶性竞争，实现区域内部产业集群和要素集聚，以实现区域发展的低成本战略和产品差异化战略。

国家级新区具有副省级（或正厅级）管理权限，其设立可以打破区域内部恶性竞争的困局，构建区域协调合作的制度框架。一方面"国家级新区"的职能发展应具有高端化、战略性特征，使其在区域中成为经济与产业发展的源头和龙头，强化其辐射带动作用，以降低区域产业分工网络中的交易费用；另一方面，"国家级新区"的设立，应实现其所在城市治理层级的跃迁，重构区域空间生产格局，并通过对区域增长极的调控力加强，来促进区域发展的协调与认同。

2. 国家级新区空间生产的治理重构

近年来，国家开始关注设立"国家级新区"等刚性尺度重构手段的运用。国家级新区作为应对发展挑战的区域空间生产策略，一方面可以使中央政府直接对其进行发展干预和调控，体现了"中央集权"的特征；另一方面，其在空间发展、项目审批和制度创新方面获得了较大自主权，在一定程度上表现出了"地方分权"的特征。中央政府设立国家级新区都要求成为改革试验先行地区，成为区域乃至国家的“中心”，提出了经济与产业职能的辐射带动，以及制度与模式的创新要求。因此，国家级新区要成为区域发展的引擎和政策发力点，需要创新治理模式，在加强中央直接管控的同时，保留一定的发展自主性。

国家级新区通常以成立新区管委会的形式，作为上级政府的派出机构，来实现新区内部权力的水平和垂直转移，实现内部行政边界的调整。例如，重庆两江新区包括江北区、渝北区、北碚区三个行政区部分区域，及重庆北部新区、两路寸滩保税港区、两江工业园区等功能经济区，各行政主体关系复杂。在重庆两江新区成立之后，市委、市政府就派出了新区管委会负责两江新区经济发展和开发建设的统一规划、统筹协调和组织实施。两江新区管委会代管北部新区、两路寸滩保税港区，管理直管区内新批准成立的开发管理机构。两江新区内各区人民政府负责各自辖区的行政管理和社会事务工作，接受两江新区管委会对经济建设和开发开放工作的指导和协调。

同时，由于“迅速膨胀的生产信息”越来越不可能被少数决策者所充分掌握，因此需要更加开阔的治理体系，不应该局限于政府的主导角色。国家战略空间生产的治理体系应采用“扁平化”的治理理念，将企业的治理角色引入到治理体系。治理体系能够对影响区域发展的各种约束条件作出迅速的制度调整，在既有制度优势耗尽之前获得新的制度优势，从而建立起更符合区域实际的治理架构，改进区域财富积累的绩效。

3. 国家级新区空间生产的规划整合

空间规划汇集了各行政主体复杂关系的投影，同时具有以空间资源配置及相关配套制度为核心的“公共政策”属性①，其在新区未来发展中将发挥重要作用。国家级新区虽然实现了内部权力的转移和空间边界的调整，但在以空间资源为主要发展动力的推动下，新区需要规划整合来从法律和程序上获得这种空间发展权力。同时，国家级新区需要在较短的时间内实现工业

① 张京祥、陈浩：《中国的“压缩”城市化环境与规划应对》，《城市规划学刊》2010 年第 6 期。

化与城镇化，同时还要发挥职能发展带动和模式创新的示范作用。这种时空压缩与引领带动将造成新区发展过程中问题的复杂性和艰巨性，也需要新的空间规划来统筹安排。空间规划的组织和编制，可以对国家级新区治理模式，以及未来发展的战略引导和综合实施产生重要影响，同时国家级新区也为空间规划编制模式创新提供了实践平台。

国家级新区的管理模式为实现“多规整合”提供了体制保障和制度平台，可以从规划组织机制、规划编制模式和规划实施平台三个方面进行规划整合。国家级新区可以采取“多规合一”的编制组织模式，集合咨询专家、研究团队、编制管理方及其他参与主体建立“工作坊”。对规划的委托、编制、咨询和实施等各个环节进行统一的组织协调，对国家级新区发展的基础条件、关键问题、战略定位等前期内容进行共同研讨和决策，制定规划编制的“共同纲领”。通过这种编制模式，可以实现各规划在编制范围、期限、内容与成果的整合，实现生态、生产和生活空间的协调，处理好近期与长远的关系。

4. 国家级新区空间生产的财税安排

国家级新区在成立之初，一般处于发展起步阶段，产业尚未形成规模，科技创新能力较弱，基础设施条件也相对滞后。国家级新区要实现产业集聚、要素集聚和低成本战略，必须做好三个方面的财税安排。一是要积极争取中央和上级政府的财税政策支持，争取中央在安排预算内投资和其他专项投资时对新区的基础设施、生态建设、环境保护和社会事业给予倾斜。二是上级政府要加强对新区的财政支持，新区新增的地方财政税收在新区发展的前几年应留在新区用于发展，而不用上交上级政府统筹。另外，上级政府在用地指标单列予以倾斜之外，还应给予专门的财政性资金用于征地动迁、七通一平和基础设施建设。三是对于落户新区的企业应给予税收减免和优惠政策。现阶段，国家沿海地区和中部地区的企业所得税税率为 25%，国家级新区的征收税率应不高于 15%，并且上级政府的产业投资基金，应优先引导支持新区的重点产业发展。对于高新区技术企业和战略性新型产业，应给予风险补偿金和用地优惠政策，并对这些企业的人才引进给予资助和财政扶持。

全球化背景下，生产技术的快速转移和资本跨区域流动，使区域和地方成为重要的国家生产空间，并对国家—区域的治理体制提出了新的挑战。不同于传统“集权—分权”的分析框架，尺度重构为理解我国区域空间生产的特征与机制提供了新的视角。国家级新区作为新的空间单元和行政组织，其设立、发展和内涵的演变集中体现了国家地域化的空间生产策略。在既定的范围内，不断透过空间层级和尺度重组，动员了社会空间的生产和再生产，实现了资本积累和提高了全球竞争力，以顺应全球化的挑战。中央政府通过“国家新区”的设立实现了策略性的尺度重构与“梯度”差别性制度供给，及时地“嵌入”了全球资本循环网络，促进了区域经济的快速增长。

本节研究认为，相比于柔性的尺度工具，以国家级新区为代表的刚性尺度重构工具能够获得中央和地方的认同支持，更具备操作性和针对性。从改革开放30多年的发展历程来看，“国家级新区”以特殊的政策支持和特殊的使命，轮流成为更大空间尺度战略区域的发展引擎。在新的发展环境下，国家级新区被赋予了“启动内需”和“经济转型”的使命，也被寄予新的希望。这就更加需要我们善用这种刚性的尺度重构工具，通过制度建构、治理重构、规划整合和财税安排来构建其空间生产策略体系。如果能将尺度重构与社会经济转型发展相结合，并由此建立新型“央地”治理关系，将具有重要意义。

三、国家级新区的空间治理策略

国家级新区的出现，标志着我国国家空间选择的偏好发生了转移，直接影响到其空间生产的过程、特征与机制。同时，国家级新区通过尺度重组所构建的空间治理结构，对其自身健康发展及区域引领作用的发挥将起到决定性的作用。① 基于此，本节将从主要构成、主要类型和实施保障三大部分

① 殷洁、罗小龙、肖菲：《国家级新区的空间生产与治理尺度建构》，《人文地理》2018年第3期。

来阐述国家级新区的空间治理机制现状与发展方向。

（一）空间治理机制的主要构成

国家级新区的空间生产不仅形成了新的地理空间和经济空间，还在我国现有行政管理体制中形成了新的治理层级。[①] 研究发现，国家级新区空间治理机制主要包括空间区划、行政主体、治理职能、权力配置等。

1. 国家级新区的空间区划

空间区划的重构不仅是国家级新区设立的基础，也是打破现有区域、实现以“多尺度、多主体、套叠化”为特征的社会空间治理的重要环节。[②] 根据区划重构涉及的现有行政区划类型和数量的不同，国家级新区可分为“市地型”“市县型”和“市区型”。“市地型”是指国家级新区的空间范围已经超过了一个地级市的行政边界，至少跨越了两个地级市，由不同地级市管辖的市辖区市辖县（或县级市）组成。“市县型”是指国家级新区在同一直辖市或地级市的行政区域内，但其空间范围至少涵盖一个市辖县或县级市。“市区型”是指国家级新区在同一直辖市或地级市的行政区域内，其空间范围全部由市辖区构成。近年来，随着国家级新区的不断增多，打破地级市之间行政区域界限的“市地型”国家级新区已逐渐成为常态。从内部空间区划的角度看，与早期开发区的产业发展和吸引外资不同，目前的国家级新区已经包含了多元化的经济功能。为了承载这些经济功能，国家级新区被划分为各种类型的功能区和政策区。例如，为了支撑中央政府给予的功能定位，两江新区的内部区域被划分为保税港区、工业园区、生态新城、金融商务区、自由贸易试验区等。值得注意的是，国家级新区的内部空间分区也在其发展过程中不断调整。一方面，随着国家级新区经济实力的增强，不断吸纳和整合周边地区，形成了以经济要素集聚为动力的内部空间重构；另一方面，中央政府的政策调整也在引导国家级新区的内部空间重构。因此，根据不同的

---

① 王璇、郐艳丽：《国家级新区尺度政治建构的内在逻辑解析》，《国际城市规划》2021 年第 2 期。

② 晁恒、李贵才：《国家级新区的治理尺度建构及其经济效应评价》，《地理研究》2020 年第 3 期。

空间区划特点，制定不同的国家级新区空间治理模式，是保证国家级新区发挥自身作用、推动其高质量发展的前提和基础。

2. 国家级新区的行政主体

行政主体是国家新区空间治理的治理主体，主要包括四种不同类型。[①]一是政府型，即新区的管理机构属于一级建制政府。目前，只有上海浦东新区和天津滨海新区有正式且唯一的行政主体，是完整意义上的一级政府。二是政区合一型，即新区的覆盖范围与所在行政区域边界统一，新区内同时保留了两套管理机构，即建制政府和管委会，实行“一套人马，两块牌子”。这类新区包括浙江舟山群岛新区、广州南沙新区和青岛西海岸新区。三是管委会型，即以上级政府派出机构的形式进行管理，管委会具有一定的自组织特征，可视为“法律地位模糊的非正式组织”[②]，主要承担新区内招商引资、规划建设等经济职能。目前，我国已有11个新区实行管委会型体制模式。四是领导小组型，即新区既没有设立新区政府，也没有设立新区管委会，而是通过行政地位更为模糊的省（市）级领导小组来统筹协调新区的发展。新区本质上是一个由政策界定的“虚拟区域”，各片区仍以独立开发为主。[③]此类新区包括四川天府新区和哈尔滨新区。

3. 国家级新区的治理职能

在新区的不同阶段，由于当时的发展基础、阶段特征和战略任务等不同，相应的治理职能的具体内容也不同，大致可以分为三类。[④]第一类是具有完整社会治理职能。发展最成熟的政府型新区，通过行政区划的调整，通过行政区划调整成立一级政府后，确立了行政区地位，因此也全面设置了与其管理职能相对应的经济、社会、文化等行政机关以及法院、检察院等司法

① 王璇、郐艳丽：《国家级新区尺度政治建构的内在逻辑解析》，《国际城市规划》2021年第2期。

② 吴晓林：《模糊行政：国家级新区管理体制的一种解释》，《公共管理学报》2017年第4期。

③ 王佳宁、罗重谱：《国家级新区管理体制与功能区实态及其战略取向》，《改革》2012年第3期。

④ 王璇、郐艳丽：《国家级新区尺度政治建构的内在逻辑解析》，《国际城市规划》2021年第2期。

机关，从而依托完整的机构配置保证了新区的全面发展。二是具有非完整社会治理职能。政区合一型的新区虽然与所在行政区政府合署办公，拥有相对完整的市级以上社会经济管理权限，可以同步协调经济发展和社会管理，但由于缺乏一级行政区域的地位，这类新区并没有设立完整的公检法机构，部分行政执法、城市管理、社会事务仍需移交给上级行政区处理。此外，随着新区发展阶段的深入，部分管委会型新区的社会事务开始增多，影响了开发建设的效率。此时，新区就会增加一些与社会事务相关的行政管理部门，如重庆两江新区、兰州新区、陕西西咸新区等成立时间较早的新区，它们不仅享有市级以上的经济管理权限，而且还承担部分社会职能。第三类是无社会治理职能。目前，一些管委会型和领导小组型新区由于成立时间较晚，还处于新区开发建设的初期阶段，其工作内容往往只涉及招商引资和规划管理等，因此内部机构相对较少，除综合管理部门外，一般只设置经济发展、规划管理、行政审批等相关机构，基本不承担社会管理职能。

4. 国家级新区的权力配置

由于国家级新区规模大、面积广、涉及利益相关者众多，且多为跨地区设置，因此会有不同层级的尺度组合，并产生水平尺度与垂直尺度的权力关系互动。水平尺度上的权力关系互动主要发生在跨地区、跨部门之间，相应的制度表现主要为以下两种形式：设立省级综合协调机构、设立直管区和非直管区管理模式。在新区建设初期，为加快新区发展，一般会成立以省（市）主要领导为组长的开发建设领导小组，对新区的重点发展任务进行安排和部署。这种通过调动高尺度行动者建立的综合协调机构，有利于协调各开发主体的利益，减少跨地区、跨部门的行政壁垒和体制障碍。此外，通过划分直管区和非直管区，对直管区实行行政托管，由新区全面负责直管区内的经济和社会管理事务。这种方式有利于新区集中资源抓好直管区的发展，提高新区的发展和建设效率。现阶段，重庆两江新区、甘肃兰州新区、陕西西咸新区、贵州贵安新区、云南滇中新区和四川天府新区都采取了行政托管的方式。垂直尺度的权力互动主要是指政府间管理层次的调整，即改变纵向管理模式，促进尺度的扁平化。目前，新区的管理层级主要分为两级管理和三级管理，另有一些新区存在特例。在实行行政托管的新区中，兰州新区和贵安新区是典型的实行“新区—乡镇”两级管理模式的新区，即直管区取消县一级，通过权力下放和重心转移，直接由乡镇行使县级经济社会管理职权。两级管理模式通过新区对村镇的直接管辖，构建了扁平化的组织体系，减少了行政成本，形成了相对快捷便利的管理形式。除此之外，还有新区通过“政区合一”的方式保留了区县一级，形成了“新区—次级行政区 / 功能区—乡镇 / 街道”的三级管理模式。这种模式的行政级别通常设置为：新区所辖功能区的管委会为厅局级，主要行使经济发展职能；街道一级为正处级，主要负责社会事务管理。这类新区包括上海浦东新区、天津滨海新区、重庆两江新区、浙江舟山群岛新区、青岛西海岸新区、陕西西咸新区、大连金普新区等。此外，在内部行政关系的权力划分过程中，有少数新区对辖区内部分区域实行“托管”模式，将功能区和街镇的职责范围进行调整。但总的来说，三级管理模式仍具有“新区统筹，功能区和街道职能分离，各司其职”的体制特点。除了两级和三级纵向权力互动外，还存在诸如四川天府新区、哈尔滨新区等领导小组型管理体制的特殊情况，即在上级政府参与度低的情况下，片区各自为政。①

（二）空间治理机制的主要类型

国家级新区的设立在创造国家战略区域的同时产生了新的政治空间。依据辖区行政主体构成及其权力边界，将国家级新区空间治理机制划分为跨界联合治理机制、管理委员会治理机制和属地政府治理机制等三种类型。②

1. 跨界联合治理机制

跨界联合治理机制是指不同行政主体通过协商合作形成的跨越现有行政边界的国家级新区。由于跨界联合治理机制有利于行政主体通过内部需求的耦合实现区域发展的低成本，因而目前已有相当数量的跨界联合模式的国

---

① 王璇、郐艳丽：《国家级新区尺度政治建构的内在逻辑解析》，《国际城市规划》2021 年第 2 期。

② 肖菲：《空间生产视角下的国家级新区治理研究——以南京江北新区为例》，南京大学硕士学位论文，2017 年。

家级新区，包括四川天府新区（跨成都、眉山、资阳）、陕西西咸新区（跨西安、咸阳）、贵州贵安新区（跨贵阳、安顺）。跨界联合治理机制面临的最重要问题是，在新的经济—社会空间形成的同时，多元行政主体能否构建新的治理层次，以满足各种治理力量对跨政区空间的管控需求。在这方面，不同的跨境联合国家级新区采取了不同的治理方式，其中陕西西咸新区和四川天府新区最具代表性。陕西西咸新区是由上级政府主导的跨界联合，即由上级政府发起，通过省级管理委员会的设立和主要领导人高配等方式，以科层式管治结构推动各行政主体土地、建设达成共识。四川天府新区是一个政策界定的"虚拟区域"，即在上级政府参与度不高的情况下，各个片区独立发展，治理结构相对松散。与松散的跨界联合治理机制相比，上级政府宏观主导的跨界联合治理机制凭借上级政府的领导力参与合作，有效地促进了跨界联合的深化和发展，有利于建立长期稳定的伙伴关系。[①] 但是，一般来说，在国家级新区跨界联合治理机制中，行政主体之间很难就新区的管控需求达成共识，导致协调难度加大。

2. 管理委员会治理机制

管理委员会模式是一种准政府管理型的治理模式。由于所有国家级新区都在新区相应片区设立了管委会，因此，这里定义的管委会模式是指在国家级新区辖区内原有行政主体唯一的情况下，管委会作为城市政府的派出机构，通过内部行政区划调整的方式，集中新区的经济建设权，原有行政机构只保留社会事务管理职能的治理模式。重庆两江新区、甘肃兰州新区、大连金普新区、上海浦东新区早期（1993—2000 年）和天津滨海新区早期（2000—2009 年）的治理模式都属于管委会模式，但管委会的权力边界略有不同。以重庆两江新区为例，重庆两江新区管委会作为重庆市政府的派出机构，拥有两江新区经济发展和开发建设的管理权限，直接管理新区各开发管理机构，而地方行政事务的管理仍由基层组织负责，因此管委会并不承担社会管理职

① 罗小龙、沈建法：《长江三角洲城市合作模式及其理论框架分析》，《地理学报》2007 年第 2 期。

能。管委会模式是新成立的国家级新区中比较常见的模式，其通过将新区的经济管理权限集中到管委会，在提高新区的审批效率、建设速度等方面发挥了积极作用。但是，随着新区的发展，管委会由于其职能有限，且缺乏处理社会事务的合法权利①，整体规划工作难免会因其不能充分履行职能而受到影响。因此，管理委员会模式可以作为新区成立过渡期的治理模式，但难以作为国家级新区的最终治理模式。最终为了寻求行政体系内的合法地位，管委会将继续扩大权力边界，通过政府机构改革等方式发展成为一级政府。

3. 属地政府治理机制

属地政府模式是一种纯政府管理型的治理模式，即国家级新区作为经济性与政治性合一的实体化新区，同时具备经济职能和社会发展功能。根据新区行政机构的来源，这种模式可以分为两种类型。一种是新区范围与行政边界重叠，国家级新区成立后直接采用原有的政府建制，实行"一套班子、两块牌子"的管理模式，其管制层次没有重新构建。以舟山群岛新区和广州南沙新区为代表的属地政府模式就属于这种模式。另一种是国家级新区发展到一定阶段后，工作重心由开发建设转向社会管理，通过建立新区政府实现经济职能和社会管理职能的统一。上海浦东新区和天津滨海新区就属于这种类型。属地政府管理模式从根本上解决了权力边界模糊、管理权力不足的问题，具有较高的政治权威，因此它在新区的长期发展中发挥了更积极的作用。从长远来看，随着新区城市功能的不断增强，不同治理模式向属地政府过渡是一种必然趋势。②

（三）空间治理机制的实施保障

1. 治理重构

国家级新区作为应对发展挑战的区域空间生产策略，一方面可以使中央政府直接对其进行发展干预和调控，体现了"中央集权"的特征；另一方

① 钟芳：《开发区管理委员会的主体地位研究》，《海南大学学报》（人文社会科学版）2007年第4期。

② 肖菲：《空间生产视角下的国家级新区治理研究——以南京江北新区为例》，南京大学硕士学位论文，2017年。

面，其在空间发展、项目审批和制度创新方面获得了较大自主权，在一定程度上表现出了“地方分权”的特征。① 中央政府设立国家级新区都要求成为改革试验先行地区，成为区域乃至国家的“中心”，提出了经济与产业职能的辐射带动，以及制度与模式的创新要求。因此，国家级新区要成为区域发展的引擎和政策发力点，需要创新治理模式，在加强中央直接管控的同时，保留一定的发展自主性。

国家级新区通常以成立新区管委会的形式，作为上级政府的派出机构，来实现新区内部权力的水平和垂直转移，实现内部行政边界的调整。例如，重庆两江新区包括江北区、渝北区、北碚区三个行政区部分区域，及重庆北部新区、两路寸滩保税港区、两江工业园区等功能经济区，各行政主体关系复杂。在重庆两江新区成立之后，市委、市政府就派出了新区管委会负责两江新区经济发展和开发建设的统一规划、统筹协调和组织实施。重庆两江新区管委会代管北部新区、两路寸滩保税港区，管理直管区内新批准成立的开发管理机构，新区内各区人民政府负责各自辖区的行政管理和社会事务工作，接受两江新区管委会对经济建设和开发开放工作的指导和协调。同时，由于“迅速膨胀的生产信息”越来越不可能被少数决策者所充分掌握，因此需要更加开阔的治理体系，不应该局限于政府的主导角色。国家战略空间生产的治理体系应采用“扁平化”的治理理念，将企业的治理角色引入到治理体系。治理体系能够对影响区域发展的各种约束条件作出迅速的制度调整，在既有制度优势耗尽之前获得新的制度优势，从而建立起更符合区域实际的治理架构，改进区域财富积累的绩效。

2. 规划整合

空间规划整合了各行政主体复杂关系的投影，具有以空间资源配置和相关配套制度为核心的“公共政策”属性②，对新区未来发展具有重要作用。

---

① 晁恒、马学广、李贵才：《尺度重构视角下国家战略区域的空间生产策略——基于国家级新区的探讨》，《经济地理》2015 年第 5 期。

② 张京祥、陈浩：《中国的“压缩”城市化环境与规划应对》，《城市规划学刊》2010 年第 6 期。

虽然国家级新区实现了内部权力的转移和空间边界的调整，但在以空间资源为主要发展动力的推动下，新区需要规划整合，从法律和程序上获得这种空间发展权力。同时，国家级新区需要在较短的时间内实现工业化和城镇化，而且它还需要在推动职能开发和模式创新方面发挥示范作用。这种时空压缩和引领会造成新区发展过程中问题的复杂性和艰巨性，这也需要新的空间规划来进行统筹安排。空间规划的组织和编制，可以对国家级新区的治理模式，以及未来发展的战略指导和综合实施产生重要影响，同时国家级新区也为空间规划编制模式的创新提供了一个实践平台。国家新区的管理模式为实现“多规整合”提供了制度保障和体制平台，可以从规划组织机制、规划编制模式和规划实施平台三个方面进行规划和整合。国家新区还可以采取“多规合一”的编制组织模式，集合咨询专家、研究团队、编制管理人员等参与人员，建立“工作坊”或“工作室”。对规划的委托、编制、咨询和实施进行统一组织协调，对国家级新区发展的基础条件、关键问题、战略定位等前期内容进行共同讨论和决策，制定规划编制的“共同纲领”。通过这种编制模式，可以实现各规划的编制范围、期限、内容和成果的整合，实现生态、生产、生活空间的协调，处理好短期和长期的关系。①

3. 财税安排

国家级新区成立之初，普遍处于发展的起步阶段，产业尚未形成规模，科技创新能力较弱，基础设施条件也相对落后。为实现产业集聚、要素集聚和低成本战略，国家级新区必须从三个方面做好财税安排。首先，要积极争取中央和上级政府的财税政策支持，争取中央在安排预算内投资和其他专项投资时，对新区的基础设施、生态建设、环境保护和社会事业给予倾斜。其次，上级政府应加强对新区的财政支持。在新区发展的前几年，新区新增的地方财税收入应该留在新区用于发展，而不用交给上级政府统筹规划。此外，上级政府除了在用地指标上给予倾斜外，还应该在征地拆迁、七通一

---

① 晁恒、马学广、李贵才：《尺度重构视角下国家战略区域的空间生产策略——基于国家级新区的探讨》，《经济地理》2015 年第 5 期。

平、基础设施建设等方面给予专项财政资金。最后，对落户新区的企业，要给予税收减免和优惠政策。现阶段，全国沿海和中部地区的企业所得税税率为 25%，国家级新区的税率不应高于 15%，并且上级政府的产业投资基金应优先引导和支持新区重点产业的发展。对高新区的高新技术企业和战略性新兴产业，应给予风险补偿金和用地优惠政策，并对这些企业的人才引进给予补贴和资金支持。

第五章 城市群区域跨政区空间治理

基于尺度重组理论，本章通过尺度、领域与网络等多重社会空间维度探讨中国城市群跨政区合作实践，并以山东半岛城市群为例分析其跨政区合作过程、存在问题以及原因等方面。通过国内外城市群跨政区合作经验总结，为中国城市群发展与协调机制的建立提供借鉴。此外，立足于山东半岛城市群跨政区合作案例并结合尺度重组理论总结出典型的合作模式，并在此基础上区分了不同合作模式的特征、效果及其影响因素。作为多元主体长期互动的过程，城市群在资本、权力与利益等机制驱动下，开展了基础设施共建等合作并取得了一定成效。然而，由于制度等方面的不足导致合作难以深入，亟待通过建立制度等全面的保障机制。此外，城市群跨政区合作并非是系统性与一次性的过程且往往面临着失败的风险，需通过对合作过程、合作者以及合作效果等方面的及时关注并主动调整合作策略与利益共享机制，从而推动合作的可持续发展。

由于行政管理权限的分散等因素，中国城市群跨政区合作程度仍较低并且尚未形成一体化的区域空间治理体制，严重制约着城市群综合实力的提升。通过介绍与总结国内外城市群跨政区合作经验，并基于山东半岛城市群跨政区合作实践，共同为中国城市群建立有效的跨政区合作模式与机制提供参考与借鉴。

一、国内外城市群跨政区空间治理案例

国外城市群跨政区合作实践与理论探索已经取得了较为丰富的成果，尤其德国莱茵—鲁尔城市群和美国东北海岸城市群通过构建良好的合作机制不仅改善了城市间关系，而且实现区域经济快速发展，对于中国城市群发展与合作具有较好的借鉴意义。①然而，鉴于国外与中国社会制度与地域实际的差异，仍需结合国内跨政区合作的案例进行总结与对比分析。尤其湖南省长株潭城市群作为我国较早开展跨政区合作的地区，不仅与山东半岛城市群都属于省域内城市群，而且通过建立正式与非正式的合作机构等措施取得较好合作效果。

（一）德国莱茵—鲁尔城市群跨政区合作经验

从地域范围看，德国莱茵—鲁尔城市群主要由 90 多个拥有不同规模的城市与城镇组成，其中科隆、多特蒙德以及杜塞尔多夫等 11 个规模较大且发展水平较高的大城市主导着区域空间的发展。尽管该城市群由于利益诉求不同而推行着各自的经济发展与投资政策，但通过空间规划的制定、正式与非正式联盟的成立以及问题导向的项目运作等多种策略推动着城市群跨政区合作与一体化水平的提高，从而为其它国家城市群跨政区合作提供了良好的经验借鉴。

1. 空间规划与发展政策的制定

由于受行政体制影响，德国主要有联邦、州、区域以及城镇等四个层次的空间规划，不同层次的规划上下衔接并体现不同的目标与导向，以满足不同地区发展要求。如联邦一级规划侧重于概念性、战略性以及方向性框架的设计，以总体把握国土开发的原则并为下层次的规划提供指导。州一级规划依据各州的具体情况制定本州的空间规划，并对联邦规划进行衔接以及州

① 唐承辉、马学广：《莱茵鲁尔城市群协同发展实践及其治理启示》，《中国名城》2022 年第 5 期。

内部规划进行协调。区域一级规划则将州制定的规划进行细化，并指导城市群的发展。城镇规划则依据城镇实际制定详细的土地利用规划与景观规划，并具体落实其它上层次的空间规划。这些不同层级的规划通过以法律文本的形式颁布而具有强大的法律效力，并且要求基础数据保持统一，也使得空间规划具有较高的可操作性与科学性，并为该城市群的整体实力的加强提供了有力的支持。①

由于行政体制的分化，该城市群的法定规划在制定与实施过程存在一定问题，尤其德国莱茵—鲁尔地区被分割成三个不同的区域并由其政府制定相应的空间规划，使得城市群整体协调能力有所降低并主要形成三个次区域的共识。由于法定规划存在的一些问题，该城市群出现了由企业组织以及地区联盟等非正式机构制定的空间规划，从而一定程度上缓解了矛盾并推动着城市群跨政区的合作开展。

2. 正式与非正式的联盟构建

由于德国联邦的分权化与自治传统，莱茵—鲁尔城市群在整体层面的协调与跨政区合作并未真正成为各城市的共识，并且州政府倾向于在城市区域层面进行信息交流与协调。尤其该城市群的管理分属于四个不同地区的行政单元，并由其分别开展各项政治经济等事务，使得整体发展目标与策略难以落实。伴随着工业化带来一系列问题，德国莱茵—鲁尔城市群主要在区域、城市以及城镇等层面形成了多种类型的跨政区合作组织，其中既有相对正式的区域治理组织，也有依据市场机制而成立的非正式组织，从而共同促进多层次与多类型的区域协作系统的产生与发展。

作为该城市群的核心地带，鲁尔区早在1923年便成立了正式的区域规划与协调机构“鲁尔矿区住区联盟”（Siedlungsverband Ruhrkohlenbezirk，简称SVR）。该机构获得了普鲁士议会赋予的法定权力，不仅发布了住宅政策引导着现在与未来的居住空间利用，而且还制定交通以及矿区等多项发展

① 惠利、陈锐钒、黄斌：《新结构经济学视角下资源型城市高质量发展研究——以德国鲁尔区的产业转型与战略选择为例》，《宏观质量研究》2020年第5期。

规划。随后该机构被鲁尔区城镇联盟（Kommunalverband Ruhrgebiet，简称KVR）所取代，但其制定的空间规划依然得到较好的落实。[①] 同时，州政府也通过市镇重组改革，减少鲁尔区的行政层级以为其跨政区合作减少阻力。此外，州政府还专门成立北莱茵—威斯特法伦州开发协会作为其区域协调机构，以协商州政府与城镇间公共事务。

目前，鲁尔地区联盟成为该地区正式的区域协调机构，不仅设立由各城市代表组的代表大会，并且在政治、经济以及环境等领域还设立专门的负责机构以执行具体事务。除了这些政府成立的正式区域联盟外，鲁尔河上游的磨坊厂主与自来水公司还成立民间的“鲁尔水库联合会”，以建设该地区的水库并保证水源供给。尽管该组织为非正式联盟，但它通过成立不同领域的工作团队将区域共同决策进行执行，从而起到了较好的效果。德国莱茵—鲁尔城市群虽然未形成城市群整体层面的区域协调组织，但基于KVR等次区域的正式与非正式联盟，也促进城市间人财物等资源流动与跨政区合作。

3. 问题导向的项目运作

在德国莱茵—鲁尔城市群，基于问题导向的项目运作也成为城市群跨政区合作的重要方式，它们通过自主选择合作伙伴与方式执行特定项目，从而改善产业结构与解决居住环境污染严重等问题。既有政府发起的并提供资金支持以鼓励多主体参与的项目，也有私人机构主导与推动的项目，凭借着高灵活性与问题针对性等特征推动着自下而上的跨政区合作，进而为区域多中心结构提供了有益的补充与完善。尤其是由州政府发起并资助的鲁尔区“国际建筑展”（Internationale Bauausstellung，简称IBA）项目，成为区域复兴与城市再开发的经典案例。[②] 在该项目运作过程中形成了既有州政府以及城镇政府参与的自上而下合作，也有专家和企业参与的自下而上合作。这些不同行动者共同形式网络，并基于项目等柔性方法改变着传统地方认知，进而激发参与主体的创新与执行力。

---

① 胡琨：《德国鲁尔区结构转型及启示》，《国际展望》2014年第5期。

② ［德］克劳兹·R. 昆斯曼、唐燕：《2007年看鲁尔：埃姆歇公园国际建筑展为我们留下了什么?》，《国际城市规划》2007年第3期。

在 IBA 项目运作下，德国北莱茵州政府还发起了“区域 2010”项目，并通过展示与竞赛的方式为特定地区提供两年资金支持，以推进城市间跨政区合作。鲁尔区的大型企业联盟曾在 2007 年发起过“未来鲁尔 2030”项目，并利用雄厚的资金和政治影响力吸引多元社会主体，参与到鲁尔区商业发展、基础设施建设与环境治理等领域。此外，莱茵—鲁尔城市群也积极争取国际组织的支持，如参与到欧盟在 2013 年发起，以跨区域数据开放与共享有机组织性的项目中，通过交通、通信以及环境等数据的共享强化城市间交流与互动。①

（二）美国东北海岸城市群的跨政区合作经验

作为大西洋沿海地区重要的城市群，美国东北海岸城市群依托波士顿至华盛顿所形成的狭长地带，其中包括波士顿、纽约以及费城等重要城市及其周边市镇。美国东北海岸城市群的发展历程可以概括大城市的崛起、城市群的形成与发展、城市群发育成熟等三个阶段。通过核心城市辐射效应、良好分工与协助、发达城市网络以及高效的区域协调机制等方面的共同作用，美国东北海岸城市群实现了社会经济快速发展，并成为全球经济活力与创新能力极其优越的地区。

1. 空间规划的调整与更新

作为城市群发展的重要策略，空间规划在美国东北海岸城市群使用已较为广泛。尤其是多次制定与实施纽约大都市区规划，为该地区快速发展提供了充分的指导与支持。具体而言，该都市区曾通过区域规划协会根据不同时期城市发展存在主要问题及时提出对策并通过规划的制定将其实施。该规划机构作为独立的非营利性组织，吸引了企业、公民以及社区管理者等众多主体参与规划的制定，充分吸取利益各方的意见，从而提高了规划的科学性与可行性。该组织曾制定四次纽约大都市区规划，其中第一次确定城市“去中心化”（Decentralization）等策略，第二次主张城市“再集中化”

---

① 周园、刘一沛、陈晓白等：《崛起中的超级城市群：愿景、挑战与应对举措》，《波士顿咨询 & 中国发展研究基金会》2018 年，第 1—19 页。

（Reconcentration）策略，第三次则提倡重新经济、公平以及环境等目标，第四次则主张“经济机会、宜居”等方面的一体化。

2. 基础设施的网络化

在美国东北海岸城市群快速发展中，主要通过绿色基础设施（Green Infrustructure）和交通基础设施一体化建设改善城市间的连通性，促进基础设施与生态环境网络的形成与发展，从而推动城市群跨政区合作。绿色发展方略主要包含划定区域性保护区、再投资城市开敞空间以及区域绿道网络建设三个方面。交通设施作为人财物资源流通的重要通道，对于促进人财物等资源流动与城市间联系具有较好作用。该规划中通过制定立体化与现代化的交通设施，建立起铁路、高速公路以及机场等多种方式，将纽约与周边地区密切连接，从而对城市群的空间结构优化产生了关键的支撑作用，并且对城市的地理空间地位发生变化，产生新的交通优势区位或城市功能区。

3. 制度一体化策略实施

为推动跨政区合作快速发展，美国东北海岸城市群还采取一系列制度一体化策略。具体而言，主要包括以下几个方面：多主体联动的区域协调机制、优化区域公共决策、建立区域性管理机构以及建立基础设施银行机构等方面。具体而言，区域间协调与跨政区合作主要依赖于“政府—非政府—市场”的多重作用，初步建立以政府引导、市场驱动以及行业指导的多元主体协调体制。同时，美国东北海岸城市群在优化区域公共决策方面付出了大量努力。第一，通过环境指标与经济指标共同核算的方法，共同衡量国内生产总值，即采取绿色 GDP 评价经济增长，从而为区域发展与决策提供良好的导向。此外，美国东北海岸城市群建立区域规划机构、运输管理机构以及大都市服务委员会等众多区域性组织，从而协调城市间事务并提高制度一体化水平。

（三）中国湖南省长株潭城市群跨政区合作经验

作为中国第一个自主探索区域经济一体化的地区，湖南省长株潭城市群不仅通过行政区划改革、成立跨政区协调机构以及签订城市间行政协议等多种方式推动着城市群跨政区合作，而且获得了全国资源节约型和环境友好型社会（简称“两型社会”）建设综合配套改革试验区的批复，从而基于国家赋予的政策与资金等资源，促进了城市群以及区域经济快速崛起。近年来，湖南省长株潭城市群不仅实现了城际交通互联、电力同网以及金融同城等众多领域的设施共建与资源共享，也建立了城市群协调机构以及联席会议制度等正式与非正式的协调机构，从而较好缓和城市间矛盾，对于其它城市群跨政区合作实践也具有较好的借鉴意义。

1. 行政区划的调整

在不同发展时期，湖南省长株潭城市群行政区划调整的方式、类型以及影响因素存在较大的差异，并且对城市以及城市群产生不同的影响。具体而言，在长株潭发展过程中主要有地市合并、撤地（县）设市、撤县设区以及乡镇合并等多种形式的行政区划调整。尤其是撤地设市与撤县设市，对于增强城市与城市群的经济与空间规模，并强化其内部合作发挥了重要的推动作用。20 世纪 90 年代，由于郊区与城区政府过于注重本辖区的经济发展并导致“郊区包围城区”等现象的出现，使得城市与郊区的矛盾进一步激化。因此，长株潭城市群出现了较多市郊区与县转变成为市辖区的行政区划调整。①

21 世纪后，尽管长株潭城市群县级行政区划变动幅度较小，但出现较多的乡镇合并的现象。作为缓解城市间矛盾的重要手段，行政区划调整虽短期内增强了城市的经济实力并加速了城镇化进程，从而推动了城市群跨政区合作的开展，但也使得城市群内部行政管理不稳定性增强。尤其是行政区划变动，主要通过自上而下的方式推动城市间合作的开展，而忽略其社会经济交流，并未在根本上消除行政分割的现象。因此，行政区划调整虽然可作为城市群跨政区合作的重要手段，但城市群经济与政治一体化进程的实现仍然需要通过自下而上等多元化方式共同强化区域共识，从而从根本上解决“行政区”问题。

---

① 杨牡丹、何丹、杨传开：《长株潭城市群构建过程中的行政区划调整》，《现代城市研究》2012 年第 8 期。

2. 空间规划的制定与实施

尽管湖南省在征询各方意见的基础上，于2005年公布了《长株潭城市群区域规划2008—2020年》，但直到2008年该规划才获得了国家批准并实施。① 随着规划中“交通同网”与“能源同享”等“五同”目标的提出，长株潭城市群不仅开通了城际铁路而使其形成了半小时通勤圈，而且从区域整体发展角度对湘江流域污染企业进行调整，并采取了一系列共同治污活动。此外，由于绿心地区位于长株潭三个地区的交界处，为了落实对绿心地区的建设与保护，城市间政府在产业规划与发展等具体领域也进行大量合作，甚至浦发银行长沙分行组织员工参与到湘江流域的保护，民众家庭组团在该地区进行自主植树活动，从而推动多元主体参与城市群环境保护。

在城市群总体规划的基础上，长株潭城市群也相继制定了生态绿心、创新自主示范区以及产业发展等18个专项规划，以及100个以上的示范片区发展规划，从而形成了全方位、多类型以及多层次的规划体系，共同为城市群合作奠定了较好的基础。各城市基于城市群规划也制定本城市的规划与执行措施，推动了规划体系的落实。然而，空间规划作为自上而下的管制工具依然存在一些不足。尽管长株潭城市群规划在制定初期征询了各方意见并依据城市群发展情况在2014年进行调整，但规划的内容依然较为模糊且难以监督其落实效果。在规划的实施过程中，过于依赖政府的主导作用也使得民众等其它社会主体参与能力与程度较不足，进而阻碍了其它主体的参与意愿，并导致合作未取得广泛的社会支持。

3. 非正式与正式协调机构的建立

在长株潭城市群发展过程中，中央、省级以及地方等多层级政府均参与到合作事务的开展，并逐渐形成了中央引导、省统筹以及地方执行的区域治理模式。早在1992年，湖南省政府为制定城市群区域规划已成立“长株潭区域规划领导小组”并成立专门的工作室负责其具体工作。同时，各城市

① 周亮、汤放华：《空间规划对区域一体化的作用机理研究——以长株潭城市群为例》，《城市》2017年第10期。

也响应省级政府的要求成立相应的工作组。然而，早期成立的规划领导小组与办公室并不具备真正的职权，只是临时性且挂靠在省发改委的机构。虽然对城市群空间规划的制定起到一定协调作用，但并未对城市群具体合作事务的开展产生实质性推动。

随着长株潭城市群在2007年被国务院批复为“全国资源节约型和环境友好型社会建设综合配套改革试验区”，其一体化发展与跨政区合作上升为国家级战略，并获得土地审批、项目支持以及政策保障等一系列优惠政策。同时，国务院及其部委在长株潭城市群发展战略制定与空间布局等重大事项起着重要的引导作用，但也导致了地方自主权一定程度上的损失，并导致其合作受制中央政府的决策。在国务院及其部委高度重视下，湖南省在2009年专门成立长株潭“两型社会”试验区建设管理委员会（简称“两型办”）并由省长担任高层领导者，从而通过领导高配方式提高了对其发展与合作的重视。湖南省政府在该委员会之下还成立正式的“两型办”并赋予其正厅级的管理权限，负责城市群建设与发展事务的管理与监督。

此外，湖南省长株潭城市群各城市也成立了相应的“两型办”并负责规划与项目等具体工作的落实。在中央、省级以及地方等多层级政府的参与下，长株潭城市群跨政区合作逐渐由非正式逐渐转变为正式机构，并且形成一定的分工体系，从而为其发展与一体化进程推进提供坚实的组织基础。在长株潭城市群发展过程中，除了制定空间规划与各种政策等正式的制度设计。城市间也通过高层互访与举办党政联席会议等方式，确立联席会议制度并自愿签署了《区域框架合作协议》，甚至在交通、环保以及科技等具体领域达成合作共识，进而也通过自下而上的行政协议进一步推动跨政区合作的深入开展。

（四）城市群跨政区合作的启示

德国莱茵—鲁尔城市群和美国东北海岸城市群跨政区合作发展历史悠久，通过多种措施已经形成较为完善合作机制，并实现了政治与文化等多方面融合，从而为中国城市群跨政区合作提供了较好的经验借鉴。① 鉴于西方

① 唐承辉、马学广：《莱茵鲁尔城市群协同发展实践及其治理启示》，《中国名城》2022年第5期。

国家与中国政治、经济和文化等方面的差异，进一步结合本土化长株潭城市群跨政区合作实践与经验，共同为中国其它城市群跨政区合作开展与深化提供一定的借鉴与参考。

1. 建立非正式与正式的协调组织

在城市群跨政区合作中，不同层级的政府往往存在利益差异与冲突，需要建立正式与非正式的协调组织，从而协调城市间行动并缓解其争端。在城市群合作初期，非正式的领导小组凭借其灵活性与低成本等特点，为成员间合作提供便利的交流与合作平台并推动其共识达成。由于“行政区经济”长期存在，中国城市可依据国内外城市群跨政区合作建立交通联合体与协调机构等方式，建立负责交通、环保以及规划等具体事务的合作小组等非正式机构。同时，在非正式合作机构中，政府可以通过领导高配与鼓励其它主体共同参与等方式，提高城市间对合作的重视并促进合作共识的快速达成。

针对城市间激烈的利益冲突则需要建立正式的组织机构与仲裁制度，以行政强制力约束不同层级政府的行为以增强城市群整体利益。具体而言，可以成立城市群区域规划机构、管理委员会以及区域联盟等多种形式的正式机构，并赋予其较高的行政级别以拥有足够的权力协调城市间利益争端。此外，对于环境保护与污染防治等存在强外部性的公共事务，正式的协调机构需依据不同地区利益受损情况进行相应补偿，并且对于不遵守约定的地区进行处罚，以减少个别城市为追求自身利益最大化而损害其它地区利益，进而实现城市群整体利益的最优。

2. 建立多层次空间规划体系

德国莱茵—鲁尔地区等国外发达地区城市群，不仅赋予空间规划法定权力以引导城市群合作，而且强调下级政府制定的规划必须服从上层次规划的要求，使得空间规划形成相互衔接并形成良好的体系，从而减少不同规划间的冲突。虽然中国也制定了一系列城市群规划，但由于缺乏正式的法律依据，这些规划并不具备真正的法律效力，而是依靠中央以及省级政府等较高尺度行动者的推动才得以实施。同时，中国不同层级政府及其部门制定的规划往往存在相互冲突的内容，使得地方政府在具体执行中难以适应与落实。

因此，中国城市群可借鉴西方城市群先进经验，通过立法或制定正式政策等方式赋予城市群规划相应的法律效力，并明确城市群规划的地位、作用以及功能等，以提高空间规划对跨政区合作的引导与协调作用。

针对中国空间规划体系上下不协调问题，需通过建立自上而下相互衔接的空间规划体系，并且对不同层次规划内容进行相应的区分，从而建立起相对完善的空间规划体系并减少落实中的矛盾。具体而言，可以通过赋予上层次规划更高的法律效力，并且要求下层次规划制定与实施中必须遵循上层次规划等要求。此外，在国内外跨政区合作发展较好的城市群，不仅制定城市群规划等单一的总体规划，也可基于可持续发展等理念制定土地使用与环境保护等专项规划，从而使得空间规划可以较为全面对城市群发展及其合作提供较具体的指导。

3. 构建多元主体参与的合作网络

在城市群跨政区合作中，政府、企业以及非营利组织等不同社会主体对于交流互动与资源共享均起着较为重要的作用，通过建立多元主体共同参与的合作网络是开展其行动与完善合作机制的重要要求。德国莱茵—鲁尔城市群中由大型企业主要领导者组成的企业联盟凭借强大的资金与技术优势发起的“鲁尔倡议”与“未来鲁尔 2030”等一系列活动，不仅吸引投资与改善区域形象，也推动了鲁尔地区教育、医疗以及文化等众多事业发展，从而为该地区复兴作出了重要贡献。然而，长株潭城市群跨政区合作由于过于依赖政府作用的发挥，并且缺乏引导企业等主体参与跨政区合作中，使得其它社会主体难以参与到具体合作的开展，并限制其积极性的发挥。尽管中国城市群发展主要由政府所主导，但通过建立参与平台与资金支持等方式支持不同主体参与到城市群合作也具有较大意义。

具体而言，政府一方面可建立完善的法律法规与管理制度，为企业与非营利组织提供良好制度环境并加强其管理，从而促进这些组织的形成与发展，并逐渐参与城市群政区合作中；另一方面，政府应重点加强对已经成立城市群民间合作组织的支持力度，尤其是对致力城市群经济发展与生态保护等具有特殊作用的组织提供充分的资金支持，并鼓励其扩大规模与深化合作领域。此外，政府也应保障社会公众参与城市群重大事项的知情权以及部分决策权，甚至邀请其参与到规划与政策落实等事务的监督中，从而增强合作举措的合理性与执行力。

4. 倡导自发基础上的跨政区合作

基于自愿基础上的跨政区合作，通过城市间充分互动与平等协商实现了利益共享，并且成为相对有效的合作模式。相比于空间规划与行政区划调整等行政指令下的合作，通过签订行政协议等方式更容易被不同城市所接受。尤其是在基础设施共建与环境共治等存在共同利益的领域，城市间往往具备较强的合作意愿，但由于行政管理分割等原因，自发基础上的合作开展仍较为缓慢。在莱茵—鲁尔城市群中，不同地区因为利益差异虽开展了特定区域合作，却未形成整体意义的城市群合作机制。这些特定区域合作通过协商与对话，通过共同制定土地使用规划与兴建城际铁路等措施表现出较好的效果，并且获得了州政府的批准从而拥有的合法地位。然而，由于自发合作基于城市间共同利益，一旦共同利益发生变化或消失，合作难以开展甚至终止。

针对城市间自发的合作，中央与省级政府等高尺度行动者一方面提供其一定的资金与政策支持，增强其开展合作的积极性与能力，另一方面成立专门的管理机构及时引导其合作，并采取措施维护与扩大城市间共同利益，从而增强合作的稳定性与常规化，进而促进城市群社会交流与区域共识的形成。在中国城市群快速发展中，政府起着主导性的作用并影响着市场机制作用下自发的合作开展及其效果。在加强引导自发合作时，政府也应避免过度干预，而提供较为宽松的合作氛围并通过权力下放等方式赋予地方政府更多自主权，以扩大合作内容与深度。

5. 提高基础设施的连通性

在国内外城市群跨政区合作中，基础设施网络的建设已经成为城市间的共识并投入大量物质与资金，建立运行高效与衔接顺畅的交通与信息网络。随着城市群交通通达性的改善，这些城市群不仅成为全球资本再领域化的场所，而且吸引着众多高技术人才的集聚，从而提高城市群整体竞争力并参与全球劳动分工体系。在推进中国城市群跨政区合作中，可将基础设施的共建作为切入点，重点加强跨政区交通设施的互通，推动城市群生产要素的自由流动。

具体而言，首先，各层级政府可加大对基础设施建设的资金投入力度，建立航空、高铁以及高速公路等综合立体式交通网络，从而提高地区通达性并产生“时空压缩”效应，进而强化城市群社会经济联系与跨政区合作。其次，以信息网络整合为重点合作领域，重点建设城市群一体化信息网络。最后，加强城市群边界地带的基础设施建设，并引导中心城市通过对口帮扶落后地区，分担边界地区基础设施建设的责任，从而促进城市群不同地区的共同发展。因此，各层级政府在强调中心城市合作时，也应采取特殊的政策倾斜与优惠举措，引导中心城市支持边界地区交通等设施建设与维护，充分利用中心城市辐射作用带动边界地区发展。

二、城市群跨政区空间治理的尺度架构

在城市群跨政区合作中，不仅社会建构基础上的尺度自身发生了重构，而且与地方、领域以及网络等其它维度相互建构与交织，导致政府间权力关系、资本积累策略以及行动者社会斗争等尺度重组过程，从而缓解城市企业主义危机。然而，尺度重组概念和特征仍较为抽象难以把握，因此需结合其地域实践总结其典型表现与特征。具体而言，在城市群跨政区合作中尺度重组的地域实践主要有行政区划与行政权限调整、地方增长极的培育以及跨边界区域合作等多种类型。

（一）城市群跨政区合作的尺度与尺度政治

城市群作为新型的地域空间形式，其崛起使得传统的国家权力在全球、区域以及城市等多个空间尺度进行了重新分配，成为国家重要的“资本积累”空间并获得了新的重要地位。尽管工业化、城市化以及全球化等因素对城市群发展及其合作产生了一定的推动作用，但由于城市群的重要性，国家管制权力也通过特定的政策与项目减少了其资源流动的障碍，并引导多个尺

度政府间进行合作，以提高区域整体竞争力。如英国通过实施大量的基础建设项目与优惠政策，加强了大都市区内部社会经济联系，从而促进城市间跨政区合作的开展及其经济复兴。① 为应对全球化的挑战，国家通过制定区域、城市群以及城市等多个尺度的空间规划对空间资源进行配置与优化，从而塑造了新型的管制尺度及其权力间关系。

中国城市群在国家权力下放、市场化以及全球化等背景下逐渐产生，但由于城市过于注重自身经济增长而具有鲜明的城市企业主义倾向，导致了城市间恶劣的竞争等一系列严重问题。在这个背景下，国家通过“尺度上移”策略干预城市企业主义导向下城市治理危机，并推动城市群内部跨政区合作的开展。尤其是中央政府加强了城市土地开发的监管，并通过自上而下建设用地指标的分配限制城市规模无序蔓延，进而推动城市产业的转型升级与减少资源浪费。同时，为了更好协调城市群发展，以城市群为载体的空间规划也成为国家管制权力上收的重要表现。② 在城市群规划制定与实施中，中央与省级政府重点对城市群地区的产业布局、基础设施建设以及环境整治等方面加强分工与协调，并且指导与约束着城市群跨政区合作。尤其是传统上相对弱势的省级政府，通过省域内城市群规划的制定，并获得中央认定而成为国家级战略，既通过“尺度上移”也实现了管制权力再集中化，并成为地方发展竞争的主体。此外，政府还通过市县合并、省直管县以及撤县社区等多种方式的行政区划的调整减少地方行政层级，进而缓解行政区经济，并从制度层面推动城市群一体化的深入发展。

尺度的运用不仅促进了城市群空间的生产及其合作开展，并且也导致原有管制结构和权力关系的变革。在城市群地区，城市间通过建设跨政区基

---

① I.Deas，K.G.Ward，“From the ‘New Localism’ to the ‘New Regionalism’? The Implications of Regional Development Agencies for City–Regional Relations”，*Political Geography*，Vol.19，No.3（2000），pp.273-292.

② F.Wu，“China’s Emergent City-Region Governance：A New Form of State Spatial Selectivity through State-Orchestrated Rescaling”，*International Journal of Urban & Regional Research*，Vol.40，No.6（2016），pp.1134–1151.

础设施、成立合作联盟以及合作园区等自下而上的尺度重组也推动城市群跨政区合作的开展，进而增强区域整体竞争力。尤其是近年来，经济较为发达的珠三角、长三角以及京津冀地区普遍通过建立城市经济协调会、发展论坛以及合作联盟等多种形式的区域协调组织，进行城市间信息交流与资源共享，从而一定程度上推动了城市群内部基础设施的互通等方面的跨政区合作。由于这些自发的城市间合作，往往基于自身的利益且具有较大的灵活性，城市间政府参与的积极性较高并进行了较为充分的互动，从而在实践中取得了较好的效果。此外，长三角经济协调会不仅建立省级政府联席会，而且建立了市长联席会议以及城市内部各职能部门的联席会议，促进了多尺度间政府共商协作机制的建立以及多元行动者参与到新尺度组织的建立，从而推动城市群跨政区合作逐渐产生与发展。

这些新兴的区域间非正式组织的成立反映城市间希望通过跨政区合作的方式缓解城市企业主义的危机，并实现资源共享与共同发展，体现出了自下而上的尺度重组并重塑了城市与区域的权力关系。然而，由于缺乏资金的支持与制度保障，这些非正式组织具有较大不稳定性并且尚未充分发挥其职能，甚至在一些城市群地区仅起到象征性的作用。城市间合作开展也较多局限于设施共建等互利的项目，而涉及招商引资等存在利益竞争的层面则被回避。此外，城市间产业合作园区的共建也是城市间自发的合作，既涉及省级甚至中央政府的高尺度权力下放，也包括城市间权力的尺度间转移，从而体现出管制权力多尺度重组。在城市群跨政区合作中，纵向与横向等不同维度管制权力的尺度重组不是预先给定，而是受到政治、经济与文化等一系列项目的影响，从而体现出明显的尺度政治化。

（二）城市群跨政区合作的地方、领域与网络

城市群作为特定地域空间，不同类型的合作对其地方属性产生差异化的结果，其中以密切社会经济联系基础的合作淡化了其地方属性，而缺乏共识与互动的合作则进一步强化了地方差异。领域作为对有界空间占有，在合作中通过行政区划调整、产业转移与合作以及社会斗争等多种方式推动了资本、权力等去领域化与再领域化。然而，由于制度与资本再领域化过程的不协调，城市群合作中也产生新的城市间冲突，并且阻碍合作的深入推进。此外，城市群主要通过基于政治动员的行动者网络与基于资源共享的功能性网络等两种类型的网络，共同促进了城市间信息共享与资源互补，从而产生了以横向联系为基础的新型管制模式。

1. 城市群跨政区合作的地方

城市群作为现代化和城市化的标志与产物，既可以作为地域空间，也可以作为网络空间，甚至可以作为政策建构的空间。① 从地域空间来看，不同地区的城市群往往存在自然资源、经济基础以及社会文化等方面的众多差异而形成不同发展水平与模式，从而使得人们对于城市群空间的认同也产生巨大的差异。城市群跨政区合作不仅受到地方差异的影响，也反作用于地方并使其不断被重构。尤其是边界地区，由于受到不同行政单元的管辖，其发展战略与利益存在一定的差异，而使得城市群跨界合作难以开展，亟待通过协调城市间利益并加强地方融合，以形成新的地方认同。

然而，城市群的地方属性并不是固定的，而是被各种社会政治实践与话语妥协所塑造，其中行政权力的介入、跨界基础设施的修建以及居民社会交往等因素推动下的跨政区合作往往使得“地方”差异产生剧烈变化并塑造新的“地方”认同。然而，上级政府主导的城市群跨政区合作更多基于自身意志的考虑，而缺乏对城市间交流与互动的充分关注。不仅产生了新的利益争夺情况，而且会导致地方差异进一步扩大，并最终阻碍城市群的一体化发展。如江苏省提出“苏锡常都市圈”的话语并制定了相应规划，但由于在实施过程中存在众多利益冲突，该规划并未促进城市群合作反而进一步激化了城市间对重点工程投资的竞争，既该合作策略没有淡化原有地方间差异，却使得城市间区域认同产生新的分歧。② 因此，“地方”不仅影响着城市群跨政区合作的效果，并被合作中所形成的地方认同所塑造。此外，地方可以领域相结合并作为去领域化与再领域化的结果，因此，对地方的建构亟待与领

① 苗长虹、胡志强：《城市群空间性质的透视与中原城市群的构建》，《地理科学进展》2015年第3期。

② 罗小龙：《长江三角洲地区的城市合作与管治》，商务印书馆2011年版，第1—10页。

域维度相结合，以综合分析城市群合作中权力关系重组的空间过程与空间效应。

2. 城市群跨政区合作的领域

随着交通与信息技术的快速发展，全球资本加速向特定地域扩张并缩短了资本的积累循环过程，从而突破了传统国家与城市的行政边界束缚，甚至以自己的方式进行空间生产以实现空间的征服与整合。虽然全球化使得劳动力、资金与技术等生产要素在全球范围内快速流动，但经济活动往往在特定地方及其独特的社会关系中集聚。由于资本主义经济危机的周期性发生，资本须不断进行着去领域化与再领域化的规程，从而通过不停运动与地域扩张而扩大剥削范围以产生更高的经济利润。尤其是城市群作为高度城市化与工业化地区，往往凭借着良好的基础设施、密切的经济联系以及政策优惠等区位优势成为资本去领域化与再领域化的场所。在城市群跨政区合作中，通过城市间的产业转移与合作推动了资本的再领域化。尤其是发达城市将部分产业转移到落后地区，不仅缓解其土地资源不足等问题，也使得其资本通过产业合作在新的领域实现“固着”以充分利用更为廉价的劳动力等资源，从而实现了资本再领域化并使得城市间的行政边界逐渐被“软化”，最终促进城市群经济发展。

在城市群跨政区合作中，全球范围内生产要素快速流动与集聚，使特定地方实现了资本的去地域化与再领域化，但该过程往往也伴随着管制权力的跨界延伸与领域重组等其它过程。如在广东省深汕特别合作区建设过程中，深圳市为了解决企业向汕尾市外迁过程中，无法享受根植于特定领域的优惠政策问题，允许该园区企业享受与深圳市企业同等的优惠政策。[①] 此外，大都市区的撤县（市）设区与撤街设镇等行政区划调整，也产生了城市及其机构的再领域化。然而，由于二者再领域化过程的不协调，也容易导致新的城市间冲突，进而对城市群跨政区合作造成一定的阻碍。如南京都市区在撤

① 马学广、李鲁奇：《城际合作空间的生产与重构——基于领域、网络与尺度的视角》，《地理科学进展》2017 年第 12 期。

销江宁县而设置江宁区过程中，虽然实现了经济快速发展，但由于保留江宁区原有县级政府的部分权力以及实施区长由副市长兼任的举措，使得江宁区的权力与制度再领域化不彻底，进而导致江宁区难以完全融入南京大都市区。① 此外，社会力量也通过同乡会、互助会以及维权机构等组织参与城市群合作，并通过话语协商等一系列社会斗争，与权力和资本力量共同影响领域化等过程。随着城市群跨政区合作的开展，资本、权力以及社会力量分别通过各自的方式实现对有界空间的占有与割裂，进而实现对有限空间资源的再分配，即去领域化与再领域化等过程。

3. 城市群跨政区合作的网络

近年来，为缓解城市企业主义危机与增强城市群的整体竞争力，城市间在交换经验与解决政区公共问题等方面开展了一系列合作，并建立新形式的协调机构，从而推动了城市群网络形成。如在欧盟区域政策的大力支持下，西欧主要城市群地区已经初步形成三种形式的城市网络。首先是城市政府参与下行业间合作网络，以调整类似的产业结构模式，如欧洲矿业协会、时尚产业网络等；其次，基于相临地理位置或相似城市类型所形成的空间合作网络，如由大都市区居民社会交往而形成跨地区大都市网络、由欧洲二线城市所形成的边缘地带合作网络等；再次，基于具体政策问题而形成的专题合作网络，如在解决失业问题和打击移民中所形成的城市间合作网络、兴建交通和通信基础设施而形成的合作网络等。

网络作为一种纵横交错的社会关系，通过城市间资金、信息以及技术等交流与共享，使得原有的城市间行政边界逐渐被软化，从而缓和了原有城市间竞争与社会空间两级极化等问题。然而，城市间交流与互动并没有真正消除竞争，而是将其转移到城市群的尺度，即城市间竞争不再以单一的城市或地区为空间单元，而是城市区域的网络及其影响力。作为城市间关系的表征，网络突破了行政边界所割裂的空间单元并强调了人财物等资源的流动

① 罗小龙、殷洁、田冬：《不完全的再领域化与大都市区行政区划重组——以南京市江宁撤县设区为例》，《地理研究》2010 年第 10 期。

性。然而，在城市群跨政区合作，除了上述基于城市间交往与互动形成的功能性网络，还存在基于政治动员而形成的行动者网络。如长三角地区基于自发意愿而形成的高层领导互访、合作论坛以及城市间协调会等行动者网络，推动了多元主体参与且互动频繁的区域协调机制建立，并逐渐成为一种以网络为基础的新型区域管制模式。

总体而言，在城市群跨政区合作中，城市间主要形成基于政治动员的自上而下的正式网络，以及基于信息共享自下而上的非正式网络。这些城市网络嵌套到原有按地区管理的科层制模式中，产生了以横向连接为基础的新型管制模式，从而导致了国家、区域以及城市等角色及其关系的重构。同时，由于网络的流动性与不稳定性，城市网络为国家空间重构提供了以连通性为标准的衡量框架，并影响着城市群合作的形成与发展。虽然基于合作形成的城市网络缓解了城市间竞争，但也带来许多负面效应。首先，城市网络的合作基础薄弱，一旦原有的共同利益消失或者失衡，成员间隐藏的自身利益会被放大并再次产生激烈的竞争。其次，通过城市网络而采取的城市管制措施，由于不同地区自然、经济与社会环境的差别，可能会扰乱城市的发展而不是复兴其经济。

（三）城市群跨政区合作的多重维度间关系

随着经济全球化、市场化以及分权化的深入发展，世界范围内国家间竞争逐渐转变为城市群间竞争，使得城市群跨政区合作与协调成为国家重要的空间战略。在这个背景下，国家一方面通过财政激励与简政放权等一系列尺度下移策略赋予城市区域更多的社会经济管理权限并推动城市群跨政区合作开展，以便于制定本地化政策吸引资本"固着"与产业集聚，从而为资本再领域化提供政策支持。同时，随着城市群基础设施的完善与经济水平的提高，城市间差异逐渐淡化并加强了地方认同，促进了联系密切的城市群内部网络的形成，从而为新一轮的再领域化奠定基础。在城市间竞争日益恶化的背景下，中央与省级等政府也通过制定空间规划或成立区域性组织等尺度上移策略合理确定不同城市的功能与定位，从而促进城市间互补并推动区域协调发展。此外，已有的政策或制度安排对于资本与权力再领域化以及城市网络的构建具有重要的作用。

在资本再领域化过程中，原有城市群内部的“地方”特征与政府间关系对于维持其竞争优势具有重要作用，并且经济发展水平较高且政府间往来密切的地区往往成为其实现企业集聚的重要地区。随着合作的深入进行，城市群的地方属性逐渐被淡化并在资本作用下不断进行去领域化与再领域化，从而推动城市群功能性网络的形成与发展，甚至促进以网络为基础新型管制模式的产生，从而使得原有行政权限调整与尺度重组。此外，城市间通过联盟与合作运动等社会斗争，使得部分监管权力从国家转移到城市群地区，从而通过社会斗争而形成的行动者网络推动管制权力的尺度重组。

然而，由于城市群具有的多种属性，其中领域、地方、尺度以及网络等多重社会空间维度不仅仅表现出简单的相互影响，而且还具有更复杂的组合关系。如相同的合作措施可导致多重社会空间维度同时产生影响与变化，甚至基于一个特定维度的政治策略难以开展合作时可通过其它维度策略的运用，以实现相同的目标。如作为提高中心城市经济与空间规模的重要策略，撤县设区减少了城市内部的行政层级，并强化对原有县级地区的社会经济管理权力，从而通过管制权力的尺度重组推动着城市经济发展。同时，为减少原有县级政府的对撤县设区的抵制，城市往往对县原有管理制度在一定期限内保持不变，甚至提高原有主要领导者的行政级别，从而产生了管制权力的再领域化。① 此外，撤县设区也推动了城镇化进程并加强了城市间经济联系，从而为城市功能性网络形成与发展奠定了较好的基础。因此，面对城市群跨政区合作所带来复杂的尺度重组现象，需要立足于具体的合作背景与政策实践深入分析权力、资本与社会力量等多种因素驱动下，领域、网络以及尺度等多重空间维度相互建构与交织的过程，即基于 TPSN 框架揭示城市群跨政区合作导致的社会空间关系的变化过程及其空间效应。

---

① 张践祚、李贵才、王超：《尺度重构视角下行政区划演变的动力机制——以广东省为例》，《人文地理》2016 年第 2 期。

三、城市群跨政区空间治理的作用机制

在资本、权力以及利益驱动下，城市群开展了基础设施共建、产业转移与承接以及污染共治等具体合作实践，但制度、组织、规划以及政策等方面仍存在较多不足。因此，通过制度层面整合、协调组织的完善以及空间规划的统一等五个方面建立保障机制，从而为其合作开展提供支持。①② 此外，城市群跨政区合作受到复杂利益等因素的影响，合作往往出现中断甚至遭遇失败，需通过试错性管制、路径突破以及利益平衡重建等方面，对合作策略与利益共享机制进行及时调整，进而建立起城市群跨政区合作的调控机制。

（一）城市群跨政区空间治理的驱动机制

尽管城市群跨政区合作受到多种因素的影响，但资本、权力以及利益对其影响重大，并且文化、制度以及民间关系等其它因素，也主要通过这三种因素共同驱动着合作的开展。因此，本节主要从资本、权力以及利益探讨城市群跨政区合作驱动机制，主要包括资本去领域化（Deterritorialization）与再领域化（Reterritorialization）、国家尺度重组（State Rescaling）与城市企业主义（Urban Entrepreneurialism）转移以及资源互补与利益协调等方面。

1. 资本驱动机制：资本的去领域化与再领域化

作为社会活动的产物，资本需要不断扩大产品市场范围与剥削程度，才能实现快速积累并获得更高的利润。在这个过程中，资本通过对生产与流通环节、土地与厂房等固定资产，以及科学、技术以及劳动力等非固定资产的投资，实现了其三次“循环”，并缓解了资本主义生产的危机。然而，资本过度积累的本质属性并未随运动被根除，仍需要在全球范围内寻求新的投资地域以实现“空间修复”。尤其是随着全球化与信息化快速发展，资本加

① 唐承辉、马学广：《山东半岛城市群协调发展评价与合作策略研究》，《地理与地理信息科学》2020 年第 6 期。

② 唐承辉、马学广：《尺度重构视角下城市群区域合作的模式与策略研究——以山东半岛城市群为例》，《城市发展研究》2022 年第 2 期。

速在全球范围内自由流动，并逐渐渗透了民族国家的边界，从而通过产品流通时间的缩短克服了空间障碍，摆脱了原有领域的束缚，并增强地理空间的流动性与可塑性。在资本去领域化过程中，以跨国公司为代表的经济实体不再局限于特定的行政单元，而在更广泛领域中寻求投资机会以实现更高利润。同时，资本的快速流动也使得原有的社会关系发生变化，并打破原有的尺度结构。尤其增强了城市间社会经济联系，从而驱动着城市群功能性网络的形成与发展。此外，原有行政边界的削弱或消亡，减少了地区保护主义等现象的产生，并推动劳动力与技术等其它生产要素跨界流动，使得原有的地方“个性”差异缩小，并强化了区域认同。

虽然在资本去领域化过程中，国家行政边界被削弱或消亡，但资本循环运行与利润实现并不能脱离地域实体，仍需要在具备固定基础设施与特定国家机器的地域内进行“固着”。因此，全球资本受地方“黏性”影响，并在其生产链条范围中寻找并开发地方潜力，从而使得城市群区域逐渐取代国家，而成为资本再领域化的基本空间单元。此外，城市间也需要在产品、信息以及技术等方面，与全球产业链条联通并且拥有良好的社会经济环境，才能充分吸引全球资本。在这个背景下，城市群产业协调与基础设施网络完善，对于资本再领域化具有重要的意义。然而，在现行体制下，城市过于注重自身经济增长，而导致产业同质化严重与跨界基础设施缺乏，进而阻碍资本在特定区域空间的生产。因此，为吸引全球资本并减少其积累的障碍，山东半岛城市群通过行政区划的调整与正式区域机构的成立等多种方式合作，推动着其内部的功能协调，进而建立起相对稳定的空间平台与富有竞争力的社会环境。随着城市群跨政区合作的开展，山东半岛城市间经济联系逐渐增强，并提升了其参与全球竞争的实力，使得全球资本更加依赖于城市群地理空间。然而，在资本再领域化过程中，国家与区域所进行的空间生产虽加速了资本的积累与循环，但也为新一轮的去领域化带来了障碍。尤其是固定资本所组成的地理景观，既是过去资本再领域化所创造的巨大成果，也是资本全球流动与新一轮去领域化的束缚。因此，资本的去领域化与再领域化是一个相互交织的过程，不仅为山东半岛城市群跨政区合作开展奠定了较好的社会经济基础，而且也深受其合作方式、内容以及效果的影响。

2. 权力驱动机制：国家尺度重组与城市企业主义转移

随着威斯特伐利亚体系（Westphalian System）的建立和工业革命的推进，国家逐渐拥有了最强大的权力，并且优先于市场与社会在其领域内，通过线性、自行现代化以及均匀的方式，配置着社会资源并干预社会经济的发展，从而维护其政权的合法性与权威性。然而，这种国家中心论的认识陷入了“领域陷阱”（Territorial Trap），而不能真实反映20世纪70年代以来动态与复杂的国家空间重构特征与趋势。尤其在全球化、市场化以及分权化等一系列改革下，国家将部分管制权力赋予欧盟、亚洲开发银行等一系列超国家组织，以及下放城市区域等次国家组织。国家空间在功能、制度与地理等多个维度被系统性地重塑，从而使得国家呈现出一定的去中心化与定制化趋势。如改革开放以来，为促进地方经济发展自主性，并增强其参与国内外竞争的实力，国家通过赋予城市更多的社会经济管理权限与优惠政策，促进了其经济、空间以及人口规模的扩张，从而为城市群形成及其跨政区合作奠定良好的基础。在这个过程中，尽管国家作用被明显削弱了，但依然保留着众多的权力，从而对城市群发展与跨政区合作起着重要的作用。例如国家通过城市群空间规划的制定与批复，不仅协调了城市间产业、经济以及社会的发展，而且通过成立的跨政区机构驱动着城市群合作机制的形成。

伴随着经济全球化与国家权力下放，城市成为地方政治、经济以及文化中心，并采取招商引资与城市设施环境改善等一系列举措，实现其经济快速增长。随着我国分税制与住房商品化改革，城市大力发展制造业与房地产业等方式，一方面极大提升了地方财政收入并促进其GDP增长；另一方面也推动了城市土地价格急剧上涨，并超出了普通居民的承受负担，降低了对劳动力的吸引力。在这个背景下，城市逐渐成为类似于企业的经济实体，以竞争性策略提高其综合实力，并以企业主义方式进行城市营销，从而使得中国城市发展具有显著的企业主义倾向。然而，由于过度重视自身经济增长，城市出现了产业同构与环境污染严重等一系列危机，并严重阻碍区域整体竞争力的提升。

因此，为实现城市群的协调发展，中央与省级政府通过高速铁路的建设、国家级新区批复以及城市群规划等多项策略，赋予城市群差别性制度供给并提高其空间流动性，从而推动城市群发展及其一体化网络的形成。此外，城市间也逐渐通过高层领导互访、举办合作论坛以及签订行政协议等方式开展合作，从而促进生产要素的快速流动，并以区域整体形式吸引全球资本，从而提高城市群的综合实力。作为区域管制策略，城市群虽然在一定程度上缓解了城市间竞争，并开展了多种形式的跨政区合作，但并未彻底改变城市发展的竞争导向及其营销策略，而是将城市企业主义转移到了城市群尺度，并加剧了城市群间竞争。为了获得竞争优势，城市群则需要积极开展跨政区基础设施建设、环境治理以及产业互补等方面合作，从而驱动着城市群跨政区合作机制不断建立。

3. 利益驱动机制：资源互补与利益协调

作为新型地域空间组织形式，城市群由多个规模、类型以及性质不同的城市组成，并且凭借着密切的功能性联系网络进行资源流动与交换，从而实现城市间资源互补与共享。尤其是经济较为发达的中心城市，虽拥有资金、技术以及人才等优势资源，但由于城市建设用地的有限性，企业往往需承担高昂的用地与劳动力等成本，使得城市发展受到较大的限制。然而，城市群中经济相对落后的城市，因产业与经济发展较为有限，可供使用的土地资源却较为充足，并且劳动力成本也相对低廉。在这个背景下，城市间资源存在强烈互补性，并驱动其开展跨政区合作，以满足各自需要并促进经济共同发展。此外，由于地理位置、历史以及社会背景等因素，城市间在经济、文化以及社会等方面，往往也存在较大差异，甚至具有良好的互补性，从而为其合作奠定较好的基础。即使是城市间拥有相同的资源，通过资源的整合与共享也对城市群发展具有重大意义。在全球化背景下，城市与区域竞争的加剧，使得单一城市难以依靠自身的资源吸引全球资本固着，而需要合作整合资源与共享利益。如山东半岛城市群通过建立旅游合作联盟，将城市间旅游资源进行整合以吸引国内外游客，从而形成更优质与丰富的旅游资源，并推动区域旅游市场共同发展。

随着城市化与工业化的快速推进，城市群吸引了众多产业集聚，并创造了巨大经济价值。同时，也不可避免地造成环境污染，并对人们的生活带来不利影响。然而，由于污染问题的负外部性，城市间享受的收益与付出的成本，往往存在一定的差异。这些问题的解决往往不能依靠单一城市，而需要通过协调城市间利益与责任，甚至受益地区补偿其他地区。尽管牺牲部分城市经济增长，但提高了城市群整体利益。虽然跨界基础设施的建设，可以提高城市群整体连通性并促进其社会经济往来，但在城市企业主义逻辑下城市片面注重自身基础设施建设而忽略公共物品的提供。同时，不同经济发展水平的城市从公共物品改善获得收益也不尽相同，难以积极参与。由于公共问题的跨界性和复杂性，城市群跨政区合作成为协调其整体利益与形成区域共识的重要途径。因此，城市群跨政区合作不仅受到资源互补与整合的驱动，也是区域公共利益协调的方式与需要。

在经济全球化背景下，城市群跨政区合作受到内外部各种政治经济等力量的驱动。尤其是资本、权力以及利益对其影响重大，并使其发展态势日益复杂化。在具体驱动过程中，资本、权力以及利益等因素驱动作用存在较大差别。因此，需要对其具体驱动机制进行深入总结。如资本主要通过去领域化与再领域化，推动其功能性联系网络与社会环境的改造。权力则主要通过国家尺度重组增强了地方发展的经济自主性，并通过城市企业主义转移缓解城市间竞争，从而促进城市群发展及其合作。此外，通过资源共享与利益协调则促进城市群共同发展与整体利益的提升，也推动着其合作不断深入。然而，城市群跨政区合作是特定时期下资本、权力与利益等各种因素共同驱动，在实践过程中难以区分，并且相互作用机制也较为复杂。如在资本的去领域化与再领域化过程中，国家、城市以及区域逐渐融入全球资本循环。为实现特定区域经济快速发展，国家采取了权力下放等尺度下移策略，赋予其充分发展自主权。然而，为减轻城市间竞争又通过区域规划等方式，促进其跨政区合作。同时，城市企业主义上移也是为了推动资本再领域化，以区域整体形式参与全球经济竞争，并吸引“资本”固着，二者相互作用也较为密切。因此，对于城市群跨政区合作驱动机制的分析，需立足于实际情况，并综合考虑资本、权力以及利益等多种因素的相互作用。

（二）城市群跨政区空间治理的保障机制

作为多元行动者互动的长期过程，城市群跨政区合作面对着法律不完善、资金不充足与规划不协调等问题。因此，为推动城市群规划落实及其跨政区合作开展，需要通过制度层面的整合、协调组织的建立与完善、空间规划的统一、财税政策与资金安排以及基础设施共建共享等五个方面，构建全面的保障机制，为其合作提供良好环境与人财物等资源支持，缓解行政区经济并实现城市群一体化。

1. 制度层面的区域整合

城市群跨政区合作面临政策不统一等问题，严重阻碍城市间资源流动与信息共享。因此，需加快山东半岛城市群统一化与常态化的法律制度与公共政策制定与实施。具体而言，主要有以下五个方面。

首先，通过制定专门的地方政府间关系法，明确政府间合作的基本原则、权利与义务以及纠纷解决途径等内容，从而为城市群跨政区合作提供法律依据与制度保障。其次，建立常态化与法律化的城市群合作制度与公约。尤其是赋予城市间行政协议法律效力，并将其作为区域共同遵守的长期合作规则。再次，树立城市群一体化发展理念，统一其基本的管理制度与政策，消除阻碍城市间人财物等资源流动与集聚的制度障碍。尤其是建立共同的市场标准及其质量监督体系，减少对城市间商品与货物检验次数，为其合作奠定市场基础。此外，加快山东半岛城市间与城乡间住房、教育以及医疗等民生方面政策的协调。同时，在招商引资等存在显著利益竞争方面，建立统一政策并引导其联合行动，从而减少城市间矛盾，并推动其跨政区合作深入进行。最后，建立城市群信息共享制度，加快其信息平台的建设，并引导城市间政务等数据的开放与共享，以促进城市间信息交流以及发展政策制定与实施的协调性。

2. 协调组织的建立与完善

通过建立综合性与专门性的区域政府协调组织，综合管理城市群公共事务，并且整合城市间不同利益诉求，以促进山东半岛城市群跨政区合作有序进行。首先，在国家尺度可建立跨部委的区域治理委员会，其成员主要由国务院发展和改革委员会、住房和城乡建设部以及自然资源部等的相关代表组成，专门负责城市群规划制定、重大项目审批，以及跨省区事务协调等事项。其次，在区域尺度，山东省政府不仅可设立区域开发与管理机构，并赋予较高的行政层级与权力，执行与监督城市群规划的执行等事务。此外，也可以建立产业发展、环境保护以及基础设施建设等特定领域专门领导小组，以促进专门性跨政区合作。最后，在城市尺度，成立常态化的山东半岛城市间经济协调会与市长联席会等非正式组织机构，强化城市群信息沟通与共同战略的实施，以推动城市群跨政区合作的开展。

目前，在我国城市群跨政区合作中，政府往往作为重要的参与者，而企业、公众以及非营利组织等参与广度与深度较为不足。因此，引入多元社会主体参与到山东半岛城市群合作议程并监督政策执行，从而提高跨政区合作的效率与政策的接受度。具体而言，首先建立城市群产业发展协会等特定行业组织，为该地区企业与居民提供合作信息，并通过联合行动促进城市群资源共享。其次，成立环境保护等非营利组织，参与城市群环境治理与生态保护等活动，从而改善城市群环境质量并提升其整体形象。再次，成立由专家学者等成员构成的研究咨询类组织，为山东半岛城市群发展建言献策，并为城市群规划、政策以及项目制定与实施提供科学依据。最后，搭建公众参与城市群合作事项的平台，引导公众参与重大事项的咨询、听证以及监督等环节，增强政策的民主化程度并提高民众接受程度。

3. 空间规划的统一与完善

空间规划作为促进城市与区域发展的重要策略，对于推动城市群跨政区合作具有重要作用。目前，我国已经制定长三角、长江中游以及成渝等多个城市群规划，并对依据不同城市群的实际情况进行了差异化定位与政策扶持，从而指导其协调发展。然而，这些城市群规划并未获得法律地位，而是依靠国家发展改革委员会等国务院部门的支持获得了效力，并且其主要是发展蓝图，而缺乏具体实施机制。因此，一方面国家需整合不同部门城市群规划，并专门出台相关法律法规，赋予城市群规划法律地位，并对其具体内容进行规定；另一方面，在城市群规划基础上，城市间应立足地区特色，制定本辖区综合性发展规划，以及土地利用、交通建设以及生态保护等专门性规划，从而细化其规划内容，并减少落实障碍。

具体而言，应加强不同类型规划的协调与整合，形成统一城市群发展战略与空间格局。针对相似的空间规划，从区域长远角度出发，坚持执行由国务院制定蓝色经济区规划，并大力发展海洋经济，而不能出现大幅度变动，影响了规划执行效果。此外，虽然空间规划对于城市群跨政区合作开展与综合实力提升起到较好作用，但各层级政府也需要制定针对产业互补与资源共享等具体事务的配套措施，逐渐改变片面依靠规划的现象，以形成衔接良好、功能全面以及系统化的规划体系，从而提高城市群发展水平，并吸引全球资本再领域化。

4. 财税政策与资金安排

城市群发展与跨政区合作离不开充足的资金支持，但政府财政资源有限性，需要通过政府、企业以及社会共同出资，以形成多元化财政扶持体系与基金体系，从而为城市群资源开发利用、基础设施建设以及环境保护等共同项目，提供资金保障。首先，中央政府可针对城市群地区通过财政拨款，成立专门的投资与建设基金，帮助地方政府强化经济调控能力。同时，针对部分发展较为缓慢的城市群地区，加大转移支付政策力度，并对其重点项目优先支持，从而促进城市群协调发展。其次，省级政府与城市政府可协商将部分城市与省级财政收入按照一定的出资比例，成立城市群跨政区合作基金，并将其作为区域协调机构运作的经费，并按照有关手续进行审批与使用。再次，充分利用税收手段并依据经济发展水平对城市实行差异化的累进税制与政策优惠，甚至对城市群合作园区发展收入不进行征税，而将其作为未来发展资金，从而缩小城市群内部发展差距。

目前，我国城市群跨政区合作项目主要依赖政府投资，而企业与个人等社会资金参与不足，难以满足其巨大发展需求。因此，鼓励企业与个人等参与山东半岛城市群跨政区基础交通设施与信息设施建设，并通过合理利润分配与保障机制，以维护其基本权益。同时，借鉴国内外城市群发展经验，成立多种形式的基金，并加以组合使用以解决特定领域的难题。如针对产业结构不合理，可成立结构基金支持城市间产业转移与互补。同时，也可以成立团结基金，为城市群因自然灾害与重大事故影响下的社会经济恢复，提供资金保障。此外，为提高资金利用效率，可成立政府、企业与民众等多元主体组成的资金管理机构，监督城市群跨政区合作基金的使用，并制定相应的配套措施，以确保资金的专款专用。

5. 基础设施的共建共享

基础设施作为城市群一体化的基本架构，对于缩短城市间时空距离，并加快资金、技术以及人才等要素快速流动，具有较好的促进作用。然而，跨政区交通设施建设往往存在违规征用土地与道路对接不畅等问题，并且需要充足资金与权力介入以推动其合作。因此，为形成网络化与一体化的基础设施，山东半岛城市群需加快交通、信息以及能源等设施建设，并逐步建立共建共享机制，从而避免城市间盲目投资与重复建设，并提高区域合作资金的利用效率。具体而言，主要包括以下四个方面。

首先，加快城市间高速公路、高速铁路与机场支线建设，形成立体化交通网络。尤其是加快山东半岛城市间“断头路”衔接与鲁南地区高速铁路线路的建设，形成城市群三小时通勤圈以及都市圈一小时通勤圈，从而实现城市群“同城”效应，以加快城市间功能性网络发展。其次，统筹城市群网络、电力以及环保等设施建设，逐步实现信息同享、电力同网以及环保同治等特定领域信息共享与资源互补。再次，提高城市群水利设施建设，并构建水资源高效利用与保障体系，共同出资建设跨政区防洪与防风暴潮等自然灾害的基础设施，以提高灾害预警与恢复能力。最后，重点投资与建设合作城市群合作园区，建立快速交通网以连接园区与城市中心区，并加快医院、学校以及银行等配套设施建设。此外，改善合作园区的硬件设施与服务形象，以吸引高科技企业集聚，从而实现规模效应。

作为一个长期过程，城市群跨政区合作面临着城市间行政壁垒与利益竞争等众多障碍。因此，推进城市群跨政区合作顺利开展，需要通过制度整合、组织支撑、规划协调、资金支持与设施共建等五位一体的策略，建立起较为全面的保障机制。在城市群合作实践中，组织支撑、规划协调以及设施共建等策略中的部分措施，已经受到不同尺度政府的重视并加以实施，但其跨政区合作依然较不成熟，并且缺乏重要的保障机制。如在制度整合方面，地方政府间关系法律的缺失；组织机构方面，非正式机构缺乏稳定性与约束力；基金方面，则过于依赖政府支持，而缺乏多元化资金来源渠道等。尽管制度、组织与规划等保障策略存在一定区别，前文分别对其作用过程与方式进行了分析，但在城市群合作实践中，这些保障策略均具有重要的作用，并且往往相互交织与相辅相成，难以将其影响力大小与具体作用机制进行简单区分。

（三）城市群跨政区空间治理的调控机制

作为城市群建设与发展的重要策略，跨政区合作并非是系统性与一次性的过程，并且往往面临着失败的风险。作为试错性管制试验，中央与省级政府等高尺度行动者，需强化简政放权的力度激发城市间合作的积极性，并不断探索与总结合作经验，从而在更大范围中推广合作。同时，跨政区合作具有显著的路径依赖性，需充分考虑原有管制策略的限制并适当改善，兼顾弱势方的利益并对其进行补偿。由于利益复杂性等原因，城市群跨政区合作易遭遇失败，需要合作者采取求同存异的策略渐进地开展交流，并强化机构、资金以及制度等方面的建设，从而为促进新一轮合作提供基础。

1. 试错性的管制试验

改革开放以来，我国通过权力下放与市场化等一系列改革，推动着社会经济体制的转型。但由于国家制度与发展背景等因素的巨大差异，难以直接借鉴他国经验，而需要进行自我探索，使改革具有明显的试验性特征。如20世纪80年代以来，国家先后设立了4个经济特区、14个沿海开放城市以及四大沿海经济开发区。同时，赋予这些地区更多社会经济发展自主权，使其根据自身实际制定政策，并实现了经济快速发展，从而推动了城市群形成及其跨政区合作开展。作为我国城镇化发展的主体形态，城市群也是优化国土空间格局的重要形式，其跨政区合作既有中央与省级政府等高尺度行动者，通过区域规划等自上而下的推动，也有地方政府间主导下的合作，共同反映了不同行动者为实现城市群经济增长，而进行试验性的尺度重组策略。

然而，目前城市群跨政区合作中，并没有现成经验与方式，需要在实践中不断进行探索与总结以进行推广。即使前期开展较为成功的合作，由于高层官员调动或利益变化等因素，也可能出现中断，甚至面临失败。因此，城市群跨政区合作并不是一帆风顺的，需要对其教训进行及时总结，以不断解决合作中的障碍。由于合作不稳定性与结果难以预料性，山东半岛城市群跨政区合作往往面临着众多问题，并且未建立完善的合作机制。一方面需要中央与省级政府加大简政放权的力度，推动城市间自主发展并选择适宜的跨政区合作策略；另一方面需要多尺度行动者共同参与，并总结合作经验，以根据合作中出现的问题及时调整合作方式与内容。同时，将前期试错性实践的成果，结合地区实际进行推广，以带动城市群其它地区的共同发展。

随着经济全球化和市场化进程快速推进，国家也通过设立综合配套改革试验区、国家级中心城市以及国家级新区等其它类型的国家战略区域，并赋予其差异化制度供给，以探索城市区域发展路径。这些不同类型国家空间重组策略，不仅成为区域空间政策的着力点，而且通过相互配合动员了社会空间生产与再生产，并引领着更大尺度战略发展引擎。此外，伴随着社会经济体制的深入改革，国家空间重组策略保持了开放性与包容性，并且促进城市群与其它国家战略区域等多种类型制度试验不断探索。因此，多样化试错性的国家空间重构策略可以通过相互引导与配合，共同为山东半岛城市群城镇化水平提升与跨政区合作开展提供支撑，进而增强城市群合作抵御失败的能力，并在实践中进行调整与改进。

2. 路径依赖与路径突破

在社会空间生产与再生产过程中，国家空间重构并非彻底的一次性变革，而是被过去的国家空间构造策略以及朝向未来的特定社会政治结果所限制，即国家空间重构具有分层属性与路径依赖性。在城市群发展中，中央、省级以及城市政府等多尺度行动者，所采取的管制策略需遵循原有四大区域协调发展战略，并在其基础上开展跨政区合作。同时，在合作中形成的网络，也对未来城市群跨政区合作开展产生了直接影响。尤其是社会经济联系密切地区，开展跨政区的合作往往较容易获得成功。因此，国家空间性重构是不系统与相对松散的，并可以被理解为多次管制策略下分层叠加的“马赛克”式国家空间形态。城市群跨政区合作是国家为适应全球化，并融入全球资本循环，采取的重要管制策略。尽管山东半岛城市群通过空间规划、异地共建功能分区与签订行政协议等方式，推动跨政区合作的开展。但依然保留城市企业主义逻辑，并非对其发展导向的根本性重构，一定程度上减少了合作阻碍，从而在继承了部分原有国家空间性基础上，进行新一轮的国家空间重构。在山东半岛城市群合作实践中，应当避免对原有区域战略的根本性调整。同时，可以进行适当性继承，并且在考虑未来国家、区域以及城市发展朝向基础上，通过相对柔性的尺度重组策略渐进性推动。

尽管城市群跨政区合作具有明显的路径依赖性，但部分城市通过建立全球地方联系、争取高尺度行动者的支持以及利用新闻媒体力量等策略，突破了原有路径的“锁定”并实现自身跨越式发展。尤其是地方政府作为经济发展的主体，在路径突破的过程中往往发挥着重大的作用，并利用尺度可变性扩大地方发展影响力，从而推动合作网络的尺度跃迁。然而，跨政区合作的强势方凭借政策、资金以及技术等资源，也不断强化自身经济实力并主导区域发展，进而一定程度上抑制弱势方突破路径的努力。因此，城市群跨政区合作既是路径依赖的体现，也广泛存在着弱势方突破发展路径的努力。这些不同行动者利用多样化尺度策略，实现自身目标并影响了合作进程与结果。尤其是弱势方需积极争取高尺度行动者的支持，并在合作中广泛创造全球地方产业联系，甚至通过新闻媒体力量吸引全球资本再领域化，从而逐渐突破由强势方限制的发展路径，以实现相对平等的跨政区合作。

3. 利益平衡的打破与重建

作为跨政区合作的基础，城市间共同利益直接影响着合作的开展与成效，一旦利益的平衡局面被打破，合作往往难以推进甚至遭遇失败。尤其是随着城市间竞争的日益激烈，单个城市凭借现有的资源，已难以在全球和区域竞争中占据有利地位，迫使城市间亟待通过跨政区合作方式实现资源共享与互补。然而，在合作过程中，城市间共同利益也会发生变化甚至消失，导致原有共同发展共识被削弱。尤其是在合作初期，经济较落后的城市往往以牺牲自身利益的方式，获取经济发达城市的支持。但随着合作开展与自身实力增强，希望改变原有合作规则以增强自身收益。但经济较为发达的城市，却希望进一步扩大原有收益，进而导致合作者之间出现利益失衡与冲突。因此，在城市间合作利益重构中，应当充分关注弱势方的正当利益，并给予一定的补偿，以调动其参与合作的积极性。同时，为了解决合作的困境，一方面需要城市间定期召开沟通与协商会议，采取求同存异的方式进一步强化合作共识与基础，并寻找新的合作方向；另一方面也需要合作各方依据合作的进展与新出现的问题，及时调整合作规则与策略，建立起弹性、透明与具有较高约束力的权责关系与利益分享机制。此外，针对城市间剧烈的利益冲突，中央与省级政府等高尺度行动者，也可牵头成立各城市成员代表共同组成的仲裁协调机构。

基于区域共同发展的需要，城市间开展了大量基础设施共建、产业转移与承接以及环境污染共治等一系列合作，但普遍缺乏资金、权力与政策等方面保障而出现了合作中断。因此，城市群跨政区合作的重建亟待重视协调机构、发展基金以及合作协议等层面的完善，以提升城市群制度、文化以及产业等一体化水平。同时，通过集聚与扩散效应促进城市间共同利益提高，进而强化对合作者的吸引力，并减少重新开展合作所遭遇的障碍。同时，面对利益平面局面被打破与合作僵化时，城市间政府可通过暂时搁置争议的方式，缓和关系并逐渐从基础设施共建等城市间共同获益的方面，重新打开合作局面，从而减轻城市间合作的阻力。对于招商引资等存在明显利益冲突方面，适当采取渐进的方式先从非正式与非定期的合作进行，在必要情况下寻求高尺度行动者的支持，从而逐步扩大共同利益并推动城市群跨政区合作。此外，应适当引导企业、非营利组织以及居民等多元主体，参与到城市群跨政区合作。

作为实现城市群发展的重要策略，跨政区合作并非是系统性与一次性的过程，而是被原有管制策略和朝向未来的政治经济趋势所限制。同时，面临着众多的利益冲突，需要合作者在试错性探索中，及时总结合作经验并调整策略，从而协调各方的利益并对新出现的问题进行解决，从而为合作顺利进行建立起较为完善的调控机制。由于城市群跨政区合作具有试错性、分层性以及不稳定性等特征，在调控中需关注合作推进过程与效果，并且采取渐进性策略取得合作共识并开展具体行动。随着合作的开展，弱势合作者利用尺度策略突破原有的路径“锁定”，并打破了原有的利益平衡局面。为重建平衡局面，需要合作者进行沟通与协商并协调城市间利益。尤其是强势方需给予一定的利益补偿，以调动弱势方参与合作的积极性，从而推动新一轮城市群跨政区合作的开展。

四、山东半岛城市群跨政区空间治理策略和问题

山东半岛一直是山东省政治经济文化和社会发展的核心区域，也是中国北方沿海地区重要的城镇密集地区。自从山东半岛蓝色经济区、黄河三角洲高效生态经济区、青岛西海岸新区、青岛蓝色硅谷核心区、威海中韩自贸区地方经济合作示范区、山东新旧动能转换综合试验区等国家政策地域空间载体设立后，山东半岛城市群就成为我国改革开放的先行先试区域，承担着我国新旧动能转换、海洋经济发展和中日韩经贸合作等国家使命的前沿阵地。山东半岛城市群的地域范围是一个随着政治经济形势变化而不断变迁的动态区域①，在本节中，山东半岛城市群包括济南、淄博、青岛、潍坊、烟台、威海、日照、东营、滨州、德州、莱芜②、泰安和济宁等13个城市的全

① 山东半岛城市群的地域范围几经调整，具体包括2003年北京大学课题组《山东半岛城市群发展战略研究》提出的济南、淄博、青岛、潍坊、烟台、威海、日照、东营8城市方案，2007年山东省人民政府《山东半岛城市群总体规划（2006—2020年）》提出的济南、淄博、青岛、潍坊、烟台、威海、日照、东营、邹平（滨州市下辖县）的8+1城市方案，2014年山东省人民政府《山东省新型城镇化规划（2014—2020年）》提出的济南、淄博、青岛、潍坊、烟台、威海、日照、东营、滨州、德州、聊城、莱芜、泰安的13城市方案，以及2017年山东省人民政府《山东半岛城市群发展规划（2016—2030年）》提出的全省17城市方案等。

② 2019年初，经国务院批准，莱芜市建制取消，原管辖地域整体并入济南市，山东省地级以上城市的数量缩减为16个。但出于尊重历史传承和方便历时性统计分析的需要，本节仍沿用山东省17城市的统计口径。

域范围[①]，土地面积11.54万平方千米，2018年末总人口7108.16万人、地区生产总值63118.56亿元[②]。该区域可以看作是山东省人民政府《山东半岛城市群发展规划（2016—2030年）》所确定山东半岛城市群地域的核心区。

（一）山东半岛城市群概况

自然地理意义上讲，狭义的山东半岛指胶莱河以东的胶东半岛，由青岛、烟台和威海三市地域组成；广义的山东半岛指从寿光小清河口到日照岚山头苏鲁交界的绣针河口，两点一线以东的部分，其实质是在狭义山东半岛地域范围基础上累加潍坊和日照两市地域范围。

1. 山东半岛城市群自然地理特征

山东半岛城市群三面环海，北隔渤海湾与辽东半岛相望，东隔黄海与朝鲜半岛、日本列岛一衣带水，有着曲折绵长的海岸线和深阔优良的港湾，海岸地貌特色显著。[③]山东半岛城市群属中朝准地台胶辽台隆，多丘陵、少平原、中部突起，包括鲁中南山地丘陵区、鲁西北平原区和鲁东丘陵区等三大地形区域，黄河、淮河、海河、小清河以及山东半岛沿海等五大水系呈辐射状四面分流，导致地形切割破碎。山东半岛城市群位于温带季风气候区，四季分明，夏热多雨、冬寒少雪、春旱多风、秋旱少雨，东部及沿海地区受海洋影响大。山东半岛城市群水资源总量不足，降水多集中于夏季，河流年径流量年内分配不均匀，从东南向西北递减。山东半岛城市群自然资源广布，土地类型复杂多样，能源与矿产资源种类较多、分布广泛且储量丰富，海洋资源种类繁多而经济利用价值高，山水旅游资源历史底蕴深厚。

2. 山东半岛城市群历史地理进程

山东半岛城市群经历了漫长的历史发展演化进程[④]。山东半岛城市群史

① 马学广、唐承辉：《基于功能性联系的山东半岛城市群空间范围划定实证研究》，《经济地理》2020年第5期。

② 除部分研究内容因特殊需要而不得不加以调整之外，本节官方统计数据截至2018年底。

③ 贺可强：《山东半岛城市群地区地质资源与环境及其承载力综合分析与评价》，山东大学出版社2009年版，第1—10页。

④ 李玉江、陈培安、吴玉麟：《城市群形成动力机制及综合竞争力提升研究：以山东半岛城市群为例》，科学出版社2009年版。

前属海岱文化区，是大汶口文化、龙山文化和岳石文化等人类文明的发祥地，分布有泰安大汶口遗址、章丘城子崖遗址、平度东岳石遗址、莒县陵阳河遗址等多个新石器时代聚落遗址，闪耀着中华文化的璀璨光芒。商周时期，山东半岛城市群孕育了齐、鲁、莒、谭、杞、焦、邾、郕、纪、翟等多个规模不等的封国，出现了临淄、曲阜、青州、即墨等具有较大影响力的城市，城市之间建立了较为密切的经济联系。秦汉时期，山东半岛城市群城市数量不断增多，临淄成为全国性大都市，发挥着区域性首位城市的作用。自魏晋时期至隋唐，山东半岛城市群形成了青州与历城双城并峙的二元中心格局。北宋政府在密州板桥镇（今青岛胶州市）置市舶司，统领华北地区的海外贸易。元代开凿胶莱运河以利漕运，形成了以青州为中心、以鲁中山地北麓的东西大道和由胶州经高密和安丘到青州的交通干道为发展主轴的“T”型城镇网络。① 明朝迁都北京之后疏浚运河，鲁西平原成为南来北往的交通要道和全国性物资流通最为主要的渠道，临清和济宁成为山东运河地区最为重要的门户城市。② 清末及至民初，烟台的海运门户地位几经沉浮，胶济铁路和津浦铁路的运行促进了济南、张店、博山、周村、青岛等沿线城镇的发展，交通枢纽职能的提升助力济南的辐射影响扩展到鲁西、山西、河南等地，工商外贸经济的发展逐渐确立了青岛区域性贸易中心的地位。山东半岛城市群改革开放之前内陆城市发展较快，改革开放之后海港城市发展相对较快，逐渐形成了济南—青岛双中心的区域城镇发展空间格局。

3. 山东半岛城市群区域内外的经济和人口比较

中国科学院《中国城市群发展报告（2016）》将山东半岛城市群列为我国“5+9+6”城市群空间格局方案中“稳步建设”的9大区域性城市群之一③，该区域的人口、经济与城镇化协调发展具有重要的示范意义。2018年，山东半岛城市群以山东省73.07%的土地面积、70.7%的人口规模创造了

① 牟胜举、曹荣林、魏宗财：《山东半岛城镇空间演变研究》，《河南科学》2007年第3期。

② 王茂军：《中国沿海典型省份城市体系演化过程分析——以山东为例》，科学出版社2009年版。

③ 方创琳、鲍超、马海涛：《中国城市群发展报告（2016）》，科学出版社2016年版。

82.54%的地区生产总值，城镇化率高出全省平均水平3.79个百分点。

我国主要城市包括省会城市和副省级城市，几乎均是《国家新型城镇化规划（2014—2020年）》及“十三五”规划中提到的19个城市群的中心城市，因此，中心城市的综合发展和竞争能力代表着城市群的发展地位。比较济南、青岛两市与我国省会及副省级以上城市的经济、人口发展状况，可以将我国主要城市划分为三类。第一类是人口、经济首位度双低型城市，主要分布在我国东部沿海地区，以济南—青岛、广州—深圳、杭州—宁波、沈阳—大连、福州—厦门等为代表的“双城争雄”现象突出，区域经济高度发达，但省内城市竞争激烈，经济、人口要素很难高度集中于单一城市。同时，该类型城市中，以南宁、贵阳、呼和浩特等为代表的单中心城市所处省份经济、人口实力较弱，城市综合发展能力有待提高。第二类是经济、人口首位度双高型城市，主要分布在我国东北地区和中西部地区，该类型城市通过行政区划调整、政策倾斜等手段集省域人口、经济等要素于一城，在本省拥有绝对的人口与经济优势，省域“一城独大”现象突出，省域次级城市数量少、竞争力弱、城镇体系规模结构不完善。第三类，经济首位度高、人口首位度低型城市，均分布于我国中西部地区，具有很强的地域性特征，此类城市经济辐射带动力强，人口虹吸效应弱，城市经济集中度远高于人口集中度。

山东半岛城市群济南—青岛双中心均属于经济、人口首位度双低型城市，中心城市的要素集聚能力较弱，中心城市的综合发展水平居于国内中上游。但是山东半岛城市群城市规模结构较为合理、经济和人口布局相对均衡，未来发展潜力较大，是我国东部沿海地区继京津冀、长三角和珠三角等巨型城市区域之后的重要经济增长极和重要的区域性城市群。

（二）山东省城镇体系的历史变迁

20世纪80年代以来，山东省城镇体系发展空间战略不断调整和变化，总体走向空间均衡化和网络化。20世纪80年代，山东省城镇体系发展具有明显的中心极化特征，高度重视中心城市的发展，城市间联系较弱。20世纪90年代，山东省城镇体系的中心极化特征减弱，点—轴开发模式成为省域城镇体系发展的主要指导思想，有效提升了山东省城镇体系网络化的发展水平。21世纪的前15年，提出了“山东半岛城市群”的概念，但省域城镇体系空间战略经历了一个较为波折反复的调整期。目前，山东半岛城市群正面向“一群两心三圈”区域发展新格局积极实施区域协调发展战略①，力图建立更加有效的区域协调发展新机制。

1. 20世纪80年代增长极模式下的中心极化发展

20世纪80年代，山东省城镇体系的发展广泛应用增长极模式，城市发展基本处于中心极化阶段②，突出强调省域范围内济南和青岛“双中心”城市的引领带动作用。这一时期，山东省内城市间联系较弱，省域城镇分布不均匀，中等城市发育不足，城镇人口规模结构呈“哑铃”状。1981—1982年，山东省政府将沿海城市作为突破口，确定了以沿海城市带动大片开发的战略方针，重点发展沿海的青岛、烟台、威海和省会城市济南。

2. 20世纪90年代点—轴开发模式带动区域发展

20世纪90年代，山东省城镇体系的发展主要基于中心城市和交通廊道推进点—轴开发模式，山东半岛城市群可持续发展水平整体呈上升态势。③1994—1995年，山东省提出跨世纪城市“二带五群”发展布局，重点关注宏观意义上承担省际乃至国际竞争职能的“城市带”（胶济带、京沪带），以及微观意义上承担区域内部均衡发展的同城化取向的“城市群”（东营—滨州群、烟台群、威海群、日照—临沂群、莱芜—新泰群），这为山东省域城市化、工业化布局以及为新一轮的城市总体规划提供了重要依据。1995年，立足山东半岛地区的海洋优势和特色，山东省在全国率先提出建

① 山东省委、省政府将区域协调发展作为八大发展战略之一，要求省发展改革委牵头起草《贯彻落实〈中共中央、国务院关于建立更加有效的区域协调发展新机制的意见〉的实施方案》，提出构建“一群两心三圈”的区域发展格局。“一群”即打造具有全球影响力的山东半岛城市群，“两心”即支持济南、青岛建设成为国家中心城市，“三圈”即推进省会、胶东、鲁南三大经济圈区域一体化发展。

② 刘兆德、杨琦：《山东半岛城市群地区空间极化及其影响因素研究》，《长江流域资源与环境》2011年第7期。

③ 刘兆德、陈素青：《山东半岛城市群可持续发展研究》，科学出版社2010年版。

设“海上山东”的发展战略，以青岛、潍坊、烟台、威海、日照、东营和滨州等沿海7市为前沿，推动山东省主要城市内外联动、沿岸线、环半岛地区联动发展，这成为山东沿海城市在经济发展和城市联动方面取得重大进展的关键转折点。1996—2000年，山东省城镇体系仍然采取点轴发展战略。2000年批复的《山东省城镇体系规划（1996—2010年）》提出“两大中心、四个层次、五条轴线”的总体布局方案，即济南、青岛两大中心城市，省域中心城市、区域性中心城市、中小城市、小城镇4个层次，济青聊、日菏、京沪、京九、沿海5条城镇发展轴线，强化济南和青岛的省域中心城市职能，增强其在不同区域的辐射和带动作用，重点发展胶济铁路沿线城市连绵带和5条重点发展轴线，实现以点带线，以线带面，推动全省城镇体系的网络发展。

3. 21世纪前15年城镇体系规划理念往复循环

21世纪前15年，山东省城镇体系发展采取点轴模式和中心地理论的杂糅，在发展理念上踟蹰不前并陷入圈、带、区、群往复循环。2002年5月，山东半岛城市群发展战略研究提出全省“一群三圈”的空间发展设想，即1个山东半岛城市群、3个都市圈（济南都市圈、青岛都市圈、济宁都市圈），并且首次提出山东半岛城市群的概念。此后山东半岛城市群空间发展战略不断调整和演变。2003年，北京大学《山东半岛城市群发展战略研究》提出4条主要轴线、6个城市经济区和3个等级中心城市为主体的山东未来区域经济的空间格局；2006年，《山东省国民经济和社会发展第十一个五年规划纲要草案及说明》提出在全省构造“一群一圈一带”的格局①，第一次提出“鲁南城市带”的概念；2007年，山东省提出“一体两翼”区域空间发展战略②，突破传统上对山东省东西横向发展差距的认识，转而立足省内南北纵

① “一群一圈一带”具体指山东半岛城市群（涵盖济南、淄博、青岛、潍坊、烟台、威海、日照、东营等城市）、济南都市圈（涵盖济南、淄博、泰安、莱芜、德州、聊城、滨州等城市）和鲁南城市带（涵盖菏泽、济宁、枣庄、临沂、日照等城市）。

② “一体”指从山东半岛东部沿海沿胶济铁路向西到省会济南周围，构成山东省区域经济发展的“主体”；“两翼”即北翼和南翼，前者指黄河三角洲及周边地区，后者指鲁南经济带。

向发展差距观察和思考问题，连接横、纵向区域发展为一个有机整体；2009年，《中共山东省委山东省人民政府关于大力推进新型城镇化的意见》（鲁发〔2009〕21号）围绕打造山东半岛蓝色经济区，积极构筑“一群一圈一区一带”的城镇空间格局①；2013年，《山东省城镇化发展纲要（2012—2020年）》延续了“一群一圈一区一带”的省域城镇空间格局目标，但空间内涵略有不同②，蓝、黄两个国家战略区域的重要性得以提升③。

4. 2016年以来都市圈和都市区发展理念的应用

“十三五”以来，山东省城镇体系规划理念日渐重视都市圈和都市区式发展模式。2017年经国务院同意并由住建部批复实施的《山东省城镇体系规划（2011—2030年）》提出了“双核四带六区”城镇发展空间布局④，淡化城市群，培育城镇组群（都市圈），推动同城化，有意识地强化极核。同年由山东省政府批复的《山东半岛城市群发展规划（2016—2030年）》提出了“两圈四区、网络发展”空间战略，将城市群概念具体化并拆解为都市圈和都市区，力图构建济南都市圈、青岛都市圈和烟威、东滨、济枣菏、临日等

---

① “一群”是以青岛为龙头、青岛和济南为中心的山东半岛城市群，是蓝色经济区建设的重要载体、全省经济社会和城镇化发展的核心区、我国东部重要的经济中心、具有国际竞争力的城市群。“一圈”是以济南为中心的济南都市圈，是带动山东省中西部发展、加快城镇化进程的经济增长极。“一区”是以东营为中心，依托黄河三角洲高效生态经济区的开发建设，培植的环渤海经济圈新的经济增长极和城镇发展区。“一带”是以日照为对外开放平台，以临沂、济宁为中心，依托鲁南经济带尤其是鲁南临港产业带的开发建设，构筑的欧亚大陆桥东部新的经济增长极和城镇带。

② 与《中共山东省委山东省人民政府关于大力推进新型城镇化的意见》（鲁发〔2009〕21号）中的“一群一圈一区一带”内涵略有差异，《山东省城镇化发展纲要（2012—2020年）》中“一群”指山东半岛城市群、“一圈”指济南省会城市群经济圈、“一区”指黄河三角洲城镇发展区、“一带”指鲁南城镇带。

③ “蓝”指2011年国务院以国函〔2011〕1号文件批复的《山东半岛蓝色经济区发展规划》，是我国第一个以海洋经济为主题的区域发展战略。“黄”指2009年国务院以国函〔2009〕138号文件批复的《黄河三角洲高效生态经济区发展规划》，标志着黄河三角洲地区的开发上升为国家发展战略。

④ “双核”即济南、青岛两个核心城市，“四带”即济青聊、沿海、京沪通道、鲁南4条城镇发展带，“六”区即济南—淄博—泰安—莱芜—德州—聊城、青岛—潍坊、烟台—威海、济宁—枣庄—菏泽、东营—滨州、临沂—日照等6个城镇密集区。

4个都市区，该规划将全省17城市全部纳入山东半岛城市群空间范围，着力打造区域中心城市，强化核心城市的带动作用。2020年1月起，山东省先后印发《贯彻落实〈中共中央、国务院关于建立更加有效的区域协调发展新机制的意见〉的实施方案》以及《关于加快胶东经济圈一体化发展的指导意见》《关于加快省会经济圈一体化发展的指导意见》和《关于加快鲁南经济圈一体化发展的指导意见》等政令文件，构建起“一群两心三圈”的区域发展新格局，支持济南和青岛建成国家中心城市，打造具有全球影响力的山东半岛城市群。实施省会、胶东、鲁南三大经济圈发展战略，并建立议事协调机构推进机制。

从20世纪80年代以来山东省区域空间规划战略来看，山东省一方面想要打造中心城市，提高中心城市的经济辐射带动能力，另一方面又要兼顾城市之间的联动合作，促进区域协调发展。但在此过程中，区域规划政策出现了不少问题：第一，受周边地区国家战略（京津冀协同、中原城市群、淮海城市群等）的影响以及政府在不同时期推出不断变更的区域发展政策，国家尺度的城市群战略在省内发展规划的制定中被不断拆解和具体化为地区尺度的都市圈/区战略，造成区域空间政策的破碎化和非连续化、国家战略区域（山东半岛蓝色经济区、黄河三角洲高效生态经济区）与省域战略区域（山东半岛城市群、省会都市圈）的叠加以及区域破碎化等问题。第二，虽然区域联动发展战略陆续推出，但外围地区“离心”区域以何种形式和功能融入城市群发展、如何有效进行行政边界地区的跨政区协同发展以及跨界公共资源的分配和跨界公共事务的处理仍是持续考验地方政府空间治理能力的难题。第三，不同部门和不同尺度空间战略的相互干扰、迂回、犹疑和反复，空间政策的延续性和权威性不断受到质疑。这些问题都要求省市各级地方政府在出台空间规划战略时立足长远、综合考虑，制定出有渐进发展性的综合化全面统筹的可持续发展方案。

（三）山东半岛城市群跨政区空间治理的合作模式

在三个跨政区合作案例中，尺度重组体现出不同的特征与结果，并与其它社会空间维度相互建构与交织。尤其是主导合作的“尺度”及其互动中的尺度策略存在显著差异。因此，本节基于尺度重组的视角，尝试对山东半岛城市群跨政区合作模式进行总结与区分，从而形成三种城市群跨政区合作较为典型的合作模式，即自上而下的高尺度带动模式（以《山东半岛蓝色经济区发展战略》的合作为代表）、自下而上的高尺度支持模式（以青岛前湾保税港异地共建功能分区的合作为代表），以及低尺度地方间主导模式（以山东半岛城市间协议的合作为代表）。①② 然而，在城市群跨政区合作实践中，尺度重组过程更为复杂，并深受特定地区自然、经济与政治环境的影响，从而隐含着多元行动者权力与利益的重组。因此，这三种合作模式的区分是在结合山东半岛城市群跨政区合作案例的基础上，为了理论研究而相对理想化的分类，并不是唯一与绝对的分类方式。

1. 自上而下的高尺度带动模式

在这三种合作模式中，自上而下的高尺度带动模式主要由中央或省级等高尺度行动者发起，并通过上升为国土开发和国家发展战略，而实现了“差别化”的制度供给，使特定城市群发展与跨政区的合作，获得了优先于其它地区政策与资金等资源的支持，而及时融入全球资本循环中，从而加速其合作进程并提高了城市群整体竞争力。如《山东半岛蓝色经济区发展战略》中重点对该地区建设与跨政区合作，给予财政、投融资以及土地等众多政策优惠，并对范围内城市给予行政管理体制改革试点权，以提高其发展的自主性。同时，这种模式的跨政区合作，由于受到国家层面的关注，其初期往往被省级政府高度重视，并通过自上而下的行政命令推动其合作的进行，甚至成立专门的协调与管理机构推动合作策略的实施，并在短期内取得了一定的效果。然而，省级政府对该类合作表现出较高的积极性，主要希望借助高尺度行动者的支持成为区域竞争的主体，并加强对城市政府的管制，从而通过尺度上移策略获得更多资源的配置权，并主导区域发展。此外，城市政

① 唐承辉、马学广：《尺度重构视角下城市群区域合作的模式与策略研究——以山东半岛城市群为例》，《城市发展研究》2022 年第 2 期。

② 唐承辉、马学广：《山东半岛城市群协调发展评价与合作策略研究》，《地理与地理信息科学》2020 年第 6 期。

府初期虽表现出服从中央与省级政府制定战略，但并不是为了强化与其它城市的合作，而主要是希望通过国家级战略获得政策优惠，从而进行城市营销以实现本地区的经济增长。

由于战略规划并不具备真正的法律效力，省级与城市政府在执行过程中基于自身利益的考虑，而难以深入贯彻落实，甚至制定与其较为不同的新空间规划，从而使得其原有规划的效力降低，而难以真正推动城市群的跨政区合作机制的形成。尤其是该战略发布之后，山东省随后出台内容较为相似的省域城镇体系规划与城市群规划，并出于兼顾各城市利益与实现省域经济协调发展，提出存在明显差异的城镇组团发展策略，使得城市政府难以依据原有战略开展合作。既缺乏关注城市间真实存在的功能性联系，也没有尊重日照等城市自身的合作意愿，使得其合作积极性受到一定影响。在这种模式中，城市间合作对象主要由高尺度行动者决定，而城市主体依据其要求开展相应的合作。由于该战略制定过程中主要由高尺度行动者进行决策，而城市与县（区）政府等低尺度行动者，并未充分表达自身意愿且交流与互动也有限，使得该战略往往只能依靠上级政府强制执行，而未能充分调动多尺度行动者的积极性。尽管在合作发起过程中，国务院及其部委等高尺度行动者发挥了主导作用，但在具体实践中仍由城市政府落实。由于缺乏前期交流与互动，城市政府虽然对该战略进行支持并开展了一定合作，但城市间合作进程较为缓慢，并侧重在对城市自身有利的经济领域。尤其是基于高尺度行动者提供的资金、土地以及技术等资源支持，城市间往往倾向于开展建设基础设施等相对初级的合作，而对于医疗、教育以及环保等涉及城市自身利益相对深层次的合作并未进行。

因此，自上而下的高尺度带动模式主要依赖行政命令，推动城市群跨政区合作的开展，并基于“差别性”优惠的政策促进了城市群经济区域化过程，但并未形成长期多层次的城市群跨政区合作机制与政治区域化。在该模式下，城市群合作涉及中央、省级以及城市等多尺度行动者复杂的权力与利益关系。在合作的初期，由于高尺度行动者的重视，其进展较快并取得一定成效。然而，随着合作深度与广度的不断拓展，省级政府与城市政府往往采取有利于自身利益的行动策略，而阻碍合作进一步推进。尤其是城市仍奉行其惯有的城市企业主义逻辑，而侧重本辖区经济发展，进而对跨政区合作积极性不高。因此，以《山东半岛蓝色经济区发展战略》为代表，区域空间规划推动下的城市群跨政区合作虽体现了高尺度行动者对区域协调发展的关注，并短期带动城市群经济一体化发展，但并未根除城市间的“行政区经济”，且缺乏足够的信息交流与互动，使得城市群跨政区合作机制难以真正形成并长期发挥作用。

2. 自下而上的高尺度支持模式

通过青岛前湾保税港功能分区合作的经验总结，本研究将其作为城市群跨政区合作中自下而上的高尺度支持模式。在这种合作模式中，具有一定社会经济发展差距的城市成为合作主要发起者，但随后受到中央或省级等高尺度行动者的支持而加速了合作进程。即中央或省级、城市以及县级政府，均成为城市群跨政区合作的参与者，但高尺度行动者主要提供支持，而没有主导合作的形成与发展。在合作对象选择中，经济较为发达的城市往往与具有强烈发展欲望且社会经济相对落后的城市开展合作，甚至其合作地点形成了具有“飞地嵌入”型的空间布局。同时，在合作初期，城市间政府往往具有一定交流与互动基础，并且对双方资源的优劣势具有一定的认识，从而为这些城市间合作奠定了较好的基础。如青岛前湾保税港区拥有政策、资金以及技术等优势，但面临土地资源不足等问题，而德州等城市则拥有土地、较为廉价的劳动力等资源，但遭遇资金与技术不足等问题。随着合作共识的达成，城市间政府逐渐通过签订合作协议等方式，将原有的政策优势扩大到新的城市，使得经济较为发达的城市权力与资本延伸到经济较为落后的城市，并建立起跨政区制度与资本合作空间，从而为其合作提供政策与权力支持。然而，由于经济较为发达的城市拥有较多的优势资源，在合作过程中往往占据着较为有利的地位，而经济较为落后的城市则需要作出一些利益的妥协，而处于较为不利的地位。如经济较为落后的城市尽管获得了技术、人才以及资金等资源支持，但放弃了对功能分区的一部分土地使用权与社会管理权限，甚至需接受被转移较为低级的产业，从而实现自身经济增长。

随着合作的不断深入，逐渐引起中央与省级等高尺度行动者的关注，并获得其相应支持。如青岛前湾保税港区不仅获得国务院及其部委同意建设内陆地区功能分区，并且希望其对发展与管理模式进行试点，以为其它保税港区合作提供借鉴，从而使得跨政区合作得到国家尺度的认可，而减少了合作阻碍。同时，山东省委、省政府出台的《关于青岛保税港区实施走出去战略》的意见，也对城市间开展共建功能分区合作，提供较为有利的制度支持。尽管高尺度行动者参与到合作进程，并为其提供了支持，但具体事项仍由合作城市间进行协商。但面对城市政府难以解决的问题，则由省级与中央等政府进行协调，从而体现了较为明显自下而上的高尺度支持特征。

尽管在这种模式中，城市间政府对合作的发起与推进发挥着重要的作用，但企业作为产业转移的主体，也成为合作重要参与者并起到一定的作用。具体而言，一方面，经济较为发达的城市需要提供政策与资金等资源鼓励企业，在功能分区开设分支机构或进行过剩产能转移，从而推动合作功能分区的建设。另一方面，经济较为落后的城市也需减少行政管理程序与改善服务，并提供较为良好的基础设施，以吸引更多企业入驻。因此，以企业为代表的市场化力量也成为城市间共建功能分区的重要推动力，促进了城市间异地增长联盟的形成与发展。由于这种合作模式，建立在资源互补的基础上，因此城市间通过合作往往能实现双赢。即经济较为发达城市获得了新的经济发展空间，而经济较为落后城市则实现了经济增长。同时，在具体合作中，城市间通过协商与交流促进信息共享，并通过签订合作协议的方式，也为合作提供了一定保证。此外，由于功能分区作为青岛保税港功能分区的分支机构，受到其功能区领导小组与协调办公室的指导与协调，相对稳定的协调机构与管理方式使得城市间合作中出现的矛盾也较容易解决。相对于山东半岛蓝色经济区发展战略下的跨政区合作，这种合作模式因尊重城市间发展意愿与信息交流较为充分，并且获得了高尺度行动者的支持而更为有效，并表现出较为良好的发展前景。同时，在其它城市群地区也具有一定操作性与可推广性。此外，由于合作城市间地位不平等，为保证合作长期可持续发展，未来可进一步优化合作双方的权力与义务，并使得城市间获得相对公平的利益分配。同时，高尺度行动者对于其合作应进行密切关注，适度提供进一步资金与政策等资源支持，并给予充足的发展自主权以促进城市群合作网络的形成与发展。

3. 低尺度地方间主导模式

在这种合作模式中，城市政府及其职能部门成为合作的重要发起者，并主导合作的进程，企业等主体也参与了合作。然而，中央与省级政府等高尺度行动者较少直接参与，因此成为低尺度地方间主导模式。在合作对象选择上，往往地理临近且存在较密切社会经济联系的城市间，较易达成共识并签订合作协议，如青潍日一系列行政协议的制定。相比于多个城市共同开展合作，两两城市间因涉及对象较少，合作的难度较低而更容易达成合作共识。通过比较合作对象间社会经济发展差距，也可以发现社会经济发展水平较低的城市，倾向于与经济发展水平更好的城市合作，从而引入其资金、技术以及经验等资源。然而，综合实力较为接近的城市，由于在政治、经济以及文化领域存在较多竞争，而难以出现该类合作。尤其是城市群的中心城市间合作难以开展，如济南与青岛由于竞争激烈，并未主动提出互相合作并签订二者间行政协议。

尽管城市间经济发展水平不一致，但基于行政协议的合作普遍出于自愿平等、互利共惠等原则，较少出现原有城市间权限转移与利益分配不公等现象。此外，非营利组织、企业与个人等其它主体也参与到合作过程中，并影响着其效果。尤其是，大型企业组织甚至对合作发展起着主导性作用。因此，城市群跨政区合作已经出现了部分多元主体共同参与的局面。随着城市间合作的开展，城市与县区的职能部门受其影响，也相继签订行政协议并将合作深化，从而实现了城市群合作网络的由城市尺度下移到其部门或县域尺度。如在山东半岛城市群旅游合作过程中，县域政府发现城市间通过旅游合作宣言与协议等多种方式的合作，不仅提升了旅游景点的吸引力，也推动了游客资源的共享，从而激发其合作的积极性而建立起县域尺度旅游合作联盟。

这种模式的合作前期往往通过高层互访与举办合作论坛等方式，进行了较为充分的信息交流，随后通过签订协议开展了交通设施建设、技术合作与旅游合作等特定领域的合作。但随着合作推进，也逐渐出现了多个城市部门的战略合作，从而将合作的深度与广度实现了突破，而不再仅局限于某一特定领域。因此，在这种合作模式中，具有明显的阶段性，并体现为一个长期的合作过程。前期主要表现为以高层领导互访为代表的信息交流，而后则是共建基础设施等特定领域的合作，最后随着合作推进逐渐出现了战略的合作。该合作模式下，城市间通过山东半岛蓝色经济区党政联席会议等非正式合作组织，也推动城市间信息交流与共识的形成。但由于缺乏正式的合作机构，导致部分涉及城市自身利益的专题合作难以开展。此外，自愿基础上的合作较少出现行政层面的尺度重组现象，但在经济与社会文化合作领域，也存在尺度重组的现象并推动合作拓展。

由于共同利益是地方间政府主导的跨政区合作的基础，一旦共同利益发生了改变或消失，这种合作往往难以深入推进，甚至被终止。同时，这种合作模式也受到城市主要领导者的影响。尤其是城市间高层互访与领导交叉任职，对合作形成与推动具有重要的作用。但随着城市发展重点的转移或领导人调任，合作容易受到冲击，并影响了合作的长期性与稳定性。此外，虽然行政协议等合作具有一定约束性，但其规范性与强制力远不如正式制定的法律与规章制度。即使个别城市出于自身利益的需要违反合作协议，其它合作城市也难以对其进行有效的劝导或处罚。因此，尽管地方间主导的合作使得城市群合作不再局限于政府的行政命令，而是出自城市间自发的意愿，并推动城市群一体化水平的提高，但也未改变城市惯有企业主义逻辑，而是将其转移至区域尺度，并且具有一定不稳定性与脆弱性。因此，针对这种合作模式，城市群可建立相对正式合作机构与仲裁制度为其提供组织与制度保障，并且鼓励民间更多非营利组织、企业与个人等多元社会主体参与合作，共同为城市群发展建言献策。

在三种城市群跨政区合作模式中，以青岛前湾保税港异地共建功能分区为代表的自下而上的高尺度支持模式效果最好，并且具有较好的发展趋势。以行政协议为代表的低尺度地方间主导模式合作效果次之，以山东半岛蓝色经济区战略为代表的自上而下的高尺度带动模式合作效果最差。在合作的影响因素中，高尺度行动者的支持与城市间信息交流发挥着重要的作用。自上而下的高尺度带动模式，虽具备高尺度行动者支持，却缺乏城市间信息交流与互动。低尺度地方间主导模式虽具备了城市间信息交流，但缺乏高尺度行动者的支持，而影响了合作效果。自下而上的高尺度支持模式则具备了这两大主要因素，从而成为较为成功的合作模式，并获得了较多城市认可。在城市群跨政区合作中，政府往往起着主导性作用，并影响着合作的进程与效果。其中，自上而下的高尺度带动模式政府参与程度最高，而其它社会力量参与较少。第二种与第三种合作模式则包含了较多企业与其它社会主体参与，从而提高跨政区合作的有效性。此外，尽管山东半岛城市群已经出现了多种合作模式的跨政区合作，但主要推动了经济区域化，而尚未真正形成政治区域化，也未改变城市企业主义的惯有逻辑，而是将其转移到了区域尺度，以参与国家与全球等更高尺度的市场竞争。

在城市群跨政区合作中，城市间权力与利益的重组表现为尺度、网络以及领域等多重社会空间维度相交织的过程，并且在不同合作模式存在一定的差异。如自上而下的高尺度带动模式，更多表现为高尺度行动者管制权限下放与“差别性”制度供给等特征。低尺度地方间主导模式较少出现行政权限调整与正式行政机构的建立，更多表现为经济领域的尺度重组与城市间行动者网络的建立。自下而上的高尺度支持模式，则发生了行政权限调整、组织机构建立以及跨尺度网络搭建等众多特征。随着跨政区合作的开展，城市间经济联系得到了普遍提高，并且不同合作模式均一定程度上推动了城市群功能性联系网络的形成与发展，从而提高城市群综合实力与一体化水平。城市群跨政区合作作为一个长期过程，多尺度行动者作为重要的参与者，对合作发起与效果产生不同的作用。尤其是前两种合作模式中央与省级等高尺度行动者均参与到合作中，而第三种模式虽缺乏高尺度参与，但城市与县域政府等低尺度行动者发挥着主导作用。在城市群跨政区合作中，涉及多尺度行动者复杂的权力与利益冲突，需要在合作过程中不断发现问题，并在协商基础上进行解决。

（四）山东半岛城市群跨政区空间治理的策略

作为沿海重要的开放地区之一，山东半岛城市群基于优越区位条件和良好资源禀赋成为重要的区域增长极。① 然而，山东半岛城市群虽通过行政区划调整、成立合作联盟以及跨边界功能区建设等尺度重组策略开展了一系列合作，但依然存在城市间竞争激烈、城市过度扩张以及跨政区环境污染严重等一系列问题，并且有待通过政府、市场与社会等多元力量推动下的跨政区合作进行解决。

随着全球化进程不断推进和区域公共问题的日益加剧，各地政府逐渐调整管制策略，并倡导通过合作的方式提高区域竞争力以及实现共同发展。在跨政区合作实践中，山东半岛城市群不仅通过行政区划与行政权限的调整等相对刚性的尺度重组策略缓解行政区分割现象，而且利用合作网络的构建与跨边界功能区的成立等相对柔性的尺度重组策略，推动了跨政区合作的开展。

尽管前文对近年来山东半岛城市群开展的跨政区合作策略与存在的主要问题等方面进行了初步分析，但缺乏基于具体案例系统性探讨其合作过程与模式。因此，本节进一步结合山东半岛城市群跨政区合作的具体情况，选取了三种较为典型的合作案例。②③ 具体而言，以山东半岛蓝色经济区发展规划的跨政区合作、青岛前湾保税港异地功能分区的合作以及签订大量的城市间协议的合作最具代表性。《山东半岛蓝色经济区发展规划》获得了中央及其部委、省政府以及城市政府等多尺度行动者的高度关注，并在其影响下开展了大量的跨政区合作并获得了一定效果，从而成为以区域空间规划为代表的城市群跨政区合作较好的案例。青岛前湾保税港区响应省委省政府以及

① 唐承辉、马学广：《山东半岛城市群协调发展评价与合作策略研究》，《地理与地理信息科学》2020 年第 6 期。

② 唐承辉、马学广：《尺度重构视角下城市群区域合作的模式与策略研究——以山东半岛城市群为例》，《城市发展研究》2022 年第 2 期。

③ 唐承辉、马学广：《山东半岛城市群协调发展评价与合作策略研究》，《地理与地理信息科学》2020 年第 6 期。

青岛市政府等多尺度行动者的号召，通过与城市群其它城市建立异地功能分区而进行城市间园区合作，并且获得了国家海关等部门的支持，成为城市间较受欢迎的跨政区合作，也是一个典型的研究案例。此外，山东半岛城市间通过自愿签订协议，开展的合作也成为跨政区合作重要实践，并深刻影响着城市间关系以及区域政治议程的发展。

1. 国家战略规划推动下的城市群跨政区合作

作为国家与区域重要的发展战略，山东半岛蓝色经济区自 2009 年由胡锦涛同志视察山东时提出后，逐渐被社会各界所接受，并通过中央与省级等各层级政府的推动，上升为国家级战略，从而引领着山东半岛城市群跨政区合作。尽管山东省早在 20 世纪 90 年代已提出建设“海上山东”和发展“海洋经济”等重要策略，但由于蓝色经济区战略内涵更为抽象且外延也更加丰富，极大提高了社会各界参与“蓝色”话语建构与解读的灵活性，从而为地方共识的形成与发展奠定了较好的基础。同时，山东省政府充分利用“蓝色”话语，并将其与国家海洋发展战略相结合，动员了国家尺度主要行动者，实现了尺度跃迁并为蓝色经济区建设提供更有力的支持。其中山东省与国家海洋局共同签订《关于共同推进山东半岛蓝色经济区建设战略合作框架协议》，不仅使得蓝色经济区进一步获得国家海洋局的认同与支持，而且强化了该战略的动员能力，并促进各级政府共同参与到蓝色经济区的建设与发展中。在这个背景下，山东省政府多次召开蓝色经济区的动员大会，青岛、烟台与威海等沿海城市也开展了相应工作。

山东半岛蓝色经济区发展战略不仅对城市的发展定位与空间布局进行规定，而且涉及产业发展、科教战略、基础设施建设以及生态环境保护等多个方面，内涵较为丰富，并成为指导海洋经济发展和区域协调的综合性战略。随着该战略制定与获批，山东省级与城市政府加大了蓝色经济区的建设力度，并成立相应的组织机构，以推动城市群跨政区合作，体现了较为明显的自上而下的行政主导色彩。在国家领导人和上级政府的重要指示下，山东省政府迅速召开会议，并成立以省委书记与省长等高行政级别官员构成的蓝色经济区规划建设领导小组与推进协调小组，极大促进了前期指导意见与规划的制定与实施，从而为蓝色经济区建设提供平台与制度支撑。尽管这两个机构并不属于正式的行政部门，但通过领导高配的方式，灵活且低成本地将蓝色经济融入区域规划中，从而以相对柔性的尺度重组推动城市群跨政区合作。

为推动蓝色经济区战略加速落实，山东省政府相继成立正式的蓝色经济区建设办公室以及区域战略推进办公室，以协调与监督该战略的落实。尤其是区域战略推进办公室，不仅整合“蓝、黄”两区现有办公机构，而且成为依附于省发改委的正厅级行政机构，具有较大的职权统筹蓝色经济区事务，并监督其建设效果。传统上权力相对弱势省级政府，通过制定与推动该战略并将其上升成为其国家战略，即采取尺度上移策略逐渐成为区域竞争的主体，并且希望借助其加强对城市政府的管制。同时，中央与省级等政府通过行政权限下放等尺度下移策略，赋予城市及其县区更多社会经济管理自主权，并对其探索海陆统筹与海洋综合管理模式给予鼓励支持，从而制定与实施本地化发展战略，以吸引资本“固着”并实现去领域化。

在国家和省级政府大力支持下，山东半岛蓝色经济区经济实现了快速发展，并开展一些经济领域的合作，但并不直接表明城市群跨政区合作的政治议程和体制已经形成。然而，由于地方政府主导着城市的经济发展与运作的权力，对于跨政区合作并没有太大的积极性，而仍然注重本辖区的经济增长以提高政治绩效。如青岛、烟台与威海等沿海地区的产业同构现象，仍较为严重。同时，作为国家发展海洋经济与干预地方发展的战略，其具体实施仍由省级与城市政府所推行，但二者基于各自的利益并未依据战略推动跨政区合作，甚至将其作为获取发展机会与政策支持的工具。

《山东半岛蓝色经济区发展战略》中曾明确提出青潍日城镇组团发展，但山东省政府制定省域城镇体系规划（2011—2030）与城市群规划（2016—2030）为兼顾各城市的利益与促进鲁南地区的发展，均在规划中提出临日都市区策略，而两个规划却与蓝色经济区战略在年限中存在明显的交叉。依据蓝色经济区战略，山东半岛城市群的发展重点应为大力促进沿海地区的海洋经济发展，但山东省基于省内区域经济协调，多次将济南作为城市群发展重点，希望其带动省内中西部地区崛起。该规划推动下的合作受到强烈的行政影响，并随着政府发展重点的转移而具有不稳定性。经过长期的市场化与分权化改革后，地方政府成为城市政治、经济与文化中心，对于国家制定较为宏观与粗略的战略虽依然支持，但主要希望实现自身经济发展，并未将其作为推动城市群合作与区域协调的根本性目标。

尽管地方政府对于国家制定的战略表面上较为配合，并采取了一定的合作措施，但主要集中有利于城市经济发展的领域，而对于教育、医疗等民生领域并未开展实质性的合作。即使曾主动提出接轨青岛的日照与潍坊，虽签订了《加强区域合作交流推进青潍日城镇组团发展》合作书，并初步实现了城市公交“一卡通”。但城市间长期多层次协商机制并未建立，并且在港口、机场等领域，依然存在较为严重的竞争。在山东半岛蓝色经济区发展中，跨政区合作主要依赖于国家与省级政府强力推动，尤其是上级政府成立的非正式领导小组与正式区域战略推进办公室等组织机构，对于城市间协调发展起着十分重要的作用。同时，通过行政权限下放等多种策略，扩大城市发展自主权，从而制定本土化战略。山东半岛蓝色经济区作为国家级战略，对山东半岛城市群发展及其跨政区合作发挥着重要的作用，但其发展过程中过于依赖自上而下的行政权力及其手段的支持。随着上级政府注意力的转移与发展重点的改变，该战略受规划期的限制，难以具有长期性与可持续性，并且未能解决城市群“行政区经济”的根本性问题。因此，有待于通过共同利益基础上，政府、企业以及学者等多元社会主体共同参与的相对自发城市群合作的结合，以形成多元化的合作机制，以推动城市间良性竞争与功能互补。

2. 山东半岛城市群异地共建功能分区的跨政区合作

作为前湾保税港区的前身，青岛保税区凭借东部沿海的地理位置与“保税、免税与免证”等独特的政策优势，吸引着全球资本的“固着”，并成为区域经济重要增长极。然而，随着全球化的深入发展，青岛保税区原有的“区港分离”与“多头管理”的模式，使得政策作用难以发挥。在这个背景下，青岛保税区依据“功能整合、政策叠加”的要求，将港口区、保税区以及物流区等多个政策功能区，进行整合与升级以形成保税港区，并成立了专门的管理委员会作为其直接管理机构，从而实现了由单一保税区向多功能保税港区的转变。尤其是它成为保税港区后，通过区港联动的方式实现了海运直通与交易自由流转，减少了货物办理进出口的手续并降低费用，从而充分利用了政策优势并提高经济效益。尽管青岛保税港区凭借着众多的政策优势实现了自身的跨越式发展，但由于规划面积的有限性，导致土地资源供应严重不足，资本再领域化的难度加大并限制其发展。

为了更充分发挥前湾保税港区的政策优势，山东省委与省政府共同出台了《关于青岛保税港区实施走出去战略》的意见，希望通过“区区联动”提高保税港区的辐射作用并促进城市群跨政区合作开展。在此背景下，青岛前湾保税港区在德州乐陵、济宁邹城以及临沂沂水等其它城市相继建立 8 个功能分区，将保税港区的功能政策优势辐射到城市群其它地区，并吸引资本与企业特定区域集聚，从而减少了资本再领域化的障碍。此外，前湾保税港区也在省外的石家庄（行唐）、邯郸（鸡泽）等其它省份城市建立了功能分区，但由于不属于山东半岛城市群地区，对其暂不予考虑。

在空间分布上，这些建立的保税港功能分区，主要分布在山东半岛城市群的中西部地区，尤其是经济相对落后，并且距离青岛较远的的聊城、济宁以及菏泽等城市分布较多。由于这些城市缺乏沿海港口，企业进出口往往需支付大量的关税等税费，而通过与前湾保税港区合作则可以极大降低这些关税支出并获得其它优惠政策。同时，这些城市经济相对落后，普遍具有强烈的发展欲望吸引投资以实现经济增长。青岛前湾保税港区则受限于有限的建设用地资源与较高的劳动成本，并且产业结构也亟待调整，甚至部分产业需向外扩散，以突破原有“领域”的束缚。正是这些城市与青岛的较大经济发展差距，以及前湾保税港区独特的政策优势与资本再领域化的障碍，推动了异地共建功能分区的合作逐渐兴起与发展。具体而言，通过建立德州（乐陵）等异地功能分区，该保税港区在其领域外获得了多达一百多平方公里的新“经济飞地”，拓展了经济发展空间，从而缓解了原有土地资源不足等问题并实现了跨界空间的生产与资本再领域化。

然而，由于制度与政策的领域根植性，保税港区企业向其功能分区转移过程中，将失去作为国家级保税港区特有政策优势。因此，经过国务院及其相关部委的同意，青岛保税港区管理委员会采取与菏泽等当地政府签署合作协议的方式，将管制权力延伸到这些功能分区，从而使入驻企业仍能享受保税港区的政策优势，并在不同城市间建立起跨界制度合作空间。此外，在这些功能分区中还成立了管理委员会作为其直接管理机构，并由青岛前湾管理委员会与各功能分区的属地政府共同对其进行指导与管理。其中青岛前湾管理委员会主要负责资金提供、技术指导以及产业招商与转移等经济事项，而属地政府则负责其它社会与行政事务。

在保税港功能分区合作过程中，德州等城市虽失去部分社会经济管理权限，并导致其原有领域被削弱，但却获得了青岛前湾保税港区特有的“境内关外”等政策优势及其资金、人才以及技术支持，从而极大地降低了本地企业生产成本并实现经济快速发展。同时，前湾保税港区也派遣专门的管理与技术人员指导其它城市功能分区的建设，甚至成立驻地工作小组与业务指导小组，与属地政府进行对接并指导其建设。作为山东省的派出机构，青岛保税港区拥有市级的社会经济管理权限，行政管理层面受到国务院及其部委、山东省以及青岛市政府众多行政层级的管理。在保税港区的空间拓展初期，山东省与青岛市关于支持其实施“走出去”的战略发挥着较大作用，并成为城市群保税港功能分区建立的主要动员者。菏泽等其它城市将保税港功能分区建设项目，上报至山东省政府并获得其批准与支持，也成为异地共建功能分区重要动员者。因此，在保税港功能分区建设与发展中，山东省政府、青岛市政府以及功能分区的属地政府均成为多尺度行动者网络的重要动员者。跨尺度网络为建设项目的推进，提供了尺度跃迁的基础。此外，通过青岛与德州、潍坊以及菏泽等城市共同建设保税港功能分区也促进资金、技术以及人员等生产要素，在功能区以及城市间快速流动。

在跨政区合作中，经济较发达的城市（如青岛）受限土地资源的有限性，而经济较落后城市（如菏泽）则欠缺政策、技术以及资金等资源，二者通过共建功能分区，实现资源的互补与利益共享，从而为其合作开展奠定了共同利益基础。尽管青岛前湾保税港功能分区建设与合作，主要基于双方共同利益，并在城市间政府推动下所开展，但建设初期国务院以及山东省政府等高尺度行动者的支持，对合作进程的有序推进影响较大。因此，利用关键行动者的作用与已有制度安排有利于提高合作网络成功的概率。同时，根植于特定领域的保税等政策优势可通过跨界权力的延伸，使其在新的领域进行"固着"，从而提高主体参与合作的积极性。此外，城市群功能区合作作为一个长期的过程，往往发生了资本与权力的再领域化、权力尺度重组以及合作网络的建立等多重社会空间维度重构，并且这些社会空间维度之间也会相互影响。

3. 山东半岛城市群城市间行政协议的跨政区合作

行政协议是在长期交流互动中，两个以上城市间基于行动共识，而自愿制定的合作议程，从而促进城市群共同利益。① 这种合作模式主要产生于城市间政府或职能间部门，参与主体的地位平等，且往往存在着共同利益诉求。开展的合作更多由政府主体所推动，并且伴有企业、非营利组织与个体等多元社会主体的参与，而不是单纯上级政府强制命令下的协调活动。从行政协议类型来看，主要有城市间政府或部门签订的章程、合作宣言、框架协议以及备忘录等多种形式。这些行政协议的签订，表明了城市间缓解竞争与整合资源的意愿，并且达成合作协议后政府须根据其内容进行活动，而不能单独取消或更改内容，从而对城市间行为具有一定的约束力并推动跨政区合作的开展。作为城市群跨政区合作的重要方式，行政协议广泛应用于交通基础的建设、环境污染的协同管制以及资源的共同开发与利用等众多领域，并顺应了城市群地区跨政区解决公共事务的需要。随着经济全球化的深入发展，近年来山东半岛城市群也逐渐签订了合作宣言或契约等多样化的行政协议，并在解决城市群"断头路"、实现产业互补与资源高效利用等方面取得了较好的效果。

行政协议作为城市间自愿合作重要形式，是山东半岛城市间基于自身

① 叶必丰：《行政协议》，法律出版社 2010 年版。

发展需要而积极行动的产物，主要发生于经济联系较为密切，且资源互补性较强的城市间。其中，日照与青岛作为地理位置较为临近的沿海地区，在产业结构与资源开发等方面具有较大的相似性，却也有各自的特色。经济联系较为密切且产业存在一定的互补性，从而为二者行政协议的签订奠定了较好的基础。在2003年，日照市政府立足于区域经济一体化的背景，并结合自身发展实际，主动提出在接轨青岛、融入山东半岛城市群的意见。在2004年与青岛市政府，基于互惠互利与合作发展的原则，签订了《关于进一步发展两市交流合作关系的框架协议》，从而成为城市群中第一个主动与其它城市签订行政协议的地区。此外，日照市政府还专门成立了由市委副书记与市长、副市长等较高行政级别领导任职的接轨青岛、融入半岛城市群的工作领导小组，并且还要求各县区也成立相应的领导机构，从而为二者间合作提供组织与制度保障。尽管工作领导小组作为挂靠在市计委的临时性组织，但通过领导人员"高配"等方式，也对城市政府原有行政组织及其权限进行了尺度重组，使得市计委与该领导小组获得了更高的管理、监督以及协调等管制权力。

随着该协议的签订，日照与青岛往来更加频繁，并逐渐从单纯的信息交流，逐渐向资金、人员以及技术等资源共同利用发展转变。如日照原有经济效益较差的八方啤酒厂，借助与青岛啤酒厂的整合与升级，成为青岛啤酒的日照分公司，并实现了销售收入快速增长。通过构建这一企业间网络，该分公司得以在更高的尺度进行运作，参与区域甚至全国啤酒的生产与销售，并占领其市场，从而实现了经济领域的尺度跃迁。同时，青岛也在与日照合作中，获得了日照较为充足的农产品、劳动力以及土地等资源，从而拓宽城市发展腹地，并推动了资本再领域化。正是二者合作的成功案例，推动了其它城市间行政协议的签订，从而共同促进城市群功能联系网络的形成。随着日照与青岛城市间联系的不断增强，二者开展合作的领域深度与广度也不断扩大，进一步促进二者社会文化融合，并使得原有地方差异逐渐被缩小，逐渐成为一体化的城市群地区。

作为青岛的地域临近城市，潍坊也与青岛在经贸往来、文化交流以及生态基础等方面，存在密切的关联。但由于“行政区经济”的影响，城市间合作发展较为缓慢。鉴于日照与青岛合作取得的较好效果，潍坊立足自身实际，也主动提出加快接轨青岛，并实施经济一体化战略。具体而言，主要通过举办青岛（潍坊）周活动为两市政府、企业以及社会等主体进行相互了解提供平台，促进潍坊与青岛合作发展论坛的举办，并推动信息交流与互动。在此基础上，二者也签订了《潍坊—青岛战略合作协议》，并且两城市的农业、金融与旅游等职能部门也签订了相应的对接协议，从而推动城市间跨政区合作深入开展。随后，在潍坊与青岛共同推动下，二者在交通领域签订了《潍胶路贯通协议》等 7 项合作协议。

由于青岛与日照于 2012 年已实现城际公交“一卡通”，潍坊与青岛在 2014 年通过签订《青岛—潍坊“一卡通”互联互通协议》实现城市间公交“一卡通”，三者间也实现了城际“一卡通”，并极大促进了城市群功能性网络的形成。同时，在产品生产与销售领域签订了《潍坊青岛共建进口肉类口岸合作协议》与《蔬菜产销合作意向书》等多种形式的行政协议，从而促进了生产要素在城市间快速流动与集聚，为资本去领域化与再领域化提供支撑。此外，山东半岛其它城市间也签订一系列行政协议，并成立专门的城市部门战略合作联盟，共同推动城市群一体化的发展。尤其是，在 2014 年响应《山东半岛蓝色经济区发展战略》，成立蓝色经济区联席会议等组织机构，以加快城市间信息交流与产业发展等专题性合作。山东半岛城市群不仅在两个城市间签订战略合作协议，而且在城市政府大力推动下，职能部门甚至县区间也签订对接协议，从而推动网络的尺度下移。如在 2016 年，即墨、招远以及昌邑等多个县（或县级市）借助城市间旅游合作论坛的举办，也成立城市群县域合作联盟。

尽管山东半岛城市间开展大量的城市间合作，并取得了较好的效果，但一些涉及自身的深层次利益，或难以实现收益高于成本的目标，合作进程则难以推进甚至被终止。行政协议对城市间合作虽有一定的约束力，但面对复杂的利益冲突仍束手无策，甚至导致合作的终结。基于自愿基础上而签订的行政协议本质上由城市间共同利益所决定，甚至仅是一种利益的交换。一且原有的利益关系发生变化，极易导致城市间对于利益的争夺，从而影响合作的稳定性并破坏合作。因此，行政协议只是城市群跨政区合作中较为灵活且低成本的合作模式，需要在未来发展中重点完善冲突的仲裁功能，并通过成立相对正式的法律，解决合作中新出现的利益争端。

4. 山东半岛城市群城市行政区划的调整

改革开放以来，山东半岛地区的行政区划经历了地市合并、撤县（或县级市）设市以及撤县设区等多种形式尺度间关系的调整，进而通过权力和行政结构的尺度重组，以减少城市群跨政区合作的障碍。在20世纪80年代，山东半岛地区为响应国务院“调整地区建制，减少行政层次”的号召，进行了大规模的地市合并与撤地设市等改革。通过这次的尺度重组措施，一方面撤销大部分地区建制并使其获得了地级城市的社会经济调控能力，并享受地级城市的政策支持，从而促进这些城市经济快速发展并为城市群的形成与发育奠定基础；另一方面，通过实行市管县体制提高城市对地区发展调控能力，减少城市与县间矛盾，并促进了城乡一体化的发展。从20世纪80年代末期以来，山东半岛地区多个县改县级市，如滕县、掖县、胶县以及邹城县等均改成县级市。尽管县与县级市行政层级相同，但通过县改县级市的尺度重组使得原有行政关系发生巨大的变化。由于县直接受城市管辖，而县级市则由省直辖或城市代管，这些县转变为县级市后受到城市制约更弱，并拥有更大项目审批等社会经济发展的自主权，从而促进中小城市的崛起并影响城市群空间格局。

为增强中心城市的综合竞争力，大城市逐渐采取撤县设区的方式推动行政区划的调整。如即墨县、长清县以及沾化县分别成为青岛、济南以及滨州的市辖区，撤县社区成为行政区划改革的主流。通过撤县设区的改革，扩大了城市管辖范围并增强了城市资源调配能力，有利于城市在更大范围内进行产业安排与基础设施建设，从而在一定程度上减少了城市群内部“行政分割”的现象。同时，撤乡并镇也在大规模地推进，从而促进资源的整合与实现规模经济。此外，城市内部行政区划调整还包括城市市区内部行政关系的重组，如青岛撤销市北区和四方区以设立新的市北区，撤销黄岛区和胶南市而设立新的黄岛区等多种途径。通过市区内部的尺度重组，推动原有城区资源的共享与利用以及减少城区间利益冲突，并且提高了新城区城市管理与服务水平。这些行政区划调整策略，减少城市内部行政层级并使其在更广泛范围内进行产业布局与基础设施建设，一定程度上缓和城市间矛盾。然而，行政区划调整作为刚性的尺度重组策略，涉及复杂的行政系统组织与权力的重新配置。虽在短期内缓解了城市群内部竞争，但也产生了许多新的问题，并且也未根除行政区经济现象。

5. 山东半岛城市群城际合作网络的构建

合作网络作为管制尺度的新形式，一方面来源于行动者网络理论中由不同行动者构建的合作网络，另一方面则基于流动空间理论下人员、资金与技术等生产要素流动而出现的城市间功能性网络。在山东半岛城市群中，济南、青岛、烟台以及潍坊等 8 个城市的人才交流服务中心共同成立了“山东半岛城市群人才中心主任联席会”制度，并且通过人才合作联盟初步实现了跨政区人才招聘、培训以及派遣等多项服务，促进人才资源快速流动。新型合作联盟的建立使得原有单一城市的人才交流，通过尺度上移策略提高人才资源的使用与配置的灵活性，并且优化了城市群整体人才资源的利用效率。青岛与济南以各自为主体分别成立了山东半岛旅游联盟与省会城市群旅游联盟，原有以单个城市为主进行旅游宣传与发展模式，逐渐转变为以旅游联盟等区域尺度吸引国内外旅游客源，从而也通过尺度上移方式实现旅游产业共同发展。尽管各城市通过合作联盟的运作减少了城市间行政区经济，促进人才、客流与信息等资源的跨政区流动，推动了城市间功能性网络形成与发展，但却加剧了区域层面资源与市场的争夺，从而将管制的城市企业主义转移到城市群尺度。

在跨政区合作中，中央、省以及城市政府等行动者间形成了复杂的关系网络，并且省级政府和地级政府在网络中发挥着较为关键的作用。如在山东半岛城市群规划的制定中，山东省政府成为规划的被动员者与主要推动者，并在城市群内部产业布局与基础设施投资建设等重大事项起着较为重要的作用，而各级地方政府为了获得入群的机会以及规划中的重要地位，往往主动与省级政府进行互动，而形成了跨尺度城市与省级政府的行动者网络。城市间政府通过高层领导互访、政府间行政协议以及市长联席会议制度等多种行动者网络的建立，促进城市群跨政区合作的开展。在潍坊与青岛跨政区合作不断深入的背景下，二者的建设、工商以及农业等多个行政管理部门，也分别建立部门级的联席会议制度。即在城市合作联盟的推动下，城市内部局级领导也开始了信息交流与互动，并实现了网络尺度下移，为城市群跨政区合作形成更坚实的基础。城市间功能性网络和行动者网络更多基于城市间自发意愿而形成，有一定的利益基础且通过多种形式互动与交流形成较好的共识，从而使得城市群跨政区合作开展较为顺利并获得了较好成效。但这种合作网络也存在利益基础不牢固、合作制度不规范以及合作资金不足等一系列问题，有待于未来合作中进行完善。

6. 山东半岛城市群跨边界功能区的设立

在城市群地区，主要通过都市圈的构建、异地合作园区的成立以及城市间的同城化等多种方式，建立跨界功能区以促进城市间协调，从而为资本的进一步积累与循环提供基础。具体而言，山东半岛城市群主要通过制定城市群规划等方式，引导济南与青岛建立各自的都市圈。其中，济南都市圈通过建立快速交通轨道、布局重点产业以及开展污染联防管制等多种方式强化都市圈内部合作。青岛都市圈则利用原有合作基础与产业联系，进一步扩大与潍坊等周边城市的合作。在都市圈的构建中，省级政府希望借助于“规划”的手段扩大中心城市的辐射范围，并增强与周边地区的社会经济联系，进而缓解城市间竞争并实现都市圈共同发展。在这个过程中，原先城市间竞争由于省级政府的参与而有所缓解，但规划手段更多体现省级政府及平衡区域发展的考虑，但可能损害其它地区的利益。

在山东半岛城市群中，产业园区、高科技示范区以及保税港区等多种合作形式跨界功能区的建立，也促进城市群跨政区合作。这些新型的合作空间通过尺度、领域以及网络多重社会空间维度相互交织，不仅推动着不同尺度政府权力与组织的重构，也塑造了新地域空间并为城市间合作开展提供了平台。尤其是通过异地共建合作园区，推动城市间资源的互补与共享。同时，园区管理委员会等新组织的成立，使得权力实现了跨界延伸以及制度形态重构，从而为企业集聚与资本循环提供坚实的基础。这种类型的跨边界功能区的建立，更多基于共同利益且具有市场化特征，它是通过尺度间妥协与联合的方式开展城市间合作，而非通过尺度废除与新建等推动权力与资本在空间单元的重新整合，从而在合作开展中更易达成意愿且取得较好的效果。

（五）山东半岛城市群跨政区空间治理的问题和原因

1. 山东半岛城市群跨政区合作的主要问题

山东半岛城市群产业结构与布局等方面依然存在着重大问题，尤其是高耗能与高污染的重化工业占据较大比重。同时，在国家权力下放和官员绩效考核的影响下，城市成为经济发展的主体并通过吸引外资等一系列方式，而过于强调本辖区的经济增长，并呈现出明显的城市企业主义特征。① 此外，城市严重的"行政区"经济问题也导致城市间竞争激烈，并引发基础设施重复建设与环境污染严重等一系列问题②，极大地限制了城市群快速发展。

(1) 产业同构与城市间竞争激烈

在山东半岛地区，大部分城市在产业发展中倾向于装备制造业等高利润产业，并且在城市与产业等规划中存在部分雷同的现象，从而导致城市间产业竞争激烈而合作不足。如在城市间的优势产业中，青岛分别与潍坊以及烟台在纺织服装业与汽车产业发展较为类似，烟台与威海船舶制造产业实力也较为接近，导致城市间产业缺乏互补性而难以开展产业合作。③ 尽管《山东半岛城市群发展规划（2016—2030 年）》倡导推进产业的协同发展，但各城市实际发展中仍大力发展政策支持、周期短且回报高的产业，而对于产业间协作关注不足，产业同构现象依然明显。此外，近年来城市间盲目地引进新能源汽车项目，不仅造成了生产与销售的恶劣竞争，并使得城市间产业难

---

① 唐承辉、马学广：《尺度重构视角下城市群区域合作的模式与策略研究——以山东半岛城市群为例》，《城市发展研究》2022 年第 2 期。

② 马学广、于兰军等：《山东半岛城市群研究》，经济科学出版社 2022 年版，第 183—194 页。

③ 王佃利：《半岛城市群发展动力与障碍的行政学分析》，《东岳论丛》2009 年第 5 期。

以形成互补，也使得企业规模有限且产业集中度不高，甚至使得土地资源与建设资金的浪费。

山东半岛城市群中，青岛与济南作为两大核心城市在城市政策、规划以及土地建设等方面存在较为明显的竞争。尤其是二者均希望获得省级政府的大力支持，并成为区域甚至国家中心城市。在2017年山东省两会中，济南市主要领导曾提出举全省之力建设济南的“省会战略”以促进济南崛起。尽管青岛作为城市群的经济中心，但面对国家中心城市的竞争，青岛也积极采取举措争取。然而，中心城市的形成与发展往往需要较为广阔的经济腹地，并通过资源流通与集聚形成强大的竞争优势，从而引领区域发展。尽管在《山东半岛城市群发展规划（2016—2030年）》中，山东省政府希望济南与青岛引领各自都市圈的发展，并支持二者建设成为国家中心城市，但二者的政策支持力度与产业发展等方面仍有待协调。

（2）城市过度扩张与土地资源浪费

随着山东半岛地区城镇化的快速推进，大量的土地资源被城市建设用地所征用。一方面城市空间的快速扩张导致其发展集约化水平低，另一方面也使得耕地资源流失十分严重。同时，各城市建设用地面积增加幅度也较大。如青岛、济南与烟台等城市增加的建设用地面积均超过了100平方公里。然而，在山东半岛城市面积大规模扩张时，城镇人口增长速度则较慢，城市人口密度也普遍低于全国平均水平，呈现出低密度扩张的特征。此外，随着住房市场需求不断上涨，城市一方面通过低价征用农村土地，另一方面通过高价将其卖出作为住宅与商业用地，从而获取中间的差价。但这种过度征用土地以实现城市空间规模的单纯扩张，在短期内虽扩大城市的辐射范围并带动周边地区发展，但却严重浪费了土地资源并破坏生态环境。

由于开发区具有政策优势与集聚效应，成为城市经济发展的主要阵地。但各个城市基于自身利益最大化，往往投入大量资金与土地等资源建设大量的开发区，造成了开发区的重复建设与资源浪费。2023年12月，山东半岛开发区多达173个，并且每个城市上基本都拥有一个国家级开发区和多个省级开发区，甚至每一个县都拥有相应的省级开发区。尤其是青岛、威海与烟台等沿海城市开发区数量更多，产业布局和工业用地，有待进一步集约化发展。同时，为了引进项目到开发区，各城市政府上至主要领导下至普通办事人员都十分积极，甚至安排固定的招商引资指标。在招商引资竞争中，各城市不仅给予了过度的土地与税收政策优惠，甚至对于企业一些不合理要求也进行满足，不仅造成原投资城市土地资源浪费，也造成员工难以安置等社会问题。因此，城市群未来发展中，需关注引进企业的资质、信用与实力等条件，减少生产基地的重复建设以提高土地、资金以及人才等资源高效与可持续利用。

（3）基础设施重复建设

在基础设施层面，城市受“行政区经济”影响在缺乏统筹规划与协调的前提下，一方面投入大量的人财物资源过度建设本辖区的基础设施，另一方面对于跨政区基础设施却缺乏投资与建设的动力。在山东半岛地区，尤其是体现在港口与机场等方面，不仅建设数量众多且利用效率也较低，甚至因盈利水平不足导致城市财政负债严重。在“十二五”期间，山东半岛城市不惜投入 515 亿元进行港口基础设施的建设。在财政资金巨大支持下，东营、烟台以及青岛等各沿海城市均兴建了港口。然而，大规模投资港口建设不仅没有实现“以港兴市”目的，反而导致港口设施的重复建设。尤其是山东半岛有限的腹地中却拥有青岛港、烟台港以及日照港 3 个吞吐量超过 3 亿吨的大型港口，不仅港口竞争十分激烈，而且港口收益也较为有限。同时，在港口管理中，各城市也存在明显的行政壁垒，跨政区资源整合难度也较大。

在机场的投资建设中，山东半岛地区缺乏关注客流与货流量的规模，争相开展高等级的机场建设项目，也导致基础设施的重复建设。目前，济南、青岛、烟台、威海以及临沂等 9 个城市均已建成机场。同时，《中国民用航空发展第十三个五年规划》中，将菏泽与枣庄机场建设也作为重要项目。数量众多的机场不仅分散了客流量，也导致了部分机场收益低下，并浪费了投资资源。此外，城市群中跨市高速铁路、公交以及网络信息也存在多处衔接不畅。如临沂与日照两个城市间长期未能开通高速铁路，二者多个县区之间的高速公路也存在多处“断头路”，严重限制城市间人财物等资源的流通。同时，城市群中各城市仍然使用不同的通信区号段，信息网络也尚未实现同城化。

（4）存在跨政区环境污染问题

作为地域邻近的空间组织，城市群在气候、水文以及生态系统等自然地理方面存在较大的相似性。但实践中，由于各城市侧重于本城市经济发展，而对跨区域的环境污染问题重视不够。同时，环境问题的外部性特征，也使得城市间环境管制合作难以开展。在大气污染的治理中，也存在部分城市“搭便车”行为。

在流域治理中，由于河流的上下游地区往往流经不同的城市，但各城市基于不同的利益诉求对于河流开发保护采取了不同的态度。通常而言，河流中上游地区由于地势较高且处于内陆，经济发展较为落后，不惜引进重污染企业以实现 GDP 的快速增长。由于涉及数量众多且层级不同的政府，环境污染治理难度较高，亟待转变行政分割思路以开展跨政区合作治理。

2. 山东半岛城市群跨政区合作不足的主要原因

在产业互补、跨界基础设施建设以及环境治理等方面，山东半岛城市群跨政区合作仍面临着较多不足，有待于对阻碍城市群跨政区合作的原因进行深入探讨。具体而言，主要由政府职能过于庞大、政策工具残缺、参与主体单一化以及文化相对封闭等方面①，制约城市群跨政区合作进程的开展。

（1）政府职能庞杂且过于强调经济增长

改革开放以来，我国通过权力下放与市场化等改革，赋予城市较多社会经济发展的自主权，并且促进了大城市以及城市群的崛起。然而，由于职能转变不彻底，在公共服务提供、经济与文化发展等众多领域，山东半岛各级政府依然占据着主导性地位，从而使得政府职能过于庞大，而难以集中有限资源推动跨政区公共物品的提供。这种过于庞大的政府职能，不仅降低了政府行政效率，而且不利于市场机制的发挥，以及山东半岛城市群资金、技

① 唐承辉、马学广：《尺度重构视角下城市群区域合作的模式与策略研究——以山东半岛城市群为例》，《城市发展研究》2022 年第 2 期。

术以及信息等资源的高效率配置，进而阻碍了其功能性网络的形成与发展。

在现有官员绩效考核的影响下，山东半岛各城市政府过于注重本辖区经济增长，并且将其大量资源投入到城市自身的基础设施建设与招商引资等方面，而对于跨政区的环境污染等问题却缺乏足够关注。此外，过于强调政府经济职能虽给城市带来明显的经济效益，但造成众多不利于城市群整体利益的决策与行为，尤其是对于外部性效应明显的公共物品供给，产生了较多非经济性行为。因此，未来山东半岛城市群跨政区合作仍需要政府进一步转变政府职能，减少对市场经济的干预，并适当减少政府微观层面的经济管制，从而使得生产要素在城市群快速流动与集聚，并推动其市场一体化的不断发展。

(2) 政策工具残缺且使用不规范

作为实现政府目标的重要手段与方法，行政、经济以及法律等多种政策工具对于城市群跨政区合作，均具有一定的推动作用。然而，山东半岛城市群过于依赖空间规划与行政命令等行政手段，并且政府主导色彩浓厚，较少采用经济与法律手段开展城市间交流与合作。即使在中央与省级政府等高尺度行动者推动下，山东半岛城市群成立了蓝色经济区产业投资基金项目，但对其建设情况与绩效缺乏长期跟踪与评估，使得资金利用难以收到预期的效果。

在山东半岛城市间合作中，政府间虽发布了合作宣言并签订了合作协议，但对成员间约束力也较为有限。尤其缺乏由上级政府专门制定的法律与制度，协调城市群的跨政区合作。面对城市群内部复杂的社会经济纠纷，也缺乏相应的司法裁判与救济制度，只能依赖省级或中央政府出面协调解决。不仅增强了上级政府的工作压力，也导致行政资源的浪费。此外，在城市群跨政区合作具体实践中，行政、经济与法律等政策工具间也缺乏必要的工具组合策略，过于片面依赖单一的行政工具难以实现城市群一体化发展。

(3) 参与主体单一且合作意愿不强

目前，山东半岛城市群跨政区合作依然以各级政府为主，非营利组织、企业以及个体等其它社会主体参与领域与深度均较为有限，使得决策的民主性与科学性较为有限。即使在山东半岛城市群规划的制定与实施中，听取的主要是城市间政府的意见，而未通过网络平台等多种方式广泛征求其它社会主体的建议。同时，在蓝色经济区等相关论坛中，虽然有企业、学者等其它主体的参与，但主要为蓝色经济发展提供相应的意见，难以对城市群跨政区合作体制的形成产生根本性作用。此外，对于其它主体参与合作也缺少相应的制度与资金的支持，使得城市群合作议程难以获得自下而上的支持，导致政策执行较为困难。

在中央与山东省政府的推动下，城市与县区等各级政府虽采取一些合作行动，但主要集中于基础设施建设与产业转移等城市间共同获益的领域。一旦合作不利于其自身经济利益提高，则缺乏合作意愿。尽管青潍日曾自主开展一系列合作并取得一定效果，但山东半岛跨政区合作仍主要局限于观念层面，合作意识并未成为城市群内部共同信念与行动。目前城市间开展的合作主要针对特定问题，具有明显的“运动式”特征，城市政府迫于上级政府的压力或急于解决突发事件而采取了联合行动。在短期内，虽取得了显著的效果，但由于缺乏长期且有效合作机制而难以可持续。

（4）文化相对保守且创新文化发展水平较低

山东半岛城市群省际与城市间人口流动性较差，人们安土重迁的思想较为浓厚且具有显著的乡土意识。虽然这种意识强化了同一地方政府与民众的认同感，而有利于其合作开展，但其依然是一种封闭性社会文化并且与城市群开放性存在一定矛盾，不利于在更大范围开展跨政区合作。尤其受传统孔孟思想的强烈影响，山东半岛各层级政府行政文化存在严重等级制，不同行政等级的城市在合作中拥有资源与地位存在明显的差异。尤其是青岛作为副省级城市往往拥有着更多合作主导权，一定程度上不利于合作各方利益共同分享。如日照与潍坊等城市主动提出接轨青岛，虽通过合作获得了资金与技术等支持，但也牺牲了一部分利益。

近年来，山东半岛城市群在发展理念、制度创新与跨政区合作等方面与珠三角、长三角以及京津冀等经济较为发达城市群的差距在不断拉大。在长期求稳的文化与心态下，山东半岛城市群不仅未能获得中央关于“两型”

社会、产业转型与现代示范区以及扩权强镇等多种形式创新政策的支持，而且各层级政府对于创新企业与人才的支持与培育力度也不如珠三角等城市群，导致城市群创新文化及其氛围较为不足，并且难以吸引全球创新性技术、人才与企业等资源的集聚。

（六）促进山东半岛城市群高质量发展的对策建议

针对山东半岛城市群发展面临的突出问题和挑战，重点从培育网络节点城市、强化基础设施建设、加快新旧动能转换和深化区域协同等方面提出对策，推动城市群高质量发展。①

1. 培育节点城市，构建以都市圈为支撑的空间体系

山东半岛城市群核心城市首位度较低，城市群各城市在人口、经济和文化发展方面的缓慢和低水平，已经成为制约山东半岛城市群开放竞争水平进一步提升的短板。以济南、青岛为核心，协同周边城市，建设济南都市圈和青岛都市圈。完善都市圈内部轨道交通线网，提升水利、能源等基础设施共建共享水平，形成功能互补的基础设施体系。加快产业结构转型，发挥各自优势，加快信息技术产业、服务业和海洋创新产业发展，提升经济吸引力。建立健全都市圈协调机制，强化重要生态空间协同保护和污染协同治理。合理组织都市圈功能空间，构建横向错位发展，纵向分工合作的城镇发展格局，促进都市圈在统筹资源要素和参与区域竞争中发挥更加重要的作用。未来一段时期内，提升济南、青岛两大核心城市能级，增强辐射带动能力，构建以济南、青岛两大都市圈为支撑的空间体系，成为山东半岛城市群发展的当务之急。

2. 强化基础设施建设，推动城市群一体化网络化发展

由于快速交通的不完善而导致城市群内外部交通网络不够成熟，无法满足经济发展需求，这迫切要求强化设施建设，夯实城市群城乡区域一体化网络化发展支撑。首先，要加快完善城市群快速交通网络。积极推动跨区域

---

① 马学广、张钊：《山东半岛城市群》，载肖金成、袁朱主编《经济引擎——中国城市群》，重庆大学出版社 2022 年版，第 300—303 页。

高速通道建设，推进跨海通道前期工作，构建与周边城市群快速高效互联互通交通网络，拓展城市群腹地。构建以高速（城际）铁路和高速公路为主，以普通国省道公路为辅的多种运输方式优势互补的现代交通体系，支撑城市群一体化发展。其次，要在统筹港口建设之下推动布局优化和功能提升，形成以青岛港为龙头的国际化现代化港口群，搭建服务全省、辐射黄河流域的国际航运服务中心和港口综合物流贸易平台，合理规划机场群建设，增强青岛机场、济南机场的辐射带动作用，提升面向国际和国内主要中心城市的可达性。最后，要协同推进水利、能源、信息等跨区域重大基础设施建设，一是优化水资源配置格局，多角度推进水资源合理利用，二是统筹区域能源基地建设，完善外电、外气入鲁等能源储备运输网络，三是统筹推进“三网融合”，加快建设智慧城市群，建设城市群信息共享平台，提升城市群公共服务设施配套水平。

3. 加快动能转换，提升创新驱动和绿色发展水平

新型城镇化的一个重要特征就是经济发展由主要依赖要素投入向依靠创新驱动转变。山东半岛城市群已经进入城镇化快速发展的中后期阶段，减缓重化工业主导的经济发展方式所带来的资源环境压力、加快推进新旧动能转换，提升创新驱动和绿色发展水平显得尤为重要。一方面，发挥山东半岛城市群海洋科技优势和制造业基础优势，以创新为动力，培育壮大新一代信息技术、高端装备、新能源新材料、现代海洋、医养健康等新兴产业，引导产业结构转型升级，实现价值链向高水平跃升。加快产城融合发展，优化产业园区布局，促进产业发展与资源环境承载力相适应，将山东半岛城市群建成全国重要的先进制造业基地、高新技术产业基地，有较强国际竞争力的海洋经济聚集带。另一方面，要立足山东半岛城市群山水林田湖草自然生态特色和历史人文特质，将生态文明理念融入山东半岛城市群发展建设全进程。节约集约利用土地、水、能源等资源，强化环境保护和生态修复，减少对自然的干扰和损害，形成低环境冲击的城市群开发模式，共建宜居城市群。

4. 深化区域协同，增强城市群统筹协调发展能力

提升城市群协同协作水平，始终是城市群建设的重要内容。首先，区

域协调在国内外有成熟先例。山东半岛城市群依托优势地理区位条件，加快体制机制创新，推进城市群生态共保、设施共建、服务共享、市场共育。其次，依托现代快速交通网络和信息网络，促进与其他城市群在功能定位、产业发展上合作共赢、错位发展，形成陆海、区域、城乡统筹发展格局。再次，合理优化城市群行政区划设置，从消除体制障碍和市场壁垒入手，促进人口、土地、资本等生产要素自由流动和优化配置，共同构建区域统一要素市场。最后，充分发挥区位优势，积极响应国家“一带一路”倡议，逐步形成以国内大循环为主体、国内国际双循环相互促进的山东半岛城市群区域社会经济发展新格局。

第六章　都市圈区域空间治理与跨界联系

党的二十大报告强调，城镇化既是经济发展的结果，又是经济发展的动力，是实现中国式现代化的必由之路。作为城市群的次一级空间单元，都市圈肩负着传导、执行和反馈城市群发展战略的重要职能，是我国推进新型城镇化战略、加快构建新发展格局、推动高质量发展的战略举措。因此，科学识别都市圈的经济腹地、有针对性地划定都市圈的地域范围对于拟定精准实施区域协同发展战略及其规划、有针对性地完善地域性产业链条和培育商品市场、科学合理地划定基础设施走向和选线等具有重要的政策研究价值。本章分别从山东省内企业间的经济联系、公路交通联系和铁路交通联系出发，确定每一种联系途径所形成的都市圈范围和经济腹地边界，通过企业—交通联系网络的复合叠加进而识别山东省青岛都市圈和济南都市圈的地域范围，进而确认上述都市圈的经济腹地辐射区域，提出山东省优化都市圈治理的行动路径和推动新型城镇化的政策建议。

党的二十大再次将“区域协调发展”放在一个非常重要的位置，反映出中央对这个时代发展的趋势有一个很重要的判断。通过区域协同解决国内发展不平衡不充分的问题、实现区域均衡发展和共同富裕是时代赋予我们的光荣使命。国内外先进城市发展经验表明，现代化都市圈是区域协同发展的“硬核”支撑和关键组成单元。2019 年，国家发展改革委发布的《国家发展改革委关于培育发展现代化都市圈的指导意见》提出“都市圈是城市群内部以超大特大城市或辐射带动功能强的大城市为中心、以 1 小时通勤圈为基本范围的城镇化空间形态”。作为实现地区经济增长的重要空间载体，都市圈本质是城市群内部核心城市与周边中小城市在分工与协作基础上形成的具有密切联系的一体化功能区域，其核心驱动力来源于资源在超越单一城市的城市体系内的集聚与优化配置。因此，充分考虑山东省地域间多元复杂的功能性联系，基于企业间内在自发的市场化联系以及城乡关联密切的公路交通联系和铁路交通联系空间格局，经过多种联系途径比选和综合，识别出山东省都市圈的空间范围（尤其是青岛都市圈和济南都市圈），确认上述都市圈的经济腹地辐射范围。

一、都市圈内涵及其治理研究

（一）都市圈概念及其辨析

由于城市化发展阶段及空间尺度的差异，我国学者陆续提出了都市区、都市圈、城市群、都市连绵区等表达大城市地区空间组织形态的概念。这些概念存在着相似性，但也存在着本质上的不同。就都市圈而言，由于早期在引介国外学者观点时翻译及理解上的偏差，诸多文献对于这一地域现象的理解比较含糊，对于都市圈及相关概念的认知与定义存在着一定误解。因此，在此重点对我国学术界及公共管理语境下的相关概念进行界定及辨析。

1. 都市区

都市区（Metropolitan Area）这一概念来源于美国 1910 年提出的城市功能地域概念。我国学者对都市区的研究始于 20 世纪 80 年代中期。周一星①认为都市区指的是一定规模以上的核心城市以及与核心城市具有紧密社会经济联系、以非农活动主导的外围邻接地区。从某种意义上来说，都市区是由一个核心城市及环绕在四周的“城市场”构成，具有高度一体化的特征，在空间上表现为核心城市建成区及其外围的城镇化水平较高的城乡交错的地带。②

---

① 周一星：《城市地理学》，商务印书馆 1995 年版。

② 高丰、宁越敏：《中国大都市区界定探讨——基于“五普”分县数据的分析》，《世界地理研究》2007 年第 1 期。

都市区和都市圈同属于城市功能地域的概念。在我国的城镇化地域层次中，都市区的空间范围小于都市圈，与核心的社会经济联系更加密切，同时具有较高的非农化和城镇化水平。在中国管治背景下的“都市区”，不一定是一个完整的一级行政区，通常不突破所在地级（及以上）城市的行政边界。而都市圈跨市域范围，更加强调发达的核心城市及其外围次级城市的组合发展，形成了建立在分工与合作基础上、具有紧密社会经济联系的城市体系。

2. 都市圈

“都市圈”（Metropolitan Region）这一地域概念的雏形来源于日本学者木内信藏 1951 年提出的“三地带学说”①，其后成为日本官方的城市功能地域统计单元及区域空间组织的主要形式之一。我国关于都市圈的研究始于 20 世纪 90 年代。2000 年以后，都市圈受到了城市规划领域诸多学者的关注与探讨。自 2014 年都市圈被写入《国家新型城镇化规划（2014—2020 年）》及 2019 年《培育发展现代化都市圈指导意见》发布以来，都市圈更是受到学界及业界的广泛关注及探讨。综合学者及官方文件的观点，在我国的城镇化发展背景下及公共管理体系下，都市圈的概念内涵包括如下重点：其一，都市圈是一个城市功能地域概念。都市圈是大城市发展到一定阶段后，人口及城市功能向外迁移延伸，与周边城市通过分工、合作产生密切社会经济等各方面联系而形成的空间形态。因此，都市圈必须是一个经济圈，核心城市和周边地区在相邻条件下以“流”的形式相互作用，这种作用表现为各类要素和经济活动在空间上的集聚与扩散。与此同时，都市圈也可以是一个社会圈，基于共同的历史、文化认知，社会活动呈现出一体化的趋势。都市圈还是一个生态圈，具有共享的环境资源与生态系统。其二，都市圈的范围跨市级行政区划。美国、日本等欧美国家的城市行政区域面积偏小，都市圈这类城市功能地域覆盖核心城市及与其相邻的多个城市。与国外的城市相比，我国行政建制体系中的“城市”实际上是多个城市和城镇的集合体，也与城乡

① ［日］木内信藏：《都市地理学研究》，日本东京古今书院 1951 年版。

规划学科体系中的市域城镇体系相对应。[①] 但无论是在我国还是在美、日等国家的行政管理体系下，都市圈的地域范围均是跨市级行政区划的。而我国的都市圈不仅是核心城市市域范围内城镇体系的统筹，也是核心城市建成区与其外围、跨行政区的中小城镇建成区的协同发展。因此，都市圈是区域协同管治的重点区域。其三，都市圈在空间范围上小于城市群，是城市群形成发育的必经阶段。城市群自“十一五”以来被作为我国推进城镇化的主体形态。但城市群的空间范围普遍较大，并由于缺少都市圈这一必要阶段的鼎力支撑，建设出现一定程度的“空心化”现象，协同效应并未得到充分发挥。[②] 都市圈作为城市群建设的“强核”，以小尺度、跨区域、精准化的形式，能够充分发挥城市群核心城市的辐射带动作用，实现区域的融合发展，是城市群成长的必经阶段。

3. 城市群

城市群（Urban Agglomeration）这一概念在我国地理界比较常用，在西方学者的观点中很难找到与之完全对应的专业术语。姚士谋提出，城市群指的是在特定的地域范围内，以一个或两个特大或超大城市为核心，与若干个不同类型、规模的城镇，共同构成的城市“集合体”。城市群的出现与城镇化、工业化进程加速、现代交通信息技术的快速发展有着密切关联。若干城市依托便捷的交通、通信等基础设施网络，围绕一个或多个特大城市，形成功能互补、经济依存、具有一体化趋势的城镇群体。宁越敏在都市区的基础上建立了城市群的概念——有较高的城市化水平，以两个百万以上人口或一个 200 万以上的都市区作为极核，与周边有着密切社会经济联系的城市沿主要交通走廊相互连接形成的巨型城市化区域。

在我国过去的区域战略中，城市群更多地作为一种国家经济发展和新型城镇化的战略政策区。国家“十一五”规划纲要提出要“把城市群作为推进城镇化的主体形态”。“十一五”到“十四五”期间，一系列的城市群发展

① 汪光焘、李芬、刘翔等：《新发展阶段的城镇化新格局研究——现代化都市圈概念与识别界定标准》，《城市规划学刊》2021 年第 2 期。

② 方创琳：《新发展格局下的中国城市群与都市圈建设》，《经济地理》2021 年第 4 期。

规划密切出台。国家战略层面的城市群存在着规模层级和空间梯度的差异，但即使是区域性城市群和地区性城市群，其空间范畴也是超出了一般都市圈的范围。

就城市群和都市圈比较而言，城市群是由两个以上城市体系构成的巨型城市系统，其空间构造要比都市圈更为复杂。都市圈实际上是一种次区域城市群，是城市群的基本单元。如在 2016 年国家发改委批复的《长江三角洲城市群发展规划》中提出“一核五圈”的空间结构，长三角城市群就包括了五个都市圈。另外，都市圈暗含了“首位城市”的概念，关注核心城市及其作用，更加强调城镇间的密切联系并具有一体化的特征。同时，受距离衰减效应的影响，都市圈在空间上呈现出圈层式结构。

4. 都市连绵区

都市连绵区（Metropolitan Interlocking Region）这一概念追本溯源是 1957 年戈特曼（Gottman J.）提出的大都市带（Megalopolis）。① 他认为，大都市带是由若干个都市区支配的空间经济形式，密集分布的城市之间通过便利的交通走廊在人口、经济活动等方面紧密联系，从而形成人口密度高、空间连绵尺度大的地区。大都市带并不仅仅是单一都市区的扩大或者多个都市区的线性加和，而是具有质的变化的有机整体，标志着城市化进入了一个新的发展阶段。一个大都市带应当至少包括 2500 万的城镇人口，以现代化方式生活，例如北美的五大湖区等。②

我国学者提出的都市连绵区与大都市带的概念相对应，指以数个大城市为核心、以都市区为基本空间单元，周围地区沿一条或多条交通走廊分布、并保持密切相互作用的巨型城市化地域。③ 都市连绵区可看作是在具备一定地理条件的地域，城市化发展到一定阶段后出现的空间再组织现象，是城市群发展到高级阶段的特殊空间形态。

---

① G.Myrdal，*Economic Theory and Underdeveloped Regions*，London：Duckworth，1957.

② 李浩、陈晓燕：《大城市连绵区：美国东北海岸的城市化》，《国际城市规划》2009 年第 22 期。

③ 周一星：《城市地理学》，商务印书馆 1995 年版。

就都市连绵区与都市圈的概念比较而言，都市连绵区在内涵上接近城市群，属于城市群发展到高级阶段的产物，空间尺度更大、空间构造更加复杂。值得注意的是，并不是城镇相对密集、经济相对发达的地区均能够称作都市连绵区，通常是国家的经济核心区，如我国的长三角、珠三角地区。

5. 都市圈政策嬗变

改革开放以来，我国都市圈的发展与城市政策演变紧密相连，共同绘制出一幅波澜壮阔的时代画卷。在改革开放初期，我国城市化进程刚刚起步，城市政策主要聚焦于基础设施建设与产业发展。这一时期的都市圈发展尚处于起步阶段，城市间联系相对松散，政策更多关注于单个城市的自我发展。随着改革的深入，国家开始重视区域经济的协调发展，都市圈的概念逐渐清晰起来。一些核心城市凭借其独特的地理优势和资源优势，开始吸引周边地区的产业和人口集聚，都市圈的范围逐渐扩大。进入新世纪，我国城市化进程加速推进，城市政策也更加注重区域一体化发展。政府通过制定一系列政策，加强都市圈内部城市间的合作与交流，推动产业协同发展和资源优化配置。同时，政府还注重生态环境保护与可持续发展，通过规划引导和政策调控，推动都市圈实现绿色、低碳、循环发展。近年来，随着全球化与信息化的深入发展，我国都市圈的发展面临新的机遇与挑战。政府进一步调整和完善城市政策，以适应新的发展趋势。一方面，政府加强了对都市圈核心城市的支持力度，推动其成为具有国际竞争力的全球城市；另一方面，政府也注重发挥都市圈在区域发展中的辐射带动作用，推动周边地区的经济社会发展。

可以说，改革开放以来我国都市圈的发展与城市政策演变是相互促进、共同发展的过程。通过不断调整和完善政策体系，我国都市圈实现了从松散到紧密、从单一到多元的转变，成为推动我国经济社会发展的重要力量。未来，随着改革的深入和全球化的推进，我国都市圈的发展将迎来更加广阔的空间和更加美好的前景。

（二）都市圈治理相关研究

1. 都市圈空间特征相关研究

区域空间结构的研究既包括要素在空间上的集聚与分布状态，也涵盖城市和城市中心所构成的网络。①② 相应的，城镇关联网络结构及实体地域空间结构是揭示都市圈空间结构特征的两种维度。前者将都市圈内的城镇当作一个个“节点”，从功能网络关系的维度分析都市圈的空间结构特征；后者将都市圈实体地域当作一个整体的“面”，通过分析物质性空间要素在地理上的分布状态，揭示都市圈的空间格局特征。

（1）都市圈关联网络结构特征的研究

此类研究将都市圈内的城镇当作一个个“节点”，基于属性数据或“流”数据，从功能网络关系的维度分析都市圈及近似地域的空间结构特征。

一类是基于静态的城市属性数据构建复杂的数学模型反映空间关系特征。在早期的大多数研究中，由于数据获取及处理手段上的局限，城市属性数据及各种各样的静态模型被运用于城市间空间相互作用的研究，包括引力模型、断裂点模型、Huff 模型、交通可达性模型等。③④ 这些模型也广泛地被国内学者运用于分析都市圈内城镇的联系强度。⑤⑥⑦ 研究覆盖了不同的时间跨度和区域类型，经历了长期、多样的本土化的适应性改造，指标选取、参数设定等方面均较为成熟。

另一类是通过动态的“流”数据，分析区域的“流动空间”网络。20 世纪 80 年代起，更多的研究者开始关注城市之间的真实互动。1996 年，著

① J.B.Parr，“A Population-Density Approach to Regional Spatial Structure”，*Urban Studies*，Vol.22，No.4（1985），pp. 289-303.

② 张京祥、殷洁、罗小龙：《地方政府企业化主导下的城市空间发展与演化研究》，《人文地理》2006 年第 4 期。

③ D.L.Huff，J.M.Lutz，“Ireland's Urban System”，*Economic Geography*，Vol.55，No.3（1979），pp.196-212.

④ A.Abedini，H.Ebrahimkhani，B.Abedini，“Mixed Method Approach to Delineation of Functional Urban Regions：Shiraz Metropolitan Region”，*Journal of Urban Planning and Development*，Vol.162，No.3（2016），04016001.

⑤ 刘承良、余瑞林、熊剑平等：《武汉都市圈经济联系的空间结构》，《地理研究》2007 年第 1 期。

⑥ 刘玮辰、陆玉麒、徐昀：《南京都市圈空间相互作用时空演变分析》，《人文地理》2017 年第 2 期。

⑦ 罗成书、程玉申：《杭州都市圈空间结构与演进机理》，《城市发展研究》2017 年第 6 期。

名学者卡斯特尔斯（Castells E.）提出了“流动空间”（Space of Flows）的概念[①]，将“流”作为关系型数据以更为真实地反映城市之间的相互作用，得到了泰勒（Taylor P.）、梅杰斯（Meijers E.）等学者的进一步发展。[②][③] 梅杰斯（Meijers E.）认为“流动空间”这一新的研究视角促进了城市与区域研究范式的转变。2000 年以来，拉夫堡大学的全球化及世界城市研究小组与网络（Globalization and World Cities Study Group and Network，GaWC）在对全球城市体系的研究中运用连锁网络模型（Interlocking Network Model），极大地推动了这一方面的研究。[④]

（2）都市圈实体地域空间结构特征的研究

作为实体地域空间，城市区域的地域联系是一种“邻近”式空间联系，指示区域凝聚状态。这类研究将都市圈实体地域当作一个整体的“面”，通过分析各类要素在地理上的分布状态，揭示都市圈的空间结构特征。

由于人口、经济、产业等要素在空间上的高度集聚是都市圈城市的基本特征，国外学者较多地采用人口、就业、服务业分布数据揭示都市圈的空间结构特征。Jacob[⑤]、Heider and Siedentop[⑥] 和 Hipp[⑦] 等以美国的大都市地区为实证研究对象，或通过不同国家代表性案例的对比分析，从就业空间集中

---

① M.Castells，*The Rise of Network Society*，Oxford：Blackweil，1996.

② P.J.Taylor，*World City Network：a Global Urban Analysis*，New York：Routledge，2004.

③ E.Meijers，A.Romein，“Realizing Potential：Building Regional Organizing Capacity in Polycentric Urban regions”，*European Urban and Regional Studies*，Vol.10，No.2（2003），pp.173-186.

④ P.J.Taylor，D.M.，Evans，K.Pain，“Application of the Interlocking Network Model to Mega-City-Rregions：Measuring Polycentricity within and beyond City-regions”，*Regional Studies*，Vol.42，No.8（2008），pp.1079-1093.

⑤ S.Jacob，“The Networked Economy of Firms in City-region Peripheries”，*European Urban and Regional Studies*，Vol.28，No.3（2021），pp.195-212.

⑥ B.Heider，S.Siedentop，“Employment Suburbanization in the 21st Century：A Comparison of German and US City Regions”，*Cities*，Vol.104，No.3（2020），pp.1-14.

⑦ J.R.Hipp，J.H.Kim，B.Forthun，“Proposing New Measures of Employment Deconcentration and Spatial Dispersion across Metropolitan Areas in the US”，*Papers in Regional Science*，Vol.100，No.3（2021），pp.815-841.

与分散的角度分析了差异显著的就业空间结构特征，揭示了不同类型大都市地区的单中心、多中心形态特点。Rana 等构建了涵盖基础设施及社会经济领域的指标体系[①]，在核心—边缘模型的框架下采用赖力引力模型，综合评价了巴基斯坦拉合尔城市—区域内部的差异水平及指标的相关性程度。Li, Wei and Swerts 基于人口、GDP、用地等数据揭示了我国长江流域城市—区域的不均衡水平。[②]Bartosiewicz and Marcinczak 采用劳动力登记处的通勤与就业信息[③]、全国人口普查数据测度了波兰50个城市—区域的形态与功能的多中心性。

国内学者从城镇空间分布、人口分布等维度揭示都市圈的空间结构特征。分形维数是一种运用较多的方法，如尚正永和孙大君[④]、闫广华[⑤] 分别采用集聚维数、网格维数、关联维数等指标分析了案例都市圈城镇空间分布的向心性特征、均衡性水平和相关性特征。分形理论将复杂的空间现象与运行机制结合数学公式加以推导，一定程度上能够揭示问题，但结论的解释力具有一定的局限性。张丹等[⑥] 采用第二次经济普查的分行业就业人口数据，用区域密度函数分析了首都圈的空间结构特征，发现首都圈在不同的行业上表现出不同的空间结构特征。蒋凯等[⑦] 基于夜间灯光数据识别建成区空间分布，从而揭示并对比了北京、上海、东京三大都市圈的实体空间分布结构及规模结构。

---

① I.A.Rana，J.K.Routray，Z.I.Younas，"Spatiotemporal Dynamics of Development Inequalities in Lahore City Region，Pakistan"，*Cities*，Vol.96，No.7（2020），pp.1-14.

② H.Li，Y.D.Wei，E.Swerts，"Spatial Inequality in the City-Regions in the Yangtze River Valley，China"，*Urban Studies*，Vol.57，No.3（2020），pp.672-689.

③ B.Bartosiewicz，S.Marcinczak，"Urban Structure in Transition：Evidence from Poland，1983-2011"，*Regional Studies*，No.2（2021），pp.1878125.

④ 尚正永、孙大君：《基于分形理论的徐州都市圈空间结构研究》，《统计与决策》2009 年第 22 期。

⑤ 闫广华：《沈阳都市圈的范围及城镇空间分布的分形研究》《地理科学》2016 年第 11 期。

⑥ 张丹、孙铁山、李国平：《中国首都圈区域空间结构特征——基于分行业就业人口分布的实证研究》，《地理研究》2012 年第 5 期。

⑦ 蒋凯、眢骁毓、李政寰：《城镇体系识别及空间结构特征比较——以北京、上海、东京都市圈为例》，《城市发展研究》2020 年第 4 期。

2. 都市圈发展动力相关研究

都市圈的形成和发展是伴随着快速城市化及工业化的进程，同时也是人口、产业等各类要素在空间上集聚与扩散的结果。随着经济社会的发展和技术的进步，社会生产与分工及其之间的相互作用关系开始发生变化，都市圈空间结构也发生了改变。国外学者鲜有针对都市圈或某一特定尺度区域的空间发展动力机制研究，但不同学派的学者站在不同的理论视角，对于城市区域空间发展动力机制的解释维度主要有以下两种：

其一，传统的经济学研究秉承经济发展动力观，强调区域经济增长在空间结构上的极化与扩散效应促使区域的均衡与非均衡演化，从社会经济系统演变的角度考察经济发展阶段与水平对城市区域空间成长的影响。早在20世纪50年代瑞典经济学家缪尔达尔（Myrdal K.G.）的循环累积因果理论[①]、美国经济学家赫希曼（Hirschman A.O.）的极化增长学说等经典理论[②]，均从区域非均衡发展的角度解释城市与区域的发展。美国地理学家弗里德曼（Friedmann J.）提出了“核心—边缘”模式[③]，相对完整地阐述了区域空间结构随着经济发展阶段的进步，从低水平均衡到单中心极化接着到多中心高水平均衡的过程。Henderson and Wang 认为经济增长受到城市集聚程度的直接影响[④]，并构建了动态模拟城市形成的模型，着重强调了制度因素在区域系统中的作用。

其二，内生增长理论学派关注知识、技术等内生要素在城市区域空间演进中的重要作用。以卡斯特尔斯（Castells E.）为代表的学者认为，以信息技术为主的现代技术发展给空间发展带来了分散的动力[⑤]，也带来了集

---

① G.Myrdal，*Economic Theory and Underdeveloped Regions*，London：Duckworth，1957.

② A.O.Hirschman，*The Strategy of Economic Development*，New Haven：Yale University Press，1958.

③ J.Friedmann，*Regional Development Policy：a Case Study of Venezuela*，Cambridge：MIT Press，1966.

④ J.V.Henderson，H.G.Wang，“Urbanization and City Growth：the Role of Institutions”，*Regional Science & Urban Economics*，Vol.37，No.3（2007），pp.283-313.

⑤ M.Castells，*The Rise of Network Society*，Oxford：Blackweil，1996.

聚的需求。布莱基斯和克鲁格曼（Brezis and Krugman）认为[①]，集聚力来源于在实践中开展的本地化学习，新城市的形成有赖于新技术的获得，而技术停滞的城市将面临衰败。Berliant 等构建一般均衡模型揭示了空间集聚与城市发展之间的动态作用[②]，并指出知识溢出是城市体系形成与演变的动力机制。Dadashpoor and Malekzadeh 通过系统回顾文献的方法发现[③]，对都市圈空间结构形成及演变影响因素的研究关注“发展”“变革”“激励和抑制”这三个维度，而缺少对“背景和内在”这个维度的研究与理解。

国内学者在阐释都市圈的空间发展动力机制时主要有如下三种思路：

其一，使用空间扩散学说基于现象及数据的经验性描述，从经济发展的集聚与扩散分析各要素在区域空间演进中产生的影响。高汝熹和吴晓隽认为，集聚与扩散这两种力量的相互作用是都市圈空间发展的驱动力[④]，持续影响着都市圈空间演化的规律、空间结构的特征等。宁越敏和石崧认为都市圈空间结构演化最重要的动力机制即是集聚与扩散机制[⑤]，也可以说，空间结构演化可看作是一种伴随着城市化发展，生产网络在大尺度地域范围内的集聚与扩散过程。

其二，关注驱动因子对都市圈空间演进的作用方式及其内在性的规律。聂晶鑫等[⑥]结合传统研究和城市网络研究的视角，从全球化、本地化、系统演化的自维持特性这三个方面探讨武汉城市圈城镇体系的形成机制。也有学者分析了特定影响因素对都市圈空间发展的影响。张磊从新制度主义理论视

① E.S.Brezis，P.R.Krugman，“Technology and the Life Cycle of Cities”，*Journal of Economic Growth*，Vol.2，No.4（1997），pp.369-383.

② M.Berliant，R.R.Reed，P.Wang，“Knowledge Exchange，Matching，and Agglomeration”，*Journal of Urban Economics*，Vol.60，No.1（2006），pp.69 -95.

③ H.Dadashpoor，N.Malekzadeh，“Evolving Spatial Structure of Metropolitan Areas at a Global Scale：a Context-Sensitive Review”，*Geo Journal*，No.5（2021），pp.1-28.

④ 高汝熹、吴晓隽：《上海大都市圈结构与功能体系研究》，上海三联书店 2007 年版。

⑤ 宁越敏、石崧：《从劳动空间分工到大都市区空间组织》，科学出版社 2011 年版。

⑥ 聂晶鑫、黄亚平、单卓然：《武汉城市圈城镇体系特征与形成机制研究——基于城市网络的视角》，《现代城市研究》2018 年第 3 期。

角①，以日本东京都市圈为例，探索了规划制度转变对都市圈空间结构的影响。吴唯佳等探讨了京津冀协同背景下巨型项目及政策制度驱动对首都都市圈一体化发展的影响。②

其三，系统性构建都市圈空间发展的动力机制框架，关注多重要素的作用方式及过程。杨勇提出影响都市圈演化的主导机制包括动力机制、传导机制、实现机制这三种③，辅助机制包括促进机制、保障机制这两种。

3. 都市圈治理模式相关研究

（1）都市圈府际协作的现状

就都市圈地方政府合作的性质而言，一个重要的观点是将其视作一种区域性的制度集体行动，即若干机构共同工作以达成共同的政策目标。其中由于晋升等激励因素，各地方政府领导者对于区域合作的推动或阻碍会对府际合作产生实质性的影响。④可见，都市圈合作中地方政府的集体行动受诸多因素的影响和制约。崔晶深入观察了京津冀都市圈生态治理中的地方政府协作状态⑤，并构建了都市圈生态治理中政府集体行动的分析框架，认为都市圈生态治理协作受目标偏好差异、公共物品属性以及合作主体影响力不均衡等因素影响。

既有的都市圈府际协作研究中，以结合特定地域和领域的具体性研究为主。张可云从政府视角出发探讨了京津冀都市圈合作优化的规划、思路与政策重点⑥，提出完善京津冀都市圈合作机制的关键在于区域管理制度基

---

① 张磊：《都市圈空间结构演变的制度逻辑与启示：以东京都市圈为例》，《城市规划学刊》2019 年第 1 期。

② 吴唯佳、于涛方、赵亮等：《京津冀协同发展背景下首都都市圈一体化评估研究》，《城市规划学刊》2021 年第 3 期。

③ 杨勇、罗守贵、高汝熹：《都市圈的发展演化阶段分析》，《科技进步与对策》2007 年第 5 期。

④ R.Feiock，"Metropolitan Governance and Institutional Collective Action"，*Urban Affairs Review*，No.3（2009），pp. 356-377.

⑤ 崔晶：《京津冀都市圈地方政府协作治理的社会网络分析》，《公共管理与政策评论》2015 年第 3 期。

⑥ 张可云：《京津冀都市圈合作思路与政府作用重点研究》，《地理与地理信息科学》2004 年第 4 期。

础的完善。秦静基于要素流动视角探究了都市圈内合作区治理的框架和模式①。温李庆等则聚焦跨界产业园区合作模式②，分析了南京都市圈在跨界园区建设中的成效和不足。

跨省都市圈是近年来都市圈发展的热门趋势，也有学者专门就跨省都市圈做了系列研究。陶希东对跨省都市圈的概念与类型作了界定，并提出成熟型跨省都市圈须具备的6个基本条件③，还借助“行政区经济”理论分析了中国跨省都市圈空间整合的限制因素，并依据“治理”理论提出了“跨省区域治理”的空间整合新思路。

（2）都市圈府际协作模式

第一，行政权协调视角。西方早期对都市圈治理合作模式的探索便是围绕行政权力的分配与协调展开。基于制度设计与安排的明确的行政权分配保障政府各司其职，提高效率，但不断扩大的都市圈规模和日益复杂的发展环境将公共问题推上高位，政府亟须一种更为灵活高效、兼顾统筹的合作模式。近年来占据主流的兼顾都市圈一体化发展需求和行政区划刚性约束所致的外部性问题治理的府际协作模式，其实质为行政权力的协调与让渡。张怡和李维娜基于行政权总结了既往都市圈地方政府合作模式实践④，认为地方政府合作的本质是地方利益的协调，是采取协商、妥协等柔性方式实现区域组织化、契约制度化和内容文本化的过程，地方政府合作下的行政权协调发生在没有行政隶属关系的政府主体之间，不涉及根本利益的变动，是执行层面而非立法层面的部分变更，参与主体间关系平等，多种利益诉求得以表达并实现合作。

第二，参与者视角。大都市圈内行政单元归属的非统一性向来是都市

① 秦静：《要素流动视角下都市圈内合作区治理框架和模式研究》，《规划师》2022年第6期。

② 温李庆、顾巍巍、彭洲红：《跨界产业园区合作模式研究——以南京都市圈为例》，《改革与开放》2022年第14期。

③ 陶希东：《转型期跨省都市圈政府间关系重建策略研究——组织体制与政策保障》，《城市规划》2007年第9期。

④ 张怡、李维娜：《基于行政权协调的都市圈地方政府合作模式研究》，《中国行政管理》2016年第1期。

区治理的难点所在，中央政府与地方政府都是都市圈治理的重要力量，在美国等西方国家，以私人机构为代表的社会力量在都市圈治理规划和公共服务种的作用日益凸显。牛大卫等依据中央政府和地方政府的参与程度对都市圈合作模式进行了划分①，参与者在合作治理结构中的力量对比格局在都市圈间、不同发展阶段存在差异，且随着经济、政治环境变化发生波动性演变。都市圈形成早期，中央政府强势介入能有效整合资源，随着市场机制完善和区域竞合需求加剧，中央政府逐渐退居二线成为协调者和参与者，地方政府逐渐成为主导者。但都市圈迈入较为成熟且有序的发展阶段，中央政府参与度进一步弱化，地方政府成为绝对主导者，同时非政府力量开始发光发热。

4. 都市圈治理研究不足之处

（1）功能关联网络的研究较多而实体地域空间的分析相对较少。关于都市圈空间结构特征的研究聚焦于城镇功能网络及空间关系，或关注人口、产业等社会经济要素在空间上的集聚与分散状态，难以精确描述区域的土地开发格局及实体空间形态，对都市圈地域空间发展的解释力有限。当前我国正在构建基于生态文明建设的国家空间治理体系，目的在于优化国土空间开发和保护格局。都市圈是国家空间治理的重点地区。然而都市圈地域的快速城镇化带来的土地利用变化及环境效应对国土空间格局的优化及资源环境的保护带来了巨大挑战。因此，应当加强对都市圈物质空间格局的研究，才能有效揭示并解决用地无序蔓延、空间破碎化开发、生态格局收缩等一系列问题。

（2）缺乏从微观层面分析主体行为影响都市圈空间发展的研究，同时缺少对新经济时代及国家战略背景下相关因子的考虑。区域空间发展是多主体与多要素共同作用的结果。将区域经济学与地理学研究相结合，为区域空间演进提供机理解释是国内外学者的一种主流思路，而分析城镇化发展、交通技术进步、自然地理条件等一系列驱动因子的影响机理也较为普遍。既有研究中不乏从微观主体行为角度探索区域空间发展机理，但忽略了都市圈空

---

① 牛大卫、曹广忠：《都市区治理的合作模式与演变》，《城市发展研究》2017 年第 11 期。

间演进中主体行为及其互动机制发挥的重要作用。另外，缺少对新经济环境下新兴因子及我国转型期特色因子的考虑，研究的时代性及地域性缺乏。随着新经济时代的到来，国际劳动分工重塑了世界城市体系，各种资源要素在城市节点间积极流动，区域空间形态发生变化。国家及区域发展战略的实施等因素也会对相关都市圈的发展产生直接影响。

（3）研究大多停留在分析与解析的层面，难以指导都市圈的空间规划实践。既有研究重分析、轻对策，对现实中都市圈空间发展的问题及优化策略缺乏考量，同时碎片化的个案研究较多，欠缺思辨性和系统性。发达国家区域空间规划的重点在于土地及空间资源的政府管控，重点是实体空间的场所营造策略。应当重视对都市圈地域空间的引导，提出都市圈空间组织的优化模式及策略，以落实我国快速城镇化背景及生态文明建设要求下国土空间开发格局优化、资源环境保护的现实需求。同时应当通过借鉴国内外都市圈空间发展引导的经验与技术，建构都市圈空间组织的优化模式。

二、山东省地域间联系的空间格局

采用企业间经济联系、公路交通联系和铁路交通联系分别表征和揭示山东省城市—县区双尺度地域间联系的空间格局特征。

（一）山东省企业间经济联系空间格局

基于高端生产者服务企业（Advanced Producer Services，简称 APS）网点数据，通过互锁网络模型构建山东省地域间联系矩阵并计算连通度。[①] 同时，利用 GIS 软件自然间断点分级法对连通度进行分级与展示，以初步揭示山东省不同尺度下地域间经济联系并初步划定都市圈空间范围以及核心城市的腹地。

在城市尺度，基于密切的经济联系山东省城市间形成较明显的核心区。

① 选取在山东省设有总部或分支机构的银行、保险、证券、会计与律师事务所 5 个行业 75 家企业。详情请参考马学广、唐承辉《基于功能性联系的山东半岛城市群空间范围划定实证研究》，《经济地理》2020 年第 5 期。

第一等级的城市间联系主要集中于青岛与济南等两个核心城市，青岛与其它 6 个城市均形成较强的城市间关联带，而济南、烟台以及潍坊等对外联系数依次递减。尤其是青岛与济南成为山东省经济联系的重要影响源，支配着城市间资金等要素流动，并初步形成两大都市圈。APS 网点在开展业务时，也促进资源在城市间流动与集聚，并为济南与青岛都市圈的形成与发展奠定了基础。从单一连通度来看，青岛、济南、潍坊、烟台与威海位于前 5 名，对外联系程度处于第一等级并拥有较高的辐射能力。

在县域尺度，高等级经济联系主要分布于青岛等城市中心区且更集中于沿海地区。这与城市间连通度具有较高相似性，不仅反映了经济活动高度分离又局部集聚的特征，说明这些城市中心区构成了都市圈的核心。其中，德州市德城区、淄博市周村区以及泰安市泰山区等市区均与济南市辖区形成较高等级的企业间联系，并成为济南都市圈重要组成部分。同时，莱西市、莱阳市等与青岛市辖区形成较高等级的企业间联系，并成为青岛都市圈的重要组成部分。此外，威海、日照与东营虽与其它城市经济联系等级较低，但威海市环翠区、日照市东港区以及东营市东营区却与其它县区形成较多高等级的关联带，因此这些城市中心区对于烟台与临日都市区的形成也奠定了一定基础。

（二）山东省公路客运交通地域联系空间格局

作为短距离的运输方式，公路客运是地域间直达的客运交通并具有显著的空间依赖性，在一定程度反映了地域间经济联系状况。基于公路班次数据，计算地域间往来频次与经停车次并利用 GIS 软件依据自然间断点分级法对连通度进行分级与展示。基于公路客运流的地域间联系具有明显的向心性且分布不均衡，并对都市圈空间范围拓展产生了重要影响。

在公路客运流中，城市间联系呈现出明显的向心性与地域临近性。济南作为省会城市集中了最多的客流联系，并成为网络中心。青岛由于地处边缘，并未与其它城市形成较多城市关联带。同时，济南与德州、聊城等周边地区联系密切，并构成高密度的网络，使得这些地区成为济南都市圈的重要组成部分。青岛—潍坊、烟台—威海、济宁—枣庄以及滨州—淄博则形成了同城化取向的城市对。在县域联系中，网络呈现出多中心空间格局且高等级联系分布更均衡。济南、聊城与济宁等城市与周边县的公路客流往来均较为密切，日照、东营、滨州以及淄博缺乏第一等级公路客流联系。淄博虽缺乏第一等级客流联系但经停车次处于较高等级，说明它与其它地区客流联系较为分散。近年来，山东省交通基础设施不断完善，并形成四通八达的高速公路网，各城市与各县都成为网络中的组成部分。发达的高速公路网不仅缩短了地域间的时空距离，促进了沿线地区的经济发展，也使得城市间联系更为密切，并呈现出区域一体化发展趋势。

（三）山东省铁路客运交通地域联系空间格局

作为国民经济的大动脉，铁路客运承担着中长距离物质与信息的交换，也反映了地域间相互作用强度。基于铁路班次数据，计算不同地域间铁路往来频次与经停车次数量，并利用 GIS 软件自然间断点分级法进行分级与空间表征，发现网络受铁路干线影响显著并呈现出“T”字形的空间结构。

在铁路客流网络中，城市间联系差异明显且形成了“一横一纵”两条客流带。一横是沿胶济线的济南—青岛客流带，一纵是沿京沪线的德州—枣庄客流带。它们处于强连接状态，并主导城市群内部人流、物流等要素流动方向与强度。随着青烟威荣高铁的开通，青烟威之间城际客流来往频繁，也形成了高等级城市间联系。同时，济南等在青岛换乘后可直接到达烟台和威海，为内陆与沿海城市间经济联系奠定了良好基础。此外，该网络也呈现出显著的核心边缘特征，济南与青岛经停车次均超过了 1500 而成为整个网络的核心。

在县域网络，高等级客运流联系主要分布在胶济线与京沪线山东段的城市及其县域间，并呈现“T”字形空间架构。说明这两条铁路干线，对于山东省城镇体系发展与空间结构发育具有重要作用。尽管县域网络与城市网络具有较高相似性，但由于京沪线在曲阜市设置站点，使其与济南形成第一等级客流联系。济宁与沿线其它城市联系数量却相对较少，反映了高速铁路建设虽促进沿线城市与区域要素流动，但也拉大地域间发展差距。尤其是未设置高铁站点的菏泽、临沂与东营等城市及其县仍处于客流网络的边缘，尚未与其它城市或县形成高等级的对外联系，影响了城市群一体化水平的提高以及资源高效配置。

三、山东省都市圈范围的识别

（一）基于山东省企业间经济联系的都市圈范围识别

从企业间经济联系下山东省城市尺度首位/次位联系规模来看，青岛市首位/次位联系规模均为最大值，充分体现了青岛市在山东省尺度中的经济中心地位。尤其是潍坊、日照以及烟台等多个城市均成为青岛的首位联系对象，从而成为青岛都市圈的重要组成部分。济南凭借着政策与信息优势的影响也吸引众多APS进驻，成为德州、泰安、莱芜等多个城市首位联系对象。尽管烟台首位联系对象是青岛，但它和威海也形成首次位联系，说明烟台和威海间也存在较为密切的经济联系。临沂和日照首位联系对象虽然都是青岛，但二者间也形成次位联系，表明二者间也存在着较为密切的经济联系。此外，城市首次位联系规模随着烟台、潍坊、淄博等城市的不断崛起，山东省传统济南—青岛双中心格局逐渐被打破，并呈现出一定的多中心发展趋势。

在县区尺度，青岛市的市南区、市北区以及崂山区等多个城区由于经济和人口规模较大，分布着较多的APS企业，首位/次位联系规模位居山东省前列。同时，市南区等青岛市辖区也与潍坊的诸城、烟台的莱阳以及日照的岚山区等多个县区均形成首次位联系，使得这些县区在县域尺度上成为青岛都市圈的组成部分。济南市中区、槐荫区以及历下区凭借着独特信息与政策资源也吸引众多APS进驻，并成为长清区、邹平市以及齐河县等多个县区的首次位联系对象。同时，烟台的芝罘区、潍坊的寿光市也成为邻近县区的首次位联系对象，使得县域尺度上山东省网络结构也呈现出多中心趋势。尽管兰山区、滨城区以及泰山区等在区县尺度中连通度较高，但由于其周边县区经济发展速度较慢，而导致首次位联系数量总体较少。这体现出山东省APS网点地域分布不均衡，在部分经济发达地区呈片状分布并与经济发展水平有较强的经济联系，而在经济较弱地区分布较少。

（二）基于公路客运交通联系的山东省都市圈范围识别

通过分析各城市首次位联系对象与规模，可进一步揭示山东省公路客运网络中地域间联系的集群特征，并为都市圈范围划定提供依据。

在城市尺度，济南成为德州等7个城市首次位联系对象，并主导省内中西部资源流动，从而为济南都市圈形成与发展奠定较好基础。青岛也成为潍坊、烟台、威海以及日照等4个城市的首次位联系对象，而成为东部客流中心。随着城际高铁与动车等新型交通方式的出现，公路作为城市间联系载体的重要性逐渐降低，并使济南、淄博与潍坊等城市间未形成首位联系。济宁也集中4条首次位联系线，而成为鲁南地区客流重要集散地，说明济宁具备了区域性次级中心功能。然而，临近的菏泽却受济南强大经济辐射，并与其形成了首位联系，但济宁也与菏泽形成了首位联系。此外，临沂和日照互相成为对方首位联系对象，说明二者之间客运联系较密切。

在县域尺度，城市内部联系仍强于外部联系，表现出显著的行政区经济。在行政边界影响下，各城市均成为县域首次位联系的主要对象。该网络中，县域间联系数量由西向东逐渐减少。济南集中了众多首次位联系，并成为公路客流网络的核心。青岛等沿海城市处于整个网络的边缘地带，导致其联系较为分散且规模较小。此外，菏泽、滨州等部分县域在济南强大吸引下与其产生了密切联系，日照与潍坊部分县域也受到青岛辐射而形成了跨边界联系线，说明区域中心城市经济辐射与带动作用对于都市圈协调发展具有极其重要的意义。

（三）基于铁路客运交通联系的山东省都市圈范围识别

济南与青岛作为山东半岛城市群的中心城市，基于密切的贸易往来对周边地区产生强大辐射力，并影响着城市群整体发展。通过计算济南与青岛两小时与三小时铁路客流通勤范围，分析二者经济作用强度较为强烈的地区，以作为其影响范围。

在城市尺度中，济南两小时通勤范围包括滨州、聊城以及泰安等城市，青岛两小时通勤范围主要是潍坊、威海与烟台等城市。在三小时通勤范围中，济南与青岛之间也形成客流联系。县域通勤范围与城市尺度也较为相似，滨州、德州等城市及其县与济南形成两小时或三小时通勤圈。烟台与威海及其县主要与青岛形成两小时通勤范围。不过，滨州、德州以及菏泽外围县域却在济南三小时通勤圈外，烟台部分县域也在青岛三小时通勤圈外。表明这些县域受到济南与青岛经济辐射有限，暂不作为济南都市圈或青岛都市圈的空间范围。

（四）企业和交通复合视角下山东省都市圈范围的识别

在单独的要素流中，都市圈范围仅是城市间某一方面联系的体现，而三种流数据共同的都市圈地区则表明这些城市与县在不同类型的城市网络中均存在密切的经济联系。① 其中，APS 网点数据集中表征了企业间经济关联，而公路与铁路客运交通数据则反映不同距离下城市间人员与物流的往来，通过这三种空间联系数据可以较全面揭示都市圈内部的功能性联系，并且避免了单一要素与方法识别都市圈空间范围与确认核心城市经济腹地的片面性。② 因此，综合考虑不同尺度下地域间联系特征与结构，从而综合界定都市圈的空间范围以及核心城市的经济腹地。

前文分析中，济南主要与德州、莱芜以及泰安等邻近地区形成较高等级的地区间联系，并且成为这些地区首次位联系对象。尽管德州西部县区与距离济南市辖区较远，通勤时间普遍超过三小时，但随着高速铁路建设德州与济南城市间社会经济联系日益密切，从而成为济南都市圈的重要组成部分。作为山东省东部的核心城市，青岛与潍坊、日照等城市形成较为密切的社会经济联系，并成为这些城市辖区的首次位联系对象，从而将日照和潍坊作为青岛都市圈的空间范围。此外，烟台的莱阳、海阳以及莱西等三个县级市与青岛社会经济联系也较为密切，并且主要以青岛及其市辖区作为首次位联系对象，从而也成为青岛都市圈的重要组成部分。尽管在城市尺度上，烟台首位联系对象是青岛，但烟台与威海较多辖区到青岛通勤时间超过三小

① 牛亚菲、宋涛、刘春凤等：《基于要素叠加的旅游景区经济影响域空间分异——以八达岭长城景区为例》，《地理科学进展》2010 年第 2 期。

② 韩刚、袁家冬：《论长春都市圈的地域范围与空间结构》，《地理科学》2014 年第 10 期。

时，难以为青岛都市圈的组成部分。近年来，随着烟台经济的快速发展，已经成为山东半岛城市群重要的城市节点，并引领着周边地区快速发展。同时，烟台与威海之间也形成了首次位联系，并且二者多个县区间社会经济联系较为密切，因此将烟台与威海作为山东半岛城市群中重要的都市区，以带动城市群东北部地区的社会经济发展。

作为山东省南部地区的重要城市，济宁、菏泽以及枣庄等地区近年来虽获得了较快发展，但总体经济规模仍相对较低且尚未形成明显的核心城市，难以作为单独的都市圈或者都市区。同时，济宁等城市与济南与青岛两大核心城市通勤时间普通超过三个小时，且社会经济联系也较为薄弱，难以成为济南都市圈和青岛都市圈的组成部分。此外，济宁、枣庄和菏泽等城市相互间虽然存在一定的社会经济联系，但总体发展仍较为不足，尚未形成单独都市圈。因此，将济宁、枣庄、菏泽以及临沂作为鲁南重要发展经济带，并通过高速铁路等基础设施建设强化鲁南地区社会经济往来，推动山东半岛城市群高质量发展。滨州的邹平县由于与济南存在较为密切的社会经济联系，并且到济南的通勤时间也低于两小时，从而将其作为济南都市圈的重要组成部分。然而，东营和滨州的大部分县区与济南社会经济联系较为不足，较多县区与济南通勤时间超过三个小时，难以成为济南都市圈的组成部分。近年来，随着工业化和城镇化的快速发展，东营和滨州经济与人口规模也获得一定提高，并且相互间形成一定的社会经济联系，因此将二者作为东滨都市区以带动山东半岛城市群北部地区发展。

四、山东省城市经济腹地范围的确认

（一）基于企业间经济联系的山东省城市经济腹地范围确认

为分析节点联系强度的空间分布特征，计算各地域单元在网络中连通度并进行插值分析。在城市尺度中，该网络具有明显的核心边缘特征并形成三条跨地域关联带。城市间联系沿济南—青岛、烟台—临沂以及济南—济宁三条关联带向东西与南北方向拓展，并初步形成青岛与济南双中心以及临沂与济宁两个次中心。济南的经济腹地主要集中在德州、淄博以及泰安等地区，青岛的经济腹地主要集中在潍坊、烟台的海阳以及莱阳等地区。然而，莱芜、枣庄与日照分布着较少的APS网点，尚未与其它城市形成密切的经济联系，处于网络的边缘地带。此外，菏泽APS企业数量也较少，暂时未能成为济南的经济腹地。

在县域尺度中，网络碎片化较为严重且连通度大致由城市中心区—县级市—县递减。青岛与济南形成了辐射范围广泛的腹地，其它地级市仅中心区形成了小范围经济腹地。同时，县域网络中德州市庆云县和夏津县以及枣庄市山亭区等，由于APS网点数量很少而成为空间联系的孤岛，暂不作为核心城市的经济腹地。此外，日照市东港区基于优越的地理位置吸引着较多APS企业集聚而形成县区间联系的高地，说明日照市总体经济规模有限但城市中心区仍处于网络的核心地带，受到青岛强大的经济辐射并成为其重要的腹地。

（二）基于公路客运交通联系的山东省城市经济腹地范围确认

由于公路客运联系网络密度较高且地域单元间联系较分散，城市经济腹地难以精确识别，因此借助各城市与各县经停车次的插值分析，深入探讨联系集聚性与空间依赖性。

在城市层面，以济南为中心形成济南—青岛、济南—济宁、济南—聊城、济南—德州4条关联带且向东西南北4个方向拓展，但济南、淄博与潍坊之间客流联系最密切。青岛由于地处边缘，公路客流集聚性更小仅形成一定范围腹地，影响范围涉及潍坊与烟台的部分地区。济宁与临沂也形成了次一级高地，但二者间尚未形成强关联带，说明鲁南经济带的发展尚需增强其经济联系。同时，网络中菏泽与日照由于地处边缘与省内其它城市间联系较为缺乏。莱芜虽临近济南但经济总体实力有限，导致客流集聚水平较低。县域尺度中，地域间联系呈现出整体分散而局部集中的拓扑特征。除德州、菏泽、日照、莱芜、枣庄外，其它城市均形成了显著的客流联系高地，并对周边县产生一定辐射力。同时，该网络中形成了聊城—青岛、滨州—济宁以及临沂—烟台长距离不连续脊带，说明大部分城市与县公路客流联系较密切。

（三）基于铁路客运交通联系的山东省城市经济腹地范围确认

作为区域交通便捷程度的重要指标，可达性系数越小表明城市或县域实际通达性越好，城市群内部客流往来也越频繁。

在城市尺度，可达性系数较低区域主要集中在已开通高速铁路的胶济沿线与京沪山东段沿线，表明高速铁路的建设极大缩短了沿线地区时空距离。在空间分布上，可达性系数呈现出一定的核心—外围格局，其中济南与青岛等核心城市可达性系数较低而菏泽与日照等外围城市可达性系数较高。此外，由于可达性作为一个综合性指标受到铁路干线布局、经济规模以及人口密度等因素影响，从而使可达性系数为 1 的等值线明显被扭曲，并出现单独闭合圆环。在县域尺度中，可达性系数空间分布与城市尺度大致相似，胶济与京沪两大铁路干线密切了沿线地区社会经济联系，并使得其可达性系数普遍低于 1。同时，可达性系数空间分布更加不均衡并反映区域经济发展差距。既表现为以青岛为中心的沿海区域可达性优于中西部地区，也体现为市辖区可达性优于周边县。特别是未设置客流站点的鲁北、鲁中等部分县可达性最差，有待于新建高速铁路干线将其纳入客流网络。

（四）企业和交通复合视角下山东省城市经济腹地的确认

作为当前城市研究的重要内容，城市经济腹地识别有助于准确认识其辐射范围并为城市与区域规划的制定与实施提供依据。目前研究中，学者们主要利用通过以下四种方法识别城市经济腹地：一是以引力作为核心概念的城市吸引区，二是以“流”作为核心概念的流度辐射区，三是以中心地与腹地互动关系为核心的中心—腹地体系，四是以中心地与腹地一体化为核心的区域共同体。① 本研究主要利用“流概念”测度核心城市流度辐射区，并通过插值分析突破行政边界对城市经济腹地识别的限制，从而更加科学识别核心城市经济腹地。②

① 彭建、陈云谦、胡智超等：《城市腹地定量识别研究进展与展望》，《地理科学进展》2016 年第 1 期。

② 朱鹏程、曹卫东、张宇等：《人口流动视角下长三角城市空间网络测度及其腹地划分》，《经济地理》2019 年第 11 期。

作为山东省核心城市和政治经济中心，济南和青岛凭借着强大的经济实力和政策优势吸引了众多人财物等要素的集聚，并成为城市群内部社会经济联系的影响源。然而，前文虽分别通过企业间经济联系、公路客运交通联系和铁路客运交通联系下城市连通度的插值分析初步揭示了山东省各城市经济腹地的辐射区域，但缺乏综合探讨多元联系形式下济南与青岛等核心城市经济腹地的综合识别。因此，结合山东省地域间联系和城市辐射范围，进一步准确识别济南与青岛两大核心城市的经济腹地。

在城市尺度，济南市的经济腹地范围主要包括济南市、德州市、泰安市、莱芜市以及淄博市，而聊城则在济南腹地范围之外。尽管聊城市成为济南都市圈重要组成部分，但从连通度插值分析来看，济南市辐射范围尚未覆盖聊城市。尤其是济南市与聊城市之间可达性较差，城市间联系相对不足。因此，在济南都市圈发展中，亟待通过开展城市合作、对口支援以及修建高速铁路等多样化措施促进济南市与聊城市之间的社会经济联系，从而提高济南都市圈的发展水平。青岛市的经济腹地范围主要包括青岛市、潍坊市与日照市，尤其是潍坊市与青岛市在多种要素流中均形成较为密切的城市联系，从而推动青岛都市圈的快速发展。

在县区尺度，济南市经济腹地主要包括济南、淄博、泰安、莱芜以及德州等城市大部分县区，且总体腹地范围小于城市尺度。此外，聊城的东阿县、茌平县与济南社会经济联系相对较为密切并成为济南的腹地范围，但聊城其他县区与济南联系相对不足。然而，泰安、德州以及淄博部分县区因距离济南较远并且经济实力相对不足，与济南的县区联系普遍较弱，在县区尺度上并未成为济南腹地范围。青岛市腹地范围主要包括青岛县区、日照县区、潍坊以及烟台部分县区，但县区尺度腹地范围总体大于城市尺度。在城市尺度中，烟台市并未完全成为青岛的腹地，尤其是烟台市北部蓬莱、栖霞市以及龙口市等县市与青岛县区的社会经济联系较少，难以成为其经济腹地。在县区尺度，烟台市莱阳与海阳在多种要素流中与青岛联系均较为密切，并分别成为青岛的重要腹地。然而，潍坊的临朐县和寒亭区与青岛县区经济联系也较为薄弱，并且在城市连通度插值分析中未成为明显的影响区，在县域尺度尚未成为青岛市的经济腹地。总体而言，青岛市凭借着强大的经济实力对周边地区产生强大辐射能力，从而推动青岛都市圈快速发展。

五、山东省地域空间治理的行动路径和政策导引

（一）山东半岛城市群空间治理策略

在城市群空间治理中，跨政区合作需要依托于城市间形成组织机构及其形成的一定制度。科学、合理的组织机构能够为城市群空间治理提供组织保障，能够及时有效地解决在空间治理中遇到的各种问题，保证合作的有序性和持续性。① 合理的组织机构在某种程度上决定了城市间跨政区合作最终取得的绩效。当前我国的地方合作很多都是靠地方领导人来推动的，一旦地方领导调动便容易使合作机制架空。当前我国的地方合作还停留在各种会议制度与单项合作机制和组织，一般采取集体磋商的形式，缺乏一系列成熟的、制度化的机制与组织，区域合作机构的协调与执行能力弱导致地方政府“各自为政”。目前，山东半岛城市群空间治理中，只有山东省所成立的区域发展推进战略工作领导小组以及青岛和日照成立的日照市接轨青岛、融入半岛城市群工作领导小组，其他城市间的合作还缺乏制度化、规范化的合作组织机构，难以保证城市之间合作的常态化。

在城市群空间治理中，形成一定的合作机制能够保证政府间合作的持久性，提高合作效率。随着我国经济改革的不断深化，地方政府的合作形式也趋于多样化。如高层领导联席会议、城市政府联合体、政府倡导下的非政府组织合作论坛、区域经济贸易协会、跨经济区的地方政府间联合等。结合山东半岛城市群空间治理情况，将其合作机制分为制度化合作机制、区域性发展规划以及政府间协议。同时，将山东半岛城市群空间治理模式划分为以

① 马学广、孙凯：《山东沿海城市带地方政府跨政区合作研究》，《青岛科技大学学报》（社会科学版）2015 年第 3 期。

青岛、济南为龙头的“核心—外围”式合作模式和平级城市间合作模式。城市群空间治理最终要落实到具体的对象，即合作内容、合作领域。城市政府间的合作内容可以多种多样，结合区域实际情况选择合作领域、合作内容可以提高合作的效益，可以促进区域资源的最优化配置。山东半岛城市群空间治理主要从产业协作、交通合作、旅游合作、生态环境建设合作以及科技人才交流等 5 个主要领域展开。

在各城市的共同努力与探索下，山东半岛城市群空间治理取得了极大成果，但与此同时，城市群治理过程中仍然存在组织机构缺位、政策工具残缺以及参与主体单一、跨政区合作常态化程度低等问题。在下一步的山东半岛城市群空间治理中，首先要健全合作的组织机构，由碎片化走向整体化、完整化，为城市群空间治理提供组织保障；其次，完善城市群空间治理工具，从空白化、简单化转向精密化，健全法律制度建设，从非法制化转向法制化；再次，要扩大城市群空间治理的参与主体，从单一化转向多元化，使非政府组织、私人部门、社区公众共同参与到城市间的空间治理中，加强各领域合作的广度和深度；最后，要通过组织机构的建设以及合作机制的不断健全保证城市群空间治理的常态化。通过山东半岛城市群空间治理的有序进展，促进山东半岛城市群协调发展并实现区域经济可持续增长。

（二）山东省都市圈发展策略

以济南市、青岛市为中心，协同周边城市，高质量建设济南都市圈和青岛都市圈，完善都市圈内部轨道交通线网，提升水利、能源等基础设施共建共享水平，形成功能互补的基础设施体系。建立健全都市圈协调机制，强化重要生态空间协同保护和污染协同治理。合理组织都市圈功能空间，构建横向错位发展、纵向分工合作的城镇发展格局，促进都市圈在统筹资源要素和参与区域竞争中发挥更加重要的作用。同时，以青岛都市圈为龙头，统筹沿海港口发展，推动港口布局优化和功能提升，完善海河、海公、海铁等多式联运体系，形成布局合理、功能完备、分工明确的现代化港口群。以济南都市圈为重心，优化机场资源布局，促进机场群合理定位和专业分工，增强青岛机场、济南机场的辐射带动作用，提升面向国际和国内主要中心城市的可达性。在都市圈内部，统筹布局教育、卫生、文化、体育和养老设施，实现基本公共服务均等化、便捷化和高效化，构建适合都市圈发展要求的公共服务体系和安全保障体系。

第七章 同城化区域跨界合作治理

区域同城化是指两个或多个城市，通过地方政府的行政、规划协调统一，由表及里建设空间同城、基础设施同城、产业同城、市场同城和公共服务同城，以促进区域界限弱化、城市功能关联，最终实现区域治理融合的同城效应过程。区域同城化和同城化区域则是两个对应概念，开展区域同城化战略的地域被称为同城化区域，同城化区域是区域同城化的空间载体和战略实施地。跨界治理指在不同维度上，对区域共性问题进行的集体性管理。① 在区域同城化进程中，从表面来看，经济要素的一体化呈现主导力量，但深究其实质，乃是一种制度和空间上的一体化，而土地资源则是因势承担城市一体化发展的空间载体及优化配置的关键要素。②

因此，对于同城化区域中的跨界合作治理，应聚焦城市间跨界合作过程中的基于土地资源的各类合作，即：以土地作为重点参与要素的区域合作形式，既可以是土地资源存在优劣势差异的区域间以土地实体作为合作核心的直接合作，也可以是为实现区域间产业、生态等其他方面合作目标而提供土地开发管理配套政策的间接合作，旨在实现基于土地资源的跨界合作，进而促进区域同城化进程。

---

① 陶希东：《跨界治理：中国社会公共治理的战略选择》，《学术月刊》2011 年第 8 期。

② 方创琳、张永姣：《中国城市一体化地区形成机制、空间组织模式与格局》，《城市规划学刊》2014 年第 6 期。

一、同城化区域跨界合作治理的尺度分析构架

方今社会繁杂治理背景下，城市空间的蔓延、竞争力的提升、城市特色的彰显和市民的认同程度，都迫切需要在城市治理中寻求新的模式。同城联合共治，城市跨域联合，市民共享优惠的区域同城化由此流行开来。而同城化区域中的跨界合作，尤其是基于土地的最为基础的跨界合作又显得尤为重要。本节将主要探讨同城化区域跨界土地合作的具体表现形式，并从尺度重组视角构建出跨界合作的分析框架，以及其背后所体现出的驱动机制。①

（一）同城化区域跨界合作治理的具体表现

目前学术界对于跨界合作治理并无专门研究或系统总结其内涵、特征等内容，但已有文献从尺度重构、政府间合作等角度对诸如共建产业园区、行政边界基础设施以及跨界、跨流域治理等展开相应研究。以跨界土地合作为例，从产业布局、设施共建、生态保护和空间拓展4个方面归纳其形成动因，具体表现为异地共建园区、基础设施建设、跨域环境治理以及新筑城镇空间。

1. 异地共建园区

产业布局的限制促进了跨界土地合作的形成，具体表现在异地共建园区。异地共建园区是指跨越多个同级行政区域，以各级政府和企业组织为主要行为主体，以土地和空间的制度化合作为主要内容，以产业转移园、异地工业园和跨境工业区等为具体形态，具有“飞地式”异质嵌入的区位属性。其作为我国政府间合作的普遍形式，推动生产要素在区域、全国乃至全球范围的重新匹配和空间优化。为响应促进开发区体制机制创新和积极探索合作办园区的发展模式的要求，异地共建园区被赋予跨界整合创新平台的重任。其中，影响力较大的异地共建园区工程包括京津冀协同发展战略下的产业转

① 马学广、窦鹏：《中国城市群同城化发展进程及其比较研究》，《区域经济评论》2018年第5期。

移、江苏省南北挂钩合作园区共建以及珠三角向粤东西北地区的产业和劳动力"双转移"等，接下来重点介绍江苏省江阴经济开发区靖江园区。

地处江苏省中部的江阴和靖江两市满足同城化的基本条件，文化同源，隔江相望。江阴和靖江两市经济发展存在着一定差距，江阴市经济综合实力强劲、资本扩张能力卓越，而靖江市则经济发展缓慢，需进一步的资本注入。因此两市都有其自身的经济合作动力需求：江阴由于城市扩张受到地理因素阻隔，可用土地消耗殆尽，土地成本不断攀升，缺少产业发展空间；而靖江市作为经济发展相对缓慢的一方自然也急于与江阴形成合作态势，借助其雄厚的资本和人力，引进其开发管理经验和招商引资。随着 1999 年江阴—靖江长江大桥的落成以及江苏省政府的重视和支持，2003 年江阴、靖江两市签订了异地产业园区的协议，由此成为两市突破刚性行政区边界、促进两市协同成长的大胆尝试。江阴和靖江两市分工合作明确，江阴市负责总体开发、招商运营，靖江市则提供劳动力和配套服务等，并且在出资建设比例、收益提成分成[①] 等方面也都有详细规定。在园区中，江阴市作为有资金无地的一方，靖江市作为有地无资金的一方，双方虽属于不同行政主体，但在利益需求方面达成一致，因此靖江市将土地开发的合法性转让给江阴市，而江阴市则在此新地理空间载体中投入自身的资本和人力资源以实现资本扩张，由此实现了跨界土地合作，以此园区建设才能成功。

2. 交通设施建设

跨界土地合作、市民联系和要素流通的内生需求促成了地区间交通基础设施的建设，而以交通项目合作为突破口和"实验室"，又为更深层次的跨界土地合作奠定了合作基础。"地方空间"向"流动空间"的转变，最突出的特点便是各种资金流、技术流等物流和人流在区域间的自由流动。而各种"流"的自由流动离不开信息网络技术的发展和城际交通基础设施网络的

---

① 张京祥、耿磊、殷洁等：《基于区域空间生产视角的区域合作治理——以江阴经济开发区靖江园区为例》，《人文地理》2011 年第 1 期。

建设。同样，区域一体化和同城化的发展，也离不开区域内部交通网络的完备，发达密集的交通网才能为密切的城市联系提供可能。跨界交通基础设施的完竣，同样涉及多个行政主体、企业组织和利益个体，不同于单个地域组织内部建设，跨界的各项设施建设主体更加多元化，问题更加复杂化，接下来以广东省广（州）佛（山）地铁（下文简称广佛地铁）为例简要介绍。

作为国内首条跨城地铁，广东省广佛地铁于2002年10月正式开工，2016年底建成，全长32.16公里。广佛地铁建设的提出是典型的自下而上根据地方利益需求所作出的决策，自2001年提出，一直到2005年才在国家层面得到立项批准。2005年，国务院通过相关规划，提出广佛地铁的建设意见，之后才又获得了省发改委的立项批准，得到了省级政府的支持，因此广佛地铁的权力格局演变是典型的自下而上的尺度上移过程。而对于如此庞大的跨界交通基础设施建设来说，项目资金来源也是各方辩论的焦点，在广佛地铁的投融资方案中，也存在着巨大变化，如果在地铁报审阶段是尺度上移，那么投融资方案中所体现出的权力的转移则是典型的尺度下移。最初方案计划由广东省和铁道部各出资50%，如此主导权必然掌握在铁道部，而后期省政府却拿出新的投融资方案，投资骤增，由此铁道部放弃主导权，转移给地方政府，更多依赖地方财政和社会资本。①

同样，国内目前存在着许多由两个地方命名的机场，这类机场同样也是跨界土地合作中交通基础设施合作的典范。譬如，江苏省扬州泰州国际机场、陕西省西安咸阳国际机场、广东省揭阳潮汕国际机场、安徽省芜湖宣城机场等，都属于有关土地让渡和投资共建的跨城机场，均体现了同城区域的跨界土地合作。

3. 跨域环境治理

跨政区环境污染和生态保护促进了跨界土地合作的形成，具体表现在跨域环境治理。环境治理是城市和国家治理能力的体现。伴随改革开放后经

① 刘超群、李志刚、徐江等：《新时期珠三角“城市区域”重构的空间分析——以跨行政边界的基础设施建设为例》，《国际城市规划》2010年第2期。

济快速发展而来的是各类环境污染问题，也成为阻碍经济持续健康发展的重要因素。当前生态环境污染形势依然严峻，目前最受政府和民众关注的是大气污染（雾霾）和水体污染（河海），这两类污染都有跨越行政边界的特征，尤其是污染产生地和被污染地的分离特点，给治理带来了复杂性。因此，跨界环境问题被烙上跨政区、长期性和利益主体多样等三大属性。① 由于跨界环境问题这些独特性，生态保护的跨界合作便显得愈发重要，而其中的流域污染、水体污染的跨界治理则属于跨界土地合作的特殊形式。

以水网密布的珠江水系为例，跨越多个行政区划，城市之间供水、排水交错，相互影响。近年来随着广佛同城和广佛肇一体化的战略提出和实施，流域跨界治理逐渐引起区域内部各城市的注意。2009 年，广州和佛山两市便颁布了有关环保的文件，重点解决跨界水污染问题；2012 年，广州、佛山、肇庆三市又一起出台了环保规划，进一步推动了跨界合作步伐。但流域与政区划分割的矛盾导致了流域跨界治理的困难局面，纵然上级政府部门授予治理权限，如果相关地方的利益得不到补偿和保障，依然会使流域跨界治理流于形式。珠江水系的治理也确立了府际合作治理机制，通过建立联席会议制度协调地方政府的治污工作。但单纯的府际合作缺乏制度和法律保障，合作机制也亟待完善，没有发挥其他治理主体的作用而影响跨界治理的效果，进而提出构建“网络式”跨界治理体系，使政府、企业、社会组织、公众等治理主体之间形成良性互动。②

4. 新筑城镇空间

近年来，大城市的对外无序扩张或城市蔓延尤其是“摊大饼”式的城市空间拓展饱受诟病，对此，各区域借鉴西方精明增长，开始尝试高质量的对外扩张，最常见的便是和周边小城镇的新城共筑等，而这也是典型的跨界土地合作形式。而随着城市经济发展带来的土地资源紧缺的现实也成为快速

① 范永茂、殷玉敏：《跨界环境问题的合作治理模式选择——理论讨论和三个案例》，《公共管理学报》2016 年第 2 期。

② 刘锦、阚凯：《城市跨界环境污染治理模式创新研究——以广佛肇联手整治跨界污染为例》，《探求》2015 年第 4 期。

城镇化地区的普遍问题，从另一层面促使着各大城市努力寻求成本更加低廉的土地资源，在原先区划范围的基础上向外进行城镇空间拓展。如飞地发展模式、双城对接模式和多点融合模式①，或从空间相互作用角度划分的“毗邻型”和“遥望型”②。

最典型的新筑城镇空间的跨界土地合作是辽宁省沈（阳）抚（顺）同城中的沈抚新城（沈抚连接带）。由辽宁省同意规划的沈抚新城地理位置位于两市交界，新城面积中沈阳占56%，抚顺占44%，各由两市部分区域构成。因此，沈抚新城并不是在两市行政界线范围内的合作，而是在两市的中间地带展开。这种新筑城镇空间的跨界土地合作从根源上导致内部政策的难统一，也表示其在管理上难度较大。但虽如此，目前沈抚新城已经建立起以党工委、管委会为主导，各办公室、局设置齐全的领导机构，区域融合成效初显。与辽宁省沈抚新城相类似，贵州省贵安新区、陕西省西咸新区等也属于新筑城镇空间的跨界土地合作，两者也都涉及彼此城市的部分区域，并也都制定完成了初步翔实的规划文件。

（二）同城化区域跨界合作治理的尺度分析

1. 去领域化和再领域化的领域重构

自然界中存在着生物的领地斗争，而人类社会中也存在着关于领土、权力、空间的领域重构现象。领域早先通常被视为一种有界且同质的某些地理空间。但20世纪70年代后，萨克（Sack R.）等学者对此提出领域性不止存在于地理尺度，更体现在社会生活方方面面。③在地理思想20世纪80年代经历尺度转向之后，更加强调边界的多孔性和流动性，相应的，领域的政治显著性也有所降低。在某种程度上，领域内部空间也出现了日益显著的异质性。

我国人文地理学中，关于“Territory”有两种翻译，一种是本节所采用

---

① 邢铭：《大都市区同城化发展研究》，东北师范大学博士学位论文，2011年。

② 段德罡、刘亮：《同城化空间发展模式研究》，《规划师》2012年第5期。

③ R. Sack, “Human Territoriality: A Theory”, *Annals of the Association of American Geographers*, Vol.73, No.1 (1983), pp.55-74.

的“领域”，二是被翻译为“地域”。“地域”的概念核心是行政界限①，突出水平视角中的地理边界。而本节采用的是“领域”这一翻译，其概念核心是空间界限，突出垂直视角中的空间边界。因为在某行政空间中，地理边界并不是所要关注的重点，而应从多维度视角将目光集中于空间中各种资源的争夺和权力的利用关系。因此，领域理论重点并不在于地理尺度的变化，其核心在于权力—空间关系的变动，所以采用“领域”更能体现其本质意义。不管是国家、地方还是个人，都想得到某一尺度上的领域并控制该尺度的空间，进而收获权力，调整社会关系。

随着人类全球化步伐的加快，全球领域内人流、资金流、商品流和信息流的各种流在“无界”范围内的频繁流动推动着“地方空间”向“流动空间”的转变。②而也正是这种无界、多孔的流动空间的出现，开始让社会关系得以从刚性固定边界中分离开来，从而出现了领域重构（Territorial Restructuring）的第一个环节——去领域化（Deterritorialization）。国际视野下的欧盟，国内视野中的城市群、区域同城化等都属于去领域化的代表案例。而去领域化后，各种经济、社会和政治力量开始构筑新的领域，以实现对新社会空间的控制③，这就是领域重构的第二个环节——再领域化（Reterritorialization）。去领域化中的各种关系得以和地方分离，使得行政界线边界开始模糊；而再领域化又在空间中重新构建各自领域。这两个过程视为领域重构。④从领域重构的视角来看，区域同城化及伴随着的跨界土地合作就是城市区域的去领域化和再领域化交织的过程，即权力关系和资本（权力—空间关系）在国家—地方，社会—个人间的分配和再分配、组织和再组织的过程。

---

① 殷洁、罗小龙：《尺度重组与地域重构：城市与区域重构的政治经济学分析》，《人文地理》2013 年第 2 期。

② M.Castells，*The Informational City*，Cambridge，MA：Blackwell，1992.

③ 罗小龙、殷洁、田冬：《不完全再领域化与大都市区行政区划重组——以南京市江宁撤县设区为例》，《地理研究》2010 年第 10 期。

④ N. Brenner，“Globalisation as Reterritorialisation：The Re-scaling of Urban Governance in the European Union”，*Urban Studies*，Vol.36，No.3（1999），pp.431-451.

在领域重构的过程中，权力—空间关系处于激烈变化的状态，但城市及政府是作为稳固的领域机构。在整个去领域化和再领域化的领域重构的过程中，各种权力和空间的重组变化也主要体现在城市和政府中。首先是城市的空间重组，城市尤其是极富控制力的全球城市的出现，开始取代国家在全球竞争中的地位构建出新的城市网络，并成为独当一面的空间实体。城市的空间重组主要表现在权力关系将城市尺度上移至区域组织，例如新国家空间、城市群、同城化等新的载体空间。其次是政府的领域重构，即政府制度空间的重新分配。在激烈的领域重构过程中，政府也同样伴随着权力下放和上调的重新配置，以将各种权力和管理进行让渡、回收，这样才能保证去领域化和再领域的实现。

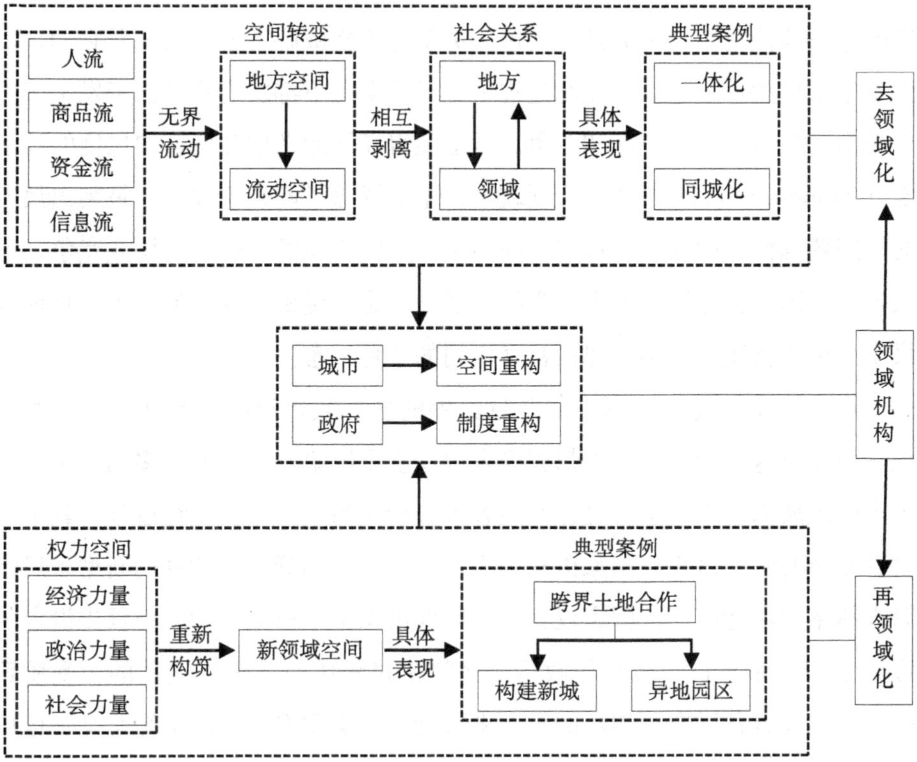

图 7-1 领域重构逻辑框架构建

2. 物质和制度空间中的尺度重组

20世纪80年代西方经济地理学在方法论层面发生了深刻的尺度转向。地理空间早先被视为各种组织和经济活动的大“容器”，而尺度理论强调的是在空间中的尺度演化过程以及其中涉及的强烈的斗争。因此，地理尺度被视为社会建构而成的。尺度可以被理解为领域空间维度的不同划分，比如中央和地方的分支，也可能包括大都市区或更多地区分支。从地理上讲，尺度对应于离散的、封闭的管辖空间的嵌套层级。在政治上，如国家尺度等各级机构被动员起来，各尺度主体都有其管辖权范围，且均试图动员内部机构实现特定的地方或国家利益。因此，尺度对空间具有某种依赖性，而依赖空间又由复杂的领域化社会关系所定义，并依靠它们来实现基本利益。

但当这些依赖空间受到全球化势头的影响，封闭固定空间被嵌入更广泛的全球性社会、经济关系，而这些关系正不断威胁、破坏或解散它们，由此发生了尺度重组过程。在此过程中各尺度空间下都发生着或已经发生了关于权力、政治的广泛争夺和斗争。这也使得经济地理学开始转向尺度的政治学（Politics of Scale）。关于尺度政治，基本涵盖了两条主线。一是突出尺度的空间依赖性，即强调在特定空间地理尺度内组织的生产、重构或竞争，如次国家、国家、超国家等多维空间尺度。二是尺度重组的政治过程，将地理尺度解读为物质和话语上建构社会空间的某种形态。①

在经济全球化中，资本在跨越疆界的全球频繁流动，流动空间开始出现。为应对这一变化，各国都积极采取尺度重组策略以争取更多的资本附着于本国区域内。当前学者也已开始着手分析一系列的尺度重组过程，其中包含着复杂的政治过程，国家机构组织、政治权威和管制性冲突的新型多尺度等级体系即由此产生。国家权力的尺度性组织也不再被视为一个预先设定的背景结构，而是日益被当作政治—经济诸过程中，一个构成性的、受质疑的，并因此具备潜在可塑性的维度来看待。从实质看，尺度重组是某一地域

① 苗长虹：《变革中的西方经济地理学：制度、文化、关系与尺度转向》，《人文地理》2004年第4期。

组织对资本的控制力在各尺度上的转移。①

从过程视角来看，其实包含了两个层面的重组，一是物质空间，二是制度空间。物质空间的尺度重组主要指不同地理、行政尺度的重组，从地理尺度看从上至下分为全球尺度、超国家尺度、国家尺度、区域尺度、城市尺度和地方尺度，从我国行政尺度看从上至下分为国家尺度、省级尺度、市级尺度和县 / 区尺度。而制度空间的尺度重组主要指各种权力在空间上的打乱和重新配置，尤其是指国家权力，但在权力的重新分配过程中，国家权力并没有被架空，而是被空间尺度重新定义。

从空间重组来看，国家或地方政府对经济运行、社会治理和空间重构等开展积极调整，将权力上移至区域组织，或下移至地方政府。②因此目前普遍存在着尺度上移和尺度下移，但也存在着尺度平移现象。随着快速城市化和城市空间拓展，一种新的国家空间——城市边缘地区，同样包含着复杂的政治过程。而由城市中心到城市边缘地区的关注可谓尺度平移，其中必然涉及人口、产业等要素的空间再分配。但目前以案例区着手分析尺度重组过程的探究较少，更多的是理论引入和介绍。而据尺度相关理论，区域同城化及其过程中的跨界土地合作也必然会涉及尺度的上移和尺度的下移两个过程。

从中国现状来说，有其独特的行政尺度重组现象，具体分为刚性尺度重组和柔性尺度重组。通过改变正式政府层级、调整行政区划来实现上级政府特定意图的尺度调整称之为刚性尺度重组；虽不涉及法定层面调整变化，设置非正规性的组织机构如"管委会"的方式，称之为柔性尺度重组。③因此区域同城化及其过程中的跨界土地合作则属于典型的柔性尺度调整。而尺

---

① 殷洁、罗小龙：《尺度重组与地域重构：城市与区域重构的政治经济学分析》，《人文地理》2013 年第 2 期。

② J.Shen，"Scale，State and the City：Urban Transformation in Post Reform China"，*Habitat International*，Vol.55，No.3-4（2007），pp.303-316.

③ 张京祥、陈浩、胡嘉佩：《中国城市空间开发中的柔性尺度调整——南京河西新城区的实证研究》，《城市规划》2014 年第 1 期。

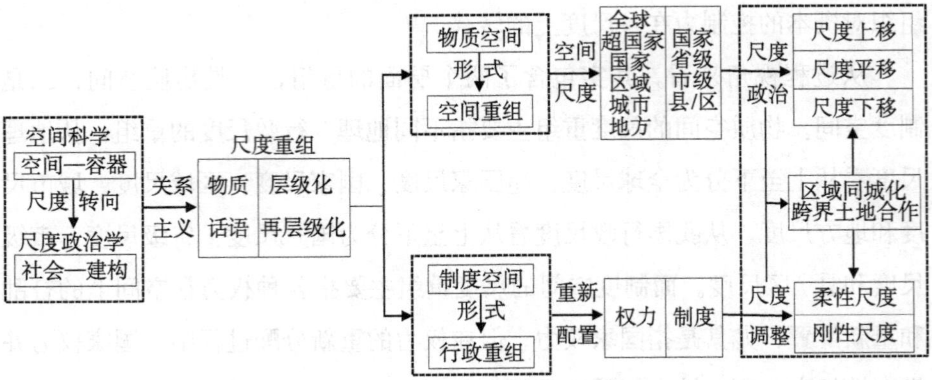

图 7–2　尺度重组逻辑框架构建

度政治则贯穿于空间和行政的尺度重组全过程。

3. 多维空间视角下的 TPSN 模型

随着研究的深入，早期单一维度下的地域空间或网络空间都已不能准确地对区域进行表达。因此，地域空间和网络空间不是“或”而是“和”的关系。① 在理解各种空间政治行为的过程中，必须关注到联系网络，联系网络的建立是实现利益的手段，网络也表明区域的渗透性及不均匀性。譬如对于特定的有限区域或封闭空间实体，它们都享有一定权力，但这属于在实际应用中会受到条件影响制约的正式权力，相反，由一定代理权所形成的协会，却决不受特定边界限制，更有利于关系网络的建立和利益的达成。对此杰索普（Jessop B.）提倡用 TPSN 研究框架对区域进行分析。② 甚至有学者进一步强调“功能”（Function）这一维度，提出了一个 TPSNF 五位一体的城市群分析框架。③ TPSN 模型中各个字母表达的含义为：领域、地方、尺度和网络。即在社会—空间关系中关注领域、地方、尺度和网络 4 个维度

① R.Hudson，“Regions and Regional Uneven Development Forever：Some Reflective Comments upon Theory and Practice”，*Regional Studies*，Vol.41，No.9（2007），pp.1149-1160.

② B.Jessop，N.Brenner，M.Jones，“Theorising Sociospatial Relations”，*Environment and Planning D：Society and Space*，Vol.26，No.3（2008），pp.389-401.

③ 苗长虹、胡志强：《城市群空间性质的透视与中原城市群的构建》，《地理科学进展》2015 年第 3 期。

（表 7–1）。①

表 7–1　社会—空间关系回顾

社会—空间关系的维度	社会—空间的结构原理	社会—空间关系的相关配置	社会—空间的张力和困境
领域	边界、界限、土地分割、围墙	内 / 外部划分的构建，外部的构成作用	边界 VS 跨界
地方	临近、空间嵌入、区域分化	空间分工建设；“核心”与“周边”地区之间的社会关系水平分化	容器 VS 连接器
尺度	等级化、纵向差异	尺度分工建设；社会关系在“主导”，“节点”和“边缘”等级之间纵向分化	单一尺度 VS 多元尺度
网络	互连性，相互依赖性，横向或“根茎”差异	构建节点连接网络；拓扑网络中节点之间的社会关系差异化	封闭网络 VS 网状网络

资料来源：M.Jones，B.Jessop，“Thinking State/Space Incompossibly”，*Antipode*，Vol.42，No.5（2010），pp.1119-1149.

通过对社会关系的四个空间维度的相互联系进行更系统的分析，即各自结构化原则与每个原则相关的具体做法之间的相互构成关系，可以避免一维可能性的问题，这也是 TPSN 模型的优势所在。也就是说，TPSN 中的领域、地方、尺度和网络并不是社会—空间的唯一维度，事实上，社会—空间关系属性中一定会存在二阶甚至 N 阶维度，并且其他一阶维度也可能存在。表 7–2 将作为每个社会空间维度的结构化原理与其他视为该原理的操作领域的三个维度的交叉列表。这表明结构化原理不仅仅适用于它自己——一维的相互孤立形式的路线，也同样影响其他社会空间领域。虽然这只是一个二维的概念，三维甚至四维的概念随着发展被发现也是可能的，但依旧给我们以 TPSN 模型中多维度相互作用的启发，能给我们多维度思考的表达方式。

① M.Jones，B.Jessop，“Thinking State/Space Incompossibly”，*Antipode*，Vol.42，No.5（2010），pp.1119-1149.

表 7–2 超越一维主义的概念取向矩阵

操作领域 结构原则	领域	地方	尺度	网络
领域	过去、现在、新兴的边界、边境、界限	特定领域的不同地方	多级政府	洲际系统，国际联盟，互连政府
地方	核心—边缘、边境地区、帝国、新中世纪主义	地点、环境、城市、位置、地区、区域、全球	劳动分工与不同尺度的地方相联系	地方 / 城市治理、伙伴关系
尺度	政治权力的尺度分割（单一国家、联邦国家等）	区域为尺度而不是水平（本地到全球），空间分工	基于嵌套或复杂等级的垂直本体论	平行的权力网络、非政府国际政权
网络	起点—边缘，涟漪效应（辐射），拉伸和折叠跨境地区、国家内部系统	全球城市网络，多中心城市，互连地方	基于具有多个入口点水平状态的水平本体论	网状网络、流动的空间、根茎

资料来源：M.Jones，B.Jessop，"Thinking State/Space Incompossibly"，*Antipode*，Vol.42，No.5（2010），pp.1119-1149.

综合来看，用通俗的语言解释，领域是指一个自然意义上的地理空间或制度意义上的行政空间，地方是指在领域中的某个组成单元。而尺度和网络则贯穿领域和地方中，领域和地方都具有高度尺度依赖性和尺度敏感性，例如领域可以是地域覆盖范围广泛的大都市圈，可以是较小的城市群，可以是某个省级行政区域，而地方则可以是城市群、城市或社区等；在领域中，地方之间则通过各种"流"或"网络"彼此联系发生作用。

4. *跨界土地合作分析框架建构*

前文系统梳理了领域重构、尺度重组和 TPSN 模型理论，并结合区域同城化和其中的跨界土地合作建立了相应的逻辑框架图，本节继续综合前三者相关理论，以 TPSN 模型为基本视角 / 维度，以领域重构和尺度重组为主要分析框架，构建了同城化区域跨界土地合作案例分析框架（图 7–3），试图以此分析框架为切入点，寻找同城化区域中典型的跨界土地合作案例并加以

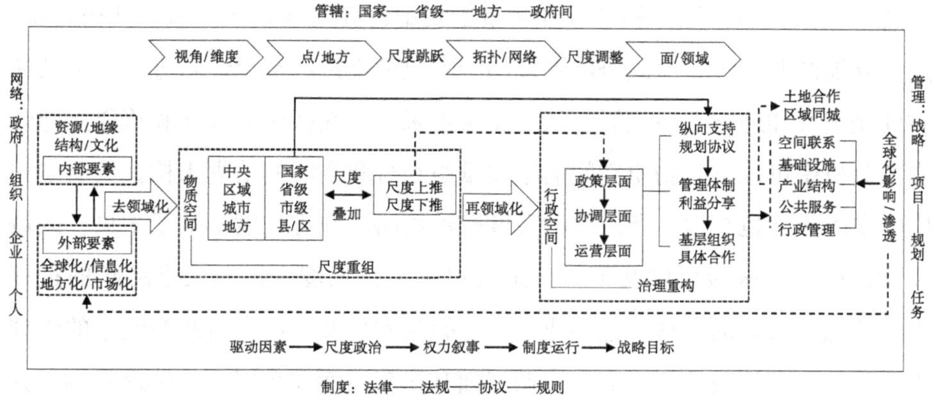

图 7–3 同城化区域跨界土地合作案例分析框架构建

理论分析，从尺度视角审视当前跨界土地合作治理现状，从而总结出目前国内跨界土地合作相应的模式和机制等问题。

首先，TPSN 模型为本框架提供了基本研究视角 / 维度。从视角来看，案例研究要关注到点、拓扑、面三个层次；从维度来看，分别对应地方（P）、网络（N）、领域（T），并且尺度（S）维度贯穿整个分析视角的始终。需注意的一点是固然分割为四个维度，但不能仅关注 TPSN 中的某一或某两个维度，而应看到不同维度之间的互动关系和联系，这种互动和联系才是构成不同地理尺度的主要矛盾。结合本节主要分析对象，地方（P）即指具有一定边界的相对独立的行政空间，这些地方可以通过水平和垂直的尺度化（S）和其他地方进行互动，如形成了县 / 区—城市—同城区域。而众多地方与地方的互动或联系则顺而构成了不同尺度下的网络结构，如全球—地方和国家—区域等网络（N）。同样，不同级别的地方通过尺度化、网络化也对行政边界进行重构和重叠，逐渐形成新的领域（T）。

其次，领域重构和尺度重组理论为本框架提供了主要分析思路。从领域重构来看，区域同城化和跨界土地合作充斥着去领域化和再领域化两个过程。由于全球化、信息化等外部因素以及区域内部资源、地缘等内部因素，推动了区域间城市合作，大量新型城市群战略、一体化战略和同城化战略兴起，通过去领域化的过程将以往各自为政的城市区域联合起来。在中国特殊的政治和经济环境下，往往国家或中央的支持能给地方发展带来巨大活力，因此去领域化后，地方和区域开始重新划定跨界土地合作领域，开拓新城、建设异地产业园等，由此争取更多的国家政策支持和资源倾斜进一步推动区域同城进程和地方经济发展。从尺度重组来看，在区域同城化和跨界土地合作的分析中可以分为物质空间的空间重组和行政空间的治理重构。物质空间中的空间重组也是地方所采取的尺度政治策略，地方尺度上推至中央、区域尺度，中央、区域尺度又下推至地方尺度。在尺度变换和尺度跳跃的过程中，伴随着权力的转移，也构成了尺度叠加的事实。而在行政空间中的治理重构中，将会涉及政策层面、协调层面和运营层面三个层面的治理重构，其中可能会有纵向支持、规划协议、管理体制、利益分享、基层组团、具体合作等跨界土地合作的治理机制相关内容，这也将是案例分析的重要一环。

（三）同城化区域跨界合作治理的驱动因素

跨界土地合作本质是一种基于特定空间中关于土地层面的跨界合作治理。在经济全球化背景下，国际范围内单个国家或国家范围中单个行政单元要想提升其竞争力，必然要通过产业、人口以及资源的集聚形成经济规模和政治影响力，而单凭个体显然不足，因此只能诉求于跨界甚至跨境的合作发展，跨界合作、跨界治理由此而来。目前学界对于跨界土地合作或跨界合作的驱动机制探讨多集中在经济发展、政治驱动或利益博弈，都是从实践和具体层面展开的研究，缺乏抽象和深入的探讨，尤其是欠缺尺度重组视角的切入。而目前，尺度生产被包含在空间生产中的方式和运作被给予了越来越多的关注，因此本节试图通过尺度重组的视角深究其背后的驱动因素。

1. 尺度下移与空间扩张

在经济全球化中，资本在跨越疆界的全球频繁流动，地理空间越来越由传统的“地方空间”转换为“流动空间”。为应对这一变化，各个国家都积极采取尺度重组策略以争取更多的资本附着于本国区域内。从我国来看，改革开放后，中国盛行城市创业主义和密集的城市间竞争，中央和地方关系的一大重要转变就是中央的权力下放。但这并不是中国不断变化中的唯一特征，自 2000 年起，中国的经济发展和城市资源的集聚创造了更广泛的合作需求，中央和地方政府都开始重视并推动区域合作，由此开始了国家的尺度下移和地方的空间扩张。在各种类型的“区域化”举措中，涉及复杂的权力上移或下移，这都是在全球化背景下，国家被动或主动进行的一种尺度重组。

但需注意的是，我国在体制安排方面至今没有正式的区域机构或非正式的区域联盟。此外，目前广泛的区域一体化、区域同城化这种不管是自下而上还是自上而下的区域治理举措大都缺乏实质性的参与和城市间的多边谈判。中国正在出现的这种区域治理是多样且复杂的。而跨界土地合作又是为了回应由于行政分割、早期的权力下放和地方主义造成的过度竞争的领土问题，但这种重新调节的过程并非一个简单过程，而是处处面临冲突和紧张的局势。不同尺度层面的不同行动者在区域层面都各自拥有既得利益。因此，跨界土地合作中的项目建设受到复杂的政府间政治，特别是中央地方权力和责任分工的争议。

2. 尺度上移与制度空间

中国拥有特殊的五级行政层级，行政层次结构导致委任的官员及其从属以自上而下的方式提供指示和管理。所有信息传输都通过刚性结构向上或向下传递，即逐级传递，而越级传递通常有关重大事项，并非常规的传递方式。可以说，国家和中央政府依旧对权力保持控制，例如中央政府设定的城市用地土地配额和大量土地政策显示出国家监管权力的重新巩固，通过各类重点开发区、优化开发区、受限开发区和禁止发展区等监管地方。这与分权化和地方控制力上升的主要趋势相悖。

因此，在一些地方不得不通过尺度上移的方式争夺权力和政策优势资源，在特定区域形成新的制度空间，以争取各种重点开发区，获得更多土地开发资源，以应对城市发展掣肘。而与此相对应，国家也适时倡导一种平衡、协调和可持续的发展模式，一改以往重点发展沿海城市和地区，取代几十年来不均衡的发展和经济增长第一位的心态，新的重点放在城乡均衡、区域发展、社会和谐、环境保护和节能。这又为各地方谋求各自发展带来新的契机，以此通过尺度上移斗争来申请各种国家级新区等功能区划。而地方政府又受限于个体竞争性问题，多通过和周边地方的跨界土地合作方式，凸显自身区域地位和区域竞争力，以获得国家政策倾斜。

3. *尺度政治与角色互动*

首先，发生尺度政治的领域是基于不同地理尺度的。目前，地理尺度的预先设定性和固定的有界空间层次的概念受到了广泛挑战，例如经济活动和政治权威所构成的地理尺度并非固定，而具有周期性变化特点。并且已注意到在不同地理范围（如地方和全球）运作过程之间的关系和影响，以及它们如何相互作用以产生政治行动的激励和动机。总结来看，地理尺度或许沦为政治行为的修辞手法或立场，实质是社会建构而非预先设定，并且其本身也涉及社会、经济和政治过程。

由此，在被社会建构起的地理尺度上所活跃的尺度政治便是重新思考和改造权力的重新分配，参与尺度社会建构的政治也往往是一个持续的、长期的争夺性过程，期间涉及上级尺度、下级尺度行动者普遍的互动和交涉。而跨界土地合作也正是由尺度政治和角色互动所驱动而形成的，其中有复杂的背景、行动者关系、战略、动机、利益等，关注到所有这些才能更加全面地了解如何发生尺度的政治建构。

二、同城化区域发展的进程、类型和治理策略

同城化是指两个或多个城市，通过地方政府的行政、规划协调统一，由表及里建设空间同城、基础设施同城、产业同城、市场同城和公共服务同城，以促进区域界限弱化、城市功能关联，最终实现区域治理融合的同城效应过程。“同城化”是伴随城市建设和区域经济一体化呈现的。① 2005 年深圳市率先提出与香港的同城战略，之后中国其他地方陆续开启同城化步伐。从政策目的来看，是为了在城市发展大背景下提升自身乃至周边全部地域的经济实力和竞争力；从达成效果看，使得城市间在交通通达、产业合作、治

① 马学广、窦鹏：《中国城市群同城化发展进程及其比较研究》，《区域经济评论》2018 年第 5 期。

理协助和民生共享等各领域实现同城效应；从方式方法来看，首先是地域行政边界的打破，其次是组织结构、制度层面的各项合作①，由此逐步推开同城一体发展。结合各家观点，同城化简单来说是在地域相邻的城市间，使得交通通行、设施共享、产业发展、环境保护、制度协商和市民生活等各方面打破地区边界，实现城市间优势互补，进而促使区域竞争力的不断提升。

（一）同城化进程测度

以同城化为目标导向的区域在城市发展进程中，应逐渐冲破行政壁垒，形成同城发展、全域共进的态势，则预期在以下几个维度展现出较强的同城、同化效应：空间联系、产业结构、市场发展、基础设施、行政管理和公共服务，以完成城市间统筹协作、功能互补和协调发展，最后提升区域整体综合竞争力。空间联系同城化主要反映地区中城市空间距离和间隔的邻近性，时间距离的交通通达性和区域内城市间的经济联系程度；产业结构同城化主要反映区域内各城市间产业机构差异和集聚发展效应；市场发展同城化主要反映同城化过程中市场统一程度和交易成本；基础设施同城化主要反映城市交通、能源、通信和金融等基础设施建造的同城化程度；行政管理同城化主要反映区域高度协调统一的制度安排和治理机制；公共服务同城化主要反映区域内公共服务事业一体化程度以及民众认同感。

本节选取同城化案例的原则有三：一是各城市政策文件中明确提出同城化战略；二是虽称之为一体化战略，但实际举措和本节界定的同城化内涵相契合；三是其他学者普遍认同的同城化案例地。具体有湖南省长株潭（即长沙、株洲和湘潭三市）、广东省广佛（即广州和佛山两市）、陕西省西咸（即西安和咸阳两市）、山西省太晋（即太原和晋中两市）、新疆维吾尔自治区乌昌（即乌鲁木齐和昌吉两市）、河南省郑汴（即郑州和开封两市）、辽宁省沈抚（即沈阳和抚顺两市）、安徽省合淮（即合肥和淮南两市）、甘肃省兰白（即兰州和白银两市）、吉林省长吉（即长春和吉林两市）、江苏省宁镇扬（即南京、镇江和扬州三市）、福建省厦漳泉（即厦门、漳州和泉州三市）、

---

① 高秀艳、王海波：《大都市经济圈与同城化问题浅析》，《企业经济》2007年第8期。

广东省汕潮揭（即汕头、潮州和揭阳三市）、江西省昌九（即南昌和九江两市）、四川省成德（即成都和德阳两市）、山东省济莱（即济南和莱芜两市，2019 年莱芜市划入济南市之前）和贵州省贵安（即贵阳和安顺两市）等 17 个同城化案例地。

通过空间联系、产业结构、市场发展、基础设施、行政管理和公共服务同城化综合测算的得分情况来看①，位列前五位的同城区域分别是广佛、沈抚、乌昌、长株潭和厦漳泉，而得分位列最后的五位分别是太晋、长吉、合淮、兰白和贵安。国内同城化进程最快、政策施行效果最佳的同城区域是广佛同城（图 7–4）。2008 年底，广佛同城化从两市的地方合作意向开始上升到国家战略层面，而后 2009 年，广州、佛山两市签署合作协议和出台发展规划之后，两市同城化开始进入实际操作阶段，战略实施至今在各方面均取得同城发展的态势和良好社会效应。沈抚同城则随着“沈抚新城”的建设在各方面取得较大突破，包含教育、医疗、生活和出行等各个方面均有实际

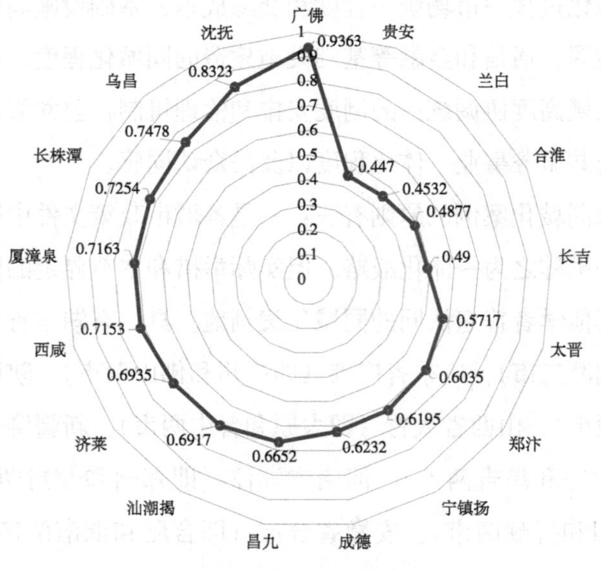

图 7–4 同城化发展总体水平雷达图

① 马学广、窦鹏：《中国城市群同城化发展进程及其比较研究》，《区域经济评论》2018 年第 5 期。

同城举措。而乌昌同城首创了通过乌昌党委的机构设置来促成同城发展。长株潭和厦漳泉虽然都是三个城市的同城化合作，但合作基础良好，城市联系密切，外加省市政府的重视和战略的实际推行，也都取得了良好的同城效果。而排名靠后的同城化案例地，大致分为两类。一是战略提出时间不长，作为新型同城化战略区域，各项政策规划制定没有完善，同城化举措也没有构建成熟；二是虽战略提出时间不短，但实际开展的合作和同城建设较少，仅仅停留在纸面上，规划过于宏大，落实不到实处。

（二）同城化类型划分

对于同城化的类型，不同的划分依据和角度将给出各自的划分结果。目前学界已有的关于同城化类型或模式的划分，多基于行政区划关系角度、空间整合角度、行政管理角度和组织管理角度，大致是从同城化区域的空间结构或者内部管理两个角度进行划分。但至今还未有学者看到其实在同城化过程中，同样有着尺度重组的存在。近来，尺度与尺度重组相关理论是研究全球—地方、国家—区域的热点理论，被广泛应用于跨界地区和地域重组等的研究。① 因此本节以主导合作互动的"尺度"作为分析视角，将同城化大致分为三种类型：国家—地方多尺度、省级—地方双尺度以及地方—地方单尺度（表 7–3）。

表 7–3　同城化的"尺度"类型划分

类型划分	尺度特征	典型案例
国家—地方多尺度	从上至下国家、省级和地方多尺度的互动结果，由地方或省级尺度发起，逐渐上升到国家尺度，得到国家的政策支持和资源倾斜。但实际战略实施中仍旧以省级和地方的尺度互动为主	广佛、长株潭、厦漳泉、西咸、太晋、郑汴、贵安
省级—地方双尺度	从上至下省级和地方双尺度的互动结果，或由两地联合发起逐渐引起省级尺度重视，或由省级尺度直接发起指导地方尺度合作，在此类型中省级尺度的主导作用明显	乌昌、沈抚、兰白、长吉、宁镇扬、潮汕揭、昌九、济莱

① 刘云刚、王丰龙：《尺度的人文地理内涵与尺度政治——基于 1980 年代以来英语圈人文地理学的尺度研究》，《人文地理》2011 年第 3 期。

续表

类型划分	尺度特征	典型案例
地方一地方单尺度	仅存在地方和地方单一尺度的互动，由两地政府为谋求共同发展而提出同城战略，尚未得到省级或国家的直接政策支持，因此战略实施效果不比以上两种	合淮、成德

1. 国家—地方多尺度

国家—地方多尺度的同城化区域，是从上至下国家、省级和地方多尺度的互动结果。由地方或省级尺度发起，逐渐上升到国家尺度，得到国家的政策支持和资源倾斜。但在实际战略实施中仍旧以省级和地方的尺度互动为主。

以广佛同城化为例，广州和佛山两个城市同城化过程中，自上至下涉及国家、省级和地方的三个尺度互动合作。在国家尺度上，广佛同城拥有国家正式文件的确认和支持，国务院和国家发改委都出台过相关文件来对两市合作予以回复。在省级尺度上，广佛建设过程中的各类项目合作和制度建设都离不开广东省政府的大力支持和政策倾斜，例如省政府在广佛地铁的建设中就发挥了重要作用。从一开始的资金注入管理，到后期放弃项目股权专注宏观指导，体现了对城市的放权。① 在地方尺度，则是广州和佛山诸多频次的互动交流以促成两市达成合作意向和有关项目，如互访考察和多种论坛的召开。因此，国家—地方多尺度的同城化区域中涉及复杂的权力格局变化，涵盖了国家—省、省—地方和地方之间的多元权力关系，尺度特征明显。

2. 省级—地方双尺度

省级—地方双尺度是从上至下省级和地方双尺度的互动结果，或由两地联合发起逐渐引起省级尺度重视，或由省级尺度直接发起指导地方尺度合作。在此类型中省级尺度的主导作用明显。

① 刘超群、李志刚、徐江等：《新时期珠三角“城市区域”重构的空间分析——以跨行政边界的基础设施建设为例》，《国际城市规划》2010 年第 2 期。

以辽宁省沈抚同城化为例，沈抚同城整个过程涉及省级和地方的两个尺度互动合作。在省级尺度，沈抚同城战略由2006年辽宁省委书记在调研过程中提出，并在省委工作会议中明确决策了沈抚同城策略。在地方尺度，沈阳和抚顺两市也同样存在着各种正式和非正式的沟通协作。在沈抚新城中，招商引资平台建成完善，各类经济项目落地开花，现代服务业和创客也相继入驻；民生保障中，医疗、养老保险，就业和便民设施服务业也继续改善；并存在着向上级尺度权力机关要资金、要基金、要政策的尺度上推过程。在协调机构方面，主要协调机构是省政府牵头的沈抚同城化协调小组，另外在两市分别有协调小组和发改委统筹工作。因此，省级—地方双尺度的同城化区域中主要涉及省—地方和地方之间的两元权力关系，同城工作都在省级及以下尺度完成，尺度特征次之。

3. 地方—地方单尺度

地方—地方单尺度仅存在地方和地方单一尺度的互动。由两地政府为谋求共同发展而提出同城战略，尚未得到省级或国家的直接政策支持，因此战略实施效果欠佳。

以四川省成德同城化为例，成德同城整个过程仅涉及两个地方单尺度互动合作。从2013年到2017年，两市在政府层面的交流合作并不频繁，仅仅相互签署了总体的框架协议和备忘录，但存在着积极争取尺度上移至省一级的尺度跃迁。而在实际进展方面，仍是停留在规划层面，和民众同城感密切相关的社会保障领域并没有较大突破。因此，地方—地方单尺度的同城化区域中主要涉及两个地方之间的单一权力关系，但同时也希望形成尺度上推，以得到高尺度行为主体的政策支持。

（三）同城化发展阶段

同城化不只是一个静态的规划性质，更是一个动态而又激烈的转变进程，因此必定涉及发展阶段问题。对同城化发展阶段进行科学划分，可以对已提出同城化战略的区域提供参考框架，对照自身发展效果定位发展阶段，进而明确目前发展问题和确定未来发展重点。前文在构建指标体系的基础上定量测度了同城化发展水平，利用聚类分析，并在定性界定的基础上，科学

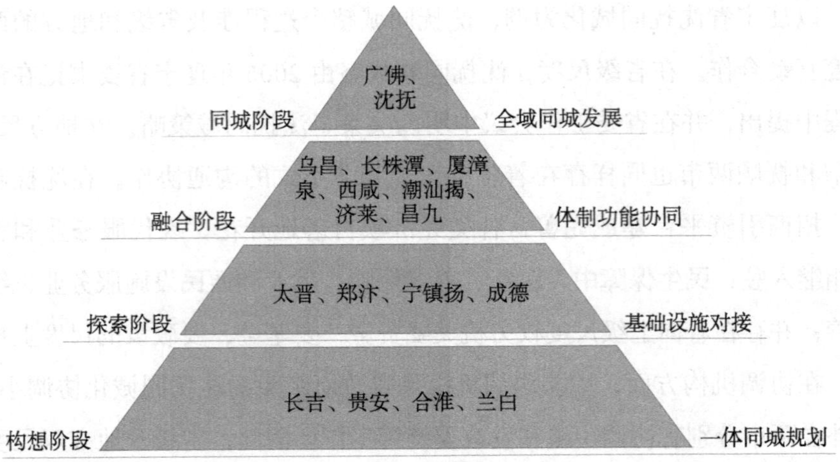

图 7–5　同城化进程阶段划分

划分了目前同城化发展的四个阶段（图 7–5）。①

1. 构想阶段：一体同城规划

同城化区域首先经历的阶段是构想阶段，主要特点是区域内拥有一体同城规划，城市合作尚欠，典型案例区有长吉、贵安、合淮和兰白。这些区域板块有的刚提出同城化战略不久，有的虽早已提出，但仍然处在政策提出期和酝酿期。如合淮同城化，早在 2007 年便由淮南提出了同城战略，之后甚至有专门总体规划的出台以具体指导，构想层面制度设计可以说较为完善。但同城化现实进展却反应迟钝，也很少有相应的实际操作。处于构想阶段的同城化区域很容易“胎死腹中”，随着城镇化进程的加快，大量区域板块缺乏调研基础，缺乏城市间合作条件，便跟风提出同城化战略，但由于行政壁垒难以突破，城市间政府依然各自为政，难以形成良好的沟通对话机制，加上缺乏监督机制，很多同城化区域仅仅停留在了政策规划阶段，规划大而不实，难以落地。要想突破该阶段，必须先从阻力最小、合作最易的基础设施对接入手，逐步推进同城化，并在此过程中不断完善相关战略规划。

① 马学广、窦鹏：《中国城市群同城化发展进程及其比较研究》，《区域经济评论》2018 年第 5 期。

2. 探索阶段：基础设施对接

同城化区域其次经历的阶段是探索阶段，主要特点是区域内以推进基础设施对接为切入点推进同城化，城市合作一般深入，典型案例区有太晋、郑汴、宁镇扬和成德。这些区域板块已经度过构想阶段，某些政策和合作项目已经落地，但仍集中于基础设施方面的合作。例如太晋同城化，在基础设施领域，已实现开通城际公交；有关能源和城市间通信等方面的设施也逐步完善；共用区号，移动电话资费同城化；银行同城结算等。基础设施的合作，是城际普遍认同、民众迅速感受同城成效的领域。同城化区域一般是一个中心城市带动另一个周边相邻城市，使两者能通过基础设施的对接减小生产成本，进而刺激各自地区的发展。当前国内同城化区域战略的突破口多为城际交通基础设施合作，通过交通道路的建设，降低交通成本，从而为进一步的交流和合作打下基础。同城化进程较快的城市区域还在市政、通信、环保基础设施领域和市民民生领域等展开合作。处在该阶段的同城化区域，必须进一步构建协调制度和机制，使合作进一步规范化，进而才能开展更加深入的公共服务领域的合作。

3. 融合阶段：体制功能协同

同城化区域再次经历的阶段是融合阶段，主要特点是区域内体制和功能的协同，城市合作比较深入，典型案例区有乌昌、长株潭、厦漳泉、西咸、潮汕揭、济莱和昌九。融合阶段的同城化区域不同于探索阶段的以基础设施合作为主，该阶段城市间已初步建立起同城化合作的协调机构与协商机制，并在涉及人民日常生活的公共服务领域初步开展了部分合作。协调机构与协商机制方面，一是成立了统筹协调机构，如乌昌成立了乌昌党委、济莱成立了济莱协作区建设领导小组；二是积极探索协商机制，如厦漳泉和潮汕揭建立了党政联席会议；三是统筹规划，如各市出台的各项区域规划和同城发展规划等。在公共服务范畴的合作中，有关教育、社保、医疗和环境保护的调和同治也已开端，比如教育结构的布局、大病医保统筹、市政管网畅通和城乡交通完善等。但该阶段在最具同城化认同方面的公共服务领域的合作，仅仅停留在初步合作阶段，并没有太多惠民、便民的更加深入的合作。

4. 同城阶段：全域同城发展

同城化区域最后经历的阶段是同城阶段，主要特点是全域同城发展，城市合作很深入，典型案例区有广佛和沈抚。处于同城阶段的同城化区域，已基本达成所制定的同城化战略目标，实现了资源共享和统筹合作，上层同城制度建设逐步协调发展，下层民众也有跨越地域界限的同城生活体验和认同感。在基础设施领域，公交、地铁等交通基础设施完善，实现了交通同城；水、电、暖等能源基础设施共享，实现了能源同城；撤销长途和漫游费用，实现了通信同城；银行同城结算，跨城转账免费等，实现了金融同城。在行政管理领域，设立起多层次的统筹协商部门；定期协商机制完竣等。在公共服务范畴，教育体系发展；社保无障碍转移；同城医疗费用结算，异地就医、跨市就诊；环境联治等。同城化战略目标就是最终实现区域治理融合的同城效应过程，显然处于同城阶段的区域已基本实现，但仍有不足之处，比如城市政府最在乎的地方利益方面，伤筋动骨的利益协调机制并没有制度化，同城战略也缺乏法律保障，依然是以城市尺度的合作为主，尺度上迁至国家尺度的偏少。

（四）同城化发展治理提升对策

1. 依靠市场机制以处理政市关系

提倡“政府+市场”或“政府+企业”的新型同城化发展机制。以往以政府掌握主导权的各类同城合作项目，均需经过规划、立项、协商讨论、审批和实施等诸多复杂的程序环节，周期性较长的各类政府相关环节导致合作项目进展缓慢。而引入市场机制，在存在利益空间的基础上让企业参与到各类合作项目中，能有效促进项目开展进程，提升合作效率。如在长株潭同城中的城铁建设，就引入了湖南、广州和国家的多家企业共同参与建设，有效提升了城铁工程建设速度。中央向地方分权，地方向市场分权，是成熟的同城化治理的必要条件，避免单一由政府主导、政府强力推动，而转向利用市场中各类企业组织，向市场借力，才能更高效地促进同城合作项目的落实和运行。总之，需在同城合作项目运作过程中，发挥市场在资源配置中的决定作用，使各类要素得以在城市间自由有序流动。

2. 协商基层政策以打破行政壁垒

重基层政策协商以打破行政壁垒，有赖于多层次治理机制和立法保障。目前多层次治理机制的建立以广佛同城化最为突出，多层次治理机制的建立有利于打破政府间刚性行政壁垒，高层领导的直接参与可以减少同城合作的地方阻碍因素，有利于快速协商达成项目合作目标。基层政策协商所依赖的多层次治理机制，在大部分同城化区域中并没有得到良好体现，已建立相关治理机制的合作项目也仅体现在市一级，并没有深入到基层中去。多层次治理机制，不仅要注重高层的沟通对话机制，更要使县（区）、镇一级单位参与其中，构建覆盖县（区）、镇一级单位的沟通对话平台，实现高层“面对面”、基层“点对点”的有效合作治理。除建立起多层次治理机制外，还要给予其立法保障，通过制定相关地方法规以使得固定沟通、协商的制度得以落地，促使协调机制在同城化战略中发挥其功效。

3. 建立激励机制以配套政策支持

同城化区域合作难度大的原因除了合作项目多位于行政区边缘外，还因为缺乏相关激励、鼓励机制，城市各种优惠政策难以集聚到同城化重点区域中。在由省级层面强力推动下而得以运行的同城合作项目，并无相关配套政策支持，例如没有给予权力下放等问题，尤其是缺乏激励、鼓励政策。可将激励机制划分为政治激励和经济激励。对于政治激励，可以在不改变现有官员政绩考核制度的前提下，再增加同城化合作效果的相关政绩考核。对于上级政府推动下的同城化合作，上级政府应主动出于区域利益考量，设置有利于地方政府官员积极主动推动合作的政绩考核标准，并对已提出同城化战略的区域予以监督落实。仅有政治激励远不足以调动地方政府的合作积极性，更要从经济层面建立经济激励制度，如项目财政补贴、项目运转基金等。经济激励制度对于“政府＋市场”框架下的同城合作具有重要作用，可有效避免区域间的恶性竞争和资源的浪费。

三、同城化区域跨界合作治理案例分析

选择辽宁省沈抚新城、湖南省长株潭城铁、广东省广佛同城合作示范区和福建省厦漳港口整合等案例介绍同城化区域跨界合作治理的具体形式和策略。

（一）辽宁省沈抚新城跨界合作治理案例

1. 辽宁省沈抚新城同城化合作背景

2016年12月，辽宁省首次提出“沈抚同城”的概念。2007年9月，沈阳和抚顺两市签署的《加快推进沈抚同城化协议》（下简称《协议》）标志着沈抚同城正式开始。2008年4月，由辽宁省发改委负责组织编制的《沈抚连接带总体发展概念规划》通过专家评审并于同年7月30日正式发布。自沈阳和抚顺两市签署《协议》后，沈抚同城化建设在各个领域逐步加速实施，同城化进程不断加快，百姓从交通、环保、医疗、教育、就业等诸多方面同时享受两市的资源，生活幸福指数进一步提高。例如在就业方面，就开创了信息共享、培训合作、就业援助等方面的就业合作制度。2015年，在规划同城方面，沈抚同城也有所作为，出台了具有法律效应的《沈抚新城总体规划（2013—2030年）》，在沈抚新城中，交通对接、户籍共享、设施同建，环境、金融、教育等领域也逐步开展多样化政策措施。沈抚新城的建设对沈抚同城意义非凡。2023年，《沈阳都市圈发展规划》由国家发改委复函批准，沈阳都市圈的发展实现尺度跃迁，成为国家发展战略。近年来，沈阳和抚顺两市合力编制实施《沈抚同城化三年行动计划（2023—2025年）》，推动沈阳、抚顺、沈抚示范区同城化步伐。

2. 辽宁省沈抚新城同城化发展过程

辽宁省沈阳市和抚顺市同城化进程区别或领先于国内其他同城化区域的典型合作案例就是在沈阳和抚顺两市的中间连接地带划出一定范围共同建立新城——沈抚新城。2008年7月，由辽宁省政府发布《沈抚连接带总体发展概念规划》，规划沈阳和抚顺在城市中间地带共同建设沈抚新城，形成

"一带、三廊、五区、多点"的空间结构。目前所辖行政区已有高湾经济区、李石经济区和拉古经济区，区内从幼儿园到大学的教育设施完善，村卫生室、社区卫生室、学院卫生室、个人诊所和医院组成的医疗系统完备，城际列车、公交运营线路也四通八达。区内规划详尽，涉及核心区发展规划、生态区发展规划、产业区发展规划和景观带发展规划，也有自身综合集成性服务信息的官方首页。

3. 辽宁省沈抚新城同城化尺度重组过程

辽宁省沈抚新城在建设过程中，不管是物质空间还是行政空间都体现着尺度重组过程，包含着复杂的政治过程。单从物质空间中空间重组所体现出的尺度重组过程来看，沈抚新城的建设大致可以分为三个尺度重组阶段：中尺度—尺度下推、低尺度—市级互动和低尺度—尺度上推（表 7–4）。

表 7–4　辽宁省沈抚新城的尺度重组过程分析

尺度重组阶段	时间	标志性事件
中尺度—尺度下推	2006 年 12 月	辽宁省委十届二次全会暨经济工作会议分组讨论提出"沈抚同城"概念
	2007 年 7 月	在辽宁省委十届四次全会上，沈抚同城化的战略构想得到进一步明确
	2008 年 7 月	辽宁省发改委组织编制的《沈抚连接带总体发展概念规划》正式发布，为沈抚新城的建设谋划出宏伟的蓝图
	2009 年 2 月	省政府批准在沈抚新城产业区建设"辽宁（抚顺）先进装备制造业基地"
	2015 年 8 月	辽宁省政府第 55 次常务会议上通过了《沈抚新城总体规划(2013—2030 年)》
	2016 年 12 月	辽宁省政府办公厅印发的《东北振兴"十三五"规划》工作任务分工方案的通知中明确提出加速沈抚同城化进程
低尺度—市级互动	2007 年 9 月	沈阳、抚顺两市市长签署了《加快推进沈抚同城化协议》
	2013 年 11 月	为加快沈抚新城建设，沈阳市委、市政府将棋盘山开发区与东陵区（浑南新区）合并，要求全力把沈抚连接带建设成为生态一流、产业高端、功能完备的发展新空间，为加快沈抚同城化进程奠定了基础

续表

尺度重组阶段	时间	标志性事件
	2015 年 9 月	抚顺沈抚新城管委会同沈阳沈抚新城进行对接召开会议
	2015 年 12 月	辽宁省沈阳经济区办公室在抚顺沈抚新城主持召开“沈抚新城联合协调工作组第一次会议”，集中研究了沈抚新城两个片区管委会提出的 15 个同城化重点项目
	2017 年 2 月	沈阳与抚顺合作座谈会在沈阳召开
	2023 年 8 月	沈阳公交延伸至沈抚示范区，推动沈抚同城化交通互联互通
低尺度—尺度上推	2010 年 1 月	辽宁（抚顺）先进装备制造业基地被国家科技部批准为“国家先进能源装备高新技术产业化基地”
	2010 年 4 月	沈阳经济区正式获批国家新型工业化综合配套改革实验区，沈抚新城成为落实沈阳经济区战略的先导区
	2014 年 1 月	沈抚新城出版印刷产业基地晋升为国家级园区
	2017 年 6 月	《沈抚新区总体规划》提交省政府党组会议讨论并原则通过。按照规划，沈抚新区将打造国家级同城化试验区，东北老工业基地改革创新的先导区和示范区，辽宁新一轮振兴发展的增长极
	2023 年初	《沈阳都市圈发展规划》由国家发改委批准，上升为国家战略
	2023 年以来	沈阳和抚顺两市合力编制实施《沈抚同城化三年行动计划(2023—2025 年)》，推动沈阳、抚顺、沈抚示范区同城化步伐

首先是中尺度—尺度下推阶段。沈抚新城的建设源于沈抚同城化建设，沈抚同城的战略思想来源于较高尺度的省委、省政府。2006 年 12 月，辽宁省委提出“沈抚同城”概念，可以说沈抚同城是省级尺度由上至下推行的一项战略。在中尺度主导的背景下，2008 年 7 月，省政府进一步发布《沈抚连接带总体发展概念规划》，正式拉开了建设帷幕，使沈抚新城在省级尺度有规可依的是 2015 年 8 月通过的《沈抚新城总体规划（2013—2030 年)》。

其次是低尺度—市级互动阶段。在中尺度主导沈抚新城建设的背景下，低尺度的沈阳市、抚顺市以及两市的县 / 区尺度也开展了大量的联系合作以落实省级尺度的要求，并以沈抚新城建设为契机推动各自地域发展。2007年9月，两市依据文件正式开始了沈抚新城进程。接下来几年中，沈抚新城的建设在省政府的支持指导下有条不紊地进行，但始终缺乏两市的尺度互动，沈抚新城的建设依旧以垂直尺度为主。直到2013年11月，沈阳市将棋盘山开发区与东陵区合并，开启了低尺度地方互动的步伐。之后沈阳沈抚新城和抚顺沈抚新城的互动交流逐渐增多，2015年9月，抚顺沈抚新城管委会同沈阳沈抚新城进行对接召开会议；同年12月，联合协调工作组召开会议，此次会议由辽宁省沈阳经济区办公室发起，主要讨论解决沈抚新城两个片区管委会提出的同城化问题。

最后是低尺度—尺度上推阶段。沈抚新城的建设中于细微处体现着地方尺度追求国家尺度的政策支持和扶持的愿望。一开始的尺度上推标志是2010年1月和4月，抚顺的制造业基地和沈阳经济区先后被列为国家级区域，得到国家政策认可和扶植。最典型的尺度上推事件是2017年6月，省政府通过了《沈抚新区总体规划》，沈抚新区将被建设成为国家级同城化试验区。沈抚同城—沈抚新城—沈抚新区的建设逻辑体现了省—市级中低尺度政府希望通过追求国家尺度的特殊政策制度空间的支持，由此获得国家尺度这一高尺度的认可和支持。2023年初，全国第九、东北首个国家级都市圈规划《沈阳都市圈发展规划》经国家发展改革委函复并由省政府印发实施，沈阳都市圈的发展上升为国家战略。近年来，沈阳和抚顺两市合力编制实施《沈抚同城化三年行动计划（2023—2025年）》，加速推进沈阳、抚顺和沈抚示范区同城化进程。

4. 辽宁省沈抚新城同城化制度运行机制

根据已构建分析框架，行政空间中的制度运行机制主要关注政策层面、协调层面以及运营层面中的具体实施。其中政策层面已在尺度重组过程中有所涉及，因此重点介绍沈抚新城建设中的协调、运营层面中的具体制度情况（图7–6）。

（1）辽宁省沈抚新城同城化城际协调机制

辽宁省沈抚新城是在沈抚同城的背景下建设而成的，也是沈抚同城化

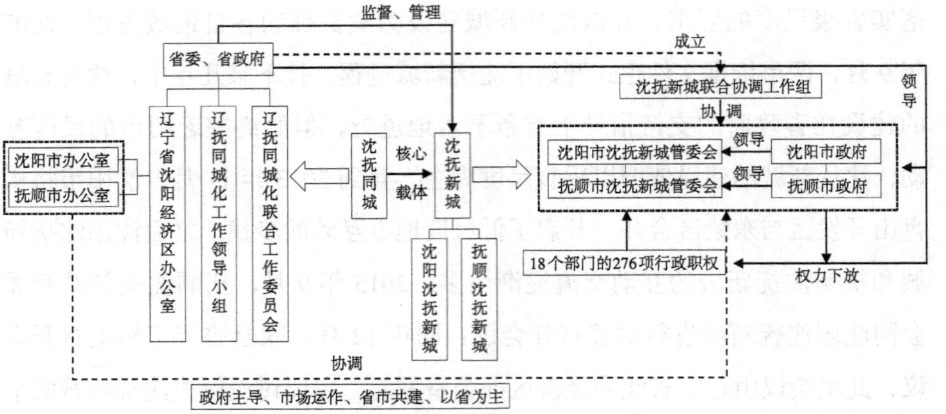

图 7–6　辽宁省沈抚新城建设制度运行机制

的重要载体。而沈抚同城又属于沈阳经济区中的关键突破口，因此沈抚新城的建设可追根溯源至沈阳经济区。2010 年 4 月，沈阳经济区上升为国家级改革试验区，相关配套政策措施随之而来。与此同时，沈抚新城也成为中央政策落实的先行区。由省政府设立沈阳经济区办公室，在沈阳和抚顺两市分设经济区办公室，在一定层面上进行工作协调。例如 2015 年，沈阳经济区办公室就集合了两个片区管委会召开了会议。除沈阳经济区办公室外，沈抚同城的直接管理机构是省政府 2010 年成立的沈抚同城化协调小组，另外在沈阳市和抚顺市层面分别有辽中城市群协调小组和抚顺市发展和改革委员会来统筹沈抚同城化工作。[①] 之后省政府又于 2015 年成立了由沈抚两市人员组成的沈抚同城化联合工作委员会，由此构成了沈抚同城的主要管理、协调机构。

（2）辽宁省沈抚新城同城化实施运营机制

总体来看，辽宁省沈抚新城的运作采取“政府主导、市场运作、省市共建、以省为主”的开发建设模式。沈抚新城其实是抚顺沈抚新城和沈阳沈抚新城这两个片区的合称。其中，抚顺沈抚新城的前身是抚顺经济开发区。2010 年 3 月，沈阳沈抚新城管理委员会成立，沈阳沈抚新城建设也由此开

① 冯婧：《沈抚同城化发展的困境解析与破解对策》，东北师范大学硕士学位论文，2011 年。

始。沈阳、抚顺新城的管委会都分别接受沈阳和抚顺市委、市政府的直接管理，但省级尺度政府又于 2015 年 6 月下发文件，建成沈抚同城化联合工作委员会和沈抚新城联合协调工作组，其中沈抚新城联合协调工作组即沈抚新城的协调、管理机构，在既定的地域空间、原有的行政体制之外成立新的组织机构，作为尺度协调工具。

抚顺沈抚新城具有优越的投资环境。新城被赋予了大量权力，根据其对外公布的《抚顺沈抚新城工作部门权责事项目录》显示，共涉及 18 个部门的 276 项行政职权①，大量行政职权的赋予使得新城建设之路更加畅通。抚顺沈抚新城采取“管委会＋公司”的模式，通过颁布更多的优惠政策吸引企业入驻，并进行跟踪服务。举例来说，沈阳市工商局和抚顺市工商局合作，提出在沈抚新城内落户的企业可以冠名“沈阳”，通过这种挂沈阳招牌的政策来吸引企业落户抚顺沈抚新城。② 这也为两地企业谋求更大发展空间、异地拓展企业规模、跨域办理相关企业手续等提供了政策便利。

而沈阳沈抚新城则通过管委会和社区工作体系来管理运营。沈阳沈抚新城内机构设置采取统分结合、取消科级、减少层级的“大部制”，工作人员全部实行“身份级别档案制、岗位级别聘任制、机构设置弹性制、外聘人员雇员制”等管理运行机制。③ 通过一系列制度设计，优化了新领域组织的内部管理制度。

（二）湖南省长株潭城铁跨界合作治理案例

1. 湖南省长株潭同城合作历史背景

湖南省长株潭城市群、长株潭一体化以及同城化是存在已久的战略构想和议题，但期间伴随一体化推进过程中的阻力增大，长株潭一体化策略一

---

① 《抚顺沈抚新城工作部门权责事项目录公布说明》[EB/OL]，http：//www.sfxc.gov.cn/zwgk/zwgk_xx.aspx？id=334&uid=200&tab=200。

② 《沈抚新城企业自主冠名“沈阳”》[EB/OL]，http：//www.fsjjkfq.gov.cn/zjxc/txtListCont.aspx？id=833&uid=15&tab=3。

③ 《沈抚新城创新体制优化发展软环境》[EB/OL]，http：//www.ln.gov.cn/zfxx/jrln/wzxw/201210/t20121023_982916.html。

度被搁置。1997年，湖南省重新正式提出长株潭经济一体化发展战略。自此，三市的同城一体合作进程才算有序推行，例如2007年三市同城公交线路开始运营。2007年12月，长株潭城市群又被批准为全国“两型社会”改革试验区。2015年2月，湖南省出台了《长株潭城市群区域规划（2008—2020)》，长株潭城市群也被列入《湖南省新型城镇化规划（2015—2020年)》。2022年2月，国家发改委发布《国家发展改革委关于同意长株潭都市圈发展规划的复函》，正式批复《长株潭都市圈发展规划》。2022年4月，湖南省人民政府印发《长株潭都市圈发展规划》。这是继南京都市圈、福州都市圈、成都都市圈以后，国家发改委批复的第4个都市圈规划，也是指导长株潭都市圈当前和今后一个时期同城化高质量发展的纲领性文件。2023年8月，长沙市出台《长沙市推进长株潭一体化发展三年行动计划（2023—2025年)》，长沙市大力推进长株潭6条融城干道建设，长株潭三市产业协同发展服务平台上线，长株潭三市实现202种电子证照互通互认、149项政务服务事项跨市通办。2023年12月，长株潭三市共同签署《长株潭一体化发展2024年行动计划》，将围绕产业创新协同、基础设施联通、公共服务共享、生态环境保护4个方面60项事项推进合作。

2. 湖南省长株潭城际铁路发展历程

作为湖南省长株潭一体化的标志性工程，长株潭城际铁路（简称长株潭城铁）是湖南省城际铁路交通网的核心项目。长株潭城铁于2010年6月30日开工，2016年12月26日正式开通运营，由中国铁路总公司和湖南省合资建设，湖南城际铁路公司建设管理。项目建成后，长沙、株洲和湘潭城市之间可以半小时通达，并吸引三市以及周边城镇的客流，为长株潭城市群提供便捷的交通服务。长株潭城铁建设是长株潭“两型社会”改革试验的重点领域和突破口，但最初仅只考虑了长株潭三市，后来随着顶层设计的不断完善，长株潭（3+5）城市群城铁的规划设计才被提出。长株潭城铁属于部省合建项目，2009年，重新规划后的城规网规划由铁道部和省发改委评审后向国家发改委上报，并于10月份获批。

3. 湖南省长株潭城铁建设尺度重组过程

湖南省长株潭城铁的建设过程，相较于沈抚新城中的尺度重组过程较为简单（表 7–5）。相较于沈抚新城建设的三个尺度重组阶段，长株潭城铁有四个尺度重组阶段：高尺度—尺度下推、中尺度—省部互动、中尺度—尺度上推、中尺度—尺度下推。但长株潭城铁的四个阶段较为清晰，且以中尺度（湖南省一级尺度）的主导为主。

表 7–5　湖南省长株潭城铁的尺度重组过程分析

尺度重组阶段	时间	标志性事件
高尺度—尺度下推	2006 年	长株潭被国家列为促进中部崛起重点发展的城市群之一
	2007 年 12 月	国家批准长株潭城市群为“全国资源节约型和环境友好型”社会建设综合配套改革试验区
	2008 年	铁道部发布《中长期铁路网规划》，从当时起至 2020 年，全国将新建约 4 万公里铁路，其中城际客运系统将由环渤海、长江三角洲、珠江三角洲地区，扩展至中西部经济发达和人口稠密地区，其中就包括长株潭城市群和武汉城市圈
	2022 年 2 月	国家发改委发布《国家发展改革委关于同意长株潭都市圈发展规划的复函》，长株潭一体化发展上升为国家战略
中尺度—省部互动	2008 年 8 月	省政府任命中铁第四勘察设计院集团有限公司（简称“铁四院”）完成《湖南省长株潭（3＋5）城市群城际铁路网规划研究报告》初稿
	2008 年 12 月	铁道部与湖南省人民政府签订《关于加快推进湖南铁路建设的会议纪要》，部省合建长株潭城际铁路
	2010 年 3 月	部省签订纪要，同意共同加快长沙至益阳至常德城际铁路、长沙至浏阳城际铁路前期工作
中尺度—尺度上推	2009 年 4 月	由中铁第四勘察设计院集团有限公司编制长株潭（3＋5）城市群城轨线网，经铁道部计划司、省发改委联合评审，并于 5 月向国家发改委上报长株潭城市群城轨交通线网规划
	2009 年 10 月	国家发展和改革委员会下发《国家发展改革委关于长株潭城市群城际轨道交通网规划（2009—2020 年）》（由铁道部和湖南省联合申报）的批复

续表

尺度重组阶段	时间	标志性事件
中尺度—尺度下推	2010 年 4 月	湘潭市政府召开铁路建设协调领导小组会议
	2010 年 5 月	湖南城际铁路有限公司组建完毕并正式挂牌成立
	2014 年 10 月	湖南省委、省政府召开 3 条铁路建设动员大会
	2022 年 4 月	湖南省人民政府印发《长株潭都市圈发展规划》
	2023 年 12 月	长沙、株洲和湘潭三市共同签署《长株潭一体化发展 2024 年行动计划》

首先是高尺度—尺度下推阶段。长株潭城铁的建设是城市群和“两型”社会的重点交通工程。追根溯源，首先 2006 年，长株潭被国家列为促进中部崛起重点发展的城市群之一；2007 年，国家又批准其为“全国资源节约型和环境友好型”综合配套改革试验区，由此推动了国家尺度的尺度下推过程，实现了国家权力转移至次国家尺度（区域尺度）。直接和长株潭的城铁建设相匹配的标志性事件为 2008 年铁道部发布的《中长期铁路网规划》，规划的城轨网络将扩展至长株潭城市群。高尺度的尺度下推过程为长株潭城铁的建设奠定了坚实的基础，在该过程中长株潭区域获得国家尺度的高度重视和资源倾斜，也为未来由铁道部出资建设城铁埋下伏笔。

其次是中尺度—省部互动阶段。该案例中的中尺度主要指湖南省政府一级尺度，此外涉及国家铁道部以及部分企业。在该阶段，中尺度的省级政府发力并主导，获得了长株潭城铁的项目规划和组织阶段的主动权。在规划阶段，2008 年 8 月到 11 月，铁四院受命进行铁路网的设计，省发改委于同年 11 月组织召开专家论证会，进一步修改完善；在组织阶段，湖南省主动联合铁道部，与其签订《关于加快推进湖南铁路建设的会议纪要》，确立了部省合建长株潭城铁的建设模式，由此获得了铁道部的支持。

再次是中尺度—尺度上推阶段，该阶段是长株潭城铁建设获取其建设合法性的关键阶段。经过前期由铁四院编制，并由铁道部计划司和省发改委联合评审，2009 年 5 月，中尺度主体向高尺度的国家发改委上报长株潭城市群城轨交通线网规划，并于同年 10 月份获得国家发展和改革委员会的批复，标志着由中尺度发起的，为提升区域交通互联的基础设施建设正式上升为国家尺度，获得国家的认可和建设合法性地位。

最后是中尺度—尺度下推阶段，即城铁建设实施的具体阶段。该阶段尺度政治较为简单，主要是省政府主导下的城铁具体建设实施，期间涉及三个市政府以及湖南城际铁路有限公司。2022 年 4 月，湖南省人民政府印发《长株潭都市圈发展规划》，2023 年 12 月，长沙、株洲和湘潭三市共同签署《长株潭一体化发展 2024 年行动计划》，均有涉及长株潭城际铁路建设相关事宜。

4. 湖南省长株潭城铁建设制度运行机制

根据已构建分析框架，行政空间中的制度运行机制主要关注政策层面、协调层面以及运营层面中的具体实施。其中政策层面已在尺度重组过程中有所涉及，因此重点介绍湖南省长株潭城铁建设中的协调、运营层面中的具体制度情况（图 7–7）。

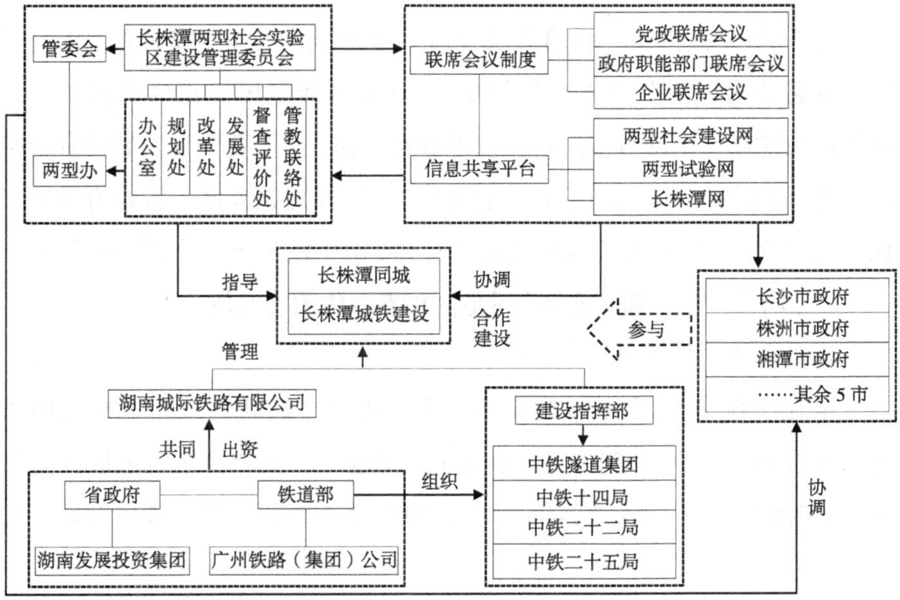

图 7–7　湖南省长株潭城铁建设制度运行机制

(1) 湖南省长株潭城铁建设城际协调机制

湖南省长株潭城铁的建设是在“两型”试验区的背景下进行的，因此项目建设将受到“两型”管委会以及“两型办”的管理。2014年，湖南省设立由省政府统筹管辖的长株潭“两型社会”试验区建设管理委员会①，并依据部门职责，下设6个机构，组成“两型”办公室。以上是长株潭同城以及长株潭城铁的管理部门。

湖南省长株潭同城以及长株潭城铁建设的协调、合作机制主要是联席会议制度以及建设信息共享平台。联席会议制度主要包含了党政联席会议、政府职能部门联席会议以及企业联席会议，其中政府职能部门联席会议开展频繁，如市长联席会议。联席会议制是同城建设的协调机制，为城际事务的解决和协商建立了平台。而信息共享平台则指三市通过网络资源共享推动信息同城，进而有利于三市的交流与合作，如两型社会建设网、两型试验网(绿网)、长株潭网、长株潭人才网等网站建设。

(2) 湖南省长株潭城铁建设实施运营机制

具体到湖南省长株潭城铁的运营，主要是由省政府和铁道部合建。2010年5月28日，湖南城际铁路有限公司组建完毕并正式挂牌成立。该公司由广州铁路公司与湖南发展投资集团，部级和省级各出资50%共同组建。铁道部牵头建设，湖南省依法负责征地拆迁工作。②简要来说，城铁资金来源为“省部共建、省市出资、市场化筹资”。指挥建设方面，省政府设立了城铁建设指挥部；铁道部具体组织建设，主要由中铁集团子公司具体负责。

（三）广东省广佛同城合作示范区跨界合作治理案例

1. 广东省广佛同城的合作背景

早在2000年，广州市便提出与佛山市的“西联”战略，形成两市结对联合发展。之后广佛围绕城际高速公路建设与区域协调发展展开合作和研讨，2007年，广佛地铁全面动工。2009年3月，广州和佛山两地共同签

---

① 长株潭城市群官网［EB/OL］，http://www.czt.gov.cn/Info.aspx? ModelId=1&Id=1915。

② 《长株潭城际铁路4年后可开通》［EB/OL］，http://hn.rednet.cn/c/2010/03/13/1920125.htm。

署的《广佛同城化建设合作框架协议》标志着广佛同城正式启动。2009 年 12 月，广佛两市共同出台的同城化发展规划也是全国首例。2010 年 11 月，中国大陆首条城际地铁——广佛地铁正式开通。此后，国务院批复的《广州市城市总体规划（2011—2020 年）》和《佛山市城市总体规划（2011—2020 年）》均提出要深入推进广佛同城化。2016 年 11 月，广州和佛山两市召开工作交流座谈会，谋划推进更高层次的同城化，联手打造“超级城市”。2022 年 8 月，《广佛全域同城化“十四五”发展规划》正式印发，为“十四五”时期广佛全域同城化发展擘画崭新蓝图。广佛同城在两地同城联动发展及带动区域层面协调发展方面成绩斐然。两地交通同城提速，高速、地铁、高铁及城际轨道交通四通八达，交通便利；金融同城显著，两地企业高度合作，异地注册，融资共赢；环境同城共治，开展河流污染治理工程；公共服务同城化共享，教育城域网互联互通，社保关系打通转移等。

2. 广东省广佛同城合作示范区发展

2009 年以来，广东省广佛同城已渗透到基础设施共建、道路交通互联、生态环境共治等区域协同发展的各个领域，同城化进程提速，同城化程度加深。广佛同城一直是全国同城发展的先行者，2015 年，广佛同城率先开展区级层面同城发展，拉开了广佛同城由市到区层面的深度合作。《广州市国民经济和社会发展第十三个五年规划纲要》中明确提出广州番禺—佛山顺德、广州花都—佛山三水和广州荔湾—佛山南海的广佛同城合作示范区建设。其中尤以广州荔湾—佛山南海同城合作示范区中的跨界区域——“滘口片区”最能体现跨界土地合作。

2015 年 8 月，广州市荔湾区政府与佛山市南海区订立框架协议，两区将在广佛同城背景下发挥在领导制度、工作联系和项目运转等方面创新制度，在社会发展各个方面和共建示范片区等领域加强合作。紧随其后，同年 10 月，广州市花都区与佛山市三水区、广州市番禺区与佛山市顺德区也纷纷效仿。三个广佛同城合作示范区各有发展重点，尤其是广州荔湾—佛山南海的五眼桥—滘口片区最富特色，也是跨界土地合作的直接表现。

以广州荔湾—佛山南海同城合作示范区为例，在签订框架协议后，两区在交通领域、制度领域和人才领域等都展开了深入合作，之后两区又划定“五眼桥—滘口片区”和“三山—东沙粤港澳高端服务产业合作区”两个示范片区。城市规划部门更计划由两市授权把五眼桥—滘口片区设立为“广佛特区”。而广州花都—佛山三水同城合作示范区则更具创新，其创新提出“镇间结对”的模式，将重点推进广州市花都区炭步镇、赤坭镇分别与佛山市三水区乐平镇、大塘镇结成对子，共同打造同城化合作典范。① 这一举措甚至将广佛同城化尺度再次由区一级下推至镇一级，更加深化、细化了两地同城化发展。

3. 广东省广佛同城的尺度重组过程

广东省广佛同城的成功源于多尺度、网络化的合作方式。首先，广州和佛山两市勇于突破刚性行政区划界限，大胆破除行政壁垒真诚合作，广佛同城化均被两市列为年度重点工作事项进行督办，并且在两市的“十三五”规划中也有所体现；其次，高尺度的支持和鼓励，省级、国家两尺度都给予高度关心和支持，尤其是广东省政府通过广佛同城提升广东的区域整体功能，优化空间结构；再次是两市各单位共同努力，各区甚至镇级单位积极参与；同时离不开群众的关心和支持以及媒体的督促。具体到广佛同城合作示范区的建设过程，尺度重组现象主要体现在低尺度主动发起的尺度过程，大致呈由面到线，再由线到点的逐渐深入、细化的尺度构建过程。

从物质空间中空间重组所体现出的尺度重组过程来看，广东省广佛同城合作示范区的建设大致可以分为四个尺度重组阶段：高尺度—尺度下推、低尺度—市级互动、低尺度—区镇互动和低尺度—尺度上推（表 7–6）。

表 7–6　广东省广佛同城合作示范区的尺度重组过程分析

尺度重组阶段	时间	标志性事件
高尺度—尺度下推	2008 年 12 月	国家发展和改革委员会发布的《珠江三角洲地区改革发展规划纲要（2008—2020 年）》中明确提出要“强化广州佛山同城效应”

① 佛山市政府网站［EB/OL］，http：//www.foshan.gov.cn/zwgk/zwdt/wqdt/sdq/201607/t20160726_5903785.html。

续表

尺度重组阶段	时间	标志性事件
	2016 年 2 月	国务院批复《广州市城市总体规划（2011—2020 年）》，批文中指出深入推进广佛同城化、广清一体化，加强广佛肇等珠三角区域层面的规划协调
低尺度—市级互动	2009 年 9 月	广佛同城化第二次市长联席会议上审议并原则通过了《广佛同城化发展规划（2009—2020 年）》
	2016 年 10 月	《广佛同城化“十三五”发展规划（2016—2020 年）》通过专家评审
	2017 年 1 月	广州市工业和信息化委员会与佛山市经济和信息化局联合发布《广佛同城化产业发展“十三五”规划（2016—2020 年）》
	2022 年 8 月	《广佛全域同城化“十四五”发展规划》正式印发
低尺度—区镇互动	2015 年 8 月	广州市荔湾区与佛山市南海区签约《共建广佛同城化合作示范区框架协议》，志在打破两地行政界限，在规划、产业、环境、民生、交通、文旅、人才、共建示范片区等 8 个重点领域实现跨区域综合开发，共推同城化
	2015 年 10 月	召开广佛同城化示范区建设座谈会，广州市花都区与佛山市三水区、广州市番禺区与佛山市顺德区分别签署《共建广佛同城化合作示范区框架协议》
	2015 年 10 月	佛山市南海区和广州市荔湾区联手划定五眼桥—滘口片区（广佛新城）、三山—东沙粤港澳高端服务产业合作区两个同城化示范片区
	2016 年 4 月	佛山市南海区和广州市荔湾区两地历史上首次互派干部挂职，首批 12 名挂职干部分别出任对方职能部门局长助理，挂职期限为 3 个月
	2016 年 5 月	佛山市南海区政协和广州市荔湾区政协开展首次联合调研，对两地的道路交通对接以及位于滘口的共建示范区进行了视察
	2017 年 6 月	广州市荔湾区和佛山市南海区两地政协联合调研视察广佛同城合作项目并召开座谈会，从政协层面推动两地间交流合作，是市政协提案办理工作和区政协常委会议政工作的有效结合
	2015 年 10 月	《花都、三水共建广佛同城化合作示范区框架协议》显示，两地采用镇间结对模式，未来将重点推进广州市花都区炭步镇、赤坭镇分别与佛山市三水区乐平镇、大塘镇“一对一”结对共建

续表

尺度重组阶段	时间	标志性事件
低尺度—尺度上推	2009 年 9 月	广佛同城化第二次市长联席会议召开，建议广佛联手争取国家和省的支持；联手加强与国家、省特别是国家有关部门的沟通，争取在国家级专项规划编制、政策实施、项目安排、体制创新等方面给予支持
	2015 年 8 月	《荔湾区、南海区共建广佛同城化合作示范区框架协议》中，两地表示在规划方面将把广佛同城化融入“十三五”规划
	2015 年 10 月	佛山南海—广州荔湾示范区统一规划合作，建设争取纳入省“十三五”重点片区合作项目

首先是高尺度—尺度下推阶段。该阶段主要是国家尺度对地方同城化项目建设的认同、支持。广东省广佛同城与长株潭、西咸、太晋等同城区域属于国内为数不多的国家尺度已经给予认可和支持的同城区域，尺度地位高，战略推动积极。2008 年底，“强化广州佛山同城效应”被写入《珠江三角洲地区改革发展规划纲要（2008—2020 年)》。之前，广佛同城始终是地方尺度的“小打小闹”，地方虽有交流合作但并无打破行政区划刚性界限的大动作。但在《珠江三角洲地区改革发展规划纲要（2008—2020 年)》发布后，广佛同城正式被提升到国家层面，由此将其从地方尺度上调到国家尺度，作为珠江三角洲城市群建设的一大重点区域，引起各尺度政府的重视。也正是由于国家尺度的支持和重视，广佛同城才能一跃成为国内同城程度最高的区域。地方尺度同城效果良好又反过来促进了国家尺度的再度下推，2016 年国务院相继批复广州和佛山的城市总体规划，再次提到广佛同城和广（州）清（远)、广（州）佛（山）肇（庆）等市地方层面的城际协调发展。

其次是低尺度—市级互动阶段。市级尺度是广佛同城的主战场，该阶段推动了广佛同城的快速进程。高尺度的支持使得低尺度有了改革的信心，中尺度的广东省政府也一直大力支持广佛，放手让其进行同城发展。首先，从 2009 年开始，广佛两市签署《广佛同城化发展规划》后，便相继开启了交通对接、河涌综合整治、农业农村同城化、教育同城化等全方位、宽领域、深层次的同城合作。其次，广佛两市在尺度互动过程中也建立了完善有效的沟通对话机制，如市长联席会议、专责小组联席会议等。最后，在广佛全域同城发展的阶段中，两市相继出台了《广佛同城化“十三五”发展规划》和《广佛同城化产业发展“十三五”规划》，这也是国内首次制定区域同城化的“十三五”规划。2022 年 8 月，《广佛全域同城化“十四五”发展规划》正式印发，为“十四五”时期广佛全域同城化发展擘画崭新蓝图，到 2025 年，广佛地区地方生产总值预计将达到 5 万亿元左右，作为广州都市圈主引擎、粤港澳大湾区极点的辐射带动作用更加凸显。

再次是低尺度—区镇互动阶段。广佛同城合作示范区建设主要体现在此阶段，而这也是国内首次区级尺度主导的同城化合作项目，标志着广佛由面到线，由线到点的深入同城化发展。在省、市两级尺度的支持下，广州市荔湾区和佛山市南海区、广州市花都区和佛山市三水区、广州市番禺区和佛山市顺德区相继在区际交界处开展了同城合作示范区建设，由此展开了广佛同城由市到区的深度细微融合。以广州荔湾—佛山南海同城合作示范区为例，两区首先规划五眼桥—滘口片区，后来又规划三山—东沙粤港澳高端服务产业合作区。而后，两区历史上首次互派干部挂职，挂职干部出任对方职能部门局长助理，为两区的工作融合奠定了基础。并且，佛山市南海区和广州市荔湾区也从政协层面进行联合调研，推动两地间交流合作，形成了良好的市—区互动。

在此阶段中，尤其值得一提的是广州市花都区和佛山市三水区的同城合作示范区建设项目，两区采用“镇间结对模式”。镇级尺度跨界合作项目的出现，表征着广佛同城的程度之深、合作之广，更是毛细血管式的跨界土地合作。

最后是低尺度—尺度上推阶段。该阶段表明即使是国家尺度支持下的同城合作，依旧需要不断通过尺度上推来进一步获取更多资源和政策优势。广州市荔湾区和佛山市南海区在共建广佛同城合作示范区过程中，两区均表示在规划方面争取纳入“十三五”规划，并且进一步争取省政府支持。尤其是在产业合作方面，提出积极争取国家、省的支持，在财政政策上争取省级财政对产业一体化建设的税收扶持政策；在土地政策上，也向省级政府获取更多的建设用地以供进一步融合拓展，规模较大、优势较足的产业项目也优先落地等。

4. *广东省广佛同城合作示范区制度运行机制*

以佛山南海—广州荔湾示范区为例，在广佛同城合作示范区中，制度运行机制是项目开展的保障措施。据已构建分析框架，行政空间中的制度运行机制主要关注政策层面、协调层面以及运营层面中的具体实施。其中政策层面已在尺度重组过程中有所涉及，因此重点介绍广佛同城合作示范区建设中的协调、运营层面中的具体制度情况（图 7–8）。

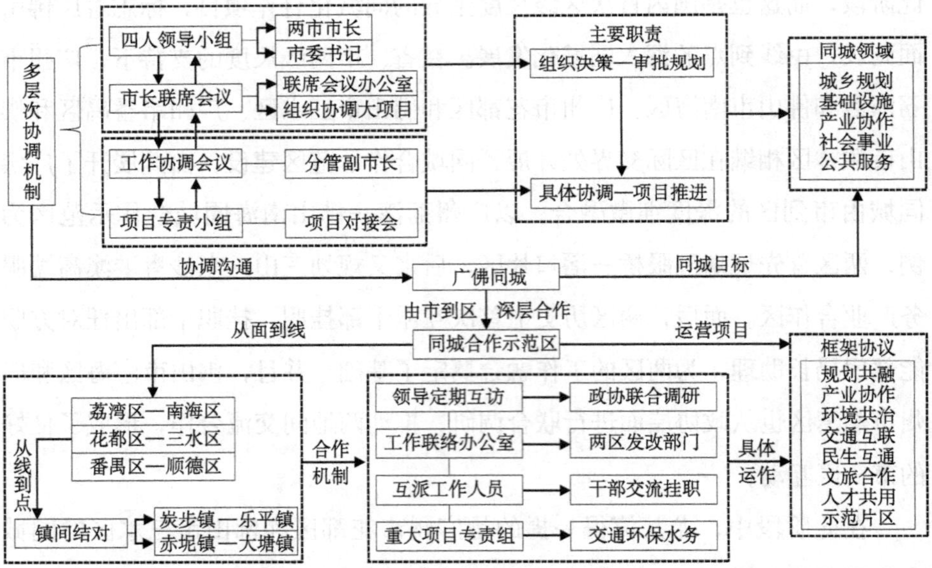

图 7–8 广东省广佛同城合作示范区项目制度运行机制

（1）广东省广佛同城合作示范区城际协调机制

广佛同城合作示范区意味着广佛同城在全域同城阶段又进一步，由市到区、由区到镇的同城项目表征广佛同城从面到线、从线到点深层次合作的展开。从协调层面看，已构建起多层次纵向协调沟通机制，自上至下分别为四人领导小组、市长联席会议、工作协调会议以及项目专责小组。由广州和佛山两市政府最高领导人组成的四人领导小组主要制定广佛同城的大政方针和未来规划，并对同城化中的重大项目进行支持和协调。市长联席会议也是其他同城化区域普遍采取的横向协调沟通制度，但尤以广佛的联席会议效果最佳。广佛同城化市长联席会议每年召开一次，2009年4月，第一次广佛市长联席会议在广州大厦召开。会议重点就广佛同城的具体工作规划展开讨论，并在会上总结过去一年的同城计划执行情况，协商确定来年的重点工作计划和相关问题，即主要职责是协调同城工作，审批年度重点工作计划、规划等。除联席会议之外，广佛同城化还有高层级大范围的广佛肇经济圈市长联席会议、广（州）佛（山）肇（庆）清（远）云（浮）韶（关）经济圈市长联席会议以及低层级小项目的跨界河涌综合整治联席会议、环保专责小组联席会议等作为制度补充，涉及广佛两地同城工作的各方面。工作协调会议由广佛两市同城化分管副市长负责组织召开，属于常态化的同城协调会议制度，主要负责审批计划草案、解决同城合作工作中的具体协调内容，并筛选出需要由高层次联席会议解决的问题以供讨论；项目专责小组是最低层级也是直接指导广佛同城的机构，诸如环保、交通等具体合作的项目专责小组直接负责两市相关合作领域的对接，制定具体的措施推进各项目合作。

（2）广东省广佛同城合作示范区实施运营机制

具体到广佛同城合作示范区，在广佛同城多层次横向协调沟通机制的基础上，也有其自身的具体项目运营机制。广佛同城合作示范区有三条线，两市六区的同城合作示范区；又从线到点，广州市花都区—佛山市三水区采取镇间结对共建的小尺度同城项目。从协调合作机制来看，广佛同城合作示范区有其独特的小尺度合作特色，建立了领导定期互访、工作联络办公室、互派工作人员以及重大项目专责组的协调合作机制。领导定期互访制度，两区党政领导班子保持每年2—3次的交流，共商两区合作事务。值得一提的是在广州市荔湾区—佛山市南海区的同城合作中，存在从政协层面进行项目促进的协调合作机制，如2016年5月，荔湾和南海两区政协开展针对交通和共建区的联合调研工作。2017年6月，广州市政协十三届一次会议中，荔湾区政协的提案融入市政协专题议政性常委会会议课题当中，从而上升到市的层面来加以推动落实[①]，具体包括：设立工作联络办公室，协调落实两区合作事项；加强两区部门协作，通过互派人员、互相组建工作班子、交流挂职等形式加强沟通联系；成立重大项目专责组，细化项目任务、分解责任和落实措施。

（四）福建省厦漳港口整合跨界合作治理案例

1. 福建省厦漳泉同城化合作背景

福建省厦门、漳州和泉州三市区域合作由来已久，我国早在 20 世纪 80 年代就提出“闽南金三角”的概念，而厦漳泉同城化则是对闽南金三角的解读和延伸。1985 年 7 月由厦门、泉州、漳州三地政府共同出资成立三江贸易总公司，具体负责闽南三角区的合作与投资。在闽南金三角建立后，随之而来的是城市联盟的兴起。1994 年 12 月，厦漳泉同龙岩共同召开党政领导联席会议，决定成立闽西南经济合作区。2003 年 5 月，福建省政府出台《福建省开展城市联盟工作总体框架》[②]。2004年7月，厦漳泉三市在厦门举行的城市联盟第一次联席会议上签订了《厦漳泉城市联盟宣言》，揭开了厦漳泉三市同城化的序幕；2011 年 1 月，福建省“十二五”规划提出要着力构建厦漳泉大都市区，厦漳泉大都市区同城化被纳入国务院批准实施的《厦门市深化两岸交流合作综合配套改革试验总体方案》，推进“厦漳泉同城化”由此提上日程。2011 年 9 月，厦漳泉三市签订《厦漳泉大都市区同城化合作框架协议》，确认了厦漳泉同城化的区域发展战略地位。[③] 2012 年 10 月，研究讨论《厦漳泉大都市区同城化总体规划》，提出至 2020 年基本实现同城化。2015 年 10 月起，厦漳泉三地互相取消漫游费，“通信一体化”取得较大成效。2023 年 11 月，国务院批复《福建省国土空间规划（2021—2035 年）》，“厦漳泉同城化”升格为“厦漳泉都市圈”，要求“强化厦漳泉都市圈

---

① 广州市荔湾区政府网站［EB/OL］，http：//www.gz.gov.cn/GZ58/3/201707/b7da72694f654573a05b4dc19b28dc1b.shtml。

② 陈雯、陈顺龙：《厦漳泉大都市区同城化——重塑发展新格局》，科学出版社 2015 年版。

③ 陈雯、陈顺龙：《厦漳泉大都市区同城化——重塑发展新格局》，科学出版社 2015 年版。

辐射带动作用”。2023 年 12 月，泉州—厦门—漳州城际轨道（R1 线）规划获国家发改委批复，标志着厦漳泉一体化取得实质性进展。

2. 福建省厦漳港口整合形式

港口是沿海城市乃至整个区域对外联系的中转站和枢纽站，是地方极为珍贵的土地资源。目前的港口由于地方保护主义，仍然是通过签署合作协议或是资源整合的方式来实现区域共同利用，但整体合作情况不尽如人意。而福建省厦漳泉同城区域却给其他地区提供了成功的港口土地资源合作案例——厦漳港口整合。福建省为进行港口资源高效配置和整合发起了厦漳港口整合，同时还有福州、湄洲湾港口资源整合。福建省厦漳港口整合从 2005 年开始，在这之前，厦门港有如图所示 5 个港区，以厦门、漳州港口合并为始的港口整合依序展开，最终实现港口资源统一管理，使得厦门港形成“环两湾辖十区”的格局（图 7–9）。

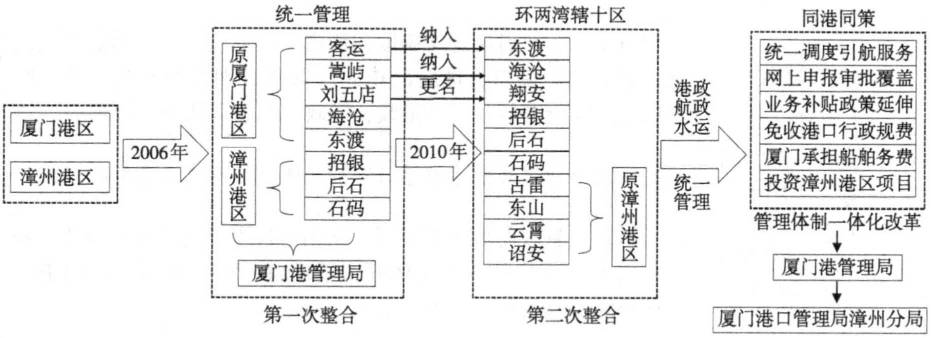

图 7–9　福建省厦漳港口整合过程

3. 福建省厦漳港口整合尺度重组过程

厦漳港口整合是福建省厦漳泉同城化的一大亮点。整合的成功也离不开厦漳泉同城化中省级政府相关部门和各市的主动对接合作。从物质空间中空间重组所体现出的尺度重组过程来看，厦漳港口整合大致可以分为三个尺度重组阶段：高尺度—尺度下推、中尺度—尺度下推和低尺度—市级互动（表 7–7）。

表 7–7 福建省厦漳港口整合的尺度重组过程分析

尺度重组阶段	时间	标志性事件
高尺度—尺度下推	1992 年 10 月	党的十四大报告正式提出“闽东南”概念，并将其列为加速开放开发重点地区之一
	2010 年 12 月	交通运输部同意厦门港在八个港区的基础上，将漳州市行政区划内的古雷、东山、云霄、诏安港区纳入厦门港
	2011 年 10 月	国务院批复《厦门市深化两岸交流合作综合配套改革试验总体方案》，提出“推进厦漳泉大都市区同城化”，确认了厦漳泉同城化作为国家区域发展战略的地位
	2023 年 11 月	国务院批复《福建省国土空间规划（2021—2035）》，“厦漳泉同城化”升格为“厦漳泉都市圈”，要求“强化厦漳泉都市圈辐射带动作用”
	2023 年 12 月	泉州—厦门—漳州城际轨道（R1 线）规划获国家发改委批复，标志着厦漳泉一体化取得实质性进展
中尺度—尺度下推	2003 年 5 月	福建省政府出台《福建省开展城市联盟工作总体框架》
	2005 年	福建省委、省政府决定实施厦门湾港口一体化改革，组建新厦门港，成立厦门港口管理局，并于 2006 年 1 月 1 日正式挂牌，在全国率先实施跨行政区划港政、航政、水路运政统一管理
	2009 年 10 月	福建省政府通过《福建省港口体制一体化整合总体方案》
	2010 年 8 月	福建省委、省政府再次对厦门、漳州港口资源进行全面整合，将漳州行政区划内的 4 个港区并入厦门港。8 月 31 日，厦门港口管理局漳州分局正式挂牌成立
	2011 年 1 月	《福建省“十二五”规划纲要》提出着力构建厦漳泉大都市区，加快同城化步伐
	2013 年 4 月	福建省交通运输厅发布《厦门港总体规划（修编）》简介，规划了厦门港将形成“环两湾辖十区”的总体发展格局
低尺度—市级互动	2004 年 7 月	福建省建设厅和厦漳泉三城市政府举行城市联盟第一次联席会议，签订《厦泉漳城市联盟宣言》
	2006 年	厦漳港口体制一体化整合开启：原漳州港招银、后石、石码港区并入厦门港
	2010 年	东山湾内古雷、东山、云霄和诏安四港区整合到厦门港，厦门港“环两湾辖十区”的新格局正式形成。整合后，厦门港口管理部门按照“先整合后理顺，边运行边规范”原则，大力推行“同港同策”，将原厦门港区享受的优惠政策逐步延伸到漳州港区

续表

尺度重组阶段	时间	标志性事件
	2010 年 8 月	厦门港口管理局漳州分局正式挂牌成立
	2012 年 9 月	厦门市人民政府办公厅印发文件，决定成立厦门市厦漳港口一体化整合工作小组
	2012 年 10 月	厦漳泉大都市区同城化党政第二次联席会议研究讨论了《厦漳泉大都市区同城化总体规划》
	2013 年 7 月	漳州 186 名在职、离退休干部等人员人事关系和有关财产等正式移交厦门，厦漳港口一体化整合告一段落
	2015 年 10 月	厦漳泉三地互相取消漫游费，“通信一体化”取得较大成效

首先是高尺度—尺度下推阶段。就同城化来说，厦漳泉同城化是典型的由国家倡议发起的同城化战略区域，在此之前各地并无直接的同城或一体战略。但三个城市由于地域相邻、唇齿相依，有良好的同城合作基础条件，因此早在 19 世纪 80 年代，国家科学技术委员会就曾提出“闽南（厦门、漳州、泉州）金三角”的经济发展问题。由国家发起的尺度下推立即得到了下级尺度的落实，1984 年福建省便成立了闽南区域经济开发办公室。后来又经历了一系列国家尺度和省级尺度的座谈、会议等，最终 1992 年党的十四大正式确立“闽东南”概念。近期国务院又批复《厦门市深化两岸交流合作综合配套改革试验总体方案》，正式确立厦漳泉同城化的国家战略地位。而对于厦漳港口整合，也是交通运输部同意厦门港对漳州港区的进一步整合。2023 年 11 月，国务院批复《福建省国土空间规划（2021—2035)》，“厦漳泉同城化”升格为“厦漳泉都市圈”，要求“强化厦漳泉都市圈辐射带动作用”。

其次是中尺度—尺度下推阶段，这也是和厦漳港口整合直接相关的阶段。厦漳港口整合项目的整个过程也主要集中在中尺度和低尺度的尺度下推和尺度互动。综合来看，厦漳港口整合项目主要经历了两次重要的尺度下推过程，也是这两次尺度下推最终形成了厦漳港口一体化。为整合区域港口资源，提升港口对于区域经济的带动作用，福建省于2005年首次对区域港口资源进行尺度重组，全面改革、整合厦门和漳州港口资源，这也是国家首次进行的跨政区港口改革。经历了几年的制度运行和改革之后，福建省又于2010年再次对厦门、漳州的剩余港口进行进一步的资源整合，也是这次整合最终促使了厦漳港口整合的完成。在进行尺度下推的过程中，规划政策也经历了尺度重组过程，2013年由省级尺度的交通运输厅发布的《厦门港总体规划（修编）》中规划了厦门港"环两湾辖十区"的总体发展格局，由此确立港口整合最终蓝图。

再次是低尺度—尺度互动阶段。这一阶段主要是两市政府落实省级尺度的尺度下推战略，实际展开港口整合工作。首先在省级尺度第一次尺度下推的过程中，厦门和漳州两市港口立即展开相应重组工作，漳州港的港区并入厦门港。其次在第二次尺度下推的过程中，厦门市为更好地推动整合工作的顺利开展，成立了厦门市厦漳港口一体化整合工作小组，以落实上级尺度政策和协调两市整合工作。经过复杂的整合重组过程，漳州港口的人事和资产关系等逐步移交厦门，并于2013年顺利完成厦漳港口一体化整合。

4. 福建省厦漳港口整合制度运行机制

福建省厦漳港口整合过程中的制度整合是其重中之重。港口整合不仅是两地港口的简单相加，而且是港政、航政、水路运政等各项制度的全面整合重组，其间的制度运行机制是项目开展的保障措施。据已构建分析框架，行政空间中的制度运行机制也为两地港口资源整合提供了制度保障。其中政策层面已在尺度重组过程中有所涉及，因此重点介绍厦漳港口整合项目协调、运营层面中的具体制度运行情况（图7–10）。

（1）福建省厦漳港口整合城际协调机制

其实厦漳泉同城化的区域协调制度并不十分完善，三市成立了城市联盟市长联席会议制度和党政联席会议，以作为区域间合作协调制度。虽然同城制度方面乏善可陈，但是在厦漳港口整合中省政府和两市政府都展现了积极姿态。厦漳港口整合项目建设体现着厦漳泉同城区域的"三群"合一协调统一发展的过程。为避免港口群无序竞争和提升资源优化配置进行的厦漳港

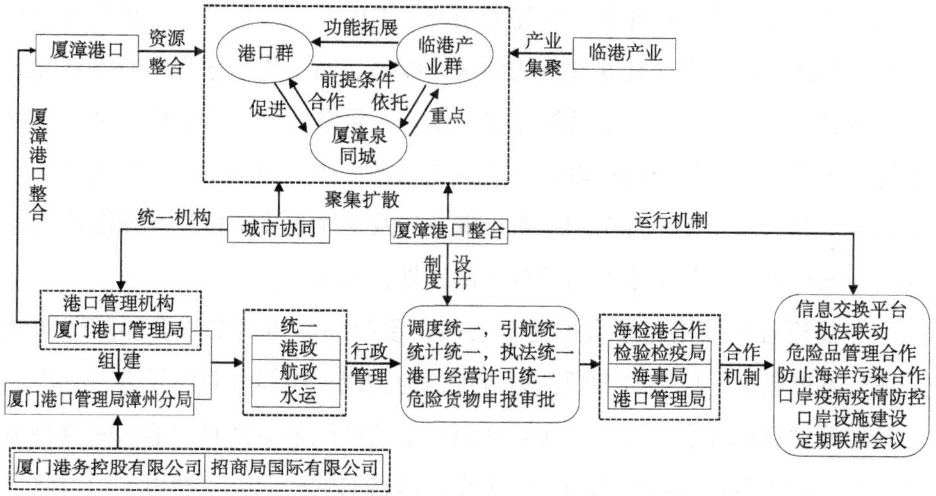

图 7–10 福建省厦漳港口整合制度运行机制

口整合等港口整合项目，为临港产业群的发展提供了前提条件，而临港产业群的培育又拓展了区域内港口群的功能拓展；厦漳泉同城化进程中的重点项目是厦漳港口整合，而其又反过来促进了厦漳泉同城化发展；厦漳泉同城合作以产业合作为重点，而临港产业群的培育也依赖于厦漳泉同城，由此同城区域内港口整合的协调统一发展形成了“三群”合一的循环。

2005 年省政府推动下的厦漳港口第一次整合中，成立厦门港口管理局以统一管理。福建省又于 2009 年出台《福建省港口体制一体化整合总体方案》，进一步对区域内港口整合。而 2011 年第二次厦漳港口整合后，厦门和漳州两市所有港区均由厦门港口管理局统领，并成立漳州分局，实行“同港同策”，形成了“环两湾辖十区”的港口发展格局，使得厦门港实现亿吨大港的目标，提升了厦门港在全国乃至世界港口的地位。

（2）福建省厦漳港口整合实施运营过程

福建省厦漳港口整合项目的运营根据省政府的两次尺度下推，具体也可分为两个阶段。分别是第一阶段的港口初步整合和第二阶段的港口全面管理体制一体化。

首先是第一阶段的港口初步整合。2005 年厦漳港口整合后，原先漳州三个港区合并到厦门港口，建立厦门港口管理局，实行统一管理。第二阶段是港口全面管理体制一体化。原先漳州四个港区并入厦门港，东渡港区合并原客运港区，海沧港区合并原嵩屿港区，以集装箱干线运输为主；原刘五店港区更名为翔安港区，以集装箱运输为主；古雷港区合并六鳌作业区，以石油化工运输为主；招银港区以杂货运载和临港产业发展为主；后石港区服务于临港工业。漳州港管理部门、东山港务局及下属事业单位、漳州航道管理处、漳州运管局中从事水路运政管理部门划转到厦门。①

在福建省厦漳港口整合的运营层面，厦门和漳州两港整合伴随着同城一体的发展制度。以整合理顺、运行规范为主线，厦门港对涉及港口、产业和环保等领域都开展了详尽对接：如厦门港按照同港原则对两港区间货物运输免收行政规费；外籍船舶同一航次在两岸移泊的船舶港务费由厦门财政承担等。② 同时，厦漳港口整合不仅在港口行政管理方面实现了两地统一协同发展，厦门更实现了海港检合作统一。2011 年，检验检疫局、海事局和港口管理局一起签订合作备忘录，三局将在信息交互、口岸设施和定期联席会议诸领域展开合作。

四、同城化区域跨界合作治理机制

（一）同城化区域跨界合作治理的形成机制

西方国家的跨界合作项目尺度政治一般集中在国家、市场和社会的作用上，多主体的积极参与使得合作项目从以经济发展为核心议题转向可持续发展、气候变化、民主建设、文化认同和自治等方面。而我国的跨界合作主要表现在各级政府的权力和责任划分中，因此借鉴西方国家的跨界合作思想，构建同城跨界土地合作治理框架（图 7–11）。

同城化区域中的跨界土地合作涉及边界地方 A 和 B，其合作过程主要遵循一条逻辑主线：地方—社会（制度与行动）的相互影响关系。最开始的

① 厦门市财政局网站［EB/OL］，http：//www.xmcz.gov.cn/czxw/czxx/2014/10/22/68956.html。

② 厦门市政务网［EB/OL］，http：//www.fjjt.gov.cn/xxgk/mtsd/201307/t20130712_78055.htm。

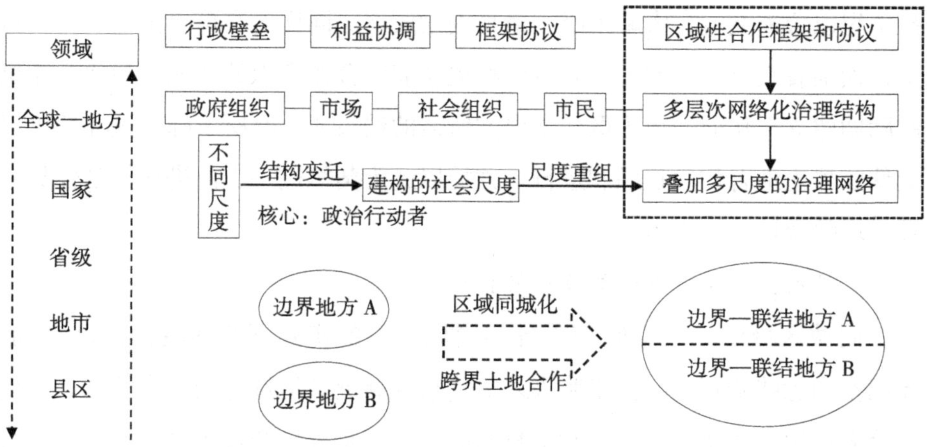

图 7–11　同城跨界土地合作治理形成机制

边界地方突出“地方空间”中的边界，而边界—联结地方则突出“流动空间”中的联结性，前者偏向于具有固有边界的地方，后者偏向于整体性的空间。边界地方 A 与 B，通过一系列同城策略和具体跨界土地合作项目的开展，在区域性合作框架和协议、多层次网络化治理结构以及叠加多尺度的治理网络的共同作用下，将会形成边界—联结地方，即顺利促成同城化区域中的跨界土地合作。

1. 功能区划里的共建交易成本降低

目前城市地理学中各城市单元，大到地级市、小到区镇，都不再单单是有着行政级别和地域边界的实体区域，而是包含了更多经济、政治等功能意义在其中，被称为城市功能区或功能单元。而同城化区域中的各级功能区更是较为活跃的城市单元，地市之间、城镇之间的联系大大加强，也为跨界土地合作项目的安排和实施打下基础。而跨界土地合作项目的实施前提和条件也是各功能区的优势互补，各取所长。

因此，项目共建的交易成本直接关系到跨界土地合作的长效有效运转。不管是产业合作、交通整合或是空间拓展，各类跨界土地合作归根结底都是政府的经济行为，都属于促进区域整体竞争力的举措。而经济活动又是一个连续、相互关联的过程，随着生产的发展和专业化，从之前的各生产环节都聚集在一个企业到如今各企业集中在某一区域，企业的邻近效应使得信息和技术得以快速交流，大幅下降了信息搜索成本。同样，在跨界土地合作项目中也面临着交易成本问题。随着各相关功能区合作意识的达成，沟通交流机制随即建立，从而使得为取信于对方所需的约束成本有所下降。这样便可以促使跨界土地合作项目顺利进行，并能以此为契机进一步促进功能区优势互补，增强全域经济竞争力。

2. 流动空间中的外部规模经济扩大

同城区域中地方空间随着各类同城战略的实施逐渐演变为流动空间，流动空间意味着资金、技术和人才等信息开始突破地域界线自由流动，从而为跨界土地合作奠定了空间和信息基础。尤其是异地产业园区的跨界土地合作受益更大。当今大城市普遍面临建设用地紧张的困境，也束缚了城市中的企业规模。

企业的规模扩大能够集结更多资本、技术和人才，通过更大规模的生产和交易获利，也使得劳动和资本要素更加专业分工，实现了产品和服务质量的提升。经过跨界土地合作，将有剩余土地指标的城市和缺乏土地利用指标的城市相结合，共建产业园区，相邻城市间近似产业集中在一个空间更大、政策更优、管理更善的跨界空间中，可以加强企业间的信息联系和产业合作，加快企业信息和先进技术的传播学习，更大程度地使用不同地方专门的熟练劳动力市场、中间产品市场、专业化设备等，从而形成外部规模经济效应和溢出效应，究其实质是技术和信息的溢出扩散使得企业更加专业高质。而跨界区域中，随着流动空间的拓展，空间邻近便利和文化同源、社会同质等，更加促使各方的紧密合作和合作共赢，合作方的外部规模经济带来效益递增，最终反作用于同城化。

3. 尺度重组下的权力空间流动变化

构成尺度政治的话语和行动在复杂的权力关系中创造。在跨界土地合作中政府话语和表达所体现出的实际政治议程和现实变革行动必须围绕权力关系如何建立重要尺度结构以及权力的动态演变如何随时间和空间而展开，这是建构主义尺度观（尺度是社会建构的）的核心内容。建构主义尺度观下的“尺度”并不是一个固定存在的或等待发现的外部事实，而是一种通过话语和权力构筑起的现实概念，也是意识形态和实践的融合产物。在同城区域中的跨界土地合作中，也并不存在“天生”的尺度，而是通过尺度政治建构起来的，尺度政治涉及利益和意识的政治及其关系，因此必须通过尺度政治，构建起多尺度的治理网络，才能更好地服务于同城区域中的跨界土地合作。

由于尺度政治的结果具有流动性和可修改性，这种尺度政治的结果因此具备开放性，在构建多尺度治理网络和进行尺度政治的同时不能拘泥于某一尺度或某一方向，而是要选择适合特定区域的合适的多尺度治理网络。权力必须依附于某一尺度或某一领域，这是权力的领域化，而尺度政治又具有流动性和可转移性，这也要求地方政府在进行尺度建构和多尺度治理网络建设的同时兼具这两种思想，依据跨界政府间协议和区域性规划，在“内部”和“外部”形成集合权力、领域和尺度的复杂的治理网络结构，以确保更好地开展跨界土地合作项目。

（二）同城化区域跨界合作治理的运行机制

1. 依靠市场机制以处理政市关系

新中国成立以来我国的区域发展处在国家主导和地方主导两种思路中不断转换，而近年来又出现了地方主导，中央支持的新特征。在跨界土地合作的治理中，地方虽有主动权，但仅靠政府难以真正运行合作项目，并且中央的支持也不是任何同城区域均具备的优势。因此，只有引入市场机制，使区域内相关利益企业也参与进来，利用企业组织的专业和高效能有力推动跨界土地合作项目的运转。

提倡“政府＋市场”或“政府＋企业”的新型跨界土地合作治理机制。以往以政府掌握主导权的各类跨界合作项目，均需经过规划、立项、协商讨论、审批和实施等诸多复杂的程序环节，周期性较长的各类政府相关环节导致跨界土地合作项目进展缓慢。而引入市场机制，在存在利益空间的基础上让企业参与到各类跨界土地合作项目中，能有效促进项目开展进程，提升合作效率。如在长株潭城铁的跨界土地合作项目中，就引入了湖南、广东等多家企业共同参与建设，有效提升了城铁工程建设速度。中央向地方分权，地方向市场分权，是成熟的跨界土地合作治理机制的必要条件，避免单一由政府主导、政府强力推动，而转向利用市场中各类企业组织，向市场借力，才能更高效地促进跨界土地合作项目的落实和运行。总之，需在跨界土地合作项目运作过程中，发挥市场在资源配置中的决定作用，使各类要素得以在城市间自由有序流动。

2. 协商基层政策以打破行政壁垒

注重基层政策协商以打破行政壁垒，有赖于多层次治理机制和立法保障。目前多层次治理机制的建立以广佛跨界土地合作最为突出，其成立了由四人领导小组、市长联席会议、协调会议和项目专责小组的多层次治理机制。多层次治理机制的建立有利于打破政府间刚性行政壁垒，高层领导的直接参与可以减少土地合作的地方阻碍因素，有利于快速协商达成项目合作目标。但在实际操作中，由于缺少立法保障，导致在具体项目运行中也存在各基层利益主体的相互博弈问题，影响了合作项目的高效运转，涉及各方单位根本利益的矛盾悬而不决，都有意回避相关利益矛盾。

基层政策协商所依赖的多层次治理机制，在大部分跨界土地合作项目中并没有得到良好体现，已建立相关治理机制的合作项目也仅体现在市一级，并没有深入到基层中去。多层次治理机制，不仅要注重高层的沟通对话机制，更要使县（区）、镇一级单位参与其中，构建覆盖县（区）、镇一级单位的沟通对话平台，实现高层“面对面”、基层“点对点”的有效合作治理。除建立起多层次治理机制外，还要给予其立法保障，通过制定相关地方法规以使得固定沟通、协商的制度得以落地，促使协调机制在跨界土地合作实际中发挥其功效。

3. 利益共享补偿以合理利益分配

明确跨界土地合作项目的利益分配原则，以保证合作方的双赢、持续合作。地方利益是跨界土地项目合作与协调的核心问题，各区域版块以跨界土地合作项目为突破口，在社会各领域逐步实现同城化，最终结成利益共同体。公道的利益分配机制，直接影响着跨界土地合作的发展。在行政刚性界限普遍存在的背景下，通过利益共享和补偿机制，对作出利益让步的地方政府单元给予一定的财税经济补偿，而利益获益者应做到区际利益共享，以实现利益调节的最大均衡。

首先应建立跨界土地合作项目的投入成本分担机制，对各行政主体在进行项目筹建过程中的各要素建设投入进行评估，以确定项目正常运转后所产生利益的分配比例和财税收益。其次，设立跨界土地合作的专项发展基金，由上级政府和相关合作方共同建立，以推动在项目运转初期的前期工作。最后，创新和丰富项目投融资机制，广泛开展政府与社会合作的PPP形式。在实际开展过程中，对于重点项目，如跨界水资源保护等跨界生态保护项目，应在保障各地区居民用水安全的前提下，加强在水源地保护、污水处理等项目的建设，探索生态保护及补偿机制；如跨界交通基础设施项目中，对于征用地方居民的集体土地，合作双方应共同给予其土地补偿。

4. 建立激励机制以配套政策支持

跨界地区土地合作难度大的原因除了跨界地区位于行政区边缘外，还有因为跨界地区的土地合作也缺乏相关激励、鼓励机制，城市各种优惠政策难以集聚到跨界土地合作项目中。在由省级层面强力推动下而得以运行的跨界土地合作项目，并无相关配套政策支持，例如没有给予权力下放等问题，尤其是缺乏激励、鼓励政策。带有行政强制性的跨界土地合作项目，缺少项目运行的长效机制，一旦上级政府注意力转移，项目很容易被搁置，因为直接合作方的行政单元并无合作动力。再者即使有上级政府的政治强力运作，但合作方倾向于亲和对本区域更有利的项目，而对合作对方更有利的项目则漠不关心。

因此激励机制对于跨界土地合作治理必不可少。可将激励机制划分为政治激励和经济激励。对于政治激励，可以在不改变现有官员政绩考核制度的前提下，再增加跨界土地合作效果的相关政绩考核。对于上级政府推动下的跨界土地项目，上级政府应出于区域利益考量，主动设置有利于地方政府官员积极主动推动跨界土地合作的政绩考核标准，并对已提出跨界土地合作构想的区域予以监督落实。仅有政治激励远不足以调动地方政府的合作积极性，更要从经济层面建立经济激励制度，如项目财政补贴、项目运转基金等。经济激励制度对于"政府+市场"框架下的跨界土地合作具有重要作用，可有效避免区域间的恶性竞争和资源的浪费。

（三）同城化区域跨界合作治理的实现机制

1. 多元主体的网络参与

20世纪90年代以来，传统区域主义逐步让位于新区域主义，成为区域治理新的理论基础。新区域主义理论指导下的区域治理最典型的特征是批判了之前的寡头管理，而倡导网络式的调控机制，将各级政府和公民团体联合形成社会网络。

倡导企业、专家学者以及居民等多元利益主体的公共参与，提升跨界土地合作的项目建设和实施效率。跨界土地合作本身所具有的特点更加放大了政府单一主体实施治理的缺陷，终会导致力量不足，难以应对各种矛盾，而多元利益主体都有权利也有必要参与到共同治理中。各行动主体交织成一个多元主体参与的治理网络，政府不再是唯一的治理主体，而是利用各行动主体的优势，从各自不同角度对跨界土地合作项目贡献力量。政府在开展跨界土地合作项目中，应加大项目宣传力度，增强民众参与水平，拓宽公民介入渠道，以实现跨界土地合作的多元全民参与。全民参与式的跨界土地合作，不仅能使得项目更有效率地运作，而且可以提升公民对于项目的认同感，进而提升其对于区域同城化的认同感。

2. 尺度跃迁的利用合作

跨界地区的土地合作应利用尺度跃迁策略正确引导。尺度跃迁策略主要包括行政权力的尺度跃迁、经济关系的尺度跃迁和跨界管治的尺度跃迁。

行政权力的尺度跃迁主要指不同尺度政府之间权力关系的变更。当前国家的行政权力普遍存在上移和下移两个变动方向，上移至超国家机构（如欧盟等）或下移至区域、地方尺度。对于中国正在进行的尺度重组主要表现在尺度下移，即各种制度区域（如国家新区）的建立，对于区域调控具有重大意义。对于跨界土地合作，地方政府也应充分利用行政权力的尺度跃迁，向上争取更多自主权，向下释放各种行政权力，给予地方更多项目自主运作的权力。经济关系的尺度跃迁主要指在经济全球化背景下各类生产要素的自由流动，从而形成了新的经济空间关系。而各类跨界区域的土地合作项目，正是新经济空间关系的体现之一，不同行政区域的经济、政治等要素重新集聚到跨界区域，对跨界地区的管治也提出了新的要求。而跨界管治的尺度跃迁为应对经济关系的尺度跃迁，必须由以往的政府主导转型为政府和非政府机构以及民众的合作，以提升跨界区域的管治水平。

3. 尺度上移的尺度政治

不同类型的跨界土地合作治理已经证明跨越多个尺度的同城跨界土地合作项目更有利于项目的推动，上级尺度高度重视，下级尺度积极配合，得以使其合作方跨越障碍和矛盾顺利开展跨界合作。低尺度上推模式下的跨界土地合作也意识到这一点，不断进行尺度上推以使其合作项目得到上级尺度的重视并获得相应的制度优势。

尺度上移的尺度政治包含了两个层面的尺度上移。一是各级政府的尺度上移。在尺度政治中，市级尺度为弱势群体，而省级和国家尺度为强势群体，因此处于弱势群体的市级尺度应从项目顺利开展的实际出发进行尺度重组，并不断进行尺度上推。具体来看，应采取专家学者论证、新闻媒体报道等多种方式并进，营造跨界土地合作的舆论氛围，在各方呼声的支持下以获得省级尺度和国家尺度重视其开展的跨界土地合作。二是政府权力的尺度上移。由于跨界土地合作的跨越边界特征，单一政府无法有效地管治，因此必须组建超越各地方政府的管理和协调机构。应由协作方政府协商组建跨界土地合作治理协调委员会，对跨界项目的总体战略、利益分配、实际运行等方面开展统一治理和监督，并通过制定相关法律法规给予其法律效力，以使其对跨界土地合作项目的监管具有合法性。

4. 纵横交错的调控保障

纵横交错的调控保障机制应从纵向和横向两个维度建立起跨界土地合作的保障机制。在纵向维度，上级政府应对下级政府报送的跨界土地合作给予项目运行评估、项目开展监督和项目成效反馈。在上级政府层面建立专门的项目工作领导机构，由发改委及与项目相关的职能部门组成项目评估监督小组，在下级政府层面设立相应的组织机构以配合工作，形成对应。

在横向维度，形成建设、监督、反馈、沟通和考评等职能化的工作机制，有效而务实地推进跨界土地合作项目进程；建立协作条约和规章制度，在总规划、总协议、整体合作框架的基础上，进一步细化合作领域，制定并施行各重点合作项目的专项和约，经过多途径协商沟通渠道解决城市间各种合作分歧，使得项目得以持续长效进行；做好发展规划，明确考核机制，对项目运行的政策落实、设施完善和管理服务进行统一监督，及时纠正、分析和指导各跨界土地合作项目的运行，并把其列为政府和相关职能部门的政绩考核中，提高其对项目运转的管理和监督的积极性。

第八章　异地共建园区空间生产与治理

20世纪90年代以来，伴随着经济全球化和交通、通信技术的不断进步，区域空间固化状态被进一步打破，地域间的联系也因资本的跨域流动而变得更加紧密。进入21世纪以来，跨越多个同级行政区域，以各级政府和企业组织为主要行为主体，以土地和空间的制度化合作为主要内容，以产业转移园、异地工业园和跨境工业区等为具体形态，具有“飞地式”异质嵌入区位属性的异地共建园区成为我国政府间合作的普遍形式，并推动生产要素在全国乃至全球范围的重新匹配和空间优化。作为跨区域合作的新型模式，异地共建产业园区在区域经济发展和协同治理领域发挥着重要作用，成为多尺度间政府重塑区域经济竞争力和创新经济发展形式的重要地理空间单元、跨区域经济发展的具体载体，满足了区域产业梯度转移、资源优势互补和多方利益主体合作共赢的需求。① 当前，中国正逐步推动形成以国内大循环为主体、国内国际双循环相互促进的发展格局和构建陆海内外联动、东西双向互济的开放格局，异地共建产业园区进一步推动了资本、产业、市场、信息、服务、技术等要素在国内、国际双循环中的互动与联通，成为优化区域经济布局和促进区域经济高质量发展的重要手段。

异地共建园区建设源于我国渐进性改革中“摸着石头过河”的经验主义制度实践，具有空间嵌入性、政策实验性、制度套叠性和国家层面顶层设计缺失等特征，它的存在深刻地重构了不同尺度间的利益关系和权力关系。

---

① 马学广：《异地共建园区的空间生产及其作用机理》，《学习与探索》2023年第3期。

专项化、导向式和优先性政策的施加使得该类型功能区域获得了先发优势，因此受到学术界的普遍关注。异地共建园区最为普遍的实体形态是飞地园区，承载着飞地经济的滋生和发展。飞地是人文地理学科历久弥新的重要研究对象，飞地经济是地方政府主导推动下，资本、技术和劳动力等生产要素跨越行政区划界限重新布局，以实现区域间互利共赢的经济发展模式，既因其鲜明的外部嵌入特征而与周边环境相隔离，又因其突出的联系纽带功能而将不相邻的地理区域链接在一起，成为我国各级政府积极倡导的密切区域合作、促进区域均衡发展、推动区域一体化的创新实践模式和实现国家空间重构的特殊试验手段。

异地共建园区的空间生产具有强烈的系统性和复杂性，不仅涉及两个城市之间的协调、政府与其它行动者之间的协调，还涵盖了新合作空间的制度设计、空间规划、基础设施建设、招商引资、日常管理等多个方面。因此，人文地理学将异地共建园区的空间生产视为推进同城化、都市区化和城市群化等新型城镇化进程的政策工具，主要研究聚焦如下：(1) 从资本的跨界流动出发，强调其"经济飞地"属性，侧重于"嵌入式"空间集聚、产业转移及其引发的区域空间重构。(2) 从权力的跨界流动出发，强调其制度创新试点属性，侧重于制度建构、利益分配格局调整以及政府间合作治理等，其中，地方政府协同共治型多层次区域治理模式发挥着越来越重要的作用。(3) 从尺度的生产与调整出发，强调其国际战略节点属性，侧重于跨越国界和制度边界的经济合作载体的效能。

一、异地共建园区发展、分布与类型

区域发展不平衡是我国当前区域经济发展的突出问题，在"市场主导、政府引导、合作共建、利益共享"原则指引下，企业有序地向土地、政策及劳动力更有优势地区的异地共建园区转移，已经成为我国较为普遍的区域合作方式。在由城市尺度到区域尺度的国家空间重构过程中，异地共建园区作为一种新兴的空间重构策略开始被城市、区域和国家等不同尺度的行动者所重视①，被赋予区域协作与跨界整合体制机制创新平台的重任，助推我国区域间协调发展。其中，影响力较大的异地共建园区工程包括京津冀协同发展战略下的产业转移、江苏省南北挂钩合作园区共建以及珠三角向粤东西北地区的产业和劳动力“双转移”等。本节将简要分析异地共建园区的发展过程，并对其分布和类型进行简要总结。

（一）地方制度试验中的异地共建园区

异地共建园区是地方制度试验的产物，最早产生于长三角、珠三角和京津冀等经济水平较高、经济体制改革较为深入的地区，并多集中于各区域内部。长三角地区的江阴—靖江工业园区早在2002年就已提出，是国内最早的异地共建园区实践之一。2005年江苏省在出台《关于加快南北产业转移意见的通知》后开始了大规模的苏南、苏北园区共建，成为长三角甚至全国异地共建园区的典范。同时，张江平湖科技园区、上海漕河泾开发区盐城分区等跨省实践也随之兴起。珠三角地区的异地共建园区主要依托2008年后广东省的“双转移”政策而大规模发展起来，截至2016年已达83家，如深汕特别合作区、广州（梅州）产业转移工业园等。京津冀地区的实践亦强调产业转移和合作，并同京津冀协同发展战略相联系，如2015年的《京津冀协同发展规划纲要》对产业转移问题进行了研究，随后跨省的异地共建园区在河北逐渐发展起来，如曹妃甸协同发展示范区、威县·顺义产业园等。在全国其它地区，异地共建园区也大量兴起，如湖北武汉与黄冈两市2014年开始的园区共建、四川成都与德阳两市2013年建立的成德工业园等。其中也包括一定的跨区域实践，如广东深圳与河北保定两市2016年签署共建的“保定深圳园”。此外，与异地共建园区相关的区域性协调组织也逐渐产生，如长三角园区共建联盟、广东省工业园区协会等。

在国家发改委的推动下，“承接产业转移示范区”应运而生，国家先后批准设立了安徽皖江城市带、湖南湘南、湖北荆州、江西赣南、重庆沿江、

---

① 李鲁奇、马学广、鹿宇：《飞地经济的空间生产与治理结构——基于国家空间重构视角》，《地理科学进展》2019年第3期。

广西桂东、晋陕豫黄河金三角等 7 个国家级承接产业转移示范区。目前我国比较具有代表性的产业转移园区（异地共建园区）涵盖了省内跨市（如广东省深汕特别合作区、江苏省江阴—靖江工业园区）、国内跨省（京冀曹妃甸协同发展示范区）、国内跨境（珠澳合作园区）、跨国共建（中新苏州工业园）等多种类型。全国尺度上产业转移园区（异地共建园区）的数量有待本项目统计分析，但截至 2014 年，长三角地区的异地共建产业园已逾 200 个；截至 2016 年，广东省设立产业转移工业园 83 家（其中省级产业转移园 51 家）；截至 2016 年 8 月，我国已在“一带一路”沿线国家建立了 46 个境外合作园区。

异地共建园区早期是市场自发形成的经济空间，政府的管理介入尤其是制度投入将其快速改造成制度化空间。异地共建园区的日常管理由所在园区的管理委员会（简称“管委会”）负责，管委会的人员组成、组织架构、经济职能、行政级别、事权构成等框架性结构是合作各方动态均衡博弈的结果，园区之间差异较大。为了理顺异地共建园区的权力关系和建立规范化运行机制，园区制度建设一直是政府间合作的核心问题。此外，与异地共建园区密切相关的区域性合作协调组织纷纷建立起来，为各园区提供招商引资、推广宣传、人才培训、企业用工、信息咨询、交流合作等方面的服务，比如长三角园区共建联盟和广东省工业园区协会等。

（二）国家空间政策中的异地共建园区

地方制度试验中的异地共建园区多集中于区域内部，而在国家尺度，除培育区域竞争力外，协调区域发展差距同样是重要关注点，因此中央政府更强调异地共建园区与各类对口支援和帮扶等政策的衔接，以缩小中西部地区与东部地区间的发展差距。尽管在地方制度试验中，异地共建园区早在 2003 年就已产生，但在 2008 年汶川地震的灾后重建规划中才受到国务院关注。此后，除针对重庆、内蒙古、江西等省区的专项文件外，异地共建园区也被更直接地同西部大开发、中部崛起等区域发展政策相结合，如 2010 年的《国务院关于中西部地区承接产业转移的指导意见》即强调园区共建在带动中西部发展中的作用。与此同时，区域内的异地共建园区亦受到国家关注，并同长江经济带发展、泛珠三角区域合作等战略相结合，以推进区域一体化、提高区域竞争力。在此基础上，异地共建园区进一步被纳入全国性的空间政策，并同国土开发、生态补偿、农民工返乡创业等一系列空间或非空间政策相衔接。如2017年被正式纳入全国国土规划纲要，标志着异地共建园区由自下而上的制度试验正式转变为国家尺度的空间发展战略。在国家发展改革委员会等部门联合发布的《关于支持“飞地经济”发展的指导意见》中，亦肯定了异地共建园区在区域化中的作用，并进一步将其与三大国家战略相联系。在这些政策的指导下，全国尤其是中西部地区的异地共建园区依托对口援建或帮扶等项目发展起来，如喀什深圳产业园、凯里·杭州经济开发区协作园等。

（三）典型的异地共建园区的类型比较

从尺度化空间生产的层级关系出发，典型的异地共建园区有江苏省江阴—靖江工业园区、广东省深汕特别合作区和京冀曹妃甸协同发展示范区等。1. 江苏省江阴—靖江工业园区。江阴是隶属于无锡市的县级市，靖江是隶属于泰州市的县级市，两地以长江为界相邻，并于2003年共同签署《关于建立江阴经济开发区靖江园区的协议》，正式确定了工业园区的制度架构和运作模式。2. 广东省深汕特别合作区。深圳和汕尾两市并不邻接，深汕特别合作区的前身是汕尾市海丰县下属的四个乡镇，深汕特别合作区管委会是广东省委、省政府的派出机构，享有地级市一级经济管理权限，其领导成员分别由深圳和汕尾两市抽调而来。3. 京冀曹妃甸协同发展示范区。北京市和河北省于2014年7月正式签署了《共同打造曹妃甸协同发展示范区框架协议》，并据此设立了京冀曹妃甸协同发展示范区，其管理机构是唐山市委、市政府的派出机构。京冀曹妃甸协同发展示范区是京津冀协同发展国家战略的重要组成部分。

上述三个案例尽管都同时涉及省级、地级、县区级等不同尺度，但其侧重点存在明显差异（表8–1）。其中，江苏省江阴—靖江工业园区主要涉及县级市之间的合作，园区管委会主要由江阴市（县级）领导；广东省深汕特别合作区主要涉及深圳、汕尾两个地级（及以上）政府间的合作，广东省政府在其中发挥着关键作用；京冀曹妃甸协同发展示范区则是一个跨省区的政府间合作项目，北京市和河北省两个省级政府之间的横向互动至关重要。因此，这三个案例分别侧重于县级市政府之间的合作、地级市政府之间的合作和省（市）级政府之间的合作，由于不同的行政尺度所对应的行政权力、地域范围等存在明显差异，这三种以不同尺度为侧重点的政府间合作形式塑造了差异化的异地共建园区空间生产机制与治理模式。

表 8–1　三种典型的异地共建园区案例

比较项目	江苏省江阴—靖江工业园区	广东省深汕特别合作区	京冀曹妃甸协同发展示范区
是否邻接	是	否	否
民间基础	有长期合作历史	外部推动为主	外部推动为主
合作发起方式	两市自发合作	省战略下两市发起	国家战略下的两省发起
两市相对经济发展水平	发达＋欠发达	发达＋欠发达	发达＋欠发达
直接目标	拓展发展空间；吸引投资；沿江开发的示范	拓展发展空间；吸引投资；区域平衡的制度探索	疏解城市功能，推动产业升级改造
合作地域的位置	欠发达城市内	欠发达城市内	欠发达城市内
两市职权划分	经济事务—社会事务的分工	经济事务—社会事务的分工	经济事务—社会事务的分工
城市行政尺度	县级—县级	副省级—地级	省级—地级
是否省内	省内	省内	跨省
涉及的主要尺度	县级、地级、省级	地级、省级	地级、省级、国家
横向合作所在的尺度	多尺度嵌套合作（地、县）	多尺度嵌套合作（省、地）	多尺度嵌套合作（国家、省、地）
基本尺度政治过程	民间发起→两市合作→省政府支持	在省战略下发起→省政府支持	国家发起→省级政府合作→地方相应
所依托的战略	省级战略（沿江开发）	省级战略（双转移/振兴粤东西北）	国家战略（京津冀协同发展）
与战略的结合方式	在建设初期结合	在战略引导下发起	作为战略的起步和组成部分

二、异地共建园区跨界空间治理机制

当前时期，全球和地方资本驱动下的去地域化与再地域化进程不断加快，异地共建园区的角色和职能逐渐从单一的跨区域经济发展载体① 过渡到跨区域合作与治理平台②，成为既有助于培育区域竞争力又有助于协调区域关系的跨界治理手段与空间策略选择。在地理空间格局重塑和区域治理体系重构的过程中，异地共建园区（包括飞地及飞地园区）成为集资源配置、产业转移、利益共享、复合行政以及地方治理的综合载体，受到了国内外学者的广泛关注。伴随着飞地城市主义、新区域主义的兴起和推进国家治理体系、治理能力现代化的需求，跨界空间治理成为我国统筹区域协调战略背景下的重要手段。

（一）异地共建园区跨界空间治理理论与实践基础

异地共建园区跨界空间治理伴随着国家—地方尺度重组与地域重构，表现为跨地理、跨行政与跨治理边界的跨空间融合治理，尺度重组、制度嵌入和制度化集体行动为异地共建园区的发展供给治理导向，奠定了异地共建园区跨界空间治理理论与实践基础。③

1. 尺度重组：异地共建园区跨界空间治理的策略性

"尺度"是表述空间规模、层次与相互关系的量度④，随着资本地域化与尺度实践的发展，在经济地理学、人文地理学和城市地理学等领域进一步延伸出尺度重组概念，涉及地理层面的地域重构、社会层面的社会建构以及

---

① 李宁、梁群、张毅：《破解土地瓶颈、提速南宁工业——浅谈在南宁市发展中"飞地经济"》，《经济研究参考》2012 年第 47 期。

② 连莲、叶旭廷：《京津冀协同发展中的"飞地"经济研究》，《经济问题探索》2016 年第 5 期。

③ 张钊、马学广、王新仪：《尺度重组与制度嵌入："飞地经济"的跨界空间治理实践》，《贵州省党校学报》2021 年第 6 期。

④ R. Howitt，"Scale and the Other：Levinas and Geography"，*Geoforum*，Vol.33（2002），pp.299-313.

政治层面的空间权力与治理结构优化① 三大维度，并与各种社会—权力关系相交织，同领域、网络和地方发展了“交互空间”，表现为具有区域空间权力的尺度迁移与经济网络化特征。作为空间重构的一个维度，尺度重组涉及广泛的社会空间过程②，在其实践过程和广泛的社会化治理中，引发了对地理空间作为重要的空间生产实践的思考，尤其是以地域重构而促进的跨区域空间发展，进一步形成了国家对区域层面相关发展策略的引导与重视，为国家与区域、区域与区域的空间治理和权力管制互动提供了新的方法和主题。

在国家—区域空间生产实践中，地域重构与资本迁移促进了“流动空间”的发展，表现为具有跨政区异地镶嵌形式的“飞地经济”的实践，在这一过程中，尺度重组为异地共建园区提供了跨界空间生产的可能性。一方面，地域重构为异地共建园区跨界生产提供了区域空间选择性。空间生产的不均衡化重构了在全球尺度、国家尺度乃至城市尺度的权力迁移与治理融合，并伴随着行政区划的调整奠定了异地共建园区尺度上移与尺度下移的空间选择。另一方面，资本地域化与再地域化推动飞地“流动空间”的形成与发展。资本逻辑作为追求时空价值和利益最大化的重要策略，以及资本空间转向开辟的新域地理空间由“静态空间”向“流动空间”转变，推动了资本（再）地域化与异地共建园区的空间交互。以地域重构与资本（再）地域化为主要实践的尺度重组过程，从理论与实践层面建构了异地共建园区在不同尺度的空间选择，厘清了异地共建园区跨界空间生产的可能性，并奠定了跨界空间治理的策略性。

2. 制度嵌入：异地共建园区跨界空间治理的结构性

匈牙利哲学家卡尔·波兰尼（Polanyi K.）提出“嵌入性”（Embedment）概念，指社会关系建构经济行为的过程，即进行的经济行为受到所处社会环

---

① 温丽、魏立华、丛艳国：《尺度重组视角下地域空间演变及管治机制述评》，《南方建筑》2020 年第 4 期。

② 马学广、李鲁奇：《全球重构中尺度重组及其地域性管制实践研究》，《地域研究与开发》2017 年第 2 期。

境制约，后由经济领域延伸至其他领域。[①] 在新制度主义领域，地理空间的正常运转须嵌入到经济、文化、社会乃至空间结构之中，其发展也相应地受到刚性制度的策略安排[②]，制度嵌入为地理空间研究带来了新的视角。制度框架为跨区域合作与治理的稳定性提供了支持与保障，尤其是在跨政区、跨层级与跨部门的政府间、政企间的合作中，刚性制度铆定了地理空间的建构，涉及横向领域关系与纵向尺度关系。交互式与嵌套式形成的多中心跨区域空间结构提供了制度嵌入环境，而在此背景下形成的复合行政、契约化协同治理等为跨区域的空间互动奠定了治理理论基础。

制度嵌入不仅涉及资本的（再）地域化，也建构了权力与制度的（再）领域化[③]，为异地共建园区跨界空间治理实践提供互动基础。异地共建园区主要形成了以飞出地管理、飞入地管理与飞地双方共管的三种管理模式，其制度约束也嵌入到各尺度政府、各领域企业以及嵌套式的社会文化与地理空间结构中。首先，尺度要素的制度嵌入。异地共建园区跨区域治理范式有赖于区域内部合作，即纵向层级内部间建立了稳固的制度化合作方式，形成了以中央政府主导的宏观跨界“飞地园区”（白俄罗斯巨石工业园）、以省市级政府主导的中观跨界“飞地园区”（苏南苏北产业园区，浙江省内山海合作）和以企业主导的微观跨界“飞地园区”（埃塞俄比亚东方工业园）制度体系和合作方式（表 8–2）。其次，边界要素的制度嵌入。在以“国内大循环为主体、国内国际双循环相互促进的新发展格局”下，统筹城乡发展、统筹东中西部均衡发展以及统筹国内外协调发展为“飞地经济”提供了跨边界要素制度安排，表现为跨政区边界、跨地理边界以及跨治理边界。最后，治理要素的制度嵌入。形成的异地共建园区组织管理模式与体制机制是实现治理的

---

① ［匈］卡尔·波兰尼：《大转型：我们时代政治与经济的起源》，冯钢、刘阳译，浙江人民出版社 2007 年版，第 20 页。

② 周建国、曹新富：《基于治理整合和制度嵌入的河长制研究》，《江苏行政学院学报》2020 年第 3 期。

③ 马学广、李鲁奇：《全球重构中尺度重组及其地域性管制实践研究》，《地域研究与开发》2017 年第 2 期。

核心，包含治理主体要素，即各尺度政府及其园区管理委员会，治理客体要素，以及治理环境要素，形成了异地共建园区共建共治共享的治理互动。

表 8–2 异地共建园区多尺度治理结构简表

治理尺度	治理主体	治理框架	治理手段与内容	治理特征	治理实例
国家尺度	国家发展改革委员会等部委机构	国家力量介入“飞地经济”的跨界发展与顶层治理	通过顶层规划与行动计划，推动考核机制、激励机制与保障机制不断完善与落实，实现对“飞地经济”的经济发展与跨界空间治理	管理主体明确、管理幅度大，统筹能力强	2017 年《关于支持“飞地经济”发展的指导意见》
区域尺度	区域组织、联席机构等	相关区域政府机构组成联席会议或领导小组开展多层级网络化协作		协调主体明确、合作高效、区域统筹、协作能力强	2015 年《京津冀协同发展规划纲要》
省市县尺度	省、市、县政府及开发区等相关部门	各省、市、县对“飞地经济”的顶层规划落实到基层治理		治理主体明确、府际关系明显、行政区体制优势显著	2019 年辽宁省《关于支持“飞地经济”发展的实施意见》 2020 年《沂南县“飞地经济”政策实施意见》
园区尺度	园区管委会、股份公司、投资企业等	园区管委会等负责飞地具体的投资、建设、开发与治理		治理主体明确且多元，机构设置灵活、统筹与协调能力较弱	2020 年《金东区产业创新飞地园区管理办法（修订稿）》

资料来源：张钊、马学广、王新仪：《尺度重组与制度嵌入：“飞地经济”的跨界空间治理实践》，《贵州省党校学报》2021 年第 6 期。

3. *制度化集体行动：异地共建园区跨界空间治理的互动性*

制度性集体行动（Institutionalized Collective Action，简称 ICA）理论主要是通过勾勒出合作中的一些重要影响因素，来揭示合作行为如何在动态的过程中得以产生和演化。其中，地方政府（及其部门）之间的合作可以被视为政府间的制度性集体行动，也是 ICA 理论最主要的研究对象和内容。为了解决权力和责任的碎片化造成的规模不经济、外部性及共同资源的使用问题等集体行动的困境，需要采取相应的区域协作治理机制，这种治理机制本质上就是相应的制度安排。Feiock 从权力的强制性程度和问题的复杂程度两维度对 12 种治理集体行动困境的协作机制进行了划分。其中，前者按照强制性从低到高分为嵌入（Embeddedness）、合同（Contracts）、授权（Delegated Authority）、强制性权力（Imposed Authority）四个类型，后者从参与者人数以及相关政策所涉及的领域数两方面来解释复杂性，随着复杂性的增加，参与协作治理的主体数量以及政策领域也逐渐增加。我国异地共建园区制度化集体行动的典型合作形式包括：签署政府间协议、建立组织管理架构、建立并运行联席会议、修建跨界基础设施、举办政府间合作行动等（表 8–3）。

表 8–3 异地共建园区制度化集体行动的典型合作形式

合作类型	江苏苏州宿迁工业园区	江苏江阴—靖江工业园区	沪苏大丰产业联动集聚区	广东深汕特别合作区
签署政府间协议	签订关于共建园区开发的协议(2006)；2015 年两市协商后将商务总协议及其补充协议顺延至 2022 年	签署《关于建立江阴经济开发区靖江园区的协议》(2003)	出台《关于共同发展沪苏大丰产业联动集聚区的意见》(2014)	《深汕特别合作区发展总体规划(2015—2030)》
建立组织管理架构	双边建立联合协调理事会、双边工作委员会、党工委和管委会三个层级管理机构联合主席两市市委书记共担，联合常务副主席由两市市长共担，双边委员会由苏宿两市副市长担责	江阴市政府在园区设立管委会，下设党政办公室、经济发展局、财政审计局、国土规划建设局、招商局；靖江除设立办事处外，还有国土、规划、建设、财政审计、公安、消防、港口管理等分支机构派驻	开发建设推进协调领导小组由沪苏双方政府分管领导牵头，领导小组办公室分别设在上海市经信委和江苏省发改委，同时组建沪苏大丰产业联动集聚区党工委和管委会	深汕特别合作区党工委、管委会为深圳市委、市政府派出机构；成立深汕特别区纪工委，为深圳市纪委派出机构；成立深汕特别区监察专员办公室，与纪工委合署办公

续表

合作类型	江苏苏州宿迁工业园区	江苏江阴—靖江工业园区	沪苏大丰产业联动集聚区	广东深汕特别合作区
建立并运行联席会议	每年召开一次两市协调理事会议，半年召开一次两市双边工作委员会会议	2001年江阴靖江两市在靖江召开协调会议，成立开发促进会，为常设会议，每年两次，地点轮流	定期召开推进协调领导小组联席会议以及协调领导小组办公室专题会议	深汕特别合作区召开经济责任审计工作联席会议，一年两次
修建跨界基础设施	在园区内的苏州街不在苏州胜似苏州，在宿迁大地上“种植”纯正的苏州元素	2003年举行两地公交车开通仪式属全国第一条城际公交线路；2004年江阴至靖江跨江公交2号线成立	高铁：沪通—盐通高铁，80分钟达到上海，距离集聚区20公里；G15高速直达园区，至上海2.5小时	2018年深圳与合作区间的城际大巴开始运行，实现公路直达。高速公路方面，现阶段合作区外联有两条路线可用，实现货物同城化。
举办政府间合作活动	苏州、宿迁两市召开工作情况交流会，举办苏宿工业园区（苏州）投资环境说明会，园区建设15周年主题展开幕仪式（2021年）	2019年举办江苏江阴—靖江工业园区党委工作动员会议	2019举办2019北上海·大丰新兴产业投资环境推介会、长三角一体化发展对接交流会（大丰专场）	2018年12月，深圳市深汕特别合作区正式揭牌，开启了深汕特别合作区深圳化履职建设元年，成为深圳第“10+1”区

（二）异地共建园区跨界空间治理实践成效

异地共建园区弥合了地理空间分离与环境分异的劣势，其跨界治理实践在地域空间的各个维度取得了成效，表现为经济上的互利共赢，社会上的互动共治，文化上的互鉴共融，生态上的互助共识和资源上的互换共享。①

1. 经济共荣，推动经济高质量发展

异地共建园区的本质是资本的逐利，即以投资等为主要手段，跨越行

---

① 张钊、马学广、王新仪：《尺度重组与制度嵌入：“飞地经济”的跨界空间治理实践》，《贵州省党校学报》2021年第6期。

政区划界限开辟新的经济地域空间，实现跨区域生产要素效益最大化的经济行为。随着我国经济进入新常态，异地共建园区也逐渐成为突破经济发展瓶颈、实现跨越式发展的重要手段与策略，在跨区域的产业融合、产城融合等方面为区域经济发展注入新的活力。其经济治理成效主要表现为：第一，经济发展范式的转变。“飞地经济”改变了以往粗放式、赶超型、封闭式的传统经济发展模式，飞入地通过引智、引资、引技与飞出地合作共建飞地园区，通过健全激励机制、利益保障机制和完善顶层设计机制等构建飞地经济发展平台，形成了通过优化营商环境聚合不同行业和企业实施精细化、开放式的经济发展新范式。第二，区域经济融通能力的提高。飞地承载的生产要素最大限度突破行政区划和属地管理的双重束缚在区域间自由流动，并以飞地园区为载体形成规模经济。通过双向飞地的连锁效应优化生产要素空间配置，实现区域的互联互通，进而推动区域经济融通发展，如长三角地区的三省一市通过共建飞地园区极大促进了省市间的经济融合。第三，经济产业结构的不断调整。产业是经济发展的引擎，“飞地经济”推动飞入地产业承接，促进了产业梯度转移，优化了双向飞地的产业结构。尤其以创新驱动为引导的高新技术产业、智能加工业正逐渐成为产业转移的主要内容，从而实现区域产业合理化与高度化统一，构建区域协调的现代产业体系。

2. 社会共治，实现区域跨越新合作

推动跨界空间治理形式创新是完善我国区域治理体系和治理能力现代化的重要内容，“飞地经济”发展模式为跨界空间供给了治理与协同互动，在跨界空间范畴内构建了行动者联动网络、加强了宽领域合作力度和提高了多尺度治理能力。跨界空间合作共治问题复杂且治理范围涵盖面广，经济利益导向、公共问题导向、组织管理导向等促使飞地相关主体建立行动者网络体系。在“飞地经济”的发展实践中，飞地建设者、飞地组织管理者、飞地监督者以及飞地顶层规划设计者等行为主体通过沟通协调、事权分担，构建了政府间、政企间、企业间等跨区域的联动协同行动者网络，在利益分配、解决公共问题和组织协调管理等方面实现了互动共治。“飞地经济”的跨界空间合作涉及社会的多领域，从微观要素视角来看，资本要素、信息要素、人才要素、市场要素、技术要素等在区域内实现自由流动与集聚；从中观园区视角来看，飞地类型多样，在绿色农业、工业制造、高新技术、商贸服务等领域实现飞地园区自领域化合作；从宏观跨域视角来看，经济融通、社会善治、文化交流、生态建设以及资源互换等优化了区域领域合作格局。"飞地经济"的社会共治还体现在府际合作与治理[①]维度，即提高多尺度治理能力，在区域间构建纵向尺度的政府功能分层治理合作网络和横向尺度的政府权力让渡治理合作网络，同时注重多元主体的弹性协调合作，例如深汕特别合作区在多尺度政府间实现了跨界空间合作与治理统筹。

3. 文化共生，引导价值与制度建构

价值理念和制度建构是文化用以表征空间的重要内容，在这个维度上，附带文化功能的"飞地经济"成为动态建构和生产新的社会关系的场所，并赋予其再域化功能。[②]利益与正义冲突实则是文化根植性与外来性两种价值的对立，而"飞地经济"蕴含的包容与认同理念则促进了文化的地域化与再域化。地域辽远、文化迥异的飞地园区渐趋实现了文化与价值理念认同，如对口支援型飞地园区大多由东部省份对中西部民族地区帮扶建设而来，在飞地跨界空间的规划、运行与管理过程中，推动了飞出地先进的管理理念、技术理念与飞入地的民族文化、乡土风情、社会习俗等文化元素的融合与价值认同。文化共生的另一重要表现是社会制度的建构，即以政策为手段实现飞地双方的权力平等与正义供给。从政策的尺度来看，国家层级的如《关于支持"飞地经济"发展的指导意见》、区域层级的如《京津冀协同发展规划纲要》、省级层级的如《关于加快南北产业转移意见的通知》等多尺度的政策规划促进了飞地跨区域刚性制度的形成。此外，随着"飞地经济"建设中历史文化与现实发展相交织碰撞而逐渐演化的社会变迁，成为飞地文化融合中的柔性约束。因此，"飞地经济"文化的空间表征是价值理念与制度建构的统一，是文化跨界空间治理实践的具体化。

---

① 华子岩：《飞地府际合作治理模式的确立与逻辑展开》，《中国土地科学》2020 年第 12 期。

② 张德明：《文化飞地的空间表征》，《杭州师范大学学报》（社会科学版）2012 年第 6 期。

4. 生态共保，探索生态保护新模式

党的十八大以来，生态文明建设成为“五位一体”总体布局的关键环节，也是统筹我国经济社会长远发展的重要内容，因此，如何处理好生态保护在跨界空间治理中与经济、文化和社会的关系是可持续发展面临的核心问题。“飞地经济”是落实生态文明建设理念、推进循环发展的具体实践，也是以创新思维突破地域空间发展限制，实施“点”上开发，“面”上保护的新模式。近年来，“飞地经济”的横向跨区域生态补偿机制构建①成为探索飞地生态保护的新兴方式，如成都与甘孜共建的成甘工业园区作为“飞地经济”践行生态保护的有益尝试，通过制定资源开发修复产业化制度、协调产业集群与生态受益区的关系以及建立异地生态保护示范区等具体举措来实现经济与生态的良性循环。另一方面，将生态文明理念融入“飞地经济”建设的顶层设计，推动了生态与经济、文化、产业、城镇的有机融合，如浙江省先行先试的山海协作生态旅游文化产业园，大多为“一园多点”或“一园两翼”协同带动的点—面空间格局，开发为集生态保护、产业集聚、文创旅游、资源整合等于一体的产城融合新典范。最后，提升“飞地经济”在跨界空间中生态文明建设的治理效能，增强飞地双方在“绿色产业”的协作带动能力，还体现在生态刚性政策的约束与绿色循环发展理念的规范中。

5. 资源共享，整合区域发展新要素

要素自由有序流动，资源自由合理配置是区域经济协同发展的基础，因此，充分发挥不同地区资源比较优势，强化资源集约利用，是“飞地经济”推动跨区域资源整合和产业革新的必然要求。飞地双方资源禀赋优势为产业空间布局效应提供了能动基础，表现为区域协同增长效应、区域产业结构成长效应和区域技术、就业与价格传导效应②，既推动了资源由单空间生产到跨界空间生产的社会化过程，也推动了地区发展模式与合作关系的转变。发挥市场在资源配置中的决定性作用，使生产要素在双向多元的飞地发

① 于代松、刘俊、赵佳伟等：《飞地经济与横向生态补偿机制构建探索——以成都、甘孜共建成甘工业园区为例》，《西南金融》2020 年第 1 期。

② 冯云廷：《飞地经济模式及其互利共赢机制研究》，《财经问题研究》2013 年第 7 期。

展格局中呈现叠加优势，第一，要素竞争的合理化。逆向招商引资是地方政府为应对产业转型升级压力、解决市场资源在跨区域配置中堵点的新举措，例如近年来的“人才飞地”“智创飞地”等逆向型飞地在发达地区实现“就地孵化”，在欠发达地区实现“异地传导”，推动生产要素由极化竞争到合理配置。第二，要素流通的顺畅化。推动飞地双方优化营商环境，实施生产要素跨区域的流动创新工程，打破要素流动壁垒，构建飞地双向流通渠道，实现了要素自由流动与区域资源特点、区域分工定位相匹配。第三，要素配置的有效化。推动基础资源、优势资源在飞地双方实现差别化供给，把握要素在不同时空配置的控制与决策，以飞地为载体，促进区域间资源要素的互换共享。

（三）异地共建园区跨界空间治理实现条件

异地共建园区作为区域经济开发和区域协作载体推动实施以来，在宽领域、跨空间取得了成果显著的治理互动，但在横向区域的融合治理与纵向政府的层级治理中仍面临着复杂化、长期性的治理难题，因此，异地共建园区跨界空间治理需要多方齐抓共建，提升其跨界空间的协同治理效能。

1. 定位异地共建园区建设的空间选择

异地共建园区建设的空间选择伴随着国家—地方尺度重组，定位尺度上移的区域—国家空间与尺度下移的城市—飞地园区空间两种不同尺度的“极化”空间，是其开展跨界空间治理与实现高质量发展的前提。从区域—国家尺度来看，推广地方制度试验与协调国家空间政策①是优化异地共建园区空间格局的重要策略。推动区域内部空间生产合作与地方制度试验推广相结合，即实现优势区域空间扩散，如苏南苏北产业转移、浙江山海协作工程等制度试验加快了区域内部空间的互联互动；同时，随着国家空间政策的倾斜，如“十四五规划”强调深入实施的区域协调发展战略，使飞地空间选择在发展中促进了空间格局的相对平衡。从城市—飞地园区尺度来看，加快空

① 李鲁奇、马学广、鹿宇：《飞地经济的空间生产与治理结构——基于国家空间重构视角》，《地理科学进展》2019 年第 3 期。

间优势动能与“飞地经济”建设相匹配，能有效厘定飞地角色定位，即以实现飞地生产与治理要素的差别化供给，如产城融合，表现为城市区位与基础资源为“飞地经济”供给了空间选择。

2. 优化异地共建园区运行的“软硬环境”

加快市场经济与政府统筹治理建设为异地共建园区的运行与管理供给“软硬环境”。第一，优化以市场经济为主导的飞地“软环境”。聚焦营商环境再优化，优先构建服务于“飞地经济”核心产业的集服务化、市场化、法制化与国际化等为一体的营商环境；实现资源要素再集聚，加快宽领域的市场环境建设，推动资本、信息、技术等要素的跨空间生产；立足产业网络再构建，完善“飞地经济”跨企业边界形成的互信、互利与互补关系，形成协调互动的市场经济网络。第二，统筹建设以政府治理为导向的飞地“硬环境”。提高纵向尺度的政府层级治理建设能力，建立由中央政府到地方政府再到飞地园区自上而下的内嵌式权力结构与运行机制，实现“飞地经济”的集权与分权统一化治理；加强横向尺度的政府联动治理建设能力，“飞地经济”的跨界空间生产要求政府创新治理形式，即建立纵横交叉、协调互动与内外联结的横向政府跨界协同治理新范式。

3. 完善异地共建园区跨界治理的制度建设

推动制度建设是异地共建园区实现跨界治理的根本举措。首先，立足异地共建园区跨界空间治理的顶层设计。从国家尺度建立高层次的科学规范决策和推进制度，将异地共建园区有效的地方制度试验上升为国家空间政策，实现其跨界空间治理的顶层推动。其次，开展异地共建园区跨界空间治理的立法探索。制度建设，立法先行，异地共建园区作为跨界空间治理的新兴形式，通过进一步释放地方立法权①为其打造跨界治理的法理样板，推进飞地空间法制化建设。再次，促进异地共建园区跨界空间治理的理念融合。树立异地共建园区跨界治理理念新思维，通过持续互动，强化飞地双方及相

① 高轩、张洪荣：《区域协作背景下飞地治理立法研究——以深汕特别合作区为例》，《江汉论坛》2020年第3期。

关利益主体对跨界治理理念与制度认同。最后，加强异地共建园区跨界空间治理的组织协调。从跨界空间治理的视角出发，构建多元化、深层次的跨界协调联动机制，建立组织协调沟通制度，解决异地共建园区在跨区域、跨层级与跨部门中的治理难题。

4. 健全异地共建园区发展的保障机制

建立健全异地共建园区发展的保障机制，是推动其跨界空间治理与高质量发展常态化的关键。第一，加快异地共建园区的基础设施建设。安排“水、电、路、讯”等基础设施投资建设专项资金，完善基础配套设施供给，推动“筑巢引凤”工程建设，提高飞地园区项目承载能力。第二，加大异地共建园区的财政支持力度。畅通飞地双向政府财政沟通协调渠道，建立财政激励制度、财政收支监督制度、财政补偿制度、财政转移支付制度等具体支持措施。第三，建立异地共建园区的利益分享机制。建立合理的利益分享机制是飞地相关主体核心利益的根本保障，如河南省《关于完善“飞地经济”利益分享机制促进开发区改革创新发展的通知》、山东省《山东省人民政府办公厅关于建立“飞地”项目主体税收分享制度的通知》等建立具体刚性政策与制度。第四，完善异地共建园区的监督管理体制。防止飞地发展过程中出现监督盲区与治理真空，因此将监督管理融入飞地发展的每一方面，如推动飞地双方实现管辖权与事权的统一、压实管理主体职责统一、量化飞地管理绩效等，形成监督管理的倒逼自查制度，建设好飞地发展的最后一道防线。

三、异地共建园区跨界空间治理案例

随着我国地理空间、社会空间与权力空间重构进程的加快，对跨界空间治理实践提出了更高要求，异地共建园区以其空间嵌入性与制度套叠性等特征，推动了跨界空间的经济合作与治理统筹，成为重要的跨界空间生产方式与治理手段，并取得重要治理实践成效。

（一）异地共建园区跨界空间治理分析架构

异地共建园区的跨界空间治理伴随着国家—地方尺度重组与地域重构，表现为跨地理、跨行政与跨治理边界的跨空间融合治理，尺度重组与制度嵌入为异地共建园区供给治理导向，奠定了异地共建园区跨界空间治理理论与实践基础。为建立异地共建园区跨界空间治理的分析框架，该部分将首先对异地共建园区跨界合作所涉及的基本要素进行总结并在其中加入尺度思维。

1. 异地共建园区跨界合作的基本要素

（1）异地共建园区跨界合作的实体要素

第一，土地资源。土地资源是异地共建园区跨界合作的直接原因和空间载体。一方面，异地共建园区跨界合作作为城市合作的一种特殊形式，通常被更多样的、深层次的原因所驱动，如城市发展所面临的产业转型困境、地方官员的个人动机等，但其直接原因在很多情况下仍是城市土地资源供给与需求之间的矛盾，即一方对土地资源有强烈的需求但自身缺乏足够土地用于发展，另一方则有充足的土地资源但对土地进一步开发的需求较弱（或缺乏资金等条件）。因此，土地资源直接推动了异地共建园区跨界合作的进行。另一方面，如前文所述，异地共建园区跨界合作同其它城市合作形式相比，一个典型特征在于它基于特定的地域而发生，其结果常常是在城市原有地域范围内塑造出一个相对独立的、享受特定政策的地域，而这一地域的塑造正是异地共建园区跨界合作过程所指向的直接目标。

第二，合作主体。包括城市政府、其它尺度（尤其是省级尺度和国家尺度）的政府部门、城市合作地域的管理机构、企业以及关键的个人等。①城市政府是异地共建园区跨界合作最基本的主体，它们在政府间合作的发起、城市合作地域的建设等方面常常发挥基础性作用，不同城市政府之间的关系也直接决定了异地共建园区跨界合作的成败。②其它尺度的政府部门主要分为两类，一类是低尺度的政府部门，如深汕特别合作区建设中的海丰县政府；另一类是高尺度的政府部门，如江阴—靖江工业园区建设中的无锡、常州两地级市政府和江苏省政府。其中，高尺度的政府部门在异地共建园区跨界合作中发挥十分关键的协调作用，也常常直接对异地共建园区跨界合作的成败产生影响，如在“坪新清”深莞惠合作区的建设由于缺乏省政府的有效统筹[①]最终被搁置。③城市合作地域的管理机构通常指各类“管理委员会”，它们通常在异地共建园区跨界合作中作为尺度政治过程和制度建设的结果，如作为行政权限下放的对象、在合作地域的日常运作中作为上级决策的执行机构等，而较少作为独立的行动者直接参与到尺度政治过程中。④异地共建园区跨界合作中的企业大致分为两类，一类是为合作地域的建设或日常运行服务的企业（如开发建设公司），另一类是在合作地域内投资、落户的企业。企业在异地共建园区跨界合作的初期阶段可能发挥关键作用，如企业对较低土地利用成本的诉求促使城市政府寻求土地合作；同时在合作地域的开发建设和运行阶段，企业也常常发挥主体作用。不过，由于异地共建园区跨界合作在很大程度上由政府所主导，因此在异地共建园区跨界合作的政治动员、制度建设等过程中，企业所发挥的作用是较为有限的。⑤在异地共建园区跨界合作中，也可能存在对合作过程产生重要推动作用的个人，如不同尺度间的联络者、重要的领导干部、专家学者等。

（2）异地共建园区跨界合作的非实体要素

第一，利益与利益关系。不同主体的利益诉求是异地共建园区跨界合作的根本原因，这种利益诉求不仅是多样的，同时也是动态的。此外，不同主体之间的利益诉求是相互纠缠的，它们既可能相互对立，如对合作地域运营收益的争夺，也可能存在一致的局面，如资源的互补，由此形成复杂的利益关系。而异地共建园区跨界合作中一系列尺度或尺度政治策略以及相应的制度建构归根结底正是为了协调不同主体间的利益关系。

第二，权力与权力关系。为满足自身的利益诉求，不同主体将运用自身所具有的权力，同其它主体的权力进行对抗、竞争或协调，由此也形成了复杂的权力关系。异地共建园区跨界合作中行动者的权力主要有两种来源：一种是主体本身所拥有的权力，如不同层级政府部门的行政权力；另一种是

---

① 《项目被“吊”在半空“坪新清”产业合作示范区之殇》［EB/OL］．［2016/11/16］，http：//myjjb.ycwb.com/2013-04/26/content_4430354.htm。

在政治实践中尤其是在尺度政治策略中获得的权力，如上级政府所赋予的行政权力等。

第三，政治策略。异地共建园区跨界合作中不同主体之间的利益关系和权力关系集中体现于各主体的政治策略中，尤其是跨尺度的政治策略中。而由于利益关系和权力关系的复杂性，以及外部情境因素的影响，不同行动者在不同阶段针对不同具体目标的政治策略也同样是极为多样的。就尺度间关系来看，最具代表性的政治策略是尺度跳跃，而为实现尺度跳跃，行动者则可能采取一系列多样的具体政治策略，如建立跨尺度的联系网络、运用话语对合作倡议进行塑造等。

第四，制度结构。制度作为客观结构要素，与不同行动者基于利益和权力而展开的政治策略之间是相互建构的关系。一方面，制度为政治策略提供了外部框架，限定了行动者对政治策略的运用，如在粤桂合作特别试验区的构建中，参与合作的两市分属于两个不同的省区而非由同一个省政府领导，因此两市在尺度跳跃中须分别动员两省区政府。另一方面，行动者的政治互动也反之重组了制度，由于行动者利益与权力关系的不同，在这一过程中所塑造的制度形态也各有特征。如深汕特别合作区作为广东省探索区域平衡发展的重要制度试验场，形成由广东省派出并赋予地级行政权限的制度安排，而粤桂合作特别试验区由于涉及更为复杂的利益和权力关系（尤其是跨省的关系），因此其管委会主要作为由两市管理，行政级别也仅仅是正处级。此外，制度也是处于动态演进中并具有强烈的路径依赖特征，其中原有的制度安排将对随后的制度演变产生影响。

2. *基本要素的尺度分化*

异地共建园区跨界合作的各个实体和非实体要素需要通过一定的方式组织起来，在本节中，将基于尺度理论，从尺度分化的视角对这些要素进行组织，以突破城市合作研究中对横向关系的过度强调，挖掘隐含在空间尺度中的社会关系。

尺度分化深刻影响了异地共建园区跨界合作中各主体的利益、权力、策略和外部的制度结构。首先，利益的尺度分化既存在于不同尺度的主体之间，又存在于同一主体的不同利益诉求之间。一方面，由于存在或活动的尺度不同，各主体的利益诉求也存在明显差异，如在广东省深汕特别合作区的建设中，汕尾市更关注本市的经济发展，而广东省政府则关注全省的区域平衡发展；另一方面，同一主体在不同尺度也可能拥有不同的利益，如广东省政府在深汕特别合作区这一尺度上同时还具有依照特定制度安排取得合作区收益的诉求。其次，权力尺度分化的典型表现是不同层级国家机构间在行政权力上的分化。在异地共建园区跨界合作中，这一分化形式直接影响了行动者的尺度政治策略，以调动更高尺度的行政权力，或将自身的行政权力下放到较低尺度的政府机构。再次，策略的尺度分化同样分别体现于不同尺度的行动者之间以及同一行动者的不同策略之间，后者的一个典型表现是同一行动者所运用的向上的尺度跳跃和向下的尺度跳跃之间的区分。第四，制度的尺度分化同“尺度结构”相联系，是尺度结构最典型的体现，如“中央—省—地—县—乡”的行政尺度结构本质上可以看作尺度分化的行政制度结构。在异地共建园区跨界合作中，尺度分化的制度结构既塑造了尺度分化的政治策略，同时也因尺度分化的政治策略而发生持续重组，如因行政权限下放而导致的不同尺度行政主体之间行政权限的制度调整。总之，异地共建园区跨界合作中的主体、主体间的利益和权力关系、在此基础上的政治策略以及由此而塑造的制度等都并非“扁平的”，而是存在明显的尺度分化，在这一背景下，各个尺度中的利益、权力、策略、制度等都相互影响并产生不同表现，而不同尺度之间的利益、权力、策略、制度等更容易发生复杂的跨尺度互动，由此产生更为多样的、错综复杂的尺度土地合作格局。

结合尺度研究中对“结构—行动者”的区分，下面将从尺度结构重组和行动者的尺度政治策略两方面对异地共建园区跨界合作中的尺度关系进行进一步探讨。

（1）异地共建园区跨界合作中的尺度结构重组

尽管异地共建园区跨界合作直接表现为两城市间横向的关系，但它也同时在特定的尺度结构推动原有尺度结构发生重组。从当前国内异地共建园区跨界合作的典型实践来看，异地共建园区跨界合作与尺度结构重组之间的关联性主要体现在以下几个方面。

首先，异地共建园区跨界合作作为区域化的典型表现，推动了国家的尺度重组。在空间重组研究中，“国家尺度重组”被视为尺度重组现象最为典型的表现，它指资本积累活动和管制权力由国家尺度向超国家尺度和次国家尺度的转移，具体表现如欧盟等国际组织的兴起、地方政府在发展中自主性的提高等。更具体来看，在我国的国家尺度重组中，同西欧类似，资本积累和管制活动的重心在改革开放以来发生了由国家尺度到城市尺度再到区域尺度的转移。其中，21 世纪以来我国兴起的区域化浪潮正是为了应对城市企业家主义所引发的一系列问题（尤其是在 1994 年分税制改革后），如行政区间的恶性竞争、地方间不平衡局面的加剧等。在这一背景下，城市合作逐渐发展起来，异地共建园区跨界合作也随之成为城市合作的一个重要形式。通过城市间土地资源的共享，资本循环得以在一定程度上突破城市“行政区经济”的束缚，而在更高的区域尺度上进行；管制活动也同时发生尺度上移，如为了协调城市合作地域的开发而建立的各类市长联席会议、协调委员会等。因此，从这个意义上看，异地共建园区跨界合作推动了国家空间的尺度重组进程的演进。

其次，异地共建园区跨界合作通常需建立一定的城市合作地域，并相应设立管理机构，这意味着对新的尺度的建构。尺度作为纵向的空间关系，可以看作不同等级地域（或“空间单元”）的纵向分化，因此，对新的城市合作地域的构建，也就意味着对新尺度的构建。这一点在行政尺度上表现更为明显，例如，与粤桂合作特别试验区相对应，成立了粤桂合作特别试验区管理委员会，为正处级机构，这一机构作为粤桂合作特别试验区的“地域权力中心”，对试验区享有相对独立的管理权。在这个过程中，伴随着这一相对独立的地域的建构，在原有的省级、地级等行政尺度之外，产生了新的行政尺度，尽管这一行政尺度仍是依附于城市尺度的而非完全独立、正式的。

再次，异地共建园区跨界合作重组了不同尺度行动者之间的权力关系，使各个尺度的相对关系发生持续变动，进而形成尺度结构的“马赛克”。一方面，异地共建园区跨界合作中尺度间权力关系的调整是多向的。在异地共建园区跨界合作中，为保证城市合作地域的顺利建设和运行，城市政府甚至省政府常常下放一系列行政权限，使这一新的尺度获得一定的管制权力，提高其招商引资的能力或制度探索的自主性；同时，省政府也可能通过削弱城市尺度的权力保证城市合作地域得以实现省政府本身的利益，如在深汕特别合作区建设中，省级部门将合作区作为自身的派出机构，以保证对这一“制度试验场”的控制。在这些情况下，权力既可能在尺度结构中上移，也可能发生下移。另一方面，异地共建园区跨界合作中尺度间权力关系的调整是持续的、动态的。在异地共建园区跨界合作的不同阶段，受各行动者行动目标和策略等因素的影响，尺度间关系调整的方向和方式也可能发生持续变动。总之，在异地共建园区跨界合作中，尺度间权力关系发生不确定的、动态的变动，并且每次变动都受原有尺度结构的影响，这使得尺度结构在这个过程中形成破碎的、马赛克的格局。

（2）异地共建园区跨界合作中的尺度政治策略

在异地共建园区跨界合作中，最典型的尺度政治策略是尺度跳跃，它通常指将异地共建园区跨界合作倡议“转移到”或“塑造为”其它尺度（通常是国家尺度、省级尺度等更高尺度）的问题，进而获得更多的支持。尺度跳跃的方式是极为多样的，如直接向上级政府汇报和请求、借助连接不同尺度的关键行动者、高尺度行动者的主动支持等；其结果也是多样的，如被赋予特定行政权限、被纳入高尺度发展战略等。具体来看，在异地共建园区跨界合作中，应注意区分以下几对尺度跳跃类型。

首先，朝向更高尺度的与朝向更低尺度的尺度跳跃。由于国家权力通常是纵向分化的，因此高尺度通常因更接近国家权力中心而具有更大的权力，如省政府与地级市政府之间的权力相对关系。在这种情况下，尺度跳跃也通常是向上进行的，如在异地共建园区跨界合作中通过动员省政府的支持获得一系列由省政府主导的优惠政策。不过，为实现高尺度的特定利益，高尺度行动者也可能进行向下的尺度跳跃，如广东省政府为保证深汕特别合作区的顺利建设以满足探索区域平衡发展路径的需要，主要领导干部多次到汕尾市尤其是合作区内进行视察、指导，以试图通过较低尺度上的策略满足较高尺度的利益诉求。

其次，国家机构内部的尺度跳跃与国家机构外部的尺度跳跃。在通常情况下，异地共建园区跨界合作中的尺度跳跃主要在国家机构内部进行，如将异地共建园区跨界合作倡议同省级战略或国家战略相结合、通过行政权限的下放赋予合作地域更高的管制权力等。这时因为城市政府在城市土地资源的管理中扮演核心角色，因此异地共建园区跨界合作也主要是在政府内部进行，企业等主体更多地在城市合作地域的开发建设过程中发挥作用，在这种情况下，异地共建园区跨界合作中的尺度跳跃策略也主要体现在各级政府之间的互动中。不过，与此相对，在异地共建园区跨界合作中也可能出现超越国家机构内部的尺度跳跃，一个典型的表现是为地方政府为吸引资本而运用尺度对合作地域进行的“地方营销”。在这种营销中，城市政府通常通过联系大事件、联系国家或省级战略、强调合作地域对于整个区域发展的意义等方式进行对外宣传，从而将合作地域的建设“塑造为”高尺度的问题，以在更高尺度、更大地域范围内吸引投资。

（二）案例选择标准及主要案例

基于以上对国内异地共建园区跨界合作实践的初步梳理，下文将基于不同的尺度，以一定的合作地域为载体、以两城市政府和其它多尺度行动者为主要参与者的异地共建园区跨界合作实践中选取三个有代表性的案例进行分析，以较为细致地把握异地共建园区跨界合作中尺度间权力、利益关系的冲突、竞争和协调。案例应具备较强的代表性，同时应能反映异地共建园区跨界合作中复杂的尺度间关系变动，而不同异地共建园区跨界合作案例之间也应在背景、过程、结果等方面存在一定区别，以更为准确、全面地反映异地共建园区跨界合作的典型模式与整体机制。

1. 案例选择标准

具体来看，案例的选取将遵循以下两方面的原则。一方面，从各个案例本身来看：(1) 所选取的案例应直接涉及两城市之间的合作，尤其是两城市政府之间的合作，而非企业同城市政府之间的合作，这时因为城市政府作为城市地域内的权力中心，对整个城市的发展负有直接责任、对城市资源的调配也有直接的权力，而企业尽管在各地的园区共建实践中（如江苏启东市政府同上海外高桥有限公司合作成立的上海外高桥［启东］产业园）扮演重要角色，但它仍不足以反映两城市之间的直接合作，也难以反映城市合作中尺度间权力关系的变动。(2) 所选取的案例应涉及不同尺度行动者之间的互动，权力和利益关系应具有一定的复杂性，这有利于更深入地把握异地共建园区跨界合作的内在机制。另一方面，从案例之间的关系来看，①不同案例在空间分布上应各有侧重，不能集中于某一区域，案例之间相对区位的差别（如地理上邻接或分离）也应被考虑进来；②不同案例在涉及的主体、尺度政治过程、制度形态等方面应具有不同的特征，以尽可能涵盖主要的异地共建园区跨界合作实践过程，进而反映不同的异地共建园区跨界合作模式。

2. 典型案例介绍

基于这一理解，本节将从不同尺度出发，选取江苏省江阴—靖江工业园区、广东省深汕特别合作区和广西壮族自治区粤桂合作特别试验区三个案例进行分析。这三个案例尽管都同时涉及省级、地级、县级等不同尺度，但其侧重点存在明显差异。其中，江苏省江阴—靖江工业园区主要涉及县级市之间的合作，是我国最早进行异地共建园区跨界合作的实践之一，它源于隔江相望的江阴和靖江两个县级市之间自发的民间合作，并因省级、地级等尺度政府部门的参与和支持而发展起来，在制度架构上，工业园区管委会主要由江阴市领导；广东省深汕特别合作区则主要涉及地级市之间的合作，它由珠江三角洲核心区的深圳市和粤东的汕尾市合作共建，其中省政府在其提出、动员、建设等过程中都发挥关键作用，甚至在制度设计上，深汕特别合作区被广东省政府作为自身的派出机构并赋予地级行政权限；广西壮族自治区粤桂合作特别试验区则是一个跨省区的城市合作实践，因此广东和广西两省区政府之间的横向互动在其中发挥关键作用，此外，同其它两个案例不同，粤桂合作特别试验区甚至被两省区上推至国家尺度，成为国家战略的一部分。

因此，这三个案例分别侧重于县级市政府之间的合作、地级市政府之间的合作和省（区）政府之间的合作，由于不同的行政尺度所对应的行政权力、地域范围等存在明显差异，这三种以不同尺度为侧重点的合作也将在过程和机制上存在显著差别，并在比较中进一步反映异地共建园区跨界合作这一空间生产过程的一般特征（表 8–4）。

表 8–4　本节所选取的三个典型案例之间的比较

比较项目	江苏省江阴—靖江工业园区	广东省深汕特别合作区	广西壮族自治区粤桂合作特别试验区
合作所在的尺度（案例选取标准）	县级、地级	地级	地级、省级
所在区域	长江三角洲地区	珠江三角洲地区	（泛）珠江三角洲地区
城市相对区位	省内隔江相望	省内不邻接	隔省界邻接
合作地域性质	省级经济技术开发区	省政府派出的享有地级权限的合作区	国家战略区域的一部分
基本过程	民间发起→两市合作→省政府支持	在省战略下发起→省政府支持	两市发起→省区政府合作→上推为国家战略
合作地域管委会的领导机构	江阴经济开发区管委会	广东省政府	分别由两市政府建立并领导

（三）县级尺度异地共建园区案例分析

在县级尺度，主要针对江苏省江阴—靖江工业园区进行分析。江阴和靖江位于江苏省南部，以长江为界相邻，其中江阴市长期居中国十强县市之冠，而靖江市经济实力则低于江阴。从 2001 年起，江阴和靖江两市政府开始频繁沟通，并于 2002 年提出建立江阴—靖江工业园区的构想，次年共同签署《关于建立江阴经济开发区靖江园区的协议》，正式确定了工业园区的制度架构和运作模式。

1. 外部环境与驱动因素

（1）两市间资源的互补

江苏省江阴与靖江两市间资源的互补是推动工业园区建立的根本原因，这具体表现为由于两市间经济发展水平的较大差距而引起的靖江市对投资的需求以及江阴市企业对较低生产成本的追求。一方面，靖江市经济发展水平相对较低，管理水平、人才储备、招商引资经验等也相对落后，而江阴市则有充足的资本，江阴开发区在建设中也积累了较为丰富的经验，因此对江阴市资本和管理经验的引进无疑为靖江的发展提供了机遇；另一方面，江阴市在长期较为快速的发展中也面临土地资源紧张、生产成本较高等问题，全长35公里的长江沿岸几乎已经用尽，而靖江市由于发展水平较低，土地、劳动力成本也远低于江阴，52.3公里的长江岸线中仍有40公里有待开发，这对靖江市企业也形成吸引。在这种情况下，两市间形成资本和土地等生产要素的互补，因而由江阴到靖江的投资也日益增加。

（2）江苏省“沿江开发”战略

除了两市间直接的资源互补对江阴—靖江工业园区的推动外，外部的政策环境尤其是江苏省的“沿江开发战略”也推动了江阴—靖江工业园区的建立和发展，尤其是省政府在园区建设中的积极作用。江苏省的经济发展大致经历了三个阶段，其中，20世纪80年代以乡镇企业为依托，实现了由农业经济到工业经济的转变，而1990年后外向型经济则迅速兴起，表现为外资企业投资的经济技术开发区等，在此之后，产业集聚成为江苏省新的发展趋势。① 因此，为充分利用长江沿岸的区位优势吸引投资并提高集聚水平，同时带动长江北岸的苏北地区发展，江苏省主要领导在本世纪初就提出“沿江开发”，并于2003年6月正式实施这一战略，将南京、常州等8个沿江城市作为江苏省沿江开发的重点地区。其中，江阴和靖江分别位于长江的南北两侧，因而它们之间的合作同江苏省的沿江开发政策导向是一致的，这为江阴—靖江工业园区的建设提供了相当有利的政策环境。

（3）历史文化交流

在经济和政策因素之外，江阴和靖江两市在历史上频繁的社会文化交流也成为两市土地合作的重要推动因素。靖江在三国时期由沙洲形成，其一部分在历史上长期由江阴管辖，直至明洪武二年（1369年），全境被划归常州府江阴县管理，直到成化七年（1471年）才从江阴县分离出来并单独设

① 《江苏省委书记省长纵论沿江开发大战略》［EB/OL］［2016/11/16］，http：//news.sina.com.cn/c/2003-06-27/07201232310.html。

县，但仍与江阴同隶属于常州府，直至清同治年间，江阴和靖江两地仍同归常州府管辖。总之，在靖江形成以来的大部分历史时期，它都是隶属于江阴管辖或与江阴同由常州管辖，这一行政区划的设置在一定程度上反映了两地间较为紧密的社会文化交流，尽管这一点难以直接推动江阴—靖江工业园区的建立，但它为两市间的紧密合作提供了可能性。

2. *跨尺度的政治动员*

江苏省江阴—靖江工业园区的建设首先在低尺度的两市间展开，随后向上的尺度跳跃发挥了关键作用。不过，不同于一般尺度政治过程中由低尺度行动者所实施的“尺度上推”策略，江阴—靖江工业园区建设中的尺度跳跃在很大程度上是省政府进行的“尺度上拉”，即因江阴—靖江工业园区同江苏省空间发展策略的一致性而获得省政府的主动支持。在这一支持下，江阴与靖江两市所面临的管理权和利益分配等问题也得到协调和解决，进而进入较为平稳、密集的制度化建设阶段。该过程中的关键事件如表 8–5 所示。

表 8–5　江苏省江阴—靖江工业园区建设的三个阶段及关键事件

阶段	时间	事件
地方间的自发合作阶段	2001 年 12 月	江阴、靖江两市成立江阴—靖江沿江开发促进会，签订《江阴·靖江沿江开发促进会成立备忘录》
	2002 年 8 月	江阴、靖江两市提出建立江阴经济开发区靖江园区的构想，签订《江阴经济开发区靖江园区联合开发备忘录》
“沿江开发”战略下的尺度跳跃阶段	2003 年 1 月	江苏省政府主要领导到靖江调研，系统地提出、阐述“沿江开发战略”
	2003 年 2 月	江阴、靖江两市签署《关于建立江阴经济开发区靖江园区的协议》
	2003 年 6 月	江苏省政府召开沿海开发工作会议
省政府支持下的制度化建设阶段	2003 年 8 月	江阴经济开发区经济园区管委会正式成立并运行；江苏省政府在江阴召开靖江园区现场办公会，赋予多项优惠政策
	2004 年 3 月	靖江市政府成立江阴—靖江工业园区办事处
	2004 年 8 月	江阴、靖江两市成立江阴、靖江联动开发协调委员会
	2006 年 7 月	江阴经济开发区靖江园区正式更名为江阴—靖江工业园区，并上升为省级经济开发区

续表

阶段	时间	事件
从城市本位跨界合作到区域一体化融合发展阶段	2018 年	江阴和靖江两市共同将跨江联动开发上升为高质量跨江融合发展，双方在产业发展、空间规划、公共服务等作出一系列展望
	2020 年 4 月	《〈长江三角洲区域一体化发展规划纲要〉江苏实施方案》中明确支持江阴—靖江工业园区建设跨江融合发展试验区
	2023 年 9 月	江苏省泰州和无锡两市签署《关于进一步加快江阴—靖江工业园区建设发展的协议》，续签新一轮跨市合作协议
	2023 年 12 月	江苏省江阴—靖江工业园区高质量跨江融合发展大会召开，园区走过 20 年的发展历程

3. 制度形态特征

在以上几个建设阶段中，江阴—靖江工业园区成为制度试验的关键场所，其制度架构和运作模式也因不同尺度上多个行政权力中心的影响而呈现马赛克式的拼贴、融合特征。下文将从组织架构、行政权限的赋予与分配以及筹资模式与利益分配三个方面对这一特殊的制度形态进行分析。

（1）组织架构

不同于广东省深汕特别合作区和广西壮族自治区粤桂合作特别试验区，江阴—靖江工业园区的一个重要尺度特征是作为合作主体的两个城市都为县级市，因而其建设也直接涉及省级、地级和县级三个行政尺度，在这种情况下，不同尺度上的主体都试图将权力延伸至园区，由此形成了更为复杂的组织架构（图 8–1）。

从省级尺度看，一方面设立沿江联动开发试验区领导小组，以协调无锡市与泰州市、江阴市与靖江市之间的横向关系和其它重要事务；另一方面江苏省政府的部分职能部门（如工商局、地方税务局等）也在园区直接设立相应的办事机构，以满足园区及企业的办事需求，同时避免两市间权限的争议。从地级尺度看，在省政府的领导和促进下，泰州市政府也在园区设立相应的派驻机构，如泰州海关和泰州检验检疫局在园区设立办事处、泰州武警

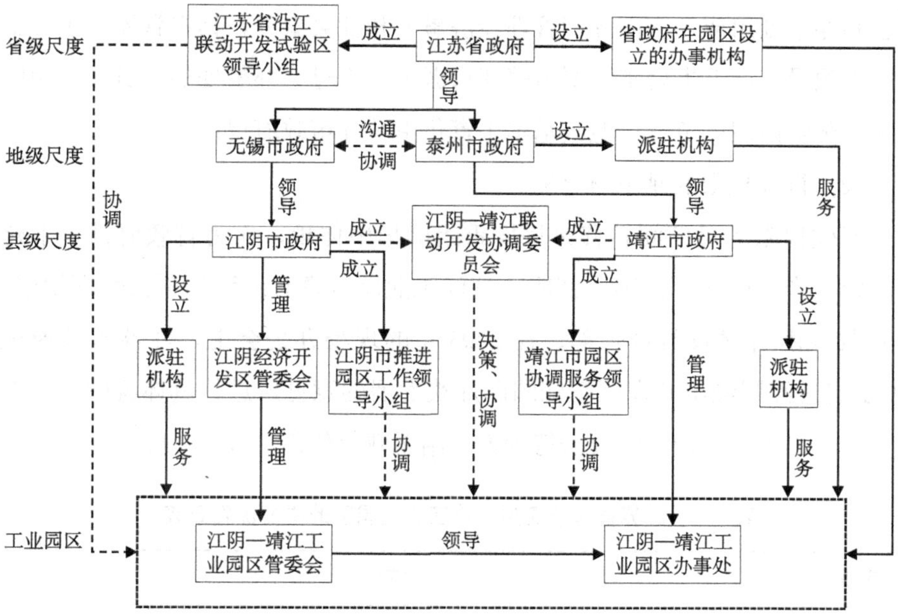

图 8–1　江苏省江阴—靖江工业园区的组织架构

资料来源：罗小龙：《长江三角洲地区的城市合作与管治》，商务印书馆 2011 年版。

边防设立边检站、泰州消防设立消防中心等。同时无锡市政府和泰州市政府也通过多种形式进行直接的沟通和协调。而从县级尺度看，由于园区直接涉及江阴和靖江两市，因此在县级尺度形成了更为复杂的组织安排。首先，两市设立联动开发协调委员会，定期举行会谈，对园区的管理体制、政策扶持等问题进行讨论、协调。其次，江阴市通过以下三类机构参与园区建设：①由部分政府职能部门在园区设立派驻机构，如江阴国税局设立的分局等；②设立江阴—靖江工业园区管委会负责园区的开发、招商引资等工作，为正局级建制，设立多个部门并受江阴经济开发区管委会管理，管委会的主要领导也由江阴市相关人员担任，同时也吸收了靖江市的部分人员；③通过由江阴市主要领导成立的推进园区工作领导小组对关键事务进行讨论和解决。最后，靖江市主要通过以下三类机构参与园区建设：①同样设立国土、规划、建设等分支机构派驻园区；②设立园区办事处，作为派出机构处理社会问题；③同江阴类似，靖江市也通过协调服务领导小组对园区建设中的重要问题进行协调、服务和决策。可以看出，江阴—靖江工业园区的管理机构由管委会和办事处组成，它们分别管理经济事务和社会事务，其中管委会主要由江阴市领导，而办事处则主要由靖江市派出。不过，办事处的人员又受园区领导，奖金由园区负责，但其基本工资仍由靖江市政府提供。

(2) 行政权限的赋予与分配

行政权限的尺度间转移是尺度重组的集中体现，作为省政府推动下建设的跨江合作园区，江苏省江阴—靖江工业园区享有地级的项目管理权限，运营收入由省财政监督管理。在2003年的现场办公会上，江苏省政府就《关于促进江阴经济开发区靖江园区加快发展的意见》进行具体说明，并在项目审批、工商登记、财政扶持等方面给予政策优惠（表8–6）。

表8–6　江苏省赋予江阴—靖江工业园区的主要优惠政策

事项	内容
项目审批	园区管委会享有省辖市管理权限，对园区范围内新办限额以下工业项目，凡符合国家产业政策和《江苏省沿江开发总体规划》，生产建设条件可自行平衡，不涉及岸线使用的，园区管委会可自主审批，报省有关部门备案，抄报无锡、泰州市；园区范围内新办限额以上的工业项目，可按项目性质直接上报省有关部门审批，抄报无锡、泰州市；涉及岸线使用的项目，需经省发展计划委员会审批后报国家有关部门审批
财政扶持	5年内，每年省对园区给予奖励，奖励额不超过1000万元；园区内新建项目在2007年年底前投产的，自投产之日起，新增增值税、所得税市、县留成部分，连续三年全部由省、市、县财政补贴给园区；园区内企业出1∶1退税指标计划单列，优先办理退税
用地政策	对园区新建工业项目用地，新增建设用地有偿使用费省集中部分的45%（扣除省集中部分10%信息化建设专项资金之后的50%）返还给园区，按规定用途使用；农地转用、征用按项目审批；省国土部门在统筹安排两市的土地资源利用的基础上，合理确定江阴、靖江两市的基本农田保护面积和规划建设用地指标；为提高办事效率，由靖江市国土部门派员在园区办理手续
收费减免	向园区管委会发放8张车辆特别通行证，免收江阴大桥、广靖锡澄高速公路江阴南和靖江收费站区间内的过路过桥费；对园区常驻企业，每个企业发放两张车辆特别通行证，减半征收上述区间的过路过桥费用
公路建设	为策应江阴、靖江两岸联动开发，先期实施苏中沿江高等级公路靖江段16公里路段；省交通厅按350万元/公里定额补助标准优先下达

续表

事项	内容
金融扶持	鼓励商业银行在示范园区适当增设分支机构，在资金规模、贷款权限上给予支持，大力推进银行贷款，简化审批手续
外事审批	园区管委会出国招商团组可直接报省外办审批（不再分别报经无锡、泰州市政府审批）；省外办可直接受理园区出国招商的申请

资料来源：罗小龙：《长江三角洲地区的城市合作与管治》，商务印书馆2011年版。

（3）筹资模式与利益分配

在资源的投入上，靖江市首先提供60平方公里的土地，两市在江阴—靖江工业园区管委会的基础上成立了投资有限公司，由江阴提供九成资金，运用市场手段进行投资开发。同时，江苏省每年也给园区1000万元的财政补贴。而在收益的分成上，园区的财政体制由江阴市管理，财政收入同时归入两市及其所属的地级市，但在省级汇总时仅计算一次。不过，在实际的收入分成上，江阴和靖江两市约定10年内园区收入全额返还、滚动开发，10年后两市则对半分，同时10年内也不征收其它费用；江苏省也规定10年内按现行体制上交给江苏省的税收全部返还园区。

4. 后续建设与发展

江苏省江阴—靖江工业园区的建设及其快速发展为企业的转型升级以及两市的进一步发展提供了条件。截至2023年，工业园区20年的发展，国内生产总值年均增速27.3%，规模以上工业产值年均增速34.3%，累计固定资产投资487亿元、到位外资11.26亿美元，民生工程累计投入99.19亿元。不过，尽管园区的建设取得了一定成就，但江阴—靖江工业园区复杂的组织架构以及其中隐含的不同行动者间（尤其是江阴和靖江两市间）复杂的利益冲突使得园区建设中面临的问题逐渐显露出来进而严重制约了园区的进一步发展。

江苏省江阴—靖江工业园区复杂、破碎的组织和职能安排为潜在问题的显现埋下了伏笔。江阴—靖江工业园区中的管理机构大致可分为三类：一类是直接管理结构，如隶属于江阴经济开发区的管委会以及与其分离的由靖江市政府派出的办事处；另一类是各种协调、决策小组，如江苏省的沿江联动开发试验区领导小组、江阴市的推进园区工作领导小组等；最后一类则是由不同尺度上政府职能部门设立的派驻机构。由此形成了复杂的、破碎的制度安排，如园区的环保工作由泰州市环保局负责，质监工作由无锡市江阴质量技术监督局负责，工商、地税则由省直管。

这一组织和职能的破碎造成了土地审批、拆迁补偿等方面的诸多问题。例如在土地审批方面，园区土地指标分为计划内和计划外两部分，计划内指标为每年 200 亩，常常难以满足项目要求，而由于土地审批实行的是属地管理原则，因此江阴市难以直接管理，只能由靖江市政府解决。然而，江阴—靖江工业园区作为主要由江阴管理的两市间合作项目，在土地指标的获取上显然不被靖江市政府置于优先地位，这使得园区常常面临土地指标紧缺的局面，进而影响企业的投资。又如在拆迁补偿方面，尽管靖江市设立办事处主管拆迁工作，但拆迁补偿金的额度由管委会确定①，因此在拆迁中调整补偿金时须向管委会报告，经批准后方可执行，这大大降低了拆迁安置工作的效率，并加重了办事处的工作负担。

这一问题在根本上体现了不同行动者间尤其是江阴市和靖江市之间利益的争夺，而产生利益争夺的原因一方面在于在制度建设的初期未能较好地协调、融合不同利益，另一方面在于双方利益本身所具有的不稳定性。尽管江阴—靖江工业园区涉及多个尺度、多个行动者，但分歧主要存在于江阴和靖江两市间。不同于深汕特别合作区，江阴—靖江工业园区并未有效地将江阴市和靖江市的利益整合起来，这在组织结构上体现为管委会和办事处的分离以及各种职能机构的派驻，这使得不同的利益间互相穿插、阻碍甚至对抗，如土地审批中指标的争夺。同时当前法律框架也未能提供对两地间纠纷较为有效的解决机制，这使得江阴和靖江之间在面临利益的冲突时，难以遵循已有规则进行协调。另一方面，江阴与靖江两市的利益也是处于变动之中

① 《一个省级开发区的联办困境》，网易财经［EB/OL］，［2016/11/16］，http：//money.163.com/14/0211/00/9KOUITN900252G50.html。

的，并由此重组合作关系，如随着产业转移步伐的加快，靖江市意识到原本属于自己的收益一部分流失到江阴，这进一步加剧了双方利益的摩擦和争夺，使得原有破碎管理体制中的利益冲突更为明显，进而加剧了园区管理中原有的问题，甚至直接对原有的合作治理产生有意的干扰和破坏。

（四）地级尺度异地共建园区案例分析

在地级尺度，主要分析广东省深汕特别合作区的建设。深汕特别合作区位于广东省汕尾市西部，行政范围包括海丰县西部的鹅埠、小漠、鲘门、赤石 4 个镇，面积为 468.3 平方公里。4 镇原有经济基础较为薄弱，2010 年工业总产值仅占汕尾的 3.69%。2008 年 1 月，时任省委副书记、深圳市委书记举行座谈会，商讨深圳、汕尾合作事宜，2 月份提出在 4 镇建立“深圳—汕尾区域发展特别合作区”的构想。2010 年 8 月，广东省委主要领导到合作区调研，并将名称确定为“深汕特别合作区”。2017 年 9 月，广东省委、省政府下发《关于深汕特别合作区体制机制调整方案的批复》，要求深圳市按照“10＋1”（深圳 10 个区＋深汕特别合作区）模式给予深汕特别合作区全方位的政策和资源支持。2018 年 12 月，深圳市深汕特别合作区管委会揭牌，成为深圳市委、市政府派出机构，深圳自此迎来第“10＋1”区。2019 年 8 月，《中共中央国务院关于支持深圳建设中国特色社会主义先行示范区的意见》提出，创新完善、探索推广深汕特别合作区管理体制机制。2023 年 12 月，《广东省深汕特别合作区条例》经广东省第十四届人民代表大会常务委员会第五次会议审议表决通过并施行，这是全国首部明确由“飞出地”全面主导区域协调发展的地方性法规，旨在地方立法权限范围内破解深汕特别合作区长远发展所面临的障碍，并确保在法治轨道上有力有效推进深汕特别合作区改革探索，为新时代区域协调发展探索可复制、可推广的制度经验。

1. 外部环境与驱动因素

广东省深汕特别合作区的建设深受内外部驱动因素的影响。从外部来看，全球经济当前进入不稳定的阶段，经济下行趋势日益明显，这使得珠三角地区传统的外向型经济发展模式面临危机，因而探索内部合作模式成为发展方向；此外，随着国家级新区、城市群等发展策略的兴起和繁荣，区域之间的竞争也日趋激烈，因而珠三角地区竞争优势的进一步挖掘成为发展重点。而从内部因素来看，广东省对缩小区域间发展差距、推动珠三角产业转型升级的需求，深圳市对产业转型和破解土地、劳动力资源约束的需求，以及汕尾市对引进资本和管理经验、培育地方增长极以带动经济发展的需求等共同促成了深汕特别合作区的建设。

2. *跨尺度的政治动员*

同其它城市间土地合作案例相比，尽管深汕特别合作区的建设同样伴随着两市对高尺度行动者（即广东省政府）的动员，但一方面由于深圳市及其领导干部特殊的行政地位，这一合作从一开始就带有“半省级尺度发起”的特征，另一方面高尺度行动者尤其是广东省政府的主要领导干部也较早介入这一合作中，对合作区的命名、发展定位、制度安排等问题进行指导，并随后在合作区的建设中始终给予政策等方面的支持。因此，深汕特别合作区的建设具有较强的自上而下特征，这一点在合作区建设的关键事件中可明显看出（表 8–7）。

表 8–7　广东省深汕特别合作区建设中的关键事件

阶段	时间	事件
半省级尺度发起阶段	2008 年 1 月	广东省委副书记、深圳市委书记召集深圳、汕尾两市党政主要领导，在广州白云国际会议中心举行座谈会，商讨深圳、汕尾两市加强经济合作区的有关事宜
	2008 年 2 月	广东省委副书记、深圳市委书记带领深圳市党政代表团前往汕尾市考察，提出要在汕尾最靠近深圳市的海丰县鹅埠、小漠、赤石、鲘门四镇拿出 200 平方公里土地作为两市合作开发的区域
省级尺度动员阶段	2008 年 8 月	广东省委书记带领有关领导到汕尾考察调研，在听取了合作区相关情况汇报后，马上给予高度肯定：“建立深圳汕尾特别合作区问题，我觉得这是一个非常好的创意。干好了，对于落实科学发展观，实现以城带乡，区域协调发展意义重大。省委、省政府支持深圳和汕尾进行这样一个特别的合作。”
	2010 年 8 月	广东省委书记带领省主要领导到合作区调研时给予充分肯定，对合作区的性质定位、合作模式、利益机制、制度设计等重大事项给予悉心指导，要求“深汕特别合作区要以‘创新发展，先行先试’为核心，努力创建全省区域合作创新示范区”，并亲自给合作区命名为“深汕特别合作区”

续表

阶段	时间	事件
制度架构的形成阶段	2011 年 1 月	两市联合上报《深汕（尾）特别合作区基本框架方案》
	2011 年 2 月	广东省委、省政府批复《深汕（尾）特别合作区基本框架方案》，正式设立深汕特别合作区
	2011 年 5 月	广东省委、省政府授牌成立深汕特别合作区党工委、管委会，合作区正式运行
制度架构的完善阶段	2013 年	广东省政府进一步制定了深圳、汕尾两市的责任分工关系，明确由深圳负责经济管理和建设，汕尾负责征地拆迁和社会事务
	2014 年 1 月	深圳市以“一号文件”形式印发《进一步深化对口帮扶工作总体方案》，成立对口帮扶汕尾指挥部
	2014 年 4 月	深圳—汕尾对口帮扶工作联席会议在深举行，会议讨论并原则通过了《深圳对口帮扶汕尾 2014 年工作计划》和《关于进一步优化深汕特别合作区体制机制加快合作区建设发展的若干意见》
	2014 年 5 月	深汕特别合作区投资控股有限公司注册成立，成为在合作区注册登记的第一家企业
	2014 年 10 月	汕尾市政府委托授权深汕特别合作区管委会实施部分地级市一级经济管理权限
	2014 年 11 月	广东省政府常务会议审议通过了《深汕特别合作区发展总体规划（2015—2030）》
	2015 年 7 月	省政府常务会议审议通过了《深汕特别合作区管理服务规定》，合作区运作有了“基本法”
创新性制度架构阶段	2017 年 9 月	广东省委、省政府下发《关于深汕特别合作区体制机制调整方案的批复》，要求深圳市按照“10＋1”（深圳 10 个区＋深汕特别合作区）模式给予深汕特别合作区全方位的政策和资源支持
	2018 年 12 月	深圳市深汕特别合作区管委会揭牌，成为深圳市委、市政府派出机构，标志着其正式迈入深圳全面主导建设的新阶段，深圳市自此迎来第“10＋1”区
	2019 年 8 月	《中共中央国务院关于支持深圳建设中国特色社会主义先行示范区的意见》提出，创新完善、探索推广深汕特别合作区管理体制机制
	2023 年 12 月	《广东省深汕特别合作区条例》经广东省第十四届人民代表大会常务委员会第五次会议审议表决通过并施行

资料来源：根据网络资料整理。

3. 制度形态特征

在上文中已从过程的视角对广东省深汕特别合作区建设中制度架构的初步形成和进一步完善进行简要论述，下文将主要从组织结构、利益分配和优惠政策等方面对深汕特别合作区的制度架构进行分析，并由此探讨不同尺度行动者的权力和利益在深汕特别合作区这一尺度和地域上的融合和协调。

（1）组织架构和人事安排

深汕特别合作区作为深圳市、汕尾市和广东省三个权力主体之间合作与妥协的产物，难以在任何一个权力中心的控制下运作。其中，深圳市为合作区提供大量的资金支持、管理经验等，甚至落户企业中约 80% 直接来自深圳①，汕尾市则提供土地资源并且同 4 镇政府仍直接保持行政关系，广东省则将合作区作为自身发展战略的一部分，在行政权限、发展政策等方面给予大力支持。在这种情况下，合作区采取了三方共同参与的组织模式（图 8–2）。

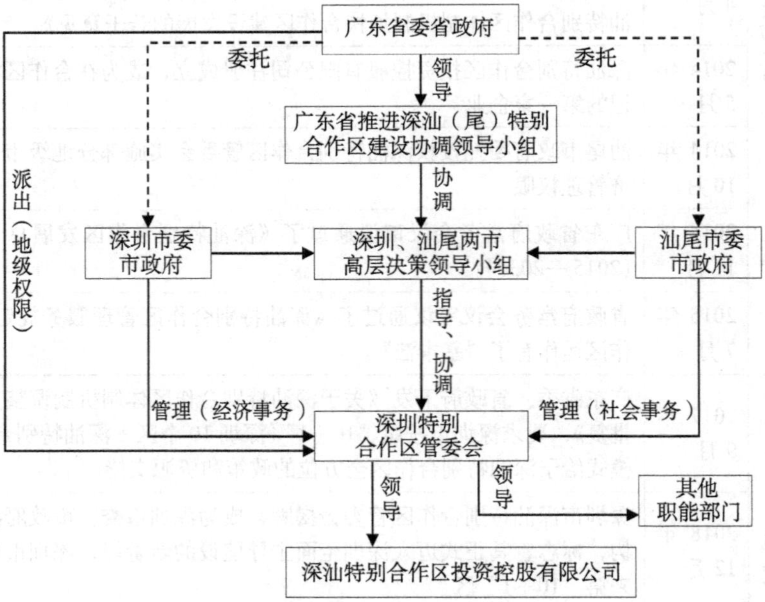

图 8–2　广东省深汕特别合作区的组织结构

资料来源：根据《深汕特别合作区发展总体规划》绘制。

---

① 《100 多家企业落户深汕特别合作区》［EB/OL］，［2016/11/16］，http：//news.sina.com.cn/o/2015-08-26/doc-ifxhcvrn0596840.shtml。

首先，广东省政府办公厅下设推进深汕特别合作区建设协调领导小组，讨论解决运作中的关键问题；其次，深圳市和汕尾市有关领导设立高层决策领导小组，在省政府的授权下讨论解决关键问题；最后，合作区管理委员会由省政府派出，接受两市管理，关注日常运作管理等事务。此外，在人事安排上，也体现了三方间权力的交叉，其中合作区管委会的主任一职选取了同时具有深圳市和汕尾市政府工作背景的领导干部，副主任中既有来自深圳市的领导干部，也有来自海丰县本地的领导干部，党工委书记则直接任用汕尾市海丰县的领导干部，此外这些职务也由两市共同任免并报省政府批准。可以看出，这一组织架构同时由三方相互间的权力关系、各自的利益诉求等因素所决定。由于广东省非常重视合作区的建设并将其作为推动全省经济平衡发展的试验场，因此省政府设立协调领导小组对合作区建设进行协调，并将合作区管委会作为其派出机构；但为充分利用两市的地方知识（即对合作区各方面的了解）、地方关系（即同合作区企业、居民等主体的联系）等，省政府并未垄断对管委会的领导权，而是委托两市政府进行管理；同时作为两市共同的合作空间，合作区也设立两市高层决策领导小组，从而为横向对话、协调提供平台。此外，考虑到深圳市和汕尾市与合作区的不同关系，两市之间也采取了深圳市负责经济事务、汕尾市负责社会事务的安排。

（2）利益分配机制

利益分配机制更为明显地体现了两市之间以及不同尺度之间的协调。由表 8–8 可看出，由于各主体同合作区之间的关系不同，它们在深汕特别合作区中所取得的收益也存在差异。首先，2011—2015 年广东省对合作区进行了较大力度的支持，表现为将财政收入的分成收益全额返还给合作区；不过，由于合作区位于广东省内，因此广东省按现行体制仍取得一定收益。其次，深圳市与汕尾市共享深汕特别合作区这一空间，因而二者在财政收入上各取得扣除省获益部分后的 25%，但由于深圳同深汕特别合作区之间更多的是经济关系（如主管合作区经济事务、企业也主要来自深圳等），因而合作区 GDP 指标的 70% 列入深圳市的统计指标。最后，合作区在行政区划上仍属于汕尾市海丰县的一部分，因而汕尾市的地方利益体现得更为明显，这主要表现在土地收益的分配上。

表 8–8 广东省深汕特别合作区的利益分配机制

主体	财政收入	土地收益	GDP 指标
广东省	2011—2015 年，按现行体制取得省级财政一般预算收入，其中保留 2009 年基数部分，其余返还合作区	—	—
	2016 年后，按规定取得分成收益		
深圳市	2011—2015 年，扣除省按体制规定的获益部分后获得 25%，并全额返还合作区	—	按 70% 列入本市统计指标
	2016—2020 年，扣除省按体制规定的获益部分后获得 25%，并将其中 50% 返还合作区		
汕尾市	2011—2015 年，扣除省按体制规定的获益部分后获得 25%，并全额返还合作区	2011—2015 年，获得政府土地出让净收益的 12%，并全额返还合作区	按 30% 列入本市统计指标
	2016—2020 年，扣除省按体制规定的获益部分后获得 25%，并将其中 50% 返还合作区	2016 年后，获得合作区政府土地出让净收益的 12%	
合作区	扣除省按体制规定的获益部分后获得 50%	获得政府土地出让净收益的 88%	—

资料来源：深汕特别合作区管理服务规定。

（3）优惠政策

根据主体的不同，深汕特别合作区建设中的优惠政策可分为两类，一类被赋予合作区，一类被赋予企业。对合作区来说，根据《深汕特别合作区管理服务规定》，主要享受以下优惠政策：①部分区域适用省产业转移政策；②省政府多个部门在财政等方面的支持；③适用深圳市扶持省级产业转移园的优惠政策；④ 4 个镇适用省政府、汕尾市对落后区域的补贴；等等。而企业则主要享有以下政策：①对特定企业和个人的奖励；②出口退税方面的优惠；③行政事业性收费优惠；④与两市企业的同等待遇；⑤对重大项目的扶持；等等。其中，针对企业的优惠政策成为深汕特别合作区的制度建构同其外部经济效应之间的结合部，它在一定程度上抵消了甚至超过了企业进行再地域化所须承担的成本（如搬迁成本、失去深圳市所提供的集聚效应等），进而促进了深圳市发展空间不足、汕尾市经济发展水平较低以及广东省区域发展不平衡等问题的解决。

4. 后续建设与发展

在多尺度的政治动员和制度建设中，深汕特别合作区的空间发展格局也初步确立，而在这一空间规划和其它发展政策的引导下，其产业也获得迅速发展。深汕特别合作区的空间规划可概括为“两轴、一带、一中心、四组团”。其中，东西轴作为核心轴线，连接核心功能区以及珠三角和海西经济区，南北轴则主要连接有一定发展潜力的区域；一带为鲘门—小漠滨海旅游功能带，关注旅游等产业；中心地区由两个轴线交叉，关注行政、商业等职能；四组团则以汕尾4镇为单元，在功能上各有侧重。①② 此外，规划的编制主要由两市发展改革委员会和规划等部门参与，经两市政府常务会议审议通过后上报广东省发展改革委员会并由后者进行修改完善，这一过程同样表明深汕特别合作区是不同尺度行动者之间权力和利益的结合部，其中尤其体现了省政府在深汕特别合作区建设中的最终主导角色。

广东省深汕特别合作区的产业发展与深圳市甚至整个珠三角地区相配套，其主导产业主要有先进制造业、现代旅游业等。③ 截至2023年底，深汕特别合作区地区生产总值为124.59亿元，同比增长30.0%，全区户籍人口8.15万人，实际管理人口13.63万人。此外，合作区也进一步推行同深圳的一体化战略，在产业发展、城市功能、数字统计、市场监管等方面与深圳无缝衔接，并与深圳形成一小时生活圈的同城化概念。④ 总之，广东省深汕

---

① 《了解深汕》[EB/OL]，[2016/11/16]，http：//www.shenshan.gov.cn/home/about#planning。

② 《深汕特别合作区发展总体规划通过省政府审定》[EB/OL]，[2016/11/16]，http：//gd.sina.com.cn/szconsume/hulianwang/2014-11-24/10269207.html。

③ 《先进制造业》[EB/OL]，[2016/11/16]，http：//www.shenshan.gov.cn/home/detail/60。

④ 《深汕特别合作区进入“工地时代”》[EB/OL]，[2016/11/16]，http：//news.163.com/16/0412/06/BKED2FPO00014AED.html。

特别合作区的开发建设正有序推进，这同各主体间利益的相对一致性、各主体间权力或利益较为成功的制度融合等密切相关。

（五）省级尺度异地共建园区案例分析

在省级尺度，主要分析粤桂合作特别试验区的建设。粤桂合作特别试验区是中国东部地区和西部地区合作的缩影，是国家区域发展战略珠江—西江经济带的重要组成部分。它由广东省和广西壮族自治区政府在 2011 年 12 月共同发起，以梧州市和肇庆市两市交界为中轴，双方各划定 50 平方公里的土地范围。

1. 外部环境与驱动因素

（1）区位条件

从国家尺度看，广东肇庆、广西梧州地处广东省和广西壮族自治区的交界地带，是连接东部和西部地区的重要枢纽，承担了生产要素流动的桥梁和纽带功能。从区域尺度看，肇庆和梧州两市位于“三圈一带”（珠三角经济圈、北部湾经济圈、大西南经济圈和珠江—西江经济带）交汇处，叠加了不同区域的空间影响，既能承接东部地区的产业转移，又能进一步辐射西南地区，并通过广西北部湾经济区成为通向东盟的重要通道节点。这一区位优势使该地成为珠江三角洲地区的资金、劳动力等要素向西南等地区转移的关键节点。

（2）社会文化与合作历史

广西梧州与广东肇庆两市有共同的历史文化根基，该地在历史上曾设立广信县，涵盖两市部分地区。同时，梧州和肇庆在历史上也是岭南文化的核心区，两地居民具有较强的心理认同感。在这一背景下，两市之间的经济文化交流也在持续进行，例如广东省在 1990 年后曾尝试建立多种商品的跨界贸易平台。因此，同江苏省江阴—靖江工业园区类似，梧州与肇庆两市在历史文化上的认同感对于这一跨边界的土地合作同样具有内在的推动作用。

（3）政策优势与政策导向

粤桂合作特别试验区的建设有深刻的政策驱动因素，“政策叠加”是《粤桂合作特别试验区总体发展规划》中对粤桂合作特别试验区合作机制的概括之一，这表明粤桂合作特别试验区的建设在很大程度上是为了整合两省该区域内所享有的优惠政策，实现政策的“叠加共享、择优适用”。从广西方面来看，相关的政策文件包括《国务院关于进一步推进西部大开发的若干意见》《西部大开发“十二五”规划》等。此外，2009年12月，国务院针对广西壮族自治区发布《关于进一步促进广西经济社会发展的若干意见》，对其发展定位进行了进一步的明确。而从广东方面来看，相关政策文件主要有《广东省委、省政府关于促进粤西地区振兴发展的指导意见》《广东省委、省政府关于推进产业转移和劳动力转移的决定》《珠三角地区改革发展规划纲要（2008—2020年）》等。通过跨越两省边界的粤桂合作特别试验区的建设，这些区域性优惠政策能够相互叠加、实现共享，进而最大限度发挥这些优惠政策的效果。

（4）经济上同时存在互补和竞争

从经济因素上看，梧州市与肇庆市既存在互补性，又在产业发展上存在一定竞争性，而这两方面都成为粤桂合作特别试验区建设的驱动因素。一方面，以梧州为代表的广西地区，拥有丰富的自然、劳动力等资源，而肇庆则拥有引进珠三角地区资金、技术、人才、管理及项目等先进生产力的地缘与行政区划便利优势，因此两地在生产要素上存在一定的互补性。另一方面，与前述两个案例不同，粤桂合作特别试验区建设中的两城市之间并不存在明显的发达一方和欠发达一方，其资源的互补性也并不像江阴与靖江、深圳与汕尾一样突出，相反，两市在产业发展战略上的关系更明显地表现为“两地都具有竞争承接来自珠三角产业转移的诉求”，而在这一背景下，通过设立粤桂合作特别试验区，能够促进地区间合作秩序的形成，避免城市间的恶性竞争。

2. 跨尺度的政治动员

不同于江苏省江阴—靖江工业园区建设中由县级尺度发起随后同省政府发展战略相结合的尺度间互动模式，也不同于广东省深汕特别合作区建设中在省政府发展战略的指导下由兼具省级尺度和地级尺度特征的行动者所发起并进一步被省政府所支持的尺度间互动模式，在粤桂合作特别试验区的建设中，不仅出现了较高尺度的横向联合（两省间的对接），同时还出现了由两省政府所进一步推动的朝向国家尺度的尺度跳跃。因此，从尺度间关系的角度看，粤桂合作特别试验区的建设过程可分为三个主要阶段：两市发起阶段、朝向省级尺度的第一次尺度跳跃阶段和朝向国家尺度的第二次尺度跳跃阶段（表 8–9）。其中，后两个阶段是粤桂合作特别试验区建设中的核心过程。

表 8–9　粤桂合作特别试验区建设中的关键事件

阶段	时间	事件
两市发起阶段	2011 年 2 月	广西梧州市和广东肇庆市提出在两省区交界区域共同建设粤桂合作特别试验区构想
	2011 年 3 月	广西梧州市委、市政府向自治区党委、政府提出请示，将“粤桂合作特别试验区”纳入《“十二五”粤桂战略合作框架协议》
	2011 年 6 月	广东肇庆市委、市政府向广东省委、政府提出请示，请求将“粤桂合作特别试验区”纳入《“十二五”粤桂战略合作框架协议》
朝向省级尺度的第一次尺度跳跃阶段	2011 年 8 月	广东、广西两省区发展改革委在广西梧州市主持召开“两省区四市”粤桂产业对接与合作协商会，充分肯定并部署推进粤桂合作特别试验区建设工作
	2011 年 12 月	广东、广西两省区政府在北京签署《“十二五”粤桂战略合作框架协议》，提出广西梧州市与广东肇庆市交界区域共同设立产业合作示范区
	2012 年 3 月	广西梧州市和广东肇庆市同时成立推进肇梧战略合作工作领导小组和粤桂合作特别试验工作领导小组，统筹推进试验区各项工作
	2012 年 4 月	中共中央政治局委员、广东省委书记汪洋在广州会见广西壮族自治区主席马飚，双方明确加快推进粤桂合作特别试验区前期工作，促进两广经济一体化发展
	2012 年 9 月	广西梧州市和广东肇庆市第一次市长联席会审定粤桂合作特别试验区 2012 年 24 项重大项目和重要事项计划
	2012 年 10 月	广西壮族自治区政府成立粤桂产业合作示范区规划建设广西工作领导小组，协调推进试验区工作
	2012 年 11 月	两省区政府在海南举办的第八届泛珠大会上共同签署《关于建设粤桂合作特别试验区的指导意见》，试验区建设正式上升到两省区战略层面

续表

阶段	时间	事件
朝向国家尺度的第二次尺度跳跃阶段	2013 年 3 月	广西梧州和广东肇庆两市市长在全国两会期间共商粤桂合作特别试验区建设工作，并向十二届全国人大一次会议提交《关于建设粤桂合作特别试验区推进两广一体化培育珠江—西江流域发展开放新高地的建议》
	2013 年 4 月	广西梧州市和广东肇庆市在梧州市召开第二次市长联席会议，审议通过了《粤桂合作特别试验区总体发展规划（2013—2030）》
	2013 年 5 月	广西党政代表团赴广东考察学习，并与广东省党政代表团举行会谈，会谈纪要中明确两省区要务实推进粤桂合作特别试验区建设，共同争取国家同意设立试验区，将试验区由两市共管提升为两省区直管
	2013 年 5 月	广东肇庆市和广西梧州市分别调整粤桂合作特别试验区工作领导小组，分别成立实体化运作的试验区领导小组办公室
	2013 年 7 月	国务院同意把珠江—西江经济带建设上升为国家战略。由此，粤桂合作特别试验区将成为珠江—西江经济带建设的核心内容和重要载体
	2013 年 8 月	广西壮族自治区主席陈武向全国政协调研组汇报时，请求国家支持将试验区作为《珠江一西江经济带发展规划》的重要内容，使之成为珠江一西江经济带发展先行区和两广经济一体化示范区，并在试验区范围内实施两省区优惠政策叠加
	2014 年 4 月	粤桂两省区政府印发《广东省人民政府关于同意粤桂合作特别试验区总体发展规划的批复》，标志着两省区正式批准建设实验区，也标志着粤桂合作和珠江—西江经济带建设进入了务实合作的新阶段
	2014 年 7 月	国务院发布《国务院关于珠江—西江经济带发展规划的批复》；国家发展改革委印发改规划，粤桂合作特别实验区作为单独章节标书，正式上升为国家区域合作战略重点
	2014 年 10 月	广东、广西两省区政府在广州第十届泛珠大会上签署了《粤桂合作特别试验区建设实施方案》
	2014 年 10 月	广东、广西两省区政府举行粤桂合作特别试验区联合启动仪式，试验区开发建设正式拉开大幕
	2015 年 12 月	国家发改委《关于进一步加强区域合作工作的指导意见》明确“大力推动粤桂合作特别试验区建设”
	2016 年 3 月	国务院《关于深化泛珠三角区域合作的指导意见》（国发〔2016〕18 号），明确大力支持粤桂合作特别试验区等跨省区合作平台发展

续表

阶段	时间	事件
	2020 年 9 月	粤桂合作特别试验区（梧州片区）、华南技术转移中心、梧州市科学技术局三方联合签约共建“华南技术转移中心粤桂试验区分中心”
	2022 年 9 月	粤桂合作特别试验区（梧州）将原试验区江南片区、江北片区和社学片区，原广西梧州高新区以及梧州综合保税区合并，成立新的试验区

资料来源：根据网络资料整理。

3. 制度形态特征

（1）运作模式

根据前述规划和方案，试验区实行以下合作机制。首先，由广东和广西两省区政府成立联合工作领导小组，负责讨论决定关键事务；梧州和肇庆两市是粤桂合作特别试验区建设的主体，由两市共同成立市长联席会议，对试验区建设中的工作进行协调；试验区成立管理机构，相对独立地对日常事务和开发工作进行管理。其次，两市在发展战略、空间布局等方面进行统一的规划，并同时参与试验区建设；在招商政策上，两市也制定统一的招商政策，并在宣传和招商中作为一个整体进行；在开发资金上，两市按相同比例共同投入，同时在收益上也按相同比例共享。最后，试验区更为鲜明的特色在于政策的叠加，即在两省当前所实行的优惠政策（如广东在产业转移方面的政策、广西在西部大开发方面的政策等）的基础上，择优适用，共同赋予试验区。

（2）组织架构

粤桂合作特别试验区实行联合工作领导小组、管理机构和开发公司的结构（图 8–3）。首先，由广东和广西两省区成立联席会议，作为粤桂合作特别试验区的最高决策机构，对重大事项进行统筹指导和协调；其次，梧州、肇庆两市也定期或不定期召开市长联席工作会议，协调试验区建设中的具体问题；再次，梧州和肇庆两市同时设立管委会，并在两委员会之间召开管委会联席会议（也可邀请两市领导参加），对试验区运营管理中的重大问题进行协调；最后，由梧州和肇庆两市按相同比例出资成立试验区开发建设公司，负责执行管理机构的决策，其人员、考核等由两市联席会议决定。

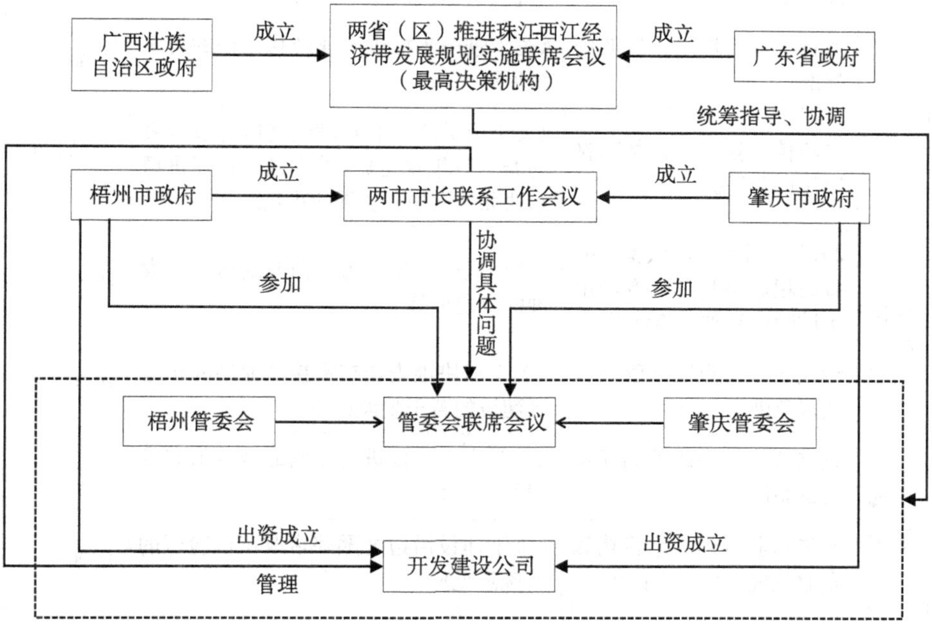

图 8–3　粤桂合作特别试验区的组织结构

资料来源：根据《粤桂合作特别试验区总体发展规划》整理。

（3）优惠政策

粤桂合作特别试验区在土地、财税、金融等方面享受一系列“叠加”的优惠（表 8–10）。其中，这些优惠政策既有来自广东和广西两省区政府对本省区区域发展所推行的一系列政策措施，也有来自国家的现行优惠政策。由此，粤桂合作特别试验区成为不同行政尺度空间或非空间发展政策的熔炉，进而在招商引资、基础设施建设等方面获得极大的优势。

表 8–10　粤桂合作特别试验区所享受的部分优惠政策

类型	内容	依托的现行政策文件	发布方
土地政策	两省区给予专项用地指标支持	《促进粤东西北地区园区扩能增效工作方案》	广东

续表

类型	内容	依托的现行政策文件	发布方
	简化土地利用总体规划修改程序	《关于促进广西北部湾经济区开放开发的若干政策规定》	广西
	实行工业用地出让最低价标准	《关于进一步推进产业转移工作的若干意见》	广东
	专项植被恢复费，基本农田建设和保护	《关于促进广西北部湾经济区开放开发的若干政策规定》《关于进一步促进粤东西北地区振兴发展的决定》	广西、广东
财税政策	2015年后5年内试验区的省级税收增量部分专项用于试验区基础设施建设	《关于进一步促进粤东西北地区振兴发展的决定》等	广东
	纳入省级重点园区管理和扶持范围	《关于加快推进桂东承接产业转移示范区建设的若干政策》	广西
金融政策	设立两广金融改革创新综合试验区	《关于进一步促进粤东西北地区振兴发展的决定》	广东
	允许试验区内金融机构和企业从境外借入人民币	《关于建设沿边金融综合改革试验区的实施意见》	广西
合作开放政策	试验区内企业出口退税指标计划单列	《关于广东顺德清远（英德）经济合作区实施方案的批复》	广东
生态保护政策	对试验区环保绿色企业适当加大奖励和贴息力度	《关于进一步促进粤东西北地区振兴发展的决定》	广东
	对乡镇及农村面源污染治理工程配套建设项目予以财政资金支持	《国务院办公厅转发环境保护部等部门关于实行“以奖促治”加快解决突出的农村环境问题实施方案的通知》等	国务院

资料来源：根据网络资料整理。

4. *后续建设与发展*

在开发模式上，同前述案例类似，粤桂合作特别试验区同样依赖市场的力量，由粤桂合作特别试验区投资开发有限公司进行具体的开发和运营工作。在空间规划上，粤桂合作特别试验区分为主体区和拓展区两部分。主体区的空间布局为“一核两轴双翼多组团”，而拓展区则包括两个片区，重点发展装备研发、服务业等产业。自粤桂合作特别试验区成立以来，合作区的产业招商工作获得巨大发展。截至2023年底，粤桂合作特别试验区（梧州）累计注册企业1288家，其中规模以上工业企业86家，高新技术企业42家。这一发展成果同试验区所享有的重叠的优惠政策是显著关联的。

（六）案例比较

异地共建园区跨界合作本质上是由多个环节所构成的，每个环节都可能体现不同的特征。通过对各个典型案例所涉及的要素进行整合，可从合作基础、合作性质、战略依托和尺度结构四个方面比较典型案例的不同特征（表8–11）。

表8–11　典型案例间的多方面比较

方面	特征划分	要素	江苏省江阴—靖江工业园区	广东省深汕特别合作区	粤桂合作特别试验区
合作基础	①邻接的内部推动；②分离的外部推动	是否邻接	是	否	是
		民间基础	有长期合作历史	外部推动为主	有长期合作历史
		合作发起方式	两市自发合作	省战略下两市发起	两市提出构想
合作性质	①基于资源互补的帮扶；②基于政策共享的协调	两市相对经济发展水平	发达＋欠发达	发达＋欠发达	欠发达＋欠发达
		直接目标	拓展发展空间；吸引投资；沿江开发的示范	拓展发展空间；吸引投资；区域平衡的制度探索	政策叠加以：挽留西迁产业；引入高端产业
		合作地域的位置	欠发达城市内	欠发达城市内	跨越边界，两城市共享
		两市职权划分	经济事务—社会事务	经济事务—社会事务	各设管委会，各自管理经济与社会事务

续表

方面	特征划分	要素	江苏省江阴—靖江工业园区	广东省深汕特别合作区	粤桂合作特别试验区
战略依托	① 省级战略初期结合；② 省级战略前期引导；③ 国家战略中期嵌入	基本尺度政治过程	民间发起→两市合作→省政府支持	在省战略下发起→省政府支持	两市发起→省区政府合作→上推为国家战略
		所依托的战略	省级战略（沿江开发）	省级战略（双转移/振兴粤东西北）	国家战略（珠江—西江经济带建设）
		与战略的结合方式	在建设初期结合	在战略引导下发起	作为战略的起步和组成部分
尺度结构	① 省内多尺度嵌套合作；② 省内单尺度合作；③ 跨省多尺度嵌套合作	城市行政尺度	县级	地级	地级
		是否省内	省内	省内	跨省
		涉及的主要尺度	县级、地级、省级	地级、省级	地级、省级、国家
		横向合作所在的尺度	多尺度嵌套合作（地、县）	单尺度合作（地）	多尺度嵌套合作（省、地）

四、异地共建园区跨界空间治理机制

为进一步细化对异地共建园区跨界合作机制的探讨，该部分将从驱动机制、动员机制和形成机制三个方面对异地共建园区跨界合作过程进行分析。其中，驱动机制强调内在的动因，主要关注异地共建园区跨界合作的驱动力及相关的影响因素；动员机制则强调外在的过程，主要关注异地共建园区跨界合作中的权力和利益关系的互动；形成机制主要涉及动员过程的核心产物——制度的形成与塑造。三者基于不同的层面，反映了异地共建园区跨界合作由多尺度动因到跨尺度动员再到制度建设的完整过程。

（一）异地共建园区跨界空间治理驱动机制

1. 从全球尺度到国家尺度的宏观驱动机制

全球尺度竞争下的国家尺度空间重组是异地共建园区跨界合作的宏观驱动机制。尽管异地共建园区跨界合作更多的是城市和区域尺度的治理实践，但它的产生有深刻的全球和国家尺度重组背景，同全球竞争下国家空间的重组有紧密的联系。

20 世纪 70 年代以来，全球化过程进一步深化。这一轮全球化并非单一的过程，相反，它是多重相互交织的趋势所共同构成的多元的过程。在这个过程中，原有的全球尺度结构被系统地重组，国家尺度在尺度结构中的优先地位开始被削弱，资本循环越来越集中于超国家尺度和次国家尺度，并由此形成了尺度间的竞争格局，即尺度的相对化。与此同时，全球尺度与次国家尺度之间的联系也在进一步加强，其中，一些全球城市区域在全球市场中发挥日益重要的作用，甚至开始同国家的发展相脱离而直接与全球市场相连接。

在这一背景下，全球尺度和超国家尺度市场中竞争的加剧使国家面临巨大发展压力，而次国家尺度在全球资本循环体系中重要性的增加使得国家开始关注对城市、区域等次国家尺度，尤其是对具有特殊竞争优势的城市和区域的培育。这一全球空间的重组伴随着与之相交织的新自由主义的兴起和传播进一步带来了国家空间选择性的变动。从尺度上看，国家开始实行分权化策略，将管制权力下放到次国家尺度，同时在对经济活动的干预中也开始注意发挥城市、区域等多重尺度的作用而非仅将它们看作国家空间的一个子单元；从地域上看，国家在管制上开始推行行政定制化，使不同地域之间得以实行差异化的发展策略，从而同各地域内的空间发展基础相适应，同时在对社会经济过程的干预上，国家也开始摆脱原有的区域平衡战略而将经济和政策资源集中于具有竞争优势的特定地区。

改革开放以来，在全球竞争的压力以及新自由主义的影响下，我国的国家空间正发生了类似的转变。从尺度上看，以财政关系的改革为标志，地方政府开始崛起，并利用其所掌握的经济管理权限通过基础设施建设、吸引外资、同企业结成地方发展联盟以及土地征收和出让等方式增加其收入。与此相对应，城市开始成为国家经济发展的首要尺度，经济活动开始以城市为单元被组织起来，行政区经济日益明显，不同城市之间的竞争（甚至恶性竞争）也日益加剧。而从地域上看，原有的以地区平衡或地区劳动分工为基础的空间发展政策也开始发生剧烈变动，其中东部沿海地区作为连接中国与世界资本循环体系的纽带，开始享有国家的一系列优惠政策，成为改革开放中制度探索的先行区；与这一政策资源的不均衡分配相对应，国家也开始将各种经济资源集中投资于沿海地区，试图通过对具有竞争力的关键城市区域的培育在再地域化过程中吸引全球资本，以进一步提高竞争力，带动国家整体（包括中西部等后发地区）的发展。

2. 从国家尺度到区域尺度的中观驱动机制

国家空间重组所引起的国家尺度的不均衡发展与作为其回应的区域化是异地共建园区跨界合作的中观驱动机制。下面将对这一由不均衡发展所引起的区域化过程进行简要论述。

（1）不均衡的区域空间发展

在这一尺度上的分权化和地域上的不均衡空间发展政策的共同作用下，地方间原有发展基础上的差异被进一步拉大，在全国尺度上（如东部和西部之间）和区域尺度上（如区域的核心和边缘地区之间），不均衡的空间发展格局日益突出。

首先，这一不均衡发展格局同尺度上的分权化策略存在密切联系。在分权化中，地方企业家主义开始兴起，地方政府成为地方发展的重要推动者，而原有的依靠国家所进行的地区间再分配则相对被削弱。在这一“内生性”增长中，由于地方间原有区位条件、自然资源、经济水平、居民习性等存在巨大差异，地方政府的发展策略也各不相同，因此地方间发展差距也随之进一步被拉大。

其次，这一不均衡发展格局同地域上的不均衡空间政策直接相关。一方面，从全国尺度来看，改革开放初期我国将一系列政策资源和经济资源投资于东部沿海地区，直接导致了东部和西部之间发展差距的拉大（如广东和广西之间的发展差距）；另一方面，从区域内来看，优惠政策的分配仍然是不均衡的，其中上海、深圳等区域中心城市享有更多优惠政策，而区域内其它城市尽管也因中心城市的政策和经济溢出而在不同程度上获益，但同中心城市之间仍存在较大差距，这导致了区域内城市间发展差距的拉大（如广东省内深圳与汕尾之间的发展差距）。

区域不均衡发展格局的加剧产生了两方面的效应：一方面，在区域内部和跨区域边界的城市之中，出现了明显的发达城市和欠发达城市，而二者之间在经济发展上的差距所形成的资源互补为潜在的异地共建园区跨界合作提供了基础；另一方面，为缓解这一日渐增加的发展差距，不同尺度的政府部门也推行了一系列旨在平衡区域发展的政策，如全国性的西部大开发政策（及其具体的政策）、广东省的振兴粤东西北政策等，这些政策通常仅朝向部分城市，在城市之间存在明显差异，这形成了城市间政策的互补，也为潜在的异地共建园区跨界合作提供了基础，并进而引发了更为宏观的区域化趋势。

（2）作为不均衡发展回应的区域化

同分权化中城市尺度的崛起相似，区域化也是尺度重组中次国家尺度兴起的一个标志。它同改革开放以来城市尺度崛起的相同点在于，二者都是国家在全球竞争的压力下，赋予次国家尺度更多的管制权限，以发挥特定城市区域的竞争优势，进而保证国家在全球市场中的整体竞争力。因此，区域化尽管是一种尺度上移，但它并非改革开放以来国家空间政策的逆转，而是在试图培育并保持特定地方竞争优势的基础上对空间发展进行的尺度调整。

不过，区域化同改革开放初期城市尺度的崛起相比区别也更为明显，它可以看作对城市企业家主义下严重的不均衡空间发展格局（以及与之相交织的地方保护主义、环境污染、耕地破坏等一系列问题）的一种回应。通过一系列由国家主导的战略区域规划以及由地方主导的各类区域规划，在城市企业家主义下相分割的不同城市地域单元得以被正式或非正式地整合起来，从而在一定程度上缓解因不均衡空间发展而造成的各类问题。此外，区域化的兴起也同全球经济形势相关联。在全球化的资本主义生产体系下，全球市场的不稳定性也随之增加，我国东部沿海地区特定城市的外向型经济也面临一定挑战，在此背景下，区域的内生性发展成为区域发展转型的重要方向，由此资本、技术等开始由区域中心城市向边缘地区进一步扩散，并随之推动了区域化进程。

在区域化中，不同尺度之间也呈现竞争的格局，出现自下而上和自上而下的不同导向的区域发展战略，如案例中江苏省的沿江开发战略、广东省的双转移战略等。同时，区域化本身也造成全国范围内不同区域间竞争的加剧，进一步推动了不同区域发展战略的兴起。这些战略既可能涉及区域的平衡发展，也可能对区域发展的其它方面进行规划，它们作为协调区域内城市间关系的指导方针，直接驱动了异地共建园区跨界合作的进行并在异地共建园区跨界合作的整个过程中发挥指导、赋予合法性等作用。

3. 从区域尺度到城市尺度的微观驱动机制

在区域化过程中，城市间所存在的互补性是异地共建园区跨界合作甚至是城市合作的直接动因，正是由于城市间占有不同的资源并对其它城市的资源存在需求，城市合作或异地共建园区跨界合作才得以展开。这种互补性主要表现在经济上，但政策上的互补性同样能驱使城市间展开土地合作。

经济上的互补性主要存在于由不均衡空间发展所塑造的发达城市和欠发达城市之间，它是城市间互补性中最典型的表现。由于经济发展水平的差异，发达城市的资本、技术、管理等要素较为丰富，但在城市发展过程中，高强度的土地利用加之市域内各种限制开发、禁止开发地块的存在，使得城市的发展面临日益严重的土地资源紧张局面，增加了企业经济活动的成本，进而对城市的长远发展造成影响。因此，寻找新的发展空间成为城市发展的迫切需求。与此同时，欠发达城市土地的开发强度相对较低，常常存在大量低集约度的建设用地甚至未利用地，同时劳动力成本也相对较低。在这一背景下，充分利用其充足的土地资源和廉价劳动力以吸引外部投资成为欠发达城市的重要发展策略。由此，在发达城市和欠发达城市之间，形成了资本等资源与土地等资源的双向需求，进而驱使城市间开展以土地资源的共享为形式、以资本的再地域化为内容的异地共建园区跨界合作。需要指出的是，由于发达城市与欠发达城市不仅仅存在于区域内部，且这一过程中资本是在全国范围内相对自由流动的，因此基于经济互补的异地共建园区跨界合作不仅不要求两市间相邻接，并且还可以跨越区域进行，如深圳市与保定市的共建园区。

政策上的互补性尽管也存在于发达与欠发达城市之间，甚至在基于经济互补性的异地共建园区跨界合作中与经济资源上的互补性相交织而存在，但它在欠发达城市之间的土地合作中表现得更为明显。这是因为两个欠发达城市之间在资本、技术等经济资源上很难存在足够的互补性（在两个发达城市之间也同样如此），甚至在吸引发达地区的投资方面存在明显的竞争，因此它们并不倾向于开展异地共建园区跨界合作；而政策上互补性的存在则为欠发达城市间的土地合作提供了契机，成为二者间合作的重要基础，而非仅作为经济互补性的补充。

政策互补性的产生是由针对不同对象的平衡发展政策所决定的。为协调城市间的经济差距，不同尺度、不同内容的具体平衡发展政策被赋予不同的欠发达城市，而这种政策的实施通常是有一定边界的（如西部大开发政策及其具体政策仅适用于西部城市），这导致了各个城市间，尤其是边界两侧的相邻城市间在所享有的优惠政策上存在明显差别。由于制度上的限制，这些政策很难直接进行叠加和共享，而在边界地区塑造一个双方共享的特定“制度空间”，并将两市各自所享有的政策赋予该空间或地域，则可在避免进行剧烈制度变革并因而面临巨大阻碍的基础上，使城市间的政策共享获得合理性和合法性。因此，基于政策共享的异地共建园区跨界合作倾向于在跨边界邻接的欠发达城市间展开。

除此之外，在相互邻接的城市之间，长期的社会文化交流也对异地共建园区跨界合作产生推动作用，甚至在很多情况下直接推动了异地共建园区跨界合作的发起。

（二）异地共建园区跨界空间治理动员机制

在以上多重驱动因素的共同作用下，异地共建园区跨界合作倡议开始形成，并展开跨尺度的政治动员。其中，异地共建园区跨界合作的发起同其驱动因素相比具有很大的不确定性，如该合作可能是由民间发起，也可能由城市发起，也可能由长三角园区共建联盟等其它组织所发起，又如不同异地共建园区跨界合作案例也可能涉及不同的尺度。因此，为保证能够较为全面地刻画异地共建园区跨界合作的一般动员机制，该部分将把异地共建园区跨界合作中可能涉及的多种尺度、多种行动者都包含在以下分析框架中。

1. *异地共建园区跨界合作的初步发起*

在异地共建园区跨界合作的发起阶段，异地共建园区跨界合作开始在各种驱动因素的作用下，由不同主体所推动，形成合作倡议。异地共建园区跨界合作的发起方式主要有三种。

（1）在大多数情况下，异地共建园区跨界合作是由参与合作的两城市政府所提出的，这是因为即使在区域化趋势下，城市政府仍然是城市发展的直接责任者和推动者，因此为寻求城市之间在经济和政策资源上的合作进而带动城市整体发展，城市政府之间常常通过各种会谈、考察等形式主动开展交流，进而发起异地共建园区跨界合作。在这个过程中，高尺度的区域发展战略（如广东省的双转移战略）也对城市政府发起异地共建园区跨界合作的行为产生影响，而两城市间自发的民间交流则同样为城市政府间的合作行为提供依据。

（2）民间自发的合作也可能直接推动异地共建园区跨界合作的进行，尤其是当发达城市发展空间受限时，企业可能自发地进行去地域化和再地域化（如江阴市企业到靖江市的转移），当这种行为形成一定规模并遇到较大的制度性阻碍时，企业就可能自发地发起异地共建园区跨界合作倡议。不过，由于对城市土地资源的规划、建设、管理权更多地掌握在城市政府手中，因此民间自发的异地共建园区跨界合作最终仍需通过两城市政府（或至少提供土地的欠发达一方的城市政府）才能真正展开。

（3）异地共建园区跨界合作还可能由其它关键行动者所提出，这其中不仅包括城市政府中的关键领导干部，也可能包含高尺度政府的领导干部、协调城市合作的正式或非正式区域组织等。其中，高尺度政府（尤其是省政府）的领导干部在异地共建园区跨界合作的发起中甚至动员中常常扮演关键角色，这一方面是由于他们通常着眼于省区或区域的整体发展，因而对异地共建园区跨界合作这一区域内生性发展形式较为支持，甚至将其作为区域整体发展战略的一部分；另一方面是因为他们作为省区的行政首长，在分权化和区域化背景下对省区的发展拥有较大的行政权力和责任（如常常提出特定导向的区域发展战略），因此也更容易提出并推行异地共建园区跨界合作倡议，这一点在异地共建园区跨界合作的动员过程中同样明显。

2. 异地共建园区跨界合作的政治动员

异地共建园区跨界合作作为一种区域化制度重组实践，需要不同尺度、不同地域范围内行动者的参与，尤其是各级政府部门的参与和协调，因此在异地共建园区跨界合作倡议发起后，这一倡议须通过政治动员过程才能进一步被转化为现实的制度架构。

由于异地共建园区跨界合作的发起方式存在差异，其政治动员过程也呈现不同的特征，但总体来看，在这一过程中，任何行动者都可能同时作为动员的主体和对象，因而异地共建园区跨界合作中的政治动员是一个多向的、复杂的尺度政治过程。例如，在粤桂合作特别试验区的建设中，广东和广西两省区政府最初是作为梧州和肇庆两市的动员对象，被请求将试验区纳入《"十二五"粤桂战略合作框架协议》，但它们随后又转变为政治动员的主体，在尺度上推和进一步调动两市积极性、破除制度性障碍等方面发挥关键作用。因此，异地共建园区跨界合作中的政治动员并非单一指向的、相对静态的过程，而是在不同尺度行动者之间塑造出多向的、跨尺度的权力网络，其中异地共建园区跨界合作倡议成为这一网络中权力发生流动的推动力，而这种权力的流动又反过来将异地共建园区跨界合作倡议转化为一种制度建设实践，并重组了这一不同行动者间跨尺度的权力关系本身。

具体来看，在异地共建园区跨界合作的政治动员中，主要存在以下关键过程。

（1）对高尺度政府的动员。异地共建园区跨界合作中的高尺度政府主要指能够直接对异地共建园区跨界合作中同尺度内行动者之间的横向关系进行协调的政府部门，它常常是同时对两城市政府（或多尺度嵌套合作中两城市政府各自的上级政府部门）具有直接领导权的政府部门，如江阴—靖江工业园区建设中的江苏省政府、深汕特别合作区建设中的广东省政府、粤桂合作特别试验区建设中的国务院等。高尺度政府的支持在异地共建园区跨界合作中发挥关键作用，甚至在很大程度上直接决定异地共建园区跨界合作的成败。这是因为异地共建园区跨界合作须跨越行政边界，对不同地域权力中心之间的权力关系进行协调和整合，而这通常会面临两方面的障碍：一方面，由于城市间对利益分配、组织架构等问题常常存在分歧，因此缺乏第三方协调的异地共建园区跨界合作很容易陷入困境；另一方面，异地共建园区跨界合作地域作为一种特殊的制度空间，其建构通常需要对现有的财政、组织、人事等行政关系进行重组，而这一要求很可能超出两城市的行政职权范围，这同样会对异地共建园区跨界合作造成阻碍。在这一背景下，高尺度政府一方面作为两城市的共同领导机构，可以扮演协调者的角色，对两城市间的利益关系、城市合作地域的制度安排等进行协调和设计，另一方面可以运用其高尺度的行政权力，满足异地共建园区跨界合作中对制度重组的需求，如广东省政府对深汕特别合作区的制度支持。

在这一背景下，对高尺度政府的动员成为异地共建园区跨界合作政治动员中最关键的一环，这也成为异地共建园区跨界合作倡议尺度跳跃的核心内容。这一动员可通过两种相互交织的方式进行。首先，由于城市政府同高尺度政府之间存在领导与被领导关系，因此城市政府可直接通过请示等方式上报异地共建园区跨界合作事项，在这个过程中，连接高行政尺度与城市所在行政尺度的关键行动者可能发挥关键作用（如深汕特别合作区建设中深圳市委书记兼广东省委副书记的角色）。而高尺度政府则可通过批复等方式对异地共建园区跨界合作事项进行决策，或通过视察、会谈等方式对异地共建园区跨界合作进行指导，进而发挥协调等作用。其次，对高尺度政府的动员还可通过高尺度的发展战略进行，通过将土地合作倡议同高尺度的发展战略相结合（如作为高尺度发展战略的示范、先行甚至核心）并得到高尺度政府的承认，异地共建园区跨界合作倡议同样可以被上推到国家或省级尺度。这种结合既可能通过城市政府等较低尺度行动者对高尺度发展战略的塑造和上推而进行，如粤桂合作特别试验区建设中地级和省级尺度行动者将粤桂合作特别试验区倡议嵌入珠江—西江经济带倡议中，并将后者进行尺度上推，也可能通过高尺度政府尤其是其中的高尺度关键行动者（如领导干部）对这一倡议的“尺度上拉”而进行，如江阴—靖江工业园区建设中江苏省委书记在泰州视察时提出“沿江发展”战略，并随后将江阴—靖江工业园区作为这一战略的示范。通过这一过程，异地共建园区跨界合作被作为高尺度发展战略的一部分，而这些发展战略也反过来对异地共建园区跨界合作产生明显的引导作用，对各个尺度的行动者也产生更为突出的动员作用。

（2）对中间尺度的动员。在多尺度嵌套合作中，高尺度政府并非城市政府的直接领导者，而由于这种合作模式不仅须跨越两城市边界，同时还需跨越两城市所在更高一级行政区之间的边界，因此对两城市直接领导机构（即中间尺度政府）的动员也十分必要。这种动员可能通过两种方式进行：首先，同对高尺度政府的动员类似，城市政府可直接通过请示等形式将异地共建园区跨界合作倡议上报给两城市各自的领导机构并寻求其支持（如粤桂合作特别试验区建设中对两省区政府的动员）；其次，城市政府也可通过对高尺度政府的动员，利用高尺度政府与中间尺度政府之间的领导与被领导关系动员中间尺度政府（如江阴—靖江工业园区建设中对无锡、泰州两地级市政府的动员）。由此中间尺度政府之间横向关系的协调可以为两城市之间横向关系的协调提供基本制度框架，同时两中间尺度政府也可各自对异地共建园区跨界合作进行指导、政策支持等。

此外，在异地共建园区跨界合作中，两城市之下还可能存在更低尺度的政府部门，尤其是合作地域所在行政单元的政府机构，如汕尾市海丰县政府、肇庆市封开县政府等，它们对城市合作地域的管理（如海丰县对深汕特别合作区社会事务的管理）可能负有更直接的责任。不过，这些低尺度政府通常在异地共建园区跨界合作的政治动员过程中仅作为动员对象而存在，被动员的方式也常常是来自城市政府的行政命令、视察指导等。

（三）异地共建园区跨界空间治理形成机制

异地共建园区跨界合作的形成机制主要指制度的建设，这是因为制度建设是异地共建园区跨界合作中最为关键的环节，是连接异地共建园区跨界合作的政治动员过程与开发建设过程的重要纽带，它将不同行动者的利益诉求及其相互间在权力斗争和妥协中所形成的脆弱平衡转化为相对固定的制度安排，为城市合作地域的开发和运营提供了基本框架，进而满足了不同主体各自的利益诉求。在异地共建园区跨界合作的制度建设中，主要存在以下关键过程。

1. 横向的跨地域互动与制度形态塑造

制度建设可以看作异地共建园区跨界合作中政治动员过程的延伸，它同样涉及不同行动者之间的权力关系互动。在制度建设中，横向的城市政府之间通常会经历对接、冲突、协调等过程：两城市首先根据各自的利益诉求对城市合作地域的制度安排进行对接和设计，但在这个过程中由于双方都试图使自身利益最大化，在这一对接过程中可能发生冲突甚至导致异地共建园区跨界合作的停滞，在这一背景下，通过外部协调或内部的妥协，合作双方可能突破这一障碍并在这一暂时、脆弱的平衡中将各自利益嵌入城市合作地域的制度安排中。这一点在江阴—靖江工业园区中体现得最为明显。

2. 纵向的跨尺度互动与制度形态塑造

在异地共建园区跨界合作的制度建设阶段，高尺度政府以及与之相联系的高尺度发展战略同样扮演重要角色。首先，高尺度政府在对城市政府双方和中间尺度政府双方的横向互动中依然发挥协调作用，以保证制度建设过程的顺利进行，如江苏省政府对江阴—靖江工业园区利益分配制度的协调。其次，由于异地共建园区跨界合作通常被作为高尺度发展战略的一部分，因此高尺度政府也在它所推行或承认的高尺度发展战略的框架之下引导并参与异地共建园区跨界合作的制度设计，如在深汕特别合作区的建设中，省政府领导多次在视察中对深汕特别合作区的制度安排出谋划策，并随后进一步将深汕特别合作区作为全省平衡发展战略的试验场而对其制度安排进行设计（如将合作区作为省政府的派出机构）。最后，高尺度政府基于特殊的行政权力，在异地共建园区跨界合作规划的审批、权限的赋予等方面也发挥着关键作用。

3. 制度设计与动态调整

异地共建园区跨界合作中的制度设计过程是各个行动者之间权力和利益关系最为集中的体现，这是因为不同尺度的行动者都试图将自身利益嵌入这一制度安排中，并在制度设计阶段进一步将这种表现为制度架构的权力和利益关系固定下来。制度设计在形式上有多种表现，如总体规划、协议、意见、方案等，这些形式与规划机构、双方城市政府、单方城市政府、高尺度政府等不同的主体相联系，在制定方式、审批程序等方面也存在明显差别。而在内容上看，制度设计所产生的制度安排涉及异地共建园区跨界合作的基本原则、组织形式、各主体的责任分配、城市合作地域的筹资模式、利益分配等多个方面。此外，尽管制度架构是不同尺度行动者间权力和利益关系的相对固化，但它并非完全静止的，而是随行动者间权力和利益关系的进一步调整、制度运行的反馈和制度试验等而发生持续的调整和重组，进而同新的权力和利益关系相适应。

五、异地共建园区空间生产作用机理

异地共建产业园区为山东省跨域经济发展和区域治理带来了新的发展方向，也成为山东省新旧动能转换、促进产业结构升级、实现资本要素流动重要的载体形式，进一步推动了山东省经济高质量发展。

（一）山东省异地共建产业园区的空间生产实践

据官方统计资料和网络信息，截至 2020 年 10 月，山东省在全国和世界各地共有 88 家异地共建产业园区，园区数量多、类型丰富且分布广泛。山东省异地共建产业园区的空间生产实践包含三大发展阶段、五大园区类型和三种空间生产模式。①

1. 山东省异地共建产业园区空间生产阶段

经济要素流向、园区产业发展特征、国家政策导向等既贯穿于山东省

① 马学广：《异地共建园区的空间生产及其作用机理》，《学习与探索》2023 年第 3 期。

异地共建产业园区发展的全过程，也成为划分其空间生产阶段的重要依据，可以归纳为 2013 年之前的初期探索阶段，2013—2018 年的中期成长阶段和 2018 年之后的后期转型阶段，各阶段具备相应的园区发展形式和特色（表 8–12）。

表 8–12　山东省异地共建产业园区空间生产的主要阶段

阶段名称	时间划分	划分依据及阶段特征	代表性园区
初期探索阶段	—2013 年	园区政策：政策处于探索制定阶段 园区特征：园区形式及产业发展单一化 经济要素：要素以“顺向”流动为主，兼顾“逆向”转移	淄博石嘴山工业园、中俄托木斯克木材工贸合作区、海尔中东工业园
中期成长阶段	2013—2018 年	园区政策：政策数量增加，管理领域拓宽 园区特征：园区形式与产业发展趋于多样化，园区数量显著增多，“散点状”分布明显 经济要素：产业要素在全球尺度空间内流动，积极服务于“双循环”发展格局	湘西（济南）工业园、中英创新产业园、中欧商贸物流合作园区
后期转型阶段	2018 年—	园区政策：政策趋于完善，保障与支持体系不断健全 园区特征：“群飞”特征显著，园区类型与建设质量稳步提升 经济要素：经济要素规模化、集群化流动	绿色铝创新产业园、印度海尔工业园

（1）山东省异地共建产业园区空间生产的初期探索阶段

异地共建产业园区在山东省跨行政区开展经济活动的初期一直处于探索发展阶段，相继发展了顺向型和逆向型两种类型园区。顺向型异地共建产业园区，指资金、技术、设备等经济要素由经济发达地区向经济欠发达地区顺向转移，与当地的土地资源、人力资源形成优势互补，共同开拓产业空间，实现双方共赢的园区形式。2000 年后，随着西部大开发等区域协调战略实施以来，为满足山东省及省外发达经济体产业转移需要，山东省初期的异地产业园区建设遵循产业梯度转移规律，实现省内外资源要素顺向优化配置。该阶段以工业制造类园区为主，表现为援建式（帮扶式）异地共建产业园区和产业招商式异地共建产业园区等具体发展模式。为规避经济风险，山东省异地共建产业园区不断创新其开发模式和运行机制，将资金、资源以及产品需求等产业要素由经济欠发达地区逆向流入到经济发达地区，逆势打通产业要素流通的渠道，与当地先进的技术、人才、基础设施等形成优势回馈，形成逆向型园区发展形式。该类型弥补了传统异地共建产业园区的不足，充分协调了双向区域的经济发展，与顺向型异地共建产业园区共同满足了区域平衡发展和利益共享需求，为山东省异地共建产业园区的发展奠定了坚实基础。

（2）山东省异地共建产业园区空间生产的中期成长阶段

山东省异地共建产业园区初期探索阶段已相继在省域尺度、国家尺度以及全球尺度上建立了不同类型但数量有限的园区，随着产业转移加快和经济全球化的推进，山东省亟须开展多尺度间异地共建产业园区的建设以满足本省经济发展。2013 年“一带一路”倡议加快了中国与世界合作的步伐，山东省地处陆上丝绸之路和海上丝绸之路的衔接点，充分发挥了其独特的地理优势，以对外合作为契机进入园区发展的第二阶段，山东省异地共建产业园区积极服务于国内国际双循环，在政府指导和企业自主探索下，园区数量、类型等得到长足发展，拓展了园区发展的广度和深度。但因园区功能、类型以及经济要素流向不同，各类园区呈散点状分布，构成山东省异地园区建设的“散飞”发展形式。该阶段呈现两大特点：第一，异地共建产业园区呈井喷式发展，山东省为园区建设开辟新的地域空间，园区数量不断增长，尤其是在全球尺度上，产业要素流动效率最高；第二，建成的异地产业园区“各自为政”，各园区建设主体之间缺乏有效衔接与联结，产业联动能力较弱，因此解决园区在产业集群、要素流向、协同联动等方面的问题是山东省异地共建产业园区可持续发展的前提要求。

（3）山东省异地共建产业园区空间生产的后期转型阶段

2018 年山东省新旧动能转换综合试验区成立，标志着建立以新科技、新产业、新业态和新模式为核心的现代经济发展体系，优结构、增动能成为促进山东省经济高质量发展的重要途径，在此背景下，山东省异地共建产业园区需要改变其“散飞”发展形态和优化传统园区类型以适应山东省经济转型需要。进入后期转型阶段，省内异地共建产业园区产业协同遵循比较优势原理，以各市资源禀赋、基础条件和产业发展优势为基础优化区域资源配置，拓宽产业转移渠道，青岛前湾保税港区发挥了集群资源配置作用，协同带动周边城市经济转型；省外异地共建产业园区朝向“产业＋地方”统一建设的集群化发展方向，解决“散飞”发展形态存在的问题，实现园区发展由“散飞”形态向“群飞”形态的转变，例如柬埔寨中柬合作青岛产业园、柬埔寨中启控股斯努经济特区、柬埔寨山东桑莎（柴桢）经济特区等异地共建产业园区初步形成“群飞”规模，“产业＋地方”合作效果显著，成为山东省经济发展新的牵引动力。此外，山东省积极与发达国家开展省内建园步伐，园区类型多为科技创新类，弥补了山东科技创新的短板，为山东省新旧动能转换和经济高质量发展注入了新的活力。

2. 山东省异地共建产业园区的主要类型

按照合作领域划分，山东省异地共建产业园区大致可以分为农业型异地共建产业园区、工业制造型异地共建产业园区、科技创新型异地共建产业园区、商贸合作型异地共建产业园区以及现代服务型异地共建产业园区5类①，按主要合作领域划分的各类园区数量分布如表8–13所示。

表8–13　山东省异地共建产业园区类型数量分布表

尺度 园区类型	省内尺度	全国尺度 植入省内	全国尺度 植入山东	全球尺度 植入国外	全球尺度 植入山东	总计（单位：个）	代表性园区
农业型异地共建产业园区	0	0	1	6	0	7	山东绿隆农业科技示范园、中苏农业开发区
工业制造型异地共建产业园区	2	13	0	19	4	38	岳普湖泰岳工业园、印度海尔工业园

① 马学广、鹿宇：《中国海外园区发展的动因、实践与模式——以青岛市为例》，《青岛科技大学学报》（社会科学版）2019年第4期。

续表

尺度 园区类型	省内尺度	全国尺度 植入省内	全国尺度 植入山东	全球尺度 植入国外	全球尺度 植入山东	总计（单位：个）	代表性园区
科技创新型异地共建产业园区	0	2	3	3	10	18	红云高新技术产业园、中英创新产业园
商贸合作型异地共建产业园区	8	1	0	7	1	17	欧亚经贸合作产业园、青岛中韩贸易合作区
现代服务型异地共建产业园区	0	2	0	2	4	8	中韩烟台产业园
总计	10	18	4	37	19	88	

第一，农业型异地共建产业园区是指由政府引导、企业运作，依靠先进的管理理念和管理技术，在具备一定的气候、资源、市场、区位等要素的地域空间聚集区，一般包括传统型农业产业园区和现代绿色农业示范园区。该类园区数量最少，且大都是山东省植入国外的传统型农业产业园区，由江苏省宿迁市植入聊城市的山东绿隆农业科技示范园是唯一一家省内农业园区，其定位为集智能化生产、高科技农业展示、农业科技培训与推广、三产融合为一体的现代化农业高科技示范产业园。

第二，工业制造型异地共建产业园区是指为满足政府或企业承接产业转移、优化区域经济结构需求，与跨行政区的政府或企业在当地集聚生产要素、整合优势资源、优化产业功能布局的工业生产区，例如新疆岳普湖泰岳工业园、印度海尔工业园等园区。该类园区数量最多，分布广泛，大都由山东省植入省外或国外，这既与山东长期以来的传统经济发展形式有关，也与当前山东园区建设发展建设阶段相关联。

第三，科技创新型异地共建产业园区是指为加快产业科技发展，异地镶嵌集聚规模企业，形成知识密集和技术密集的产业开发园区，例如红云高技术产业园、中英创新产业园区等。该类产业园区主要是由发达国家植入山东省，充分发挥了国外先进技术与山东省完备的基础设施、广阔的市场和优势资源相补充的特点，弥补了山东省高新技术的短板和不足。

第四，商贸合作型异地共建产业园区是指由当地政府为满足跨区域经济发展而建立的基础设施完备、服务功能完善具有辐射功能的投融资环境、物流中转站、公共服务平台等于一体的纽带空间，例如欧亚经贸合作产业园、青岛中韩贸易合作区。该类园区常见于跨国经济合作交流的发展实践中，成为服务于“一带一路”和“国内国际双循环”的联通纽带。

第五，现代服务型异地共建产业园区是指由政府或企业主导，以金融、科技、智造等为引领的具备完善功能和优良生产环境的服务业集群区域空间。该类园区数量偏少，分布也仅集中于全球尺度，国内和省内尺度有待建设。综上，山东省异地共建产园区基本形成了多类型、多数量的园区建设形态，具有明显的优势产业输出、高新技术引进的发展特点。

3. 山东省异地共建产业园区的空间生产模式

作为一种行政创新、运行机制创新、开发模式创新和管理模式创新[①]的异地共建产业园区已发展了多种共建模式，结合目前已有园区案例，以共建主体为视角总结山东省异地共建合作园区具有代表性的空间生产模式。

(1)“政府+政策联通”的政建模式

“政府+政策联通”的政建模式是指由两地政府部门双向合作，共签建园协议，园区管理委员会处理园区建设发展过程中出现的问题，依靠政府和政策双重作用推动园区发展的一种合作机制模式，这种模式常见于中西部对口合作、中外合作缔约、扶助“一带一路”沿线欠发达国家的园区建设实践中。该模式依靠政府和政策的行政命令手段可以在短时间内建设园区，利于园区服务于政策贯通的一致性，提升园区所在地经济发展水平，是实现地区经济联动发展最有效的园区模式之一，但同时存在投资收益不匹配与行政影响市场正常运行等问题。由山东省委省政府、泰安市委市政府与岳普湖县人民政府签约，双向政府牵头共建岳普湖工业园区是这类模式的典型代表（图8–4）。岳普湖泰岳工业园区用活国家特殊政策，在两地政府密切合作下充分

① 秦贤宏：《飞地经济与共建园区——苏沪合作试验区规划前期研究》，科学出版社2017年版，第60页。

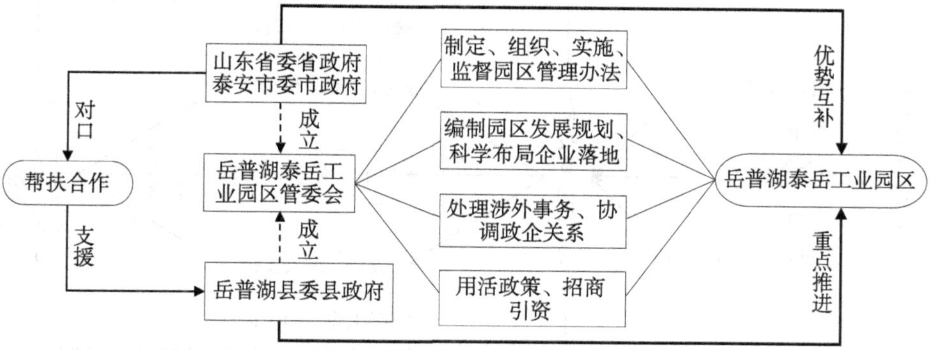

图 8–4　岳普湖泰岳工业园区政建模式图

发挥当地劳动力和特殊地缘优势资源优势，承接山东产业转移，两地签署战略合作框架协议，按照“优势互补、重点推进”的原则建立长期稳定的合作关系，构建了“政府+政策”支持的政建模式。

（2）“企业+企业畅通”的企建模式

“企业+企业畅通”的企建模式是指双方企业共同出资建设或者成立公司来开发建设园区，双方企业共同或由成立的公司负责园区规划、投融资开发、招引工作以及维护园区运营，收益按股本结构分成，完全适应企业化管理的共建合作园区发展模式，这类园区常见于双方实行股份合作、股份与招引综合型园区等建设实践中。该模式具有企业化运行的规范化发展形式，清晰的企业双方责权，完善的收益分配机制等优势条件，但同时存在因地域文化导致的管理理念与方式差异问题以及园区规划建设监管等具体问题。巴基斯坦工银—如意马苏德纺织服装工业园是“企业+企业畅通”企建模式的典型代表（图 8–5）。该工业园区的企通模式注重企业之间的优势配置，充分发挥企业在园区建设中的投融资效能、企业运行管理效能，完善企业对园区建设与地方发展的带动能力，成为产业与国际资本、金融资本成功结合的典例，为合作园区企建模式的发展奠定了良好基础。

（3）“政府+企业互通”的合建模式

“政府+企业互通”的合建模式采用政府为主体、企业为主导的市场化运营方式，由政府配套基础设施和提供政策保障等措施，招引企业入驻园区，双方达成合作协议共谋发展、共享利益的异地产业园区发展模式，这种

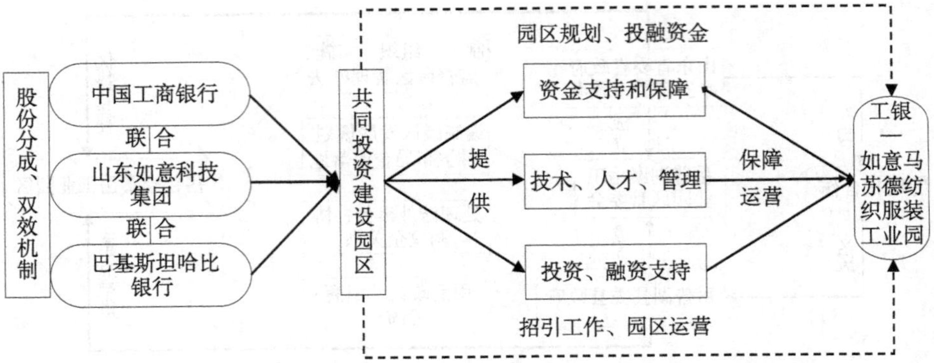

图 8–5 巴基斯坦工银—如意马苏德纺织服装工业园企建模式图

模式常见于地方政府产业招商、政府委托企业管理以及政企合作等。该模式优势为政府为合作园区发展提供基础保障，园区实行企业化运营，规范管理，实现利益共享，政企互通；其劣势在于需要双方共同担责，对政企沟通要求较高，双方需要长时间的磨合。青岛—安顺共建产业园区属于“政府＋企业”的合建模式（图 8–6），合建模式注重政府与企业盈利共享，青岛—安顺共建园区在地方政府、开发区与各主体企业之间建立稳固、快速、有效的沟通和运营平台，在园区建设发展过程中涉及含有土地收益、房地产开发、税收返还、招引奖励、基础设施服务等内容的盈利分享模式，共同构筑了“政府＋企业”共享成果的合建模式。

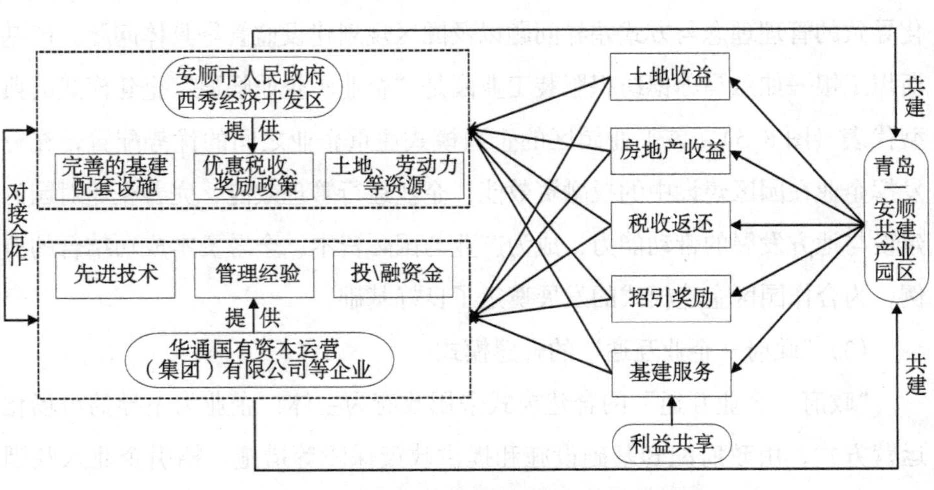

图 8–6 青岛—安顺共建产业园区合建模式图

（二）山东省异地共建产业园区的空间分布格局

异地共建产业园区空间格局反映出山东省在不同尺度空间下的地域空间联系特征，基于此，本节分别从省域尺度、国家尺度以及全球尺度分析山东省异地产业园区的空间格局及其联系规模。

1. 山东省异地共建产业园区的多尺度空间分布格局

（1）省域尺度上山东省异地共建产业园区的空间分布

截至 2020 年 10 月，山东省内地级市之间已建 10 个异地共建产业园区，全省大部分城市都存在异地共建产业园区的合作关系。合作流出方向维度，表现最为突出的是青岛市，在共建园区的 10 条合作联系线中，与青岛市相连的有 9 条，与其有合作关系的地级市分别为潍坊市、德州市、聊城市、济宁市、菏泽市、滨州市、临沂市、泰安市，青岛市与省内大部分城市均存在园区建设关系；烟台市向西与德州市也存在合作关系，与青岛市共同构成了山东异地共建产业园区的西向网络联系特征。合作流入方向维度，济宁市和德州市都分别与其他城市合作建立了 2 个园区，成为山东省流入地建立园区最多的城市。值得注意的是，济南市与其他省内城市并未建立合作产业园区，其虹吸和带动能力较弱，未来应以合作园区为抓手与省内其他城市建立联系，突出其省内区域中心地位。从区域空间来看，山东省省内异地共建产业园区基本形成构成了以青岛都市圈为园区飞出地的跨都市区（圈）的发展格局，但都市区（圈）内部异地共建园区合作相对薄弱。综上，以合作园区数量为依据，山东省内异地共建产业园区构建了胶东—鲁中西的核心边缘结构网络特征，突出以青岛为中心的单向流出特征。

（2）国家尺度上山东省异地共建产业园区的空间分布格局

在全国尺度上，山东省与省外城市的合作联系线共有 22 条。合作流向维度上，植入外省的山东省异地共建园区合作省市主要分布在中国的西部地区，共建有异地共建产业园区 17 个，新疆维吾尔自治区、重庆市、贵州省、甘肃省以及宁夏回族自治区等经济欠发达的西部省份成为与山东共建合作园区最多的省份，呈现出由山东自东向西跳跃式辐射的网络结构特征；由外部植入省内的异地共建产业园区大都为具备优势区位的东部沿海省份，共有异地共建产业园区5个，合作地区分别是浙江省、上海市、天津市等省市，呈现出由南北向山东省聚集的夹心状特征。合作领域维度上，建立在外省的园区类型多是加工制造业等传统行业，在省内共建的园区类型主要是互联网、生态农业等高新技术产业。综上，山东省异地共建产业园区的空间分布呈现出由山东向西跳跃式辐射为主，省内夹心状分布为辅的空间网络结构特征，同时表明向外输出传统强势产业和向内吸收高新技术产业的特征。

(3) 全球尺度上山东省异地共建产业园区的空间分布格局

在全球尺度上，山东省与其他国家或地区的合作联系线有56条。合作流向维度上，山东省向国外共植出37家园区，在亚洲、非洲、欧洲、北美洲、南美洲以及大洋洲均建有产业园区，主要形成以柬埔寨、巴基斯坦、印度尼西亚、南非、赞比亚、苏丹等“一带一路”沿线国家和非洲国家为核心的全球空间网络联系特征；国外向山东省内共植入19家产业园区，共建方主要为德国、韩国、美国、以色列等发达国家，值得注意的是，印度成为与山东省共建园区的重要国家，成为“逆向型”园区的典型代表。合作领域维度上，山东省向外植出的各类园区在各大洲均有分布，并形成以工业制造类园区为主，其他类型园区为辅的地域空间分布特征；国外向山东省植入的园区类型多为高新技术、商贸合作、服务业类园区，与园区合作国的经济发展状态相辅相成。综上，山东省各类异地共建产业园区在全球均有分布，以合作园区数量为依据，主要形成了以“一带一路”沿线国家、非洲国家为核心和与其他地区国家为边缘的全球网络空间分布特征。

2. 山东省各市异地共建园区的合作规模

从山东省各地级市的异地共建园区的合作规模来看，青岛市的合作规模最大，济南市、烟台市、潍坊市合作规模相同，处于第二等级，潍坊的合作联系数量为5个，处于第三等级，其他城市合作规模均较小，处于第四等级。青岛市在省域尺度、国家尺度和全球尺度上均占据了绝对优势，共参与了43家产业园区的合作开发建设，以最大合作规模位居全省第一。全球尺度上，青岛市与其他国家建设了28个园区，与合作国家在工业制造、国际物流、现代贸易、投资合作、商旅文化等领域展开了广泛合作，促进了“国际大循环”，在“一带一路”新亚欧大陆桥经济走廊和海上合作方面发挥了“桥头堡”的作用，助力山东省形成东西双向互济、陆海内外联动的开放新格局；在国家尺度上，青岛市与中西部省份合作共建了6个产业园区，在创新国内异地共建园区的合作模式、支援中西部地区产业发展、协调区域经济发展等方面走在了全省前列，成为山东省参与“国内大循环”的重要推力；在省域尺度上，青岛市以前湾保税港区为支撑，积极向山东省西部城市建设拓展功能区，成为带动山东省经济发展的新引擎。

济南市、济宁市与烟台市的异地共建产业园区的合作规模相同，但其侧重点有所不同。济南市暂缺与其他城市的合作联系，在省内的辐射与带动作用相对较弱，但与其他省份和其他国家分别合作建设了3个和4个园区，对外辐射效果显著；济宁市和烟台市在省域、国家以及全球尺度上均建有合作园区，类型丰富但单一尺度上的园区数量较少，经济辐射带动能力也有待进一步提高。处于第三等级的潍坊市暂无与其他省份的合作，在省内只有一家与青岛合作建设的园区，但在全球尺度上，潍坊市有4家合作园区，均呈对外流向，与潍坊市积极参与“一带一路”建设，服务于“国际大循环”密切相关。处于第四等级的其他城市合作规模均较小。值得注意的是，威海市凭借便捷的海运交通和毗邻日韩优越的地理区位，在全球尺度上与其他国家合作建设了4家产业园区。

（三）山东省异地共建产业园区空间生产的作用机理

资本与权力是地域空间得以发生改变和产生联系的根本驱动因素，创新与资源是异地共建产业园区空间布局的最优化选择，因此，资本要素、制度政策、创新驱动和资源互通可以揭示异地共建产业园区空间生产实践运行机理，分析其发展阶段、生产模式与类型的合理性（图8–7）。

1. 资本驱动：资本循环与去（再）地域化

经济全球化下出现了新的资本积累形式，哈维倡导的“资本三级循环”理论提出利润是资本积累、生产、循环和促进空间发展的根本动因[①]，也是

① D.Harvey，“The Urban Process Under Capitalism：A Framework for Analysis”，*International Journal of Urban & Regional Research*，Vol.2，No.1-4（1978），pp.101-131.

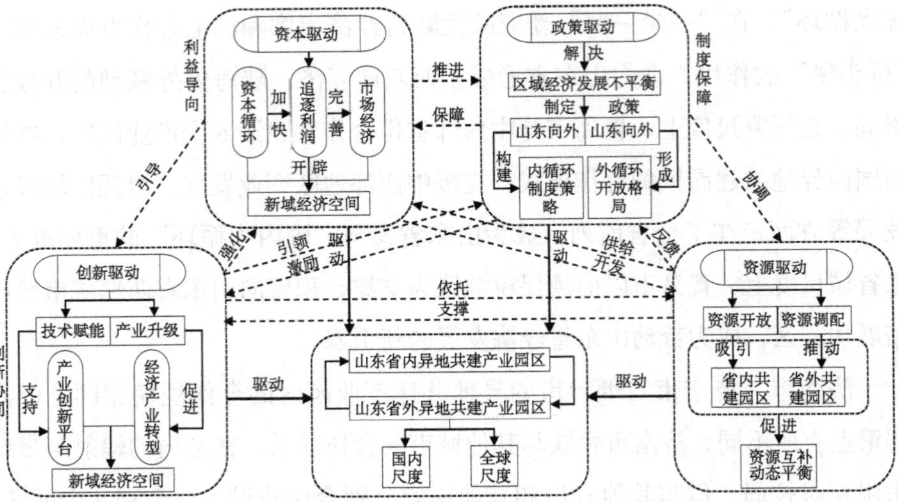

图 8–7 山东省异地共建产业园区空间生产的作用机理

市场经济发展的根本导向。在此基础下，经济要素在多尺度空间范围内的资本去地域化与再地域化过程中[①]循环，兼具流动与固态双重属性的异地共建产业园区成为经济发展新的网络节点。资本要素在循环与地域化过程中开辟了新的经济地域空间，在追求时空效应和经济效益的过程中阐释了异地共建产业园区的价值依据。

20 世纪 80 年代以来，山东先后经历的吸引外资发展工业、建设与培育房地产市场、推动产业转型等三个阶段[②]是山东经济发展客观要求下用以引导资本集聚和转移的策略手段。进入 21 世纪前 10 年后，资本转向城市空间再造和升级，去（再）地域化过程加快，山东省经济发展逐渐转向重点盘活城市空间存量、提高城市品质发展、生态绿色发展等经济领域，山东省优势产业加快“存量变革”，进入经济结构调整与产业转型升级发展新阶段。此时，山东需要资本要素循环带动城市经济发展，实现在不同区域空间经济优势互补和利益共享效度。因此，在山东省产业结构调整的需求中异地共建产

---

① N. Brenner，“Globalisation as Reterritorialisation：The Re-scaling of Urban Governance in the European Union”，*Urban Studies*，Vol.36，No.3（1999），pp.431-451.

② 王有正、张京祥：《资本的城市化：基于资本三级循环理论的改革开放后我国城市发展初探》，《现代城市研究》2018 年第 6 期。

业园区成为在市域、省域以及国际三大维度中的空间网络发展节点，成为在资本要素驱动下跨区域镶嵌与扩散至多尺度空间中的经济发展载体。

2. 政策驱动：政府支持与制度保障

异地共建产业合作园区是解决区域经济发展不平衡不充分问题新的路径，我国中央政府从国家层面立足于各区域资源环境承载力，在发挥各地经济比较优势基础等方面制定了异地共建产业合作园区的制度及政策，成为保障国内区域经济发展均衡的“内循环”制度策略；海外园区建设成为我国对外开放重要的桥梁通道与空间载体，进一步推动了我国对外开放新格局的形成，来自双向政府的制度和政策安排为海外园区这一“外循环”经济空间的开发、建设和运行提供了本质保障。

近年来，山东省为保障异地共建产业园区的发展在省、市层面建立了全方位、多层次和宽领域的引领性政策文本，以政策内容和侧重方向为划分依据，大致将其划分为先行先试引领性政策与指导意见阶段、制度安排与考核管理阶段和细化内容与实施方案阶段，也为山东省异地共建产业园区发展阶段划分提供了基础依据。《山东省人民政府办公厅关于建立“飞地”项目主体税收分享制度的通知》《山东省境外经贸合作区考核管理办法》等政策文本规范了飞地园区税收分享制度，理顺了迁移双方财政利益关系，从根本上维护了园区共建双方的经济利益，以规范考核监管为手段为合作园区建设与运营提供了制度保障，成为激发山东省推动优质资源跨省市流动实施异地建园工程和加快“走出去”“引进来”战略合作共商建园的制度引领。

3. 创新驱动：技术赋能与产业升级

党的十九大报告提出，要“建立以企业为主体、市场为导向、产学研深度融合的技术创新体系”。创新是来自于产业结构调整，立足于产业统筹谋划和建设创新生态平台任务的迫切需求，对我国当前供给侧结构性改革和经济产业转型发展具有重要意义。产业发展方式和技术创新是对于对传统经济发展模式的重大突破，是在新时代背景下对新型经济模式，经济高质量发展的重大调整。在此背景下，异地共建产业园区践行的技术赋能、人才培养、创新体系建设、创新环境以及顶层设计发展形式等为经济产业结构调整注入新的发展要素。

山东省近年来坚持以供给侧结构性改革为主线，坚定践行新发展理念，积极推进新旧动能转换工作，纵深推进重点领域改革，加速优化营商环境，培育和支持创新型企业发展，创新驱动战略深入实施，为山东异地共建园区的发展奠定了创新发展的优势环境和为园区第三阶段建设供给了技术支撑。山东省的产业结构升级与优化目前已成为工业化阶段经济增长的主题，也是山东在新历史时期和“国内、国际双循环”下提升优势产业发展的重大战略决策。从山东省异地产业园区建设情况来看，山东对外的合作园区大都是传统产业类型，与其他合作方在省内建设的园区多为科技创新型，这种以异地共建合作园区为载体的跨区域经济发展方式为山东省产业结构转型和调整创新的新路径。

4. 资源驱动：资源开放与资源调配

资源是异地共建产业园区在两区域或多区域间构建关联的微观要素，在资源开放与资源调配的推动下，异地共建产业园区成为动态视角下优化地区产业结构和促进资源互补的具体实施载体。资源驱动因素可包括由气候要素、矿藏要素、土地要素等组成的自然资源和由人力要素、市场要素、信息要素、技术要素、交通要素等组成的社会资源两大类，进而推动形成了山东省区域间资源开放与资源调配的地理空间格局。

山东省异地共建产业园区的建设发展离不开资源的支持，建立的资源开放与资源调配优势为省内外园区的建设、发展和运营提供了基础条件。从资源开放视角看，山东省已查明的矿产资源储量十分丰富，具备完善的工农业基础设施环境，并辅助以丰富的人力资源和广阔的市场资源为省内合作建园开辟了必备空间，也为省内园区的建设发展奠定了资源供给优势；从资源调配的视角看，山东省以新旧动能转换加快产业省外转移步伐为资源调配环境要素，以通达的交通网络体系要素为支撑，利用合作地区的自然资源优势实现以异地共建产业园区为载体的省内外资源优势互补和动态平衡格局。

（四）山东省异地共建产业园区空间生产的对策建议

当前，山东省异地共建产业园区面临着合建模式单一化、产业类型集中化、园区布局畸形化等诸多挑战，成为山东省异地共建产业园区进一步发展的阻碍。因此，本节将从园区的合建模式、产业发展类型、空间布局优化以及园区的角色定位四方面提出山东省异地共建产业园区的发展对策建议。

1. 构建多利益主体合作的园区建设模式

当前山东省异地共建产业园区主要分为企建模式、政建模式以及合建模式三类，合作建设主体较为单一，园区的建设、管理以及运行受到来自多方利益者的影响，因此，未来山东省异地共建产业园区的合作建设模式应转向多利益者共同合作的综合建设模式。“政府＋企业＋第三方”的合作建设涉及多方利益主体，是有效克服园区开发建设中出现土地划拨、规划管理、监督考核、投融资建设困难等问题的建设模式。由园区所在地政府与合作建园地政府共签合作项目并出台保障性政策，形成制度保障，由所在地政府负责提供或规划建设用地，制定并完善园区建设规范，对园区建设运行实施监督考核，服务于合作园区建设；明确企业建设责任，与政府共创园区管理平台进行全面规划，确定园区长效利益分享机制，主抓合作园区的招引与融资工作，为园区后续的运行提供支撑；第三方主要指社会资本，其主要任务是参与制定园区发展定位与目标，负责园区的招商引资宣传工作，为园区建设开发投融资渠道，从而服务于园区建设运行。

2. 丰富多产业联动均衡发展的园区类型

山东省异地共建产业园区呈现园区类型集中化但流向不均衡化发展的双重趋势，园区核心类型突出但多产业类型之间出现不协调现象，成为山东省异地共建产业园区提升综合竞争力的阻碍因素。未来山东省异地共建产业园区应逐步构建起高端制造业和高新技术产业为主、其他产业为辅的多产业联动的类型体系。首先，山东省以新旧动能转换为契机推动山东省产业结构升级，实施优势传统加工制造业与其他地区之间的合作建设战略，发挥工业制造的核心引领作用；其次填补不同尺度下缺失园区产业类型，补充山东省内尺度、外省植入山东尺度下缺失的农业、服务业、科技创新类园区类型，均衡园区产业类型；最后，在园区类型流向不均衡化发展方面，山东省应积极服务于“以国内大循环为主体、国内国际双循环相互促进新发展格局”战略，多倾向建设省内尺度、外省植入山东省尺度的园区类型，构筑起多产业联动均衡发展格局。

3. 优化国家、省、市尺度下的园区地域空间布局

山东省异地共建产业园区在国家、省、市尺度下总体上形成了核心—边缘结构的地域空间格局，一定程度上影响着山东异地共建园区的合理空间布局，因此，合理规划园区发展方向和优化园区地域空间选择成为园区进一步发展的新举措。在省域尺度上，由“青岛—城市”单向型流向向“城市—城市”多向型流向转变，实现省内城市在异地园区建设中的多链条式发展；在国家尺度上，继续依靠植入外省的优势经验，在向西部省份延伸布局园区的基础上加强山东与周边省市的合作，逐步构建省内—省外的圈层园区发展格局；在全球尺度上，拓展植入国外的园区数量和质量，重点向南美洲、北美洲、大洋洲地区扩展，形成以山东为中心的放射状全球空间格局，同时，依靠优越的地理区位和完备的基础设施吸引国外企业来鲁建园，同欧洲、北美洲、大洋洲等地区的发达国家开展在异地共建产业园区的合作。因此，山东省异地共建产业园区在未来应形成多链条互动式发展的省内空间格局，圈层递进式的全国发展格局以及形成外建园区的放射状和内建园区向心状的全球地域空间布局。

4. 厘定经济发展与区域治理的园区角色

山东省异地共建产业园区的建设和发展过多地倾向于经济效能，弱化了其区域协作的作用，山东省“孤岛”发展的困局依然显著。未来，山东省应积极实现园区流出地和流入地双城政府高层对接和腹地建设，推进区域协作，将厘清经济跨域发展和区域协同治理的关系作为山东省异地共建产业园区建设和发展的重点。在省域尺度上，以省内都市圈为依托构建区域合作机制和区域互助机制，通过省内共建园区强化区域联动发展；国家尺度上，山东省异地共建产业园区积极服务于省际区域协同发展战略，与合作省份健全规划对接、环境共治、利益共享、治理共商等机制，推进与合作省份的组织、政策、产业等协同治理；全球尺度上，山东省异地共建产业园区应依靠“一带一路”倡议深度参与国际区域合作，创新中日韩、中欧、中非等地方合作机制，全球尺度下的园区合作建设应积极推动全球治理朝向秩序化建设。

第九章　国家战略区域空间协调发展策略

党的二十大报告有关“坚持城乡融合发展，畅通城乡要素流动”的科学论断是解决当前城乡发展不平衡、农村发展不充分问题的重要思路；而“深入实施区域协调发展战略”的科学论断对于构建优势互补、高质量发展的区域经济布局和国土空间体系，以城市群、都市圈为依托构建大中小城市协调发展格局、推进以县城为重要载体的城镇化建设等新时期城镇发展顶层设计具有提纲挈领的突出指导意义，是关乎我国城市长远科学发展的重大命题，也是全面建设社会主义现代化国家的重要战略部署。

一、新时代区域协调发展空间布局的制度安排

实施区域协调发展战略是新时代国家重大战略之一，是贯彻新发展理念、建设现代化经济体系的重要组成部分。而目前，我国区域发展差距依然较大，区域发展不平衡不充分问题依然比较突出，区域发展机制还不完善，难以适应新时代实施区域协调发展战略。为全面落实区域协调发展战略各项任务，促进新时代区域协调发展向更高水平和更高质量迈进，需要对新时代区域协调战略下的空间布局和战略统筹有个完整而科学的认识。

实施区域协调发展战略，目的是要实现区域经济、政治、文化、社会、生态各方面平衡充分发展，优化资源要素空间布局，需要合理的政策措施和制度安排作为保障，需要从经济、政治、文化、社会、生态等多重视角重新审视区域协调发展背景下空间布局的制度安排。一是区域经济的平衡充分发

展，需要推动要素市场化配置，坚持按劳分配原则，完善按要素分配体制机制，保障要素自由流动、价格反应灵活、竞争公平有序。二是区域政治的平衡充分发展，需要坚持党的领导、人民当家作主、依法治国有机统一，加强人民当家作主的制度建设，发挥社会主义协商民主的重要作用，坚持依法治国。三是区域文化的平衡充分发展，既需要继承优秀传统文化，也需要发展中国特色社会主义文化；既需要牢牢掌握意识形态工作领导权，加强思想道德建设，又需要转变传统思想观念；既需要繁荣社会主义文艺，也需要推动文化事业和文化产业发展。四是区域社会平衡充分发展，需要建立健全社会公共服务体系，需要建立维护社会公平正义、形成有效社会治理和良好社会秩序的制度安排，保障人民的获得感、幸福感和安全感，建立消除贫困的体制机制和打造共建共治共享的社会治理格局。五是区域生态平衡充分发展，需要树立环境保护意识，建立健全绿色生产和绿色消费的法律制度和政策导向、绿色低碳循环发展的经济体系和市场导向的绿色技术创新体系，构建政府为主导、企业为主体、社会组织和公众共同参与的环境治理体系。

二、新时代区域协调发展战略的统筹协调

首先，新时代区域战略统筹机制的构建与着力点。当前，我国区域发展机制还不完善，难以适应新时代实施区域协调发展战略需要。要加快构建由区域合作机制、区域互助机制、区际利益补偿机制等方面构成的区域战略统筹机制，促进区域协调发展向更高水平和更高质量迈进。一是要推动国家重大区域战略融合发展。以“一带一路”建设、京津冀协同发展、长江经济带发展、粤港澳大湾区建设等重大战略为引领，以西部、东北、中部、东部四大板块为基础，促进区域间相互融通补充。建立以中心城市引领城市群发展、城市群带动区域发展新模式，推动区域板块之间融合互动发展。加强“一带一路”倡议与京津冀协同发展、长江经济带发展、粤港澳大湾区建设等重大战略的协调对接，推动各区域合作联动。二是要统筹发达地区和欠发达地区发展。推动东部沿海等发达地区改革创新、新旧动能转换和区域一

体化发展，支持中西部条件较好地区加快发展，在推动区域高质量发展方面发挥引领作用；欠发达地区要建立健全长效普惠性的扶持机制和精准有效的差别化支持机制，加快补齐基础设施、公共服务、生态环境、产业发展等短板；引导资源枯竭地区、产业衰退地区、生态严重退化地区积极探索特色转型发展之路，推动形成绿色发展方式和生活方式；建立发达地区与欠发达地区区域联动机制，先富带后富，促进发达地区和欠发达地区共同发展。三是要推动陆海统筹发展。加强海洋经济发展顶层设计，完善规划体系和管理机制，研究制定陆海统筹政策措施，推动建设一批海洋经济示范区。以规划为引领，促进陆海在空间布局、产业发展、基础设施建设、资源开发、环境保护等方面全方位协同发展。

其次，新时代区域协调发展战略与区域重大战略、主体功能区战略的统筹协调路径。《中华人民共和国国民经济和社会发展第十四个五年规划和2035年远景目标纲要》中提出优化国土空间布局，推进区域协调发展和新型城镇化，其中明确强调坚持实施区域重大战略、区域协调发展战略、主体功能区战略，这为“十四五”乃至更长时期我国区域经济发展和布局提供了方向和支撑。系统对比三大区域战略的提出背景、内涵特征及实施重点，明确相互关系及协同推动战略实施的对策举措，具有较强的战略意义和现实意义。

一是区域重大战略与主体功能区战略的理论内涵。区域重大战略是党的十九届五中全会首次提出的国家区域发展战略，是对党的十八大以来相继实施的京津冀协同、长江经济带、粤港澳大湾区、长三角一体化、黄河流域生态保护和高质量发展、海南自贸港、成渝地区双城经济圈等若干重大区域发展战略的总结提升，重在强化不同类型战略功能区的示范引领。区域重大战略的提出体现了实践先行、与时俱进的理论提升和现实需求，为新时代全面建设社会主义现代化国家的区域战略体系增添了新的内容和动力，为构建以国内大循环为主体、国内国际双循环相互促进的新发展格局提供了新的战略视角和支撑，为落实新发展理念、推动高质量发展构建了新的空间格局和功能板块。主体功能区战略由国家“十二五”规划纲要首次提出，意在构建差别化、集约型、可持续的资源环境保护和国土空间保护开发格局。2020 年 10 月《中共中央关于制定国民经济和社会发展第十四个五年规划和二〇三五年远景目标的建议》进一步强调坚持实施主体功能区战略，明确要求“逐步形成城市化地区、农产品主产区、生态功能区三大空间格局，优化重大基础设施、重大生产力和公共资源布局……形成主体功能明显、优势互补、高质量发展的国土空间开发保护新格局。”主体功能区战略的提出和实施首先尊重和顺应了我国国土空间差别巨大和相对脆弱的基本国情，同时又体现了因地制宜、分类发展的科学发展观，与改革开放以来我国一直倡导的可持续发展战略、建设资源节约型和环境友好型社会、促进绿色低碳循环发展、推进生态文明建设等是一脉相承的。

二是区域协调发展战略与区域重大战略、主体功能区战略的统筹实施路径。根据资料研读分析，发现三大区域战略各有侧重、相互关联。区域重大战略侧重于从效率角度以战略重点区域率先发展辐射引领全国区域经济社会发展，是提升国家新型工业化和新型城镇化水平、引领全面建设社会主义现代化国家的重要支撑。区域协调发展战略侧重于从公平角度发挥区域比较优势控制区域差距扩大，是促进区域间基本公共服务均等化、解决区域不平衡不充分发展的重要举措。主体功能区战略侧重于从可持续角度采取并实施区域差别化发展路径和方式，是加强资源环境集约利用、维护生态安全和粮食安全、推进绿色循环低碳发展的重要保障。区域重大战略实施为区域协调发展战略实施和主体功能区战略实施提供物质基础和动力支撑；区域协调发展战略实施为区域重大战略实施和主体功能区战略实施提供目标导向和催化润滑；主体功能区战略实施为区域重大战略实施和区域协调发展战略实施提供方式遵循和安全保障。三大区域战略的实施角度不同、各有侧重，实施过程相互关联、相互影响，因此应全方位、全过程加强三大区域战略实施协同，推动战略实施互相支撑、互相促进。

具体而言，首先要实施规划统筹。加强三大区域战略总体规划和专项规划、中央各部门和地方各级政府规划间的衔接，推动规划期限趋同化、规划过程公开化、规划方式专业化。其次要实施政策统筹。系统集成三大区域战略中央和地方各部门、各领域相关政策，着力提高政策合力效应；紧盯动态变化的国内外经济形势，及时做好政策的更新调整，完善针对不同场景的政策包储备，创新政策工具和组合方式。其三要实施机制统筹。优化提升区域重大战略、区域协调发展战略相关重点区域领导小组省部沟通协调机制，建立健全主体功能区战略对接融入国土空间规划机制，支持地方各级政府探索构建形式多样的区域性合作机制；创新地区间对口帮扶、援助和合作机制，加强市场化机制的引入，更加强调发挥比较优势实现合作共赢，提升区际合作稳定性和可持续性。其四要实施评估统筹。加强现有各部门、各领域区域性评估对接整合，提升评估的规范性和科学性，推广加强专业性第三方评估独立性和权威性；建立预评估、中评估、后评估全流程评估体系，推动建立战略评估、规划评估、项目评估自上而下多层互动评估机制。其五要实施法治统筹。结合区域战略实施及时推动相关法律法规内容优化调整，分类、分阶段促进法律制度废改立统筹，促进相关领域法律法规的配套支撑和衔接协调。完善中央和地方不同领域、不同部门法律法规、规章条例等衔接机制，调动地方政府因地制宜实行区域法治的创造性和主动性，严格落实立法必依、执法必严、违法必究的全过程法治规定要求。

三、“双循环”背景下的我国巨型城市群建设

随着以城市为载体的世界经济发展新格局和多层次世界城市网络体系加速形成，以全球城市为核心的巨型城市群凭借着其对全球政治、经济、文化事务具有强大控制力和影响力，已成为国家参与国际竞争的重要力量，国家要在国际社会中掌握话语权甚至需要先使其主要城市及其所在城市群成为全球城市网络的重要控制点。但是，与国外典型全球城市（群）相比，我国城市（群）还存在着发展动力不足、空间布局失衡、城市职能模糊、要素流动不畅、国际地位欠佳等突出问题，亟须发挥全球城市的引领作用，打造具有国际影响力的巨型城市群。

第一，我国巨型城市群的空间构建机制。构建以全球城市为核心的巨

型城市群，首先需要系统分析全球城市的区位选择、决策支持及其所在的巨型城市群的空间范围划定。1. 根据国务院公布的城市规模等级、全球化与世界级城市研究小组与网络（GaWC）的全球城市排名等国内外典型的城市排名体系并结合国家发展战略现实状况确定我国全球城市建设的候选城市。第2. 构建区位选择评价指标体系作为我国全球城市空间选择的基本依据，筛选出若干全球城市，在全球、国家和城市等多个空间尺度上对上述各城市的属性特征进行空间可视化描述和分析，建构我国全球城市区位选择的决策支持系统。3. 对上述全球城市潜在的政治经济风险、内外部冲击风险等进行有针对性的调查和比较，强化风险识别预警、风险分级评估、风险分类管控和风险监控预案建设，并借助上述决策支持系统进行全球城市风险演变动态监测。

第二，我国巨型城市群引领"双循环"的作用机制与优化机制。通过全球价值链和全球城市网络视角，分析我国巨型城市群引领"双循环"的作用机制。1. 全球价值链框架下我国巨型城市群的产业关联时空特征。结合经济全球化的产业链、价值链和供应链格局，研判我国巨型城市群的全球价值链地位和国际竞争力。2. 全球城市网络视角下我国巨型城市群的跨尺度空间关联效应。整合人流、交通流、资金流、信息流等多维要素流，从宏观层面刻画全球城市网络连通度、集聚强度等功能性联系特征；综合运用复杂网络和社会网络分析方法，从微观层面剖析我国巨型城市群中各城市节点在全球联系网络中的中心性、网络组团、拓扑结构等阶层与布局特征。3. 我国巨型城市群对外联系的连接方式、组合方式和作用机理。分析巨型城市群通过交通流、人口流、信息流等典型要素流产生的"线状"对外联系方式，识别包括经济廊道、功能性枢纽、群体区域等各城市节点和城市群的典型"面状"组合方式，并分析包括全球资本转移、世界经济动荡、重大事件冲击、国家决策调整等影响我国巨型城市群对外联系的诸多因素和作用机理。4. 我国巨型城市群应对外部环境波动的对外战略趋势。梳理英国大伦敦区、法国巴黎大区、美国旧金山湾区、日本东京湾区等国际巨型城市区的对外战略，总结并分析我国巨型城市群在"一带一路"六大经济走廊建设、共建海外园区等应对国际形势变化策略的综合效益与战略趋势。5. 我国巨型城市群在“双循环”中的功能优化路径，从产业结构升级、产业融合发展、海外园区发展等方面提出国内巨型城市群在“双循环”中的功能优化路径。

第三，搭建我国巨型城市群的多领域合作机制。统筹考虑影响“双循环”背景下巨型城市群发展的各项关键因素，搭建我国巨型城市群在多维尺度上的合作渠道。1. 基于全球视角构建我国巨型城市群国际合作机制分析框架，将关键要素、尺度政治、体制框架和调控机制等环节纳入合作框架中。2. 构建空间合作体制环境评价模型评价我国巨型城市群多领域国际合作的体制环境并明确其主要合作方向，识别通过交通基础设施（如国际性港口、航空、铁路等）、海外园区、自由贸易区等多渠道平台输出国内资源、连接全球城市网络、融入全球经济大循环中的作用效应。3. 从优化区域产业布局、创新利用内外资模式、承接国外优质产业梯度转移、构建良好科创环境等方面分析评价我国巨型城市群吸引国际投资和信息科技引入的方式途径。4. 构建以道路交通、通信管廊、能源管线等基础设施以及政策制度为依托的我国巨型城市群与国外其他城市（群）的职能和标准衔接机制，探寻二者在基础设施建设、职能衔接、标准共通、产业资源、经贸投资等方面的多元合作模式，并总结未来发展策略。

第四，我国巨型城市群的跨尺度协同治理模式。批判性借鉴新国家空间理论和尺度政治经济学理论，构建我国巨型城市群的跨尺度、多层次协同治理机制。1. 引入 TPSN 模型，从多种社会空间维度识别我国巨型城市群在全球化背景下跨尺度、多层次协同治理机制的构成要素，解析巨型城市群空间治理的各类要素互动关系和功能运作程序，并通过模糊集定性比较分析法类型化巨型城市群跨尺度协同治理机制，梳理其演进脉络。2. 以治理机制评价复合指标体系为支点，构建我国巨型城市群跨尺度协同治理机制评价模型，指出其在空间格局、公共服务、区域共享、国际共建、体系机制等方面存在的主要问题并提出相应的优化策略。3. 基于质性分析方法梳理并确定监管考核机制的构成要素，模式化建立巨型城市群空间治理差异化监管考核体系，并制定富有针对性的空间治理纠偏与优化策略。

后　记

新中国成立以来，大区域、小城镇、城市群、都市圈和县域等不同等级序列的空间单元渐次进入国家最高决策的视野，成为施行特定国家发展战略的国家战略区域，并且派生出经济特区、国家新区、各种政策试验区以及承载特定国家战略意图、试点实验性政策、功能不一布局各异的国家战略区域，成为国家政策实践“摸着石头过河”过程中国家经济转型、国家治理重塑、国家尺度重组和国家空间重构的重要载体。

尺度是人类创造的科学知识中能够打破跨越自然科学和社会科学界限的基本概念，是人们认识和解析客观世界物质存在的基本工具。尺度具有丰富多元的内涵，是一个结构体系。尺度不是预先给定的，尺度是一种社会建构。层级性是尺度的基本要义，经过进一步扩展而构成行动者网络。尺度是一个动态过程，有一个发生、发展乃至消亡的过程。尺度是一个制度体系，涵盖正式的和非正式的制度；是一个制度场域，是资本、权力和社会关系融合的产物。尺度的空间意义，不是必备的，但可以展示呈现于空间之上。尺度上观察事物变化的一个视角、维度和对照组，是一种工具，是一个背景板，任何事物的变化都可以置于特定尺度中观察研究和探讨。尺度是相对化的，没有绝对的、终极的尺度。

本书的立意缘起于作者2010年第二次在英国卡迪夫大学（Cardiff University）访问学习期间对世界城市网络（World City Network）、全球城市区域（Global City-Regions）、国家尺度重组（State Rescaling）和空间政治经济（Spatial Political Economy）等相关文献的阅读，本书的篇章构架成型于作者2019年访问美国加州大学伯克利分校（UC Berkeley）期间有关尺度政治（Scalar Politics）的思考。辗转多年的资料收集、思路精炼和案例分析，经历了10余年间在北京大学深圳研究生院、英国卡迪夫大学、美国加州大学伯克利分校、中国海洋大学和南开大学等院校教学和科研工作的积累，以及以英国伦敦大学学院吴缚龙教授（Prof. Fulong Wu）、美国加州大学伯克利分校邢幼田教授（Prof. You-tien Hsing）、中山大学闫小培教授和重庆工商大学王爱民教授等为代表的师尊们的教诲和指导，在诸多学界前辈和旧雨同仁们的鼓励、支持和学生们不辞劳苦的协助下，克服了个人的怠惰、犹豫和游离反复，终于在2023年底形成初稿，再经人民出版社诸位业界精英的淬砺打磨而得以在2024年呈现于读者朋友们案前，殊为不易，希冀这汪洋恣肆的知识海洋中卑微的一滴水为读者朋友们映射出美妙的大千世界。

本书是本人所自称“空间生产三部曲”（即北京大学出版社2014年版《城市边缘区空间生产与土地利用冲突研究》、科学出版社2016年版《全球城市区域的空间生产与跨界治理研究》和本书）的收官之作，自2007年第一次在英国卡迪夫大学访学期间步入空间生产研究领域至今，从城市到区域再到全球多尺度空间的聚焦，从城市内部到城市之间再到国家之间多层级关系的探讨，从政府—市场—社区关系到城市—区域—国家关系再到国家—全球多中心关系的分析，点滴积累，集腋成裘。该书的出版如能对相关领域学界知识积累有所增益，如能对社会空间管理有所借鉴，如能对青年学子科研攻关有所启发，本人无上荣幸。

本书写作过程中，本人所指导的多名研究生在文献收集、数据分析、案例调研和英文翻译等方面为本书提供了绵密细致的支持，包括蒋策、林之涵、吴迪、唐承辉、窦鹏、李鲁奇、鹿宇和张钊等同学，谨表谢忱。中国海洋大学2015—2019级行政管理（公共事业管理）专业本科生、2013—2018级土地资源管理专业硕士生等众多同学协助翻译和整理了大量与本书相关的英文论文和著作，特此致谢。本书的出版获得南开大学科研启动经费的支持，特此向周恩来政府管理学院关心、支持和指导本书出版的诸位领导和同事致以诚挚的谢意。本成果同时是国家自然科学基金面上项目（项目批准号：42371175）和国家社会科学基金一般项目（项目批准号：18BJL092）的阶段性成果。

感谢为本书题写序言的中国国土经济学会肖金成理事长和南开大学周立群教授，感谢两位学界前辈对晚辈后学的教诲和扶助，激励我等时不我待、奋发有为。感谢人民出版社王萍老师在选题、校对和后期加工等方面的鼎力支持以及高度专业化的编辑校对，感谢人民出版社的厚爱和包容。

全书由本人汇总、增删、审阅并最终定稿，本着文责自负的原则，我对本书的规范性和学术观点负有主要责任，敬请学界同仁批评、指正。

感谢家人对我科研工作的理解与支持。

马学广

2024 年 3 月于天津南开